中国初次分配
公平问题研究

石瑞勇　著

清华大学出版社
北京

图书在版编目（CIP）数据

中国初次分配公平问题研究 / 石瑞勇著 . —北京：清华大学出版社，2024.2
ISBN 978-7-302-65641-8

Ⅰ.①中… Ⅱ.①石… Ⅲ.①收入分配－公平分配－研究－中国 Ⅳ.①F124.7

中国国家版本馆 CIP 数据核字 (2024) 第 049327 号

责任编辑：王巧珍
封面设计：傅瑞学
版式设计：方加青
责任校对：王荣静
责任印制：曹婉颖

出版发行：清华大学出版社
    网 址：https://www.tup.com.cn，https://www.wqxuetang.com
    地 址：北京清华大学学研大厦 A 座   邮 编：100084
    社 总 机：010-83470000   邮 购：010-62786544
    投稿与读者服务：010-62776969，c-service@tup.tsinghua.edu.cn
    质 量 反 馈：010-62772015，zhiliang@tup.tsinghua.edu.cn
印 装 者：三河市铭诚印务有限公司
经 销：全国新华书店
开 本：170mm×240mm 印 张：19.75 字 数：320 千字
版 次：2024 年 3 月第 1 版 印 次：2024 年 3 月第 1 次印刷
定 价：116.00 元

产品编号：102695-01

目　　录

导　论

改革开放的中国是发展的中国。我们党始终把发展作为执政兴国的第一要务，始终坚持"以经济建设为中心"的初级阶段基本路线，践行"发展是硬道理""效率优先"等发展理念，实现了中国经济长期高速增长，创造了人类历史上的"经济奇迹"。2020年年底，随着"十三五"规划圆满收官，我国经济实力、科技实力、综合国力和人民生活水平跃上了一个新的台阶。中国国内生产总值（GDP）突破了100万亿元，稳居世界第二位；脱贫攻坚战取得了全面胜利，9 899万农村贫困人口全部脱贫，"一个都不掉队"成为全面建成小康的标志性成就；人民生活更为宽裕，中等收入群体的规模超过4亿人，在全国占比明显提高；城乡区域发展差距和居民生活水平差距显著缩小，基本公共服务均等化基本实现，新征程上的中国式现代化进程已经开启，为进一步推动全体人民共同富裕奠定了坚实的基础。

中国经济发展的成就卓著，为早日实现共同富裕打下了坚实的基础。2021年，中国GDP增长到了114万亿元，人均GDP上升到12 551美元，接近高收入国家门槛。国家统计局通过初步核算，中国2022年的GDP达到了121万亿元，人均12 741美元，连续两年保持在1.2万美元以上，标志着我国社会生产力、综合国力、人民生活水平跃上新台阶，为推进共同富裕打下了坚实基础。[1] 2021年是"十四五"的开局之年，"共同富裕"的号角已经吹响，共同富裕是老百姓的共同期盼，也是中国共产党对人民的庄严承诺，实现共同富裕不仅是经济问题，而且是关系党的执政基础的重大政治问题。

伴随着经济社会发展而来的是社会对收入分配公平问题的极大关注。回顾改革开放40多年的历史，我国经济飞速发展的同时，收入和财富分化问题日趋严重，基尼系数一直居高不下。这种状况如果长期得不到解决，则不利于协调、创新、共享等新发展理念的落实，不利于提振消费构建新发展格局，不利于社会主要矛盾的解决，更不利于社会均衡发展目标的实现与政治稳定。因而，公平分配问题必须提上日程，而且日益成为经济社会关注的重点问题。分配直

---

〔1〕 彭婷婷. 2022年我国GDP突破120万亿元 [N]. 中国商报，2023-01-19（002）.

接关系到每个人的现实利益，分配公平的实现能够彰显社会的公平正义，但在人类历史上从没有实现过，因此，被称作经济学中的永恒主题。英国功利主义学者威廉·汤普逊认为，一切社会的根本问题在于分配，他坚持认为："和社会利益攸关的，主要是财富的使用和分配问题，而不是财富的多寡。"[1]时至今日，即使在西方发达国家、高福利国家，社会商品与服务的供给也无法完全满足人们无尽的欲望，公平分配问题都无法得到根本解决。

改革开放给中国带来前所未有的发展机遇。全球化大潮和市场经济制度的新发展，唤醒了广大劳动者的潜能，激活了沉默多年的生产要素，增加了社会的流动性。随着我国经济快速发展与市场活力增强，广大居民收入也获得了大幅度持续提高，居民的生活质量得到显著改善。但是，在经济社会快速发展的同时，也出现了一些令人担忧的经济问题与社会矛盾。美国次贷危机以来，中国的商品出口受到了极大的挑战，长期过度依赖出口拉动的经济增长突然失去了最有力的"支撑点"。国家发展改革委宏观经济研究院原副院长刘福垣认为，以美国次贷危机为导火索引发的全球金融危机，进一步暴露出中国经济发展模式的内在矛盾和弊病，变革我国原有落后经济发展模式的根本途径之一，是进行收入分配改革，这是"苦练内功"摆脱金融危机的有效途径。

美国单方挑起的中美经济"脱钩断链"进程，加剧了我国经济的困难。中美贸易争端由来已久，自2018年开始，美国政府在特朗普主义的"美国优先"理念推动下，单方面对我国发起了贸易战，颁布了一系列的贸易限制政策，大量减少中国商品进口份额。2023年上半年，我国首次从美国第一大进口国位置跌落。同时，我国在持续减持美国国债，中美经贸脱钩进程加快，在某些领域已经开始实现了"硬脱钩"，美国在一些高科技领域拼命打压中国企业，限制中国投资进入美国市场。目前，美国对我国的脱钩断链体现于多个领域，具有明显的政治打压型特征，是经济脱钩政治化的典型表现。启动国内市场，刺激和扩大消费以扩大内需成为我国经济社会发展的必然选择，目的就是让经济能够在平稳中走向复苏。然而，实现这一目的并非易事，必须倚重国内经济大循环，根本改变长期存在的不合理收入分配格局。

---

〔1〕威廉·汤普逊. 最能促进人类幸福的财富分配原理的研究 [M]. 何慕李，译. 北京：商务印书馆，2010：6.

　　储蓄率居高不下影响居民消费水平，进而影响经济可持续发展。我国城乡居民人民币储蓄总额由 1978 年的 210.6 亿元增加到 2020 年的 920 864.6 亿元，40 多年间的总体增幅达到了 4 372 倍。多数年份，我国居民的储蓄率保持在 25% 以上，有的年份甚至超过 50%；2019 年的储蓄率是 45%，居民储蓄为 80 万亿元，总储蓄达到了 192 万亿元，几乎相当于我国两年的 GDP。近三年，受新冠疫情的影响，中国社会消费渠道和市场机会减少，投资理财环境相对恶化，导致居民存款增多。2022 年全年人民币存款增加了 26.26 万亿元，同比增加了 6.59 万亿元。其中，居民存款增加了 17.84 万亿元，远远高于 2021 年全年居民存款增加的 9.9 万亿元，形成了"超额储蓄"[1]。受新冠疫情的影响，未来经济发展不确定性增加，广大居民收入增速下降，导致人们预防性储蓄意愿增强，整个社会提振消费的信心不足。

　　高储蓄率是造成居民消费率乃至社会最终消费率长期偏低的重要因素。2011—2019 年，我国最终消费率平均为 53.4%；2020—2021 年，这一数值接近 55%，远低于 78% 的世界平均水平。2019—2020 年，我国居民消费率为 39% 左右，不仅低于世界平均水平的 55%、美国的 68%、德国的 52%、韩国的 49%，还低于同等发展水平的俄罗斯的 51.5%、土耳其的 54.6%，甚至远远低于印度的 60.5%、南非的 59.5% 这些人均收入低于我国的国家。在我国政府多项政策的推动下，2022 年的居民消费水平和 2020 年基本持平，"比 2019 年的水平要低，比 2021 年的水平跌了两万亿"[2]。通过与世界多国的消费率对比发现，我国社会消费率远远低于西方发达国家，也低于多数发展中国家的水平。社会消费对经济增长的贡献率长期偏低，必然会出现为了维持和拉动经济快速增长而扩大投资的经济发展错位问题，其结果可能导致"消费—投资"的比例关系失衡。事实上，中国多年来的投资率一直在 40% 左右的水平，个别年份的投资率高达 60% 以上。2019 年的投资率保持在 45% 左右，是世界平均水平的两倍多；2021 年，这一数值稍有下降，为 43%，高于多数西方发达国家。究其原因，一方面在于我国企业储蓄即国民收入账户中企业未分配利润增长过快，导

〔1〕 杜川.居民存款持续飙升　万亿级超额储蓄能否转为消费投资 [N].第一财经日报，2023-02-15（A03）.

〔2〕 朱民.今年我国居民消费比去年跌了两万亿 [EB/OL].[2022-12-18].https://finance.sina.com.cn/meeting/2022-12-18/-doc-imxxaknt9928885.shtml.

致"企业收入占国民收入比重快速上升，挤占居民收入比重"[1]；另一方面在于我国社会对经济发展目标的追求带来对投资的偏好。持续投资于制造业、房地产业和基础设施，特别是对新基建的积极投入，可以优化产业结构、推动产业升级，同时可以带动消费、拉动经济增长。

马克思政治经济学认为："消费需要决定着生产，没有需要就没有生产。消费把需要再生产出来。"[2]显而易见，从需求的角度来看，拉动经济增长的力量主要是消费、投资和净出口，消费在经济增长过程中起着主导作用甚至决定性作用；从积极循环发展的角度来看，有效的消费需求是经济发展的根本动力，有效的消费需求既是社会生产的终点，又是社会再生产的起点，一定意义上的投资需求只能由消费需求派生出来，投资自身不可能成为经济增长的持久动力。英国经济学家马歇尔曾经指出："一切需要的最终调节者是消费者的需要。"[3]

"三驾马车"对中国经济发展都做出了积极贡献，消费对经济增长的拉动作用越来越大。国家统计局《中华人民共和国 2017 年国民经济和社会发展统计公报》显示，2017 年全年最终消费支出对 GDP 增长的贡献率为 58.8%，资本形成总额贡献率为 32.1%，货物和服务净出口贡献率为 9.1%；2018 年的这三个数据分别为 76.2%、32.4% 和 -8.6%；2019 年的则是 57.8%、31.2% 和 11%。2021 年，最终消费支出、资本形成总额、货物和服务净出口分别拉动经济增长了 5.3%、1.1%、1.7%，对经济增长的贡献率分别为 65.4%、13.7%、20.9%。[4]从近十年的发展趋势来看，经济增长主要是由消费驱动的，消费也将是促进我国未来经济持续增长和经济转型升级的首要因素，投资和出口所占比重日渐下降。

投资与消费结构主要是由经济发展方式决定的。中国经济社会正处于工业化和城市化进程中，在这一发展进程中，保持相对偏高的投资率具有其必要性与合理性。然而，我国比重过大的投资率并非完全基于这种"阶段性特征"投资发展的合理性，而是忽视自身各方面主客观条件，以坚持"物质主义"发展理念为基础，过分追求 GDP 增长速度的结果。一段时期以来，我国高比例的投

〔1〕 国研室. 为什么要调整国民收入分配格局 [EB/OL]. [2008-03-19]. http://www.gov.cn/govweb/2008gzbg/Content_924036.htm.

〔2〕 马克思恩格斯选集：第 2 卷 [M]. 北京：人民出版社，1972：94.

〔3〕 阿尔弗里德·马歇尔. 经济学原理：上册 [M]. 朱志泰，陈良璧，译. 北京：商务印书馆，1981：111.

〔4〕 祝越. 2021 年中国经济增长 8.1%，经济总量达 114.4 万亿元 [N]. 文汇报，2022-01-18（003）.

资率与较高的出口有着直接关系，高投资形成的剩余供给大部分由国际市场消费。不过，2008 年全球金融危机以来，国际市场需求出现了一定程度的萎缩，而国内消费市场也不可能在短时间内实现较快增长，经济产能过剩问题变得日益严峻。因此，要保持经济的可持续发展，必须改变"过度依赖投资"的经济增长模式，应该坚持在扩大内需的基础上，根本扭转消费比重持续下降的趋势，让经济发展回归正确的轨道。目前，国际市场的发展态势持续萎缩，这种市场萎缩状况不是短期问题，很可能是一种常态化的发展状况，由此而知，即使未来国际消费市场有所恢复，也绝不会是简单的数量增长，必然是伴随着重大的结构性调整与升级之后的回归。更为重要的现实问题是，作为一个拥有 14 亿人口的大国，中国正处在经济社会发展的战略转型期，经济转型要想成功应抓住历史机遇，根本上要依靠新发展格局，靠拉动国内市场的有效需求。

探析中国国内消费率偏低的根源，主要在于我国居民收入水平长期偏低的制约。2008 年之前，国民收入分配结构不合理问题，主要表现为国民收入分配格局向政府过度倾斜。政府收入增长过快，占国民收入分配比重较大，直接挤占了一部分居民收入，对居民消费水平形成了相当大的制约。2009—2020 年，居民收入比重开始回升，由不足 60% 上升到了 2020 年 64.4%，企业收入和政府收入占比下降到了 20.2% 和 15.4%，不合理的国民收入分配格局得以改观。

以工资为主体的劳动报酬在收入分配中的占比逐年下降，直接降低了广大居民的消费意愿和消费水平。改革开放以来，长期存在的"低工资"的市场分配曾被认为是中国经济的发展动力和比较优势。广大一线职工的低工资，其原因主要是在人口红利时期国内的劳动力市场供需失衡，导致许多行业存在大量过剩的劳动力。由于供大于求，雇主能够轻易地找到更为便宜的劳动力，从而降低了企业人工成本。工人的低工资客观上大幅降低了"中国制造"的成本，有利于我国产品的出口和国际竞争力的提升。不过，这种长期存在的"低工资"同时也造成了消费不足、内需不振的问题，消费市场无法有效启动。按照经济消费理论，中低收入者的边际消费倾向高于高收入者，扩大消费需求应该主要在广大中低收入者身上下功夫，而广大中低收入者通常没有资本投入，财产收入非常有限，其收入主要来自劳动报酬。收入水平越低，日常生活成本占总收入比重越高，恩格尔系数就越大，积累就越少。尤其是在教育、医疗、住房、养老等大量后顾之忧没有得到根本解决的情况下，劳动所得非常有限而且增长相对缓慢，显然大大抑制了劳动者的消费能力。

我国社会劳动报酬率趋于逐年上升的发展态势。我国的劳动报酬率由 1996 年的 53.4% 下降到了 2007 年的 39.7%，10 年间共下降了 13.66 个百分点，而同期的企业利润率却持续增长到了 31.29%。这一劳资收入比重的升降变化，表明资本收益和劳动报酬之间的利益关系已经严重失衡，并成为我国收入分配差距扩大的原因之一，也是制约广大居民消费需求快速增长的重要因素。有学者计算后认为："假设 2007 年的劳动报酬率维持在 1996 年的水平，2007 年当年劳动者的收入可增加 3 万多亿元，这对提高居民消费能力、平衡投资消费比例、调整经济结构的影响是巨大的。"[1] 2008 年以来，随着劳动力供需关系的逐步改变，劳动者报酬增长逐渐加快，劳动者报酬和居民收入所占的比重逐步回升，我国 2018 年的劳动者报酬为 51.7%，居民收入为 61.1%。自 2010 年开始，全国各地纷纷上调职工最低工资标准，大部分省市的上调幅度都在 10% 以上，有的甚至调高了 25%，这些都有利于劳动报酬的提高和社会消费水平的提升。劳动报酬率的变化表明，劳动报酬率过低必然造成社会消费增长乏力，经济发展只能依赖投资和出口。唯有提高劳动报酬在初次分配中的比重，才是扩大社会消费、实现经济"又好又快"发展的根本保证。

改革开放的前 30 年主要解决了经济发展问题，之后要重点解决分配公平问题。改革开放 30 年之际，有学者通过相关数据分析提出中国经济发展已经到了"不分好蛋糕就做不大蛋糕"的关键时期。客观来说，当时我国"做大蛋糕"的约束条件与改革开放前的状况已经发生了根本变化，改革开放前"做大蛋糕"面临的难题是资本、资源等基本物质要素短缺。从经济社会发展状况而言，继续"做大蛋糕"依然需要资本、资源等基本物质要素，但从社会因素对经济发展的制约作用和中长期发展趋势的影响作用来看，能否"分好蛋糕"已经成为"做大蛋糕"的主要制约因素，"分蛋糕"中的不公平问题会持续影响"做大蛋糕"的可能。如果不能"分好蛋糕"，不仅会使得已经做好的蛋糕成为一块"无效"蛋糕，而且将造成继续"做大蛋糕"的动力不足。从持续发展动力的角度来说，"分好蛋糕"比"做大蛋糕"更为重要，这种观点逐渐成为一种社会共识。

---

[1] 宋晓梧.调整收入分配结构　加快经济发展方式转变 [J].中国经贸导刊，2010（07）：8.

随着社会民众对"改革我国收入分配制度，调整收入分配格局"的呼声越来越大，收入分配问题成为全社会关注的焦点问题之一。特别是随着中国经济社会快速发展和信息公开化程度不断提高，社会公众的民主参与意识和利益保护意识不断增强，对日趋扩大的收入差距和分配不公问题的关注度全面上升。这一问题引起了中央政府的高度重视，2010年的《政府工作报告》把"改革收入分配制度"单独提了出来，认为我们不仅要通过发展经济把社会财富这个"蛋糕"做大，也要通过合理的收入分配制度把"蛋糕"分好，并针对这一问题强调提出了"三个切入点"：一是努力提高居民收入在国民收入分配中的比重；二是努力提高劳动报酬在初次分配中的比重；三是深化资源性产品价格和要素市场改革。这些做法表明中央政府对改革收入分配不合理状况的重视和决心，以及对广大人民群众实际利益的关心和维护。党的二十大以来，收入分配被当做中国经济社会发展的重大问题之一，也是老百姓关心的头等大事，这一问题的解决关系到中国市场经济体制改革和政治体制改革的深化发展，关乎社会长治久安与稳定和谐的大局，也能够反映出中国共产党的执政合法性与执政能力。实现收入分配公平，让全体人民共享社会主义改革发展成果，不仅是维护社会主义公平正义、促进社会和谐稳定的重要任务，也是实现中国特色社会主义共同富裕理想目标的客观要求。

在收入分配领域中，初次分配是收入分配的基础，实现收入分配公平首先要实现初次分配的公平。国际经验表明，初次分配阶段差距过大，不仅给社会保障体系建设制造障碍，而且会增加政府通过再分配调节居民收入差距的难度。初次分配是分配的基础阶段，主要在市场生产领域各参与主体之间进行，涉及方方面面的利益关系。初次分配的利益格局一旦被确定下来，再分配很难改变这种利益结构，只能对这种利益结构进行"修补"矫正或局部调节。从市场分配实际来看，初次分配规定着人们之间的根本利益关系，它涉及的财富份额占居民收入的80%～90%，再分配涉及的份额只占居民收入的10%～20%，居民收入在初次分配和再分配两个阶段的分配份额与关系符合经济学80/20原则。由此可知，初次分配是实现收入公平分配的基础和前提，收入分配差距与不公平问题主要产生于初次分配领域。因此，在整个国民收入分配过程中，只有先实现初次分配公平，才能最终实现社会公平。

中国初次分配公平问题，既是一个重大的理论问题，又是一个重要的实践问题，而且这一课题又与政府的政策息息相关，具有重要的理论意义和现实意义。本书是在评析和借鉴前人研究成果的基础上，进一步对我国市场初次分配领域产生和存在的问题进行的独立思考和分析研究，主要包括中国初次分配领域公平问题的主要表现、问题产生的根源，并试图找到根治问题的有效途径，早日实现社会主义公平正义、和谐发展与共同富裕的价值目标。以马克思主义劳动价值论和分配理论为指导，借鉴西方学者经济分配理论中的合理因素，运用规范分析与实证分析等方法，剖析和论述新时期中国初次分配公平问题。全书共分为六章。

第一章是对初次分配公平问题的相关理论进行界定和评述。首先是对初次分配公平问题的几个核心概念进行界定，其次是对有关理论范畴进行分析，包括初次分配的公平与效率、初次分配与再分配、功能性收入分配与规模性收入分配、宏观收入分配与微观收入分配等内容。最后是对古典主义、马克思主义、新古典主义微观和宏观等重要分配理论进行评介。这一章是本书的基础部分，为研究提供了理论依据和分析工具。

第二章是对我国社会主义初次分配制度理论与实践演进过程进行评介。主要从历史发展的角度来分析中国初次分配制度的具体演变过程，对自计划经济时期至今不同经济社会发展阶段的初次分配实践状况进行简述，并对各阶段的初次分配理论进行简单评析，在问题的基础上为未来我国初次分配公平发展指明重点和方向。

第三章主要剖析我国国民收入分配格局公平状况。通过对我国国民收入中政府、企业和住户三大主体收入比重的数据分析和国际比较，从宏观层面分析我国国民收入初次分配格局和再分配格局的公平状况，特别是对我国劳动报酬占比状况的剖析，得出国民收入分配向政府和企业倾斜，从而导致居民收入尤其是劳动收入占比较低的结论。当前，这一收入分配状况虽然有了一定的改观，但与一般发达国家和世界平均水平相比还有一定差距。国民收入分配格局失衡，对我国经济社会发展有着较大的影响。

第四章主要从微观层面对中国初次分配不公平问题进行剖析。目前，我国微观层面的初次分配不公平问题，主要表现为平均主义分配仍顽固存在，权力过度干预收入初次分配，不同性质的企业职工工资水平差距较大，企业内部"利润侵蚀工资"问题严重，以及农民、农民工收入水平较低并导致城乡居民收入差距日趋扩大等问题。随着我国扶贫攻坚战略的胜利和全面建成小康社会的实现，这些问题得到了部分解决，情况有所缓和，但还是应当引起政府的高度重视，为构建公平合理的收入分配格局奠定基础。

　　第五章主要分析当前我国初次分配不公平问题产生的根本原因。国民收入分配格局失衡的根源在于政府、企业与居民个人三大分配主体之间的目标冲突与利益博弈；以劳动报酬为核心的初次分配不公平的原因，主要在于分配制度内在的缺陷与市场经济体制不完善的影响，关键在于政府权力不规范、职能不到位以及市场管理政策滞后等问题的负面影响。

　　第六章是应对和解决中国初次分配不公平问题的路径选择。针对我国现实存在的初次分配不公平问题，主要从价值理念、制度建构、体制健全与完善以及政府职能转变等几个层面进行有效建设。发挥好市场和制度两个分配主体的作用是基础，市场有效、政府有为缺一不可，政府积极有为是关键。"十四五"时期，在国内外已有经验的基础上，进一步提出和实施新的"中国版国民收入倍增计划"是政府的职责所在，也是实现社会公平的一种制度安排和发展战略。新征程中，共同富裕战略目标已经确立并迈出了坚实的一步，必须千方百计地扎实推进共同富裕目标的早日实现。

第一章 初次分配公平问题相关理论评析

在现代经济学理论中，收入分配理论无疑占据着重要地位。在收入分配理论框架内，初次分配理论又是经济学家关注和研究的重点领域。对当前我国初次分配公平问题进行研究，首先需要明确收入、收入分配、初次分配和初次分配公平等几个核心概念的基本内涵；需要科学辨析效率与公平、初次分配与再分配、功能收入分配与规模收入分配、宏观初次分配与微观初次分配等几对直接相关的基本范畴；需要对有关这一研究领域的已有思想观点和基本理论进行系统的梳理分析，主要包括从古典经济学派到马克思主义，从新古典主义到当代一些主要流派的主要理论观点。正所谓"他山之石，可以攻玉"。了解和熟悉相关理论内容和前沿问题，做好这些基础性的研究工作，一方面可以清楚界定各种相关的概念及思想观点，避免概念和相关理论理解上的混淆和阅读上的混乱；另一方面可以引导未来的研究方向和重点，为当前中国初次分配公平问题的进一步研究提供理论依据、研究方向和指导原则。

第一节 初次分配公平的科学内涵

对我国初次分配公平理论进行研究，可以为我国具体实现公平收入分配提供理论依据和指导作用。研究我国初次分配公平问题，只有先清楚认识和定义收入分配、初次分配与初次分配公平等基本概念，避免理解上的混淆与歧义，才能对我国收入分配现状做出准确判断；只有对收入分配公平理论的主要内容有完全、准确的把握，才能为之后的理论分析研究与理论建构奠定基础，并据此提出行之有效的应对措施。

一、收入分配

从经济学角度来看，收入分配问题关系着人们的切身利益，在任何一个社会的经济活动中都占据非常重要的地位，也是国家经济社会中最为复杂和敏感的问题之一。

（一）"收入"的内涵

"收入"是从法语"Revenir"（"再生"的意思）一词的过去分词"Revenu"转意而来，其本原意思是"从一定的源泉反复取得而源泉不受损失并可以自由消费的产品或价值"，指经济分配形成的结果。在之后的经济收入问题研究中，"收入"这一基本概念在不同经济学家那里出现了不同的解释，但其基本内涵没有改变。收入的基本含义是指由商品或劳务交易获得的金钱或等价物，主要指通过资本或劳动投入得到的补偿或报酬。

经济学中收入的概念有宏观和微观之分。宏观层面上的收入一般指国民收入（National Income），可以用国民总收入、国民净收入和国民生产总值表示。国民总收入（GNI）是指一个国家或地区在一段时期内获得的以货币表现的全部最终产品价值的总和。国民生产净值（NNP）是指一个国家或地区在一段时期以货币表现的全部最终产品价值中新创造价值的总和，即国民总产品扣除折旧部分的剩余。最常用的概念是国内生产总值（Gross Domestic Product，简称GDP），是指一个国家或地区在一定时期内（通常指一年）所有常住生产单位活动的总成果，主要表现为国内生产单位创造并供给社会最终使用的各种形式的物品与服务的价值总和。国内生产总值一般可以通过价值形态、收入形态和产品形态三种方式来表示。价值形态的国内生产总值，是指一个国家或地区所有常住单位在一定时期内生产的全部物品和服务价值超过投入的全部非固定资产物品和服务价值的差额，即表示为"所有常住单位创造的总的增加值"，是新增社会价值部分。收入形态的国内生产总值，是指一个国家或地区所有常住单位在一定时期内创造并分配给常住单位和非常住单位的收入份额总和。产品形态的国内生产总值，是指一个国家或地区最终使用的物品和服务价值总额减去进口物品和服务后的差额。在实际经济核算中，世界各国GDP的三种表现形态主要采用生产法、收入法和支出法进行计算，由于三种计算方式不同，计算的GDP结果也不完全一致。

微观层面的收入通常指个人收入（Personal Income），即个人或居民家庭在单位时间内的劳动收益，通常是指社会成员或家庭一年内所获得的全部货币收入和实物收入的总和。个人收入是个人和非公司企业纳税前得到的收入，是从国民收入中减去人们在现期生产中创造的但是又没有被人们得到的收入，再加上人们得到的那些不是在现期生产中创造出来的收入。个人收入也可以指个人可支配收入，是指个人在缴纳各项税收后剩下的收入，其数值等于个人收入减去税收。人们对这种收入拥有充分的支配权，可用于消费与储蓄。

（二）"收入分配"的内涵

收入分配（Income Distribution 或 Distribution of Income）简称"分配"，是指对社会物质财富的分配。收入分配是生产关系的一个重要内容，是社会经济运行过程中联系生产与消费的中间环节。《辞海》把"分配"解释为："社会在一定时期内新创造出来的价值，即国民收入或体现这部分价值的产品在不同阶级、社会集团或社会成员之间的分配。是社会再生产过程中连接生产和消费的一个环节。"[1] 经济学中的分配又称为分配交易，是"由生产所创造的增加值分配给劳动力、资本和政府的交易以及由涉及收入和财富的再分配（所得税和财产税及其他转移）的交易组成"[2]。收入分配主要是"由生产所创造的增加值分配给劳动力、资本和政府的交易以及由涉及收入和财富的再分配（所得税和财产税及其他转移）的交易组成"[3]。以上分配的定义与解释，主要依据一定原则把社会产品或价值配置给不同社会集团、部门或个人的经济过程，包括分配主体、分配客体、分配受众和分配原则等内容。

分配概念有广义和狭义之分。广义的分配，是指"属于生产过程的生产要素分配与社会生产总过程中社会产品分配的总和"[4]。这里的"生产要素分配"主要指生产条件自身的分配，是在生产开始之前与生产进行中国家、社会或个人根据生产需要将"物"和"人"两大类生产要素分配到各个部门、企业或生产环节中去，以保证生产正常、连续进行；这里的"社会产品分配"主要指社会生产出来的全部劳动产品应该按照一定比例和方式分配给政府、企业、居民个人各消费主体的过程。政府代表国家获得财政收入，主要用以满足社会再生产、改善社会福利、保卫国家安全等方面的需要；企业等具体生产单位获得积累资金，用于企业扩大再生产；还有一部分被用作最终消费品在所有居民个人之间进行分配，形成居民可支配收入用于最终消费或储蓄。马克思主义政治经济学理论将经济分配区分为生产条件的分配和生产产品的分配，并且指出生产条件的分配决定生产产品的分配方式和结果：生产条件分配不仅决定生产成果

---

〔1〕 辞海 [M]. 上海：上海辞书出版社，1999：782.
〔2〕〔3〕 联合国，等. 国民经济核算体系 [M]. 北京：中国统计出版社，1995：21.
〔4〕 宁德业. 中国现阶段收入分配公平问题研究 [M]. 长沙：湖南大学出版社，2009：50.

的性质、社会成员占有消费资料的比例和份额，也决定消费产品的质量和结构以及变化趋势。由此可见，分配由生产决定，利益关系和分配关系由社会基本生产关系决定，利益结构和分配结构由社会生产资料所有制结构决定，收入分配的方式和基本制度最终由社会生产方式决定。马克思指出："照最浅薄的理解，分配表现为产品的分配，因此它离生产很远，似乎对生产是独立的。但是，在分配是产品的分配之前，它是（1）生产工具的分配，（2）社会成员在各类生产之间的分配（个人从属于一定的生产关系）——这是同一关系的进一步规定。"[1]这表明分配不独立于生产，不是一个独立部门，而是与生产密不可分。"分配本身是生产的产物，不仅就对象说是如此，而且就形式说也是如此。就对象说，能分配的只是生产的成果；就形式说，参与生产的一定方式决定分配的特殊形式，决定参与分配的形式。"[2]

狭义的分配，主要指一个国家或地区一定时期内生产的最终成果的分配状况，表现为社会产品或国民收入在社会各主体间的分配。这里的分配就是人们日常所理解的"收入分配"，即指社会产品或国民收入在国家、企业、社会成员不同主体之间或各主体内部进行分割和占有状况。

（三）收入分配的构成要素

收入分配是指社会在一定时期内创造出来的使用价值或新价值，按照一定分配标准分给参与社会生产的要素主体的经济行为过程，包括收入初次分配和再分配两个阶段，由收入分配主体、收入分配客体、收入分配的依据、收入分配方式和收入分配的组织者等几个基本要素构成。

1. 收入分配主体

收入分配主体是指哪些主体参与了社会产品分配，从中获得自己的份额。参与收入分配的主体是各种生产要素以及生产要素的所有者，包括参与国民收入分配的具有独立的利益、权利、责任和风险的各种组织和个人。在初次分配过程中，只有参与了生产活动的单位和个人才有权利参与分配活动，参与分配的单位或部门都具有主动性，各要素主体既是收入的创造者，又是收入的接受者。从理论上讲，收入分配主体可以从两方面进行理解：一方面是以参与生产

---

〔1〕 马克思恩格斯文选：第 8 卷 [M].北京：人民出版社，2009：20.
〔2〕 马克思恩格斯文选：第 8 卷 [M].北京：人民出版社，2009：19.

过程的各种生产要素作为收入分配的主体，即土地、资本、劳动、信息、技术和经营管理等多种要素；另一方面是将要素所有者作为收入分配的主体，习惯上分为国家、企业和住户（居民）三大主体。当然，也有研究以国民经济核算理论为基础，依据能否独立拥有资产、承担负债、从事经济活动并与其他单位进行交易等标准，将国内参与经济活动的所有常住单位区分为非金融企业、金融机构、政府和住户四种收入分配主体。

2. 收入分配客体

收入分配客体是指收入分配的对象。收入分配客体是指社会生产的最终成果，不具有最终意义上的社会劳动成果不属于收入分配的对象。收入分配客体是分配主体之间进行利益分配的媒介物，是划分分配主体之间经济关系的客观载体，没有这种载体，分配主体的权利就无从体现，从而收入分配也就成了无源之水。国民收入分配的前提是国民收入的创造。国民收入是指生产部门的劳动者当年新创造的扣除生产消耗之后的价值。实际上，不同分配阶段的分配对象完全不同，初次分配阶段各经济主体分配的对象是国民收入，收入分配的结果则形成各机构部门的原始收入；再分配阶段的各类分配主体对各机构单位的初次分配结果即原始收入再一次进行分配，其结果形成各单位最终可支配收入。

3. 收入分配的依据

收入分配的依据是指收入分配得以实际进行的指导理论和相关政策规定。任何收入分配活动都必须在一定理论和政策指导下进行，不同的分配理论和政策形成不同的收入分配格局。我国长期坚持实行"效率优先，兼顾公平"的分配原则，必然造成"高效率、低公平"的收入分配状况；随着"初次分配与再分配都要注重效率与公平，再分配更加注重公平"政策的出台和落实，收入差距将会越来越小，社会将形成较为公平合理的收入分配格局。

4. 收入分配方式

收入分配方式是指"如何进行分配"。分配方式是收入分配的具体操作问题，同一种分配理论和政策，可能会产生不同的分配方式。马克思曾指出："消费资料的任何一种分配，都不过是生产条件本身分配的结果。"[1]收入分配方式取决于同生产力发展水平相适应的生产资料所有制形式，即决定于生产资料所

---

〔1〕 马克思恩格斯选集：第3卷 [M]. 北京：人民出版社，1972：13.

有制，因此分析收入分配方式要从生产资料所有制形式入手。按劳分配制度下，可以按劳动收入与劳动贡献对等的原则进行分配，也可以按人头实行平均分配；按生产要素进行分配，存在按各种要素所有权进行分配或者按各要素贡献大小进行分配的区别。因此，采用不同的收入分配方式进行分配不仅是一个技术问题，还是一个价值选择问题。

5. 收入分配的组织者

收入分配的组织者是指"由谁来主导分配过程"。任何收入分配活动都需要有组织地进行，需要一定的组织者来主导收入分配进程。计划经济体制下，所有的收入分配活动都是由政府控制和组织进行的，市场对收入分配几乎没有任何作用；在完全自由竞争的市场经济条件下，收入分配主要靠市场自发调节，具体是由参与市场活动的组织和个人自由进行，政府作为市场活动的参与者之一，只能从整个国民收入中获取属于自己的部分。混合经济体制下，由政府与市场共同组织、相互配合进行，必须根据政府和市场各自的作用范围来确定由谁主导收入分配。

（四）收入分配差距

收入分配差距是人类经济社会始终存在的一个难以解决的普遍的重大经济问题，也是直接关乎人们利益关系的重大政治问题。收入分配差距一般是指在正常社会生产状况下，社会对一定时期内的劳动产品进行分配时，按照一定标准在不同个人或群体之间进行分配，使得各主体所获得的收入之间存在一定差异或保持一定比例关系。在资本主义市场经济条件下，平等竞争机制在收入分配领域发挥主要作用，供求关系决定各种资源的价格高低，人的禀赋条件和能力大小直接决定收入分配的结果，社会出现不同群体或个体间不同程度的收入差距具有客观必然性。市场经济条件下，适度的收入分配差距有其积极意义，有助于市场资源的优化配置，促进经济效率的提高和加快经济增长速度，为全社会居民的收入水平和消费能力奠定基础。当然，如果社会收入分配差距过大，收入差距悬殊甚至出现两极分化，超过大多数人的心理承受力，一方面会造成低收入群体的购买力下降和有效社会需求减少，工业固定资产大量闲置、产能过剩导致产品大量积压，这种经济危机的存在必然破坏一定程度的社会生产力；另一方面则扭曲现实经济利益关系，使得市场激励机制失效，对广大劳动者的生产积极性和生产效率的提高形成制约，进而影响整个国民经济持续稳定发展，甚至会危及政治稳定和整个社会的运行秩序。

收入分配差距一般可以分为绝对收入差距和相对收入差距。所谓绝对收入差距，是指不同人或不同群体之间直接用货币或某些实物指标表示出来的收入差额。市场条件下的收入由各生产要素获得的收入部分共同构成，绝对收入差距是不同利益群体间收入的实际差别，收入分配差距是不同群体所占社会总收入的比例差别，绝对收入差距的存在是收入分配差距形成的基础。绝对收入差距的大小取决于各生产要素之间的差距大小与各生产要素收入所占比重的大小。从收入分配结构的角度来剖析绝对收入差距，可以具体分析各生产要素在绝对收入差距中的贡献，并可用以测度不同阶层或居民个人的财富占有状况。了解不同层面的收入差距，能够为从收入分配的各环节控制收入差距提供有效方法，从而达到改善居民收入分配差距状况的目的。但是，绝对差距并不能准确衡量各生产要素收入之间差的程度，还需要引入"相对收入差距"的概念加以科学测度。

所谓相对收入差距，是指用收入相对比重来表示不同群体或个人之间的收入差距，是衡量收入分配公平与否的重要标志。相对收入差距一般用不同主体收入的百分比或相对份额来表示一定的收入关系，主要用来测度居民收入分配中的差距大小。居民收入分配差距主要根据居民的个人特征或社会特征，比如，种族、教育、年龄、职业等，对个人或家庭进行分类，然后分析各类不同特征人群间的收入差异程度，以反映不同社会经济群体之间的收入分配差距和经济社会地位。国际上用以衡量居民收入差距的通用指标是基尼系数，这一系数由意大利社会学家基尼（1884—1965）在美国统计学家洛伦兹的研究成果，即"洛伦兹曲线"的基础上，通过深化研究提出来的重要指标。基尼系数与洛伦兹曲线的意义不同，洛伦兹曲线是用以表示"人口累计百分比和收入累计百分比对应关系"，主要用来衡量社会不同人群收入分配或财产分配的不公平状况。一般来说，洛伦兹曲线弯曲程度越大表示收入分配不公平的程度越大，洛伦兹曲线与45°线之间的部分被称作"不平等面积"。基尼系数则是不平等面积与完全不平等面积之比。基尼系数是国际流行的测量居民个人或家庭之间收入差距的主要指标，其数值只能在 0 ～ 1 之间变动，这一系数越小表示收入分配结果差距越小。"0"值意味着社会中所有人获得完全相同的收入，即绝对的收入平均状态；基尼系数越大则表示收入分配结果之间的差距越大，"1"值意味着社会中的所有收入被一个人占有，即绝对的收入不均等状态。当基尼系数在 0.3 以下时，表示居民收入差距处于较好的平均状态；在 0.3 ～ 0.4 之间时，表示居民收入差距处于基本合理状态；0.4 是警戒线，这一数值是居民收入差距良性和恶性的分界线；如果在 0.6 以上，则表明居民收入差距处于危险状态。

绝对收入差距与相对收入差距之间既有联系又有区别。二者之间的联系在于，当总收入既定时，相对收入差距与绝对收入差距的变动方向一致，即"当绝对差距扩大时，相对差距也扩大"；反之亦然。二者之间的区别在于，绝对收入差距只能反映不同收入数值之间差距的绝对数，不能反映收入差距的差距程度，不利于不同收入分配差距之间的比较研究。因此，多数学者在进行居民收入差距相关研究时主要使用相对收入差距指标。

二、初次分配

初次分配的概念是相对于政府再分配而言的分配阶段。初次分配是本书进行相关理论研究的基本概念，了解"初次分配"的内涵是对我国初次分配公平问题研究的理论前提。

（一）"初次分配"的内涵

初次分配又称为"一次分配"，是指在生产领域或市场关系中进行的分配，因而也有学者称之为"市场分配"。初次分配主要指国民收入直接在各生产要素之间进行的分配，由于市场经济条件下的生产活动都离不开劳动力、资本、土地、技术和经营管理等基本生产要素，而取得这些要素的使用权必须支付一定的报酬，这种报酬就是各生产要素提供者获得的初次分配收入。对于生产要素的所有者来说，任何生产要素的投入都要索取相应的回报，回报的大小取决于生产要素投入的数量和质量以及贡献率的大小，等量投入得到等量收入。经过市场分配得到的收入也称原始收入，初次分配以社会价值增加值为起点，各市场主体按照各自在生产过程中的贡献大小进行分配，主要包括居民个人提供劳动和其他要素获得的各种收入，政府利用国家权力对社会和市场提供管理和服务而征收各种税收形成的初次分配收入，企业则获得由净营业盈余形成的初次分配收入。各部分的初次分配收入共同构成我国初次分配总收入，各部分的初次分配收入是国民收入的重要组成部分，奠定了整个国民收入分配格局的基础。

初次分配根据市场规则把生产中创造的新价值分配给各生产要素所有者。

初次分配主要由市场机制决定，由市场组织进行分配活动，各生产要素价格通过市场竞争由供求关系状况决定，主要依据效率原则进行。政府主要通过税收等经济杠杆和提供法律法规与制度规范对市场利益关系进行调节，一般不直接干预初次分配活动。初次分配的结果公平与否，主要受市场体系的完整性程度和市场机制的完善性程度影响，商品市场、资本市场、劳动力市场、货币市场等共同组成的市场体系及其健全程度是初次分配的效率效应和公平效应得以充分发挥的必要条件。

（二）国民收入初次分配形式

国民收入初次分配形式是指各个分配主体分割一定时期内社会价值增加值的各种具体手段和方式，我们称之为国民收入初次分配形式，或初次分配的分配流量。国民收入在居民、企业和政府之间的分配形式主要概括为以下几种。

1. 劳动者报酬

劳动者报酬是指在核算期内劳动者根据自己提供的劳动质量和数量从生产单位得到的收入或回报，主要是以现金和实物形式变现的工资、奖金和津贴，还包括劳动者所享受的公费医疗和医药卫生费、上下班交通补贴和单位支付的社会保险费等。对于个体经济来说，其所获得的劳动报酬和经营利润不易区分，一般将两部分统一当作劳动者报酬来处理，具体则包括职工工资、职工保险福利、农民货币收入、农民自产自用收入、城镇个体劳动者收入、其他职业者收入和居民其他收入等。当前，我国虽然已经建立并实行了"生产要素按贡献参与分配"的分配制度，但以按劳分配为主体的分配制度没有改变，绝大多数劳动者的生活来源主要是从初次分配中获得的劳动报酬，劳动者报酬是形成居民收入的基础。随着社会生产范围的扩展和生产方式的改变，初次分配的范围从过去仅仅局限于第一、第二产业扩大到第三产业中的生产性服务部门，劳动者报酬占初次分配的比重将会越来越大。

2. 生产税净额

生产税净额是政府社会管理活动中以报酬形式获取的政府部门收入，其数量是各部门向政府支付的生产税与政府向各部门支付的生产补贴相抵之后的差额。生产税是政府对生产单位进行生产、销售以及因从事生产活动而使用某些社会生产要素，如固定资产、土地、劳动力等所征收的各种税收、附加费和规费。生产补贴与生产税则相反，是指政府对生产单位的单方面收入转移，因此被视为负生产税，包括政策性亏损补贴、粮食系统价格补贴、外贸企业出口退税等。

3. 固定资产折旧

在生产过程中，各经济实体为生产一定数量的产品，不仅需要消耗一定数量的物质资料，而且需要消耗一定数量的劳动资料。固定资产折旧作为产品价值的组成部分，是用来补偿已经消耗掉的固定资产部分的价值。在固定资产实物报废之时，所积累的折旧基金便是固定资产实物得以替换更新的资金来源。

4. 营业盈余

与上述三个项目不同，营业盈余不是独立的分配项目，而是初次分配阶段的剩余项或平衡项。在初次分配阶段，企业增加值被分配为劳动者报酬、生产税净额和固定资产折旧之后的剩余部分就是企业营业盈余，表现为资本所得份额，反映企业资本的价值增值程度。在国民收入初次分配过程中，企业主要获得固定资产折旧和营业盈余。

5. 财产性收入

所谓财产性收入，是指各种资产所有者通过转让资产使用权而从使用者那里获得的一定数量的利息、股息、租金、专利收入、红利和其他财产收入。利息是存款、证券（不含股票）、贷款和其他应收账款等金融资产的所有者应收的一种财产性收入；红利是利润中分配给股票和其他股权持有者的部分，包括公司分配给股东或所有者的一切利润；地租包括土地租金及地下天然资源的租金；其他财产收入则是扣除利息、红利和土地租金以外的财产性收入，比如，属于投保人的财产收入等。

以上几种收入分配形式，体现了初次分配过程中按生产要素贡献进行分配的原则。市场经济条件下的生产活动成果由多种要素共同创造出来，参与生产的要素以有偿形式提供，因此，按要素贡献分配是市场化的客观要求。生产活动产生的增加值在参与生产活动的各生产要素所有者及政府之间进行的初次分配，形成了各机构部门相应的初次分配收入。其用公式可以表示为：

$$G = M + W + T + R + S$$

公式中，G 表示各机构部门的初次分配总收入；M 表示固定资产折旧；W 表示劳动者报酬；T 表示生产税净额；R 表示营业盈余；S 表示财产收入净额。各部门的初次分配总收入之和等于国民总收入，即国民生产总值。

（三）国民收入初次分配结构

国民收入初次分配结构是指国民收入按照各要素都参与收入分配的原则，在住户（居民）、企业和政府部门之间进行分配，形成三个部门的初次分配收入，又被称作原始收入。

1. 居民收入

居民收入是指所有从业人员的初次分配个人收入，包括所有劳动者、投资者所获得的收入。这里的居民部门主要指共用生活设施，部分或全部收入和财产集中使用，共同消费住房、食品和其他消费品与消费服务的常住个人或个人群体，所有居民住户的总和称为住户部门。其用公式可以表示为：

$$G=Z+（W-W_1）-T+（S-S_1）$$

公式中，G 表示居民部门初次分配收入；Z 表示居民部门增加值；W 表示居民部门劳动者报酬收入；W_1 表示居民部门劳动者报酬支付；T 表示居民部门生产税净额；S 表示居民部门财产性收入；S_1 表示居民部门财产性支付。居民收入的主体是工资性收入。工资性收入属于劳动收入，由工资收入和来自生产环节的其他劳务收入组成，工资水平的高低主要取决于国民收入初次分配格局状况。除工资性收入外，居民收入还包括一部分财产性收入。

2. 企业收入

企业包括非金融企业和金融企业。非金融企业由所有从事非金融活动并以盈利为目的的常住独立核算单位组成；金融企业则主要由从事金融中介或从事与金融中介密切相关的辅助金融活动的全部常住单位组成，包括中央银行、商业银行和政策性银行、非银行信贷机构和保险公司等。其用公式可以表示为：

$$G=（Z_1+Z_2）-（W_1+W_2）-（T_1+T_2）+（S_1-S_2）$$

公式中，G 表示企业部门初次分配收入；Z_1 表示非金融企业部门增加值；Z_2 表示金融企业部门增加值；W_1 表示非金融企业部门劳动者报酬支付；W_2 表示金融部门劳动者报酬支付；T_1 表示非金融企业部门生产税净额；T_2 表示金融企业部门生产税净额；S_1 表示非金融部门财产性收入减支付；S_2 表示金融部门财产性收入减支付。

3. 政府收入

初次分配中的政府收入由政府部门创造的增加值扣除劳动报酬后的净收入及财产性收支净额收入之和构成。在初次分配过程中，政府征收的生产税也称间接税，主要包括消费税、增值税、关税、特殊货物税等。政府获得的生产税来源于直接参与生产过程的要素收入，这种生产税一方面可以理解为政府为企业提供社会资本而获得的报酬，另一方面也是初次分配过程中政府最主要的宏观调控手段。政府收入用公式表示如下：

$$G = Z - W + (S - S_1)$$

公式中，G 表示政府部门初次分配收入；Z 表示政府部门的增加值；W 表示政府部门劳动者报酬支付；S 表示政府部门财产性收入；S_1 表示政府部门财产性支付。

三、初次分配公平

初次分配公平主要反映市场经济主体在生产过程中"权利与义务、作用与地位、付出与报偿之间的平等关系，表现为国民收入做必要的扣除（即税收和企业年金等）之后在生产参与者之中进行分配，使每位生产参与者取得与自己在生产中的贡献相称的报酬"[1]。责权利对称是初次分配的重要内容，责权利对称主要指市场各生产要素主体享有的权利和利益应该与其承担的责任和义务相对应，即享有的权利和利益越多，承担的责任和义务就应该越多；反之，承担的责任和义务越多，应享有的权利和利益就越多。我们可以将初次分配公平分为宏观和微观两个层面的内容。宏观层面上，体现国民收入初次分配公平性的主要指标是社会各部门间的分配比重，主要表现为政府收入、企业收入和居民个人收入三部分收入在整个国民收入中所占比重是否合理，三主体收入的增长速度是否保持均衡与协调。微观层面的初次分配公平"要求具体的生产企业在对生产参与者进行个人收入分配时要做到公正合理"[2]。

（一）理论基础

初次分配公平的理论基础是生产要素的平等性，即赋予集合于企业生产过程中的各要素以平等地位。传统企业理论认为，市场经济条件下的企业以获取利益最大化而进行的商品生产和经营，为了进行商品的生产经营就必须把各种生产要素集合在一起才能进行，因此，"企业是集合生产要素（土地、自然资源、劳动力、资本、技术和信息），并在利润动机和承担风险条件下，为社会

---

〔1〕〔2〕 曾传国.论初次分配公平的内容、意义及实现途径 [J].毛泽东邓小平理论研究，2007（11）：66.

提供产品和服务的单位"[1]。

传统企业理论多从"生产经营的逐利性"和"生产要素的集合性"两个方面对企业的本质进行界定，往往忽视对企业各生产要素之间权利关系的清晰界定，不利于准确界定企业各生产要素的具体贡献值及企业初次分配结果的公平性。如果集合于企业的各生产要素的地位平等，它们之间是一种价值和地位完全平等关系，那么各要素在企业的生产经营活动中将处于平等地位，对具体的生产经营过程都发挥了各自应有的作用，在分配过程中也应该平等地拥有企业的剩余索取权。如果集合于企业的各生产要素是一种从属关系，那么只有处于支配地位的生产要素所有者才拥有利润的分配权或独享权。

确立"初次分配公平"原则，要从理论上科学界定参与企业生产的各生产要素之间是平等关系还是从属关系。从我国社会主义市场经济来看，企业不仅是市场经济得以存在和发展的主体，而且是实现"人"的活劳动与物质基本要素有机结合的具体形式，各生产要素只有相互作用、协调、合作，才能使得商品的生产经营得以实现。参与生产经营的各生产要素唯有通过合作共同发挥功能，才能使其整体功能得以展现，实现既定的生产目标。这种合作关系和地位平等体现在企业的生产经营活动中，就是各生产要素均一次性参与企业生产过程，共同组织起来发挥作用，缺一不可。各生产要素的平等性体现在企业的初次分配中，就是各生产要素所有者凭借其所有权按照其提供要素在生产中的贡献大小获得一部分剩余分配权。

实践中，我国企业各生产要素长期处于不平等地位，突出表现为资本等"强势要素"在具体生产过程中处于决定地位，而劳动力则成了"弱势要素"，处于从属地位，从而造成劳动力要素所有者获得的收入水平相对于其他生产要素偏低。在市场初次分配环节中，劳动力要素只能获得劳动力价值补偿部分，对于企业利润没有任何剩余索取权，只有资本、技术、管理等要素才享有剩余索取权。因此，确立"初次分配公平"原则，要确立集合于企业的各生产要素的平等地位和权利，尤其是平等的剩余索取权。

（二）主要内容

初次分配公平是包括多个环节的系统工程，市场经济体制下的初次分配公

---

[1] 邓荣霖，张用刚.社会主义市场经济与现代企业制度[M].北京：中国人民大学出版社，1997：69.

平，主要体现在起点公平、规则公平、机会公平和结果相对公平几个环节的内容上。

1. 起点公平

起点公平（平等）是指每个经济主体参与经济活动的各方面条件必须平等，各市场主体具有独立、平等的身份地位，各主体以市场利益要求为导向，按照市场价值规律进行活动。宪法和法律规定公民人人平等，规定每个人都拥有平等的生存与发展权利，任何人都不能凌驾于他人之上、侵害他人的权利。通俗一点说，起点公平就是要求参加"比赛"的人必须处于同一起跑线上。在市场经济活动中，任何拥有劳动能力或其他生产要素的人，都有权利参与社会生产并据此获得相应的收入，人们之间不应该因民族、年龄、性别和社会地位的差别而拥有某种优先权或受到任何歧视。起点公平不排斥、不反对个体之间差异的存在，而是承认这种差异的合理性，因为现实中每个人的天赋、才能、机遇及社会背景不同，个体之间存在差异是必然的；每个企业由于资产状况、劳动者素质、经济管理水平等差异的存在，也必然形成不同素质，产生不同经济效益。

理论上，市场竞争起点可以分为外在和内在两种竞争起点。所谓外在竞争起点，是指竞争主体参与竞争前应当具有的法定权利和法定资格；所谓内在竞争起点，是指竞争主体自身的初始状况大体相同。只有先实现竞争"外在起点和内在起点"的公平，才能真正实现市场竞争起点的公平。比如，法律法规是市场公平竞争的基本保障制度，它不仅要通过规范各市场主体的行为确保外在竞争起点公平，还要通过转移支付、社会基本保障制度，甚至第三次分配制度矫正内在的竞争起点不公平，即努力实现各市场竞争主体的初始状态大体一致，不同主体间的不合理差距应该保持在一定范围内。

市场经济条件下，市场主体之间竞争起点不公平是最大、最危险的不公平，因为起点不公平可能导致市场机会、分配过程和分配结果等一系列的不公平。一般来说，竞争起点不公平会随着不同主体市场竞争所产生的"不公平效应"作用而放大，从而导致过于不公平的结果，而这一不公平的结果又会成为新一轮"不公平的竞争起点"，市场经济条件下的这种不公平的起点和公平规则会对各竞争主体之间的财富占有关系产生"马太效应"，造成"富者更富，贫者更贫"的结果。从根本上来说，维护和实现市场各主体竞争起点公平，是市场初次分配公平得以实现的关键环节。从现实来看，要实现所有人的"起点公平"，就要给予所有人平等的权利，权利的平等，其中最重要的平等权利莫过于受教育的权利平等。穷人要致富，要进入上升通道，唯一能倚仗的就是自己的聪明才智和所拥有的知识资本。这就是为什么国家一定要拿出钱来全面实行免费义务教育和高校奖学金、助学金制度的原因，这是对穷人最大的补贴，也是给予穷人一个公平的"起点"。如果穷人得不到受教育的机会，就不可能有什么"起点公平"可言。

2. 规则公平

规则公正是指各市场主体参与市场竞争与博弈所遵循的法律规章等基本规则，以及制度本身必须公正且要一视同仁，为每个市场主体参与市场竞争的资格和过程提供公平的制度平台，确保市场主体的交易过程和交易行为规范化、透明化、标准化、有序化和公正化。规则公平即收入分配所依据的法律法规、制度与政策等必须公正，对所有参与收入分配的主体要一视同仁。规则公平是实现机会公平和结果公平的根本保证。市场经济的效率必须建立在一定的制度规范基础上，因为唯有依靠制度的强制性、规范性和稳定性才能确保竞争过程的公正和高效。哈耶克主张要想实现规则平等就应该坚持做到三点："一是阻碍某些人发展的任何人为的障碍都应当被清除，二是个人所拥有的任何特权都应当被取消，三是国家为改进人们之状况而采取的措施应当同等地适用于所有人。"[1]

客观上，规则平等是机会平等的基本要求和重要保障，市场规则公平是市场机会平等得以实现的前提条件，也就是说，市场经济的内在竞争机制要求所有机会向所有人开放，必然要求各方面的要求与制度规范适用于所有人，否则机会对于每个人都是不公平的。从社会经济运行过程来看，起点公平、过程公平与结果公平的实现都需要公平的规则，即经济运行过程中的起点公平、过程公平、结果公平都应该统一于规则公平。当前，我国一些地方政府和部门出台的地方法规与行政规范，大都存在地方保护主义和部门保护主义的倾向，对国家利益和社会公众利益造成了一定程度的损害，是我国市场规则不公平的主要表现。当然，有了公平的制度规范就应当照着它去做，这就是实际操作过程公平的问题。实际操作过程如果不公平就会出现"歪嘴和尚念歪经"的情况，使

---

〔1〕 弗里德里希·冯·哈耶克.自由秩序原理[M].邓正来，译.北京：生活·读书·新知三联书店，1997：111.

得公平的制度规范无法公平地得以贯彻，从而导致结果的不公平。而实际操作过程公平的关键在于"程序公平"，程序公平是操作过程公平得以实现的必要前提。

3. 机会公平

所谓机会公平，就是"通过某些相对公平的规则和制度，给予每个人平等的机会，让每个人都能凭借自身的能力和努力，取得相应的成就"[1]。市场经济条件下，公平性的基本含义是人人机会均等，机会向所有人开放，一个人的成就主要取决于其本人的才能和努力，而不为种族、性别、社会及家庭背景等因素所限制，同时避免被剥夺享受成果的权利，尤其是享受健康、教育、消费水平的权利。《2006年世界发展报告：公平与发展》曾指出，公平不是指具体结果的完全平等，"不等于收入的平等"，而是指一种市场机会均等状况的探求，在这种市场开放的公平状况下，决定人们之间经济成就差别的不是家庭背景、种姓或社会性别等先天因素，而是每个人的自身努力、选择偏好和积极主动性等因素。市场机会公平的本质要求"出身、民族、肤色、信仰、性别或任何其他无关的特征都不决定对一个人开放的机会"[2]。这一公平原则不否认一切因知识、能力、冒险精神、产权、资本和运气等个体禀赋之类因素所造成的不同主体间的收入差异，而是否定靠权力垄断、家庭背景等不合法、不合理因素造成的竞争机会不平等带来的不平等结果。在机会均等的前提下，能力和努力程度上的差距带来合理的收入差距，具有激励效应。机会不均等、不公平，则是指社会既有的规则和制度并没有给予不同的人、不同群体平等的机会来通过努力获取相应的收益，由此引起的收入差距不论大小都不合理。

在当前我国的市场分配过程中，由于生产资料占有多少的不同，市场体制机制还不尽完善，特别是一些隐性收入的存在，使得不同的个人和群体获得收入的机会不同，一些人非常努力但机会却不多，其获得的收入与付出的努力不成正比；而另外一些人和群体的努力程度不高，机会却较多且能获得较高收入。在接受同等的教育之后，还必须给予他们以自由择业、自由创业、自由竞争、自由迁徙等一系列的自由权利。机会公平就是机会均等，就是要让他们有自由进入上升通道的机会，在这些机会面前，无论是富人还是穷人应该一律平等。

---

〔1〕 杨春学. 对"效率优先，兼顾公平"命题的重新反思 [J]. 经济学动态，2006（05）：23.
〔2〕 米尔顿·弗里德曼. 自由选择 [M]. 胡骑，等译. 北京：商务印书馆，1998：135.

否则的话，穷人即使受了教育又有什么用呢？

4. 结果相对公平

受传统思想的影响，许多人都把结果公平理解为分配结果的绝对平均，这种观点非常狭隘。陈燕认为："我们不能说平均主义与结果公平完全无关，但平均主义所追求的财富的均等分配最多只能算作结果平等中的一类特殊现象，远远不能涵盖其所有内容及实质内容。"[1]各经济主体参与经济活动过程，并按照经济活动规范获得一定的收入和成果，并且这些劳动收入与各经济主体所占有的社会资源及在经济运行过程中所付出的劳动相一致，即被认为是结果公平。结果意义上的公平一般包含两个层次的含义，第一个层次是与机会公平相对应的结果平等，如果每个人的市场机会均等，无论结果如何都是公平的；第二个层次是将社会成员之间的收入差距保持在合理的范围内。人们之间的收入差距本身并不等于不公平，只要是在追求和强调权利公平、机会公平、规则公平的基础上产生的收入差距就应当是公平合理的。在现实经济社会发展中，合理、合法的收入差距也不能过快、过大地扩展，一定不能使收入差距挤压和损害了低收入群体的基本生存需求和条件，不能超越人们的心理承受力和"心理底线"。按照国际上普遍采用的基尼系数来衡量收入分配差异状况，0.4 通常被作为收入分配差距的警戒线，0.4 以下的区间是收入差距比较合理、适度的数值范围。

从初次分配各方面内容的逻辑关系来看，起点公平、机会公平和规则公平是结果相对公平的前提条件，没有分配起点、机会和规则的公平，就不可能有初次分配结果公平。从这种因果关系来看，初次分配起点公平、机会公平和规则公平显然比初次分配结果公平更为重要。当然，现实经济社会中并不存在绝对的公平分配，而是普遍存在不同主体的起点不公平、过程不公平和结果不公平，这些不公平产生的主体差距或大或小的存在，对现实经济社会的稳定与发展状况都会产生不同程度的影响，需要我们采取各种有效措施，将不同主体间的收入差距控制在合理、适度的范围内，努力实现收入分配的相对公平。

（三）评判的主要指标

国际上通常采用三个指标来判断初次分配公平状况，即劳动报酬率、每小

〔1〕 陈燕.公平与效率[M].北京：中国社会科学出版社，2007：44.

时劳工成本中的福利开支以及社会保障税与个人所得税占政府税收收入的比重。

第一个指标是劳动报酬率。劳动报酬率是指劳动报酬总额占 GDP 的比重，劳动者获取的价值部分在其创造的价值中所占比率的高低，即劳动报酬率是判断初次分配公平性的内在尺度。这个指标是反映初次分配公平程度的一个国际通用指标，也是衡量国民收入初次分配公平与否的关键性指标。按照国际惯例，体现国民收入初次分配公平性的主要指标是公平的分配率，即劳动报酬、资本盈利、政府税收在国民收入中所占的合理比例。其中，最关键的指标是劳动报酬占国民收入的比重，劳动报酬占 GDP 的比重高低，决定了国民收入初次分配的公平程度。这一标准虽然可以通过各种法律法规和制度规范反映出来，但主要是通过劳动报酬率的横向和纵向比较来做出基本判断。通过对比，如果劳动报酬率相对偏低就可以判定初次分配不公平，劳动报酬率越低表明初次分配的不公平程度越高；相反，劳动报酬率相对较高，则可以判定初次分配公平，劳动报酬率越高则表明初次分配的公平程度越高。一般而言，劳动力所有者应该按照劳动力的市场价值大小取得合理的劳动报酬，只要是通过市场竞争获得的劳动报酬就是公平所得。

第二个指标是每小时劳工成本中的福利开支。如果每小时劳动报酬中，劳动力价值补偿部分较大，福利部分较小，则表明初次分配公平程度较低；相反，如果劳动力价值补偿部分较小，而福利部分较大，则表明初次分配公平程度较高。学者刘植荣认为还可以通过最低工资标准进行衡量，而衡量最低工资标准的指标有三个，一是最低工资与人均 GDP 的比率；二是最低工资与平均工资的比率；三是最低工资的增长率。

第三个指标是社会保障税与个人所得税占政府税收收入的比重。社会保障税也称社会保证税、工资税，是以工资、薪金作为课税对象，其税款用于特定社会保险项目的一种性质比较特殊的税收。纳税人一般为雇主和雇员，税款由双方共同分担，但在某些情况下也有雇主单方缴纳的。它是一种主要用于各种社会福利开支的目的税。事实上，中国的社会保险缴费俗称"五费合一"，包括养老保险、医疗保险、失业保险、生育保险、工伤保险。个人所得税来自再分配过程，是政府对自然人取得的各项应税所得收入征收的一种税。虽然个人所得税由再分配过程产生，但也能反映初次分配公平与否的状况。个人所得税在政府税收中的比重越大，说明居民得到的个人收入越多，表明劳动报酬在居民收入中所占的比重较大；相反，则说明居民得到的个人收入越少，表明劳动报酬在居民收入中所占的比重也较小。

第二节　初次分配的基本范畴界定

初次分配的基本范畴主要包括公平与效率、初次分配与再分配、功能性收入分配与规模性收入分配、宏观收入分配与微观收入分配，对这几对基本规范进行辨析和界定是理解和研究初次分配相关理论的基础。

一、公平与效率

公平与效率的内涵及其关系较为复杂，一直是学术界争论的焦点问题，这里需要对这两个基本范畴及其关系进行重新分析和界定。

（一）"公平"的内涵

公平即"公正与平等"。从表面意义上进行分析，公平包含"公"与"平"两方面的含义。"公"即公正、公道，主要指"符合理性、服从真理和守法践约、服从国家利益"三方面的标准。在现实生活中，它表示要用一套合理的制度与机制来公正地对待一定群体和个人，这个范围既可以大到一个国家、地区，也可以小到一个单位、企业机构。"平"即均等，一般指人们要求权利的平等和分配结果的均等。现实生活中的群体和个人，既有其作为公民或社会成员所应有的基本权利与义务，也有与其身份、地位、能力和贡献相称的权利与利益。在《现代汉语词典》中，公平则被解释为"处理事情合情合理，不偏袒任何一方"的意思。《辞海》中的公平是指"按照一定的社会标准如法律、道德、政策等、正当的秩序合理地待人处事"[1]。

公平是一个具有多角度、多层次的概念，社会科学的每个学科几乎都可以与公平结合。公平本来是一个伦理学概念，现在已经被广泛运用到了政治、经济、法律、文化等多个研究领域，成了一个多层次、系统的复合概念，而且可以从不同主体需要出发规定其不同的内涵。社会学意义上的公平是指不同社会

---

[1]　辞海 [M]. 上海：上海辞书出版社，1999：55.

成员的社会地位、经济收入、消费水平比较接近而不是差别过分或悬殊；法学意义上的公平主要指人们之间的权利与义务对等，人们获得的回报与他们的贡献、承担的责任风险相一致；伦理学意义上的公平则指每个社会主体都应该拥有独立人格和个人生存发展的平等权利与机会；政治学意义上的公平主要指国家和社会应当制定相应的法律和规则，保证所有社会成员参与政治生活的均等机会，享有均等的政治地位和社会地位；经济学意义上的公平是指人们参与经济活动及相关经济制度、权利、机会的公正性。

公平是人们社会关系的一种特有属性，是社会主体对现行各种经济利益关系进行评判和规范的一种尺度。公平本质上属于价值范畴，是人们对现实存在的社会现象特别是分配关系与利益关系的主观价值判断，一般用于界定人与人之间的利益关系及利益关系的原则、制度、做法、行为等是否合乎社会发展的需要。恩格斯认为："公平始终只是现存经济关系在保守方面或其革命方面的观念化、神圣化的表现。"[1]所谓观念化的表现，就是人们对社会事物进行价值评价时表现出来的观念，是一种价值评价形式。一个人的公平观受一定社会的历史文化、意识形态、宗教伦理、社会思潮、哲学理论的影响，但同时也与其本人的社会经济地位直接相关。现实的社会关系、分配关系是客观存在的，其本身并不存在公平与否的问题，当人们认为某种关系公平时，是因为这种关系满足了主体的利益需要；反之，则是指人们在这种关系损害了他们的利益需要时做出的判断与评价。

想要正确理解公平的内涵，需要先正确理解和科学区分公平问题、公平感和公平观三个概念。公平问题是"公平与不公平问题"的简称，主要是对现实中人们之间的利益关系问题即人与人利益关系或财富占有关系合理与否做出的判断。社会生活中的公平问题，主要包括对人们之间的现实关系而言的公平问题，即事实公平问题；对原则制度、法规、政策、标准等而言的公平问题，即制度公平问题；对工作、做法而言的公平问题，即行为公平问题。公平感是人们对现实公平问题的主观感受，即人们对某种公平问题所做的主观价值评价及其所产生的情感体验。价值评价具有很强的主观性，可能会出现与客观实际不一致的情况，不同的人对同一客观对象会产生不同甚至相反的评价。公平观则

---

[1]　马克思恩格斯选集：第 2 卷 [M].北京：人民出版社，1972：539.

是人们根据一定的标准对各种现实利益关系进行主观评判的一种价值观。公平观具有较强的时代性和阶级性，不同时代的人有不同的公平观，不同阶级和阶层的人也有不同的公平观，正如恩格斯所说："公平的观念不仅因时因地而变，甚至也因人而异。"[1]公平观同其他价值观一样，也有先进与落后、正确与错误之分，而且在长期社会实践过程中一经形成，也具有相对的稳定性和继承性。比如，我国部分人坚持的平均主义公平观、按资分配的公平观都属于不科学的公平观，对树立和倡导正确的公平观有一定的阻碍作用。

对于公平类型的划分，我国学术界有较为一致的看法，通常把社会公平看作最高形式的公平。社会公平居于公平价值范畴的最高层次，是对人们平等地享有社会的基本价值，如自由、机会、财富、尊严等的道德要求。社会公平的立足点在于全体社会成员的普遍利益，要求所有社会成员在地位平等的前提下，每个人都能依据自身能力按照一定社会规则获得自己正当利益的机会，借以"实现权利与义务的平等"[2]。所谓"社会公平的底线"，就是要保证每个社会成员的生存权和发展权等基本权利，需要通过合理分配各种社会资源来实现社会中一切人的更全面的自由发展。从不同研究视角和不同实际需要出发，社会公平可以划分为政治公平、法律公平、文化公平、经济公平等几类，这是社会公平在各个社会生活领域渗透的结果，也是社会公平与各个研究领域相结合的具体表现。

（二）"效率"的内涵

虽然学术界对效率从不同角度有不同的理解和定义，但是从经济学角度对效率的内涵进行界定的争议较小，基本上不存在分歧。效率是源于物理学且后来在社会科学中得到广泛运用的概念，本意是指投入和产出的比率。效率有广义和狭义之分。广义上的效率指"社会效率"，是指任何一种投入与其产出之间的比例关系或比率。投入可以包括人力、物力、财力，也可以是人的精力和时间等无形资源；产出是投入的自然结果，包括物质产品和精神产品。狭义上的效率是指经济效率，也是通常意义上与公平相对应的效率，是指经济资源投入和产出之间的比率关系。这里的投入主要指生产一定物品和服务的过程中

---

〔1〕 马克思恩格斯选集：第 3 卷 [M]. 北京：人民出版社，1995：212.

〔2〕 罗国杰. 关于公平与效率的道德思考 [J]. 求是，2002（01）：41.

所耗费的包括土地、劳动和资本在内的各种生产要素；这里的产出主要指生产完成后所创造出来的各种有用物品和劳务，这些"产出"一般用于直接消费或再生产。投入少、产出多经济效率就高，投入多、产出少经济效率就低，人们追求经济高效率就是要用最小的要素投入获取尽可能多的社会财富。[1]西方经济学理论中，有关效率的概念主要有技术效率、X效率、制度效率、帕累托效率和纳什均衡效率，等等。其中，最权威的、被经济学界普遍接受并得到广泛运用的是意大利著名经济学家帕累托提出的效率理论，即帕累托效率（Pareto Efficiency）。帕累托效率也称为帕累托最优（Pareto Optimality），其基本含义是指资源分配的一种理想状态，即假定固有的一群人和可分配的资源，从一种分配状态到另一种分配状态的变化过程中，在没有任何人境况变坏的前提下，也不可能使某些人的处境变得更好。

（三）公平与效率的关系

公平与效率是人类不懈追求的两大价值目标。纵观不同历史时期政府的职能演变，我们不难发现，经济学始终离不开对公平与效率关系问题的关注。由于两者间的关系较为复杂，在追求这两大目标的同时，如何处理两者之间的关系，学术界的分歧较大，难以取得共识，公平与效率的关系问题成了困扰人类社会经济生活的重大难题，以至于被人们称为经济学的"斯芬克斯之谜"。

1. 三种不同的观点

有关公平与效率关系的认识，在西方经济学界存在效率优先论、公平优先论、公平与效率并重论三种观点。"效率优先论"观点坚持效率的首要价值，认为市场经济的本质是效率问题，只要经济效率得到保证，实现了最大程度的提高，才能为公平分配创造条件，并有利于分配结果公平的实现；当公平与效率出现矛盾时，不能因为公平而损害效率，效率相对于公平而言具有优先性。持此观点的代表主要是西方经济自由主义者哈耶克和弗里德曼。在他们看来，市场、自由、效率之间有着非常直接且紧密的联系，"自由竞争"是市场经济体制条件下最重要的实现机制，正是在各利益主体自由竞争的前提下，资源才能进行合理配置并取得较高效率，市场经济也才能为人类社会创造前所未有的社会财富。有自由才有效率，自由的缺失就是效率的缺失，自由和效率紧密联系在一起。

---

〔1〕 保罗·萨缪尔森，等. 经济学 [M]. 第16版. 萧琛，等译. 北京：华夏出版社，1999：6.

"公平优先论"观点坚持当公平与效率发生冲突时，应当把"平等"作为衡量分配的最高标准，强调公平超越效率具有更大的价值意义。"公平优先论"者认为，虽然市场在资源配置过程中有不可替代的基础作用，但市场并不能自动实现分配结果的公平正义，且在人们能力天赋、物质资本及教育资源等方面占有不平等的条件下，自由市场强调的机会均等就不是真正的公平，因为机会具有很大的盲目性。如果任由市场自行运作，"无形之手"必然会造成不同利益群体之间或不同个体之间收入分配上的巨大差异，甚至贫富分化，而这种人与人之间的实际不平等严重威胁着社会的稳定与发展，国家必须对人们之间的不平等进行适度干预。持此观点的代表人物主要有约翰·罗尔斯和罗纳德·德沃金。罗尔斯认为，人最基本的权利是"平等的自由"，而"效率原则"不是什么正义观。罗尔斯最终确定"差别原则"，认为人们之间的经济不平等应该"适合于最少受惠者的最大利益"[1]。德沃金权利理论的核心概念是"平等"，他的这一"平等"概念在其理论中被称为"政治社会至上的美德"[2]。德沃金认为，人们之间真正的平等应该是"资源的平等"，造成人类经济不平等的根源在于资源占有的不平等，必须对这种不公平资源的占有状况进行矫正，而矫正不正义分配的方式不是对社会财富进行重新平均分割，而是通过"公开拍卖"式进行资源重新分配，这种方式能够保证每个人都能获得接近各自实际需要的平等结果。

"公平与效率并重论"强调"公平"与"效率"二者同等重要。持此观点者认为，当公平与效率之间发生矛盾冲突时，不应该用一方取代另一方，而是应该根据具体情况有所偏重。持此观点的主要代表人物是阿瑟·奥肯。奥肯既不同意弗里德曼"把优先权交给效率"的观点，也不同意罗尔斯"把优先权交给平等"的观点，认为"平等和效率同等重要"，只是两种价值在不同领域所表现出来的具体功能有所区别。奥肯认为，平等与效率在不同领域会有所侧重，"在社会和政治领域，社会至少在原则上把平等的优先权置于经济效率之上。当我们转入市场和其他经济制度时，效率获得了优先权"[3]。他还认为，当平等与效率发生冲突而不能同时得到实现时，应该在两者价值目标之间寻求一种平衡或妥协，而不是给它们排列出先后优劣次序，即"为了效率就要牺牲某些平等，

〔1〕 约翰·罗尔斯. 正义论 [M]. 何怀宏，等译. 北京：中国社会科学出版社，1988：79.

〔2〕 罗纳德·德沃金. 至上的美德 [M]. 冯克利，译. 南京：江苏人民出版社，2003：1.

〔3〕 阿瑟·奥肯. 平等与效率 [M]. 王奔洲，等译. 北京：华夏出版社，1999：86.

并且为了平等就要牺牲某些效率。然而，作为更多地获得另一方的必要手段，无论哪一方的牺牲都必须公正。尤其是那些允许经济不平等的社会决策，必须是公正的，是促进经济效率的"[1]。当平等与效率二者存在矛盾冲突时，我们可以任意做出选择，而选择的标尺必须是"公正"，其经济学的话语表达就是"我们选择平等所增加的利益应该等同于放弃效率所付出的代价"[2]，只有这种公正的选择才能使平等与效率达到某种均衡。

从以上三种观点可以看出，西方经济学家始终认为公平与效率是矛盾冲突、此消彼长的关系，而且大多数经济学家都是效率优先论的支持者，即使是公平优先论者也以效率为主要目的，公平只是提高效率的必要手段。近十几年来，我国经济学界在讨论公平与效率关系问题时，主要受西方学者思想观点的影响，并常常以西方学者的理论观点为依据对我国的公平与效率问题进行研究与分析，并提出解决对策和处理原则。以哈耶克和弗里德曼为代表的新自由主义经济学的"效率优先论"支持者对我国经济学研究的影响最大，加上我国正处于并将长期处于社会主义初级阶段，尤其是在改革开放初期，短缺经济条件下的社会生产效率低下、生产力不发达的特征，使得"效率优先论"成为我国经济社会发展的理论基础和基本原则。但是，我国社会主义实践证明，"效率优先，兼顾公平"收入分配原则有其片面性，需要对公平与效率的关系进行重新认识。

2. 公平与效率的辩证关系

公平与效率不是此消彼长的绝对对立关系。从广义上来说，"公平"属于生产关系范畴，"效率"则属于生产力范畴，公平与效率的关系受生产力与生产关系二者间决定与被决定关系的制约，它们与后两者之间的关系一样是"对立统一"关系。二者之间，一方面各有其本质内涵，二者间的区别不言自明；另一方面，二者又是相辅相成的正相关关系，公平有助于效率的提高，效率有助于公平的实现，"效率是公平的基础"表明效率的状况影响或决定公平的具体实现程度。社会主义市场经济条件下，中国多数学者对公平与效率关系的认识逐渐趋于一致，即坚持二者的"对立统一"关系。

公平与效率的对立性主要表现为二者间的失衡对效率的最终影响。第一，重效率、轻公平必然会导致效率的损失。市场经济鼓励自由竞争，在市场自发

---

〔1〕阿瑟·奥肯. 平等与效率 [M]. 王奔洲，等译. 北京：华夏出版社，1999：87.
〔2〕陈燕. 西方关于公平与效率的一些典型观点 [J]. 红旗文稿，2005（14）：16.

作用下，市场要素主体不仅努力提高自己的经济效率，而且总是趋向于利润较高的部门或企业，其结果是在促进整个社会效率提高的同时，产生要素主体间财富占有的多少不一，甚至极端分化。一个生产周期的终点又会成为下一次经济运行的起点，经过市场的反复循环，市场主体间的差距必然会越拉越大，贫富分化致使不同社会阶层之间产生对立情绪，造成低收入群体的心理失衡和"仇富"心态，不仅会抑制广大劳动者的积极性、主动性，而且会带来社会的不稳定，危及社会安全。第二，重公平、轻效率也会造成效率的一定损失。只有将社会成员的收入差距控制在合理范围内，才能充分调动劳动者参与生产的积极性，也才能为经济发展提供良好的外部市场环境，为经济效率进一步提高奠定基础。但是，过分注重公平而忽略效率的价值，势必造成社会成员的"分配性努力"超过"生产性努力"，投入生产的劳动力越来越少，必然造成效率的损失。

"公平与效率的统一性"主要表现为公平是效率存在的前提和根本保证。影响效率的因素基本包括各种物质要素、人的要素和制度要素，其中起决定性作用的则是"人的因素"，因为按照马克思主义的理论观点，"人"而且只有"人"才是生产力中最活跃、最根本、最具革命性的因素，也是最具决定性的因素。分配越公平，人的主动性、积极性、创造性就越高，效率也就越高，由人的积极性引发的创造力是一切效率的源泉。只有不断提高人的积极性、主动性和创造性，才能促使人们把自己的热情投入到工作之中，不断提高效率增加社会财富。人的积极性和创造性与他们自身的利益息息相关，如果分配不公平，就可能出现劳动、资本、技术的所有者不愿意把自己所拥有的劳动、资本、技术等要素投入生产，或者出现劳动者缺乏劳动积极性、效率低下的情况。无论是前者还是后者，都不利于生产要素的优化配置，不利于生产效率的提高。

效率是公平得以实现的物质基础和前提条件。在人类发展的不同历史时代，社会成员的生活水平和收入水平都受制于时代的生产力水平，只有在生产力高度发展、社会产品极大丰富的条件下，才可能真正实现社会公平。

相反，在社会生产力发展水平有限、物质产品相当匮乏的时代环境下，即使实现了相对公平，也只能是如同原始共产主义一样的低水平基础上的公平，不可能是满足人们各方面发展需要的公平。任何社会、任何时代的公平分配，如果失去了效率前提和生产力发展基础，就不可能实现真正的公平分配，可以说，效率提高和社会财富快速增加是公平分配得以实现的根本物质条件。

效率也是衡量公平与否的标准之一。历史唯物主义"生产力标准"告诉我们，判断一种社会分配制度是否公平合理，主要看它是否能充分地调动广大劳动者的生产积极性，最大限度地提高生产效率，进而促进社会生产力的发展。如果一种分配制度没有促进生产力的发展，没能推动经济效率的提高，这样的分配制度就没有公平可言。效率属于生产力的范畴，公平属于生产关系的范畴，二者的关系由社会基本矛盾决定，也是辩证统一的。效率的提高意味着生产力水平的提高，直接制约着人们的生产关系，也决定着公平标准的不断发展。生产力水平低下的原始社会只能产生绝对的平均主义公平观。阶级社会中，随着效率的提高和生产力的发展，社会生产关系一直处于变动和发展之中，相继产生了奴隶社会的公平观、封建社会的公平观、资本主义的公平观，而且随着生产力的逐步发展和经济效率的日趋提高，人的社会公平状况随之不断得以实现。可以说，不同社会时期的公平观和公平状态都伴随着生产力的发展和效率的提高而飞跃发展。

从人类社会的价值和发展目标来看，公平与效率都是实现人类价值目标的重要手段，不存在孰重孰轻的问题。公平始终是人类社会追求的最基本、最重要的价值目标之一，收入分配应该把公平作为基本原则；效率则是人类社会生存和发展的基础，人们福利水平的不断提高和人类社会发展目标的实现始终依赖于经济效率的不断提高，人类社会必须始终把效率作为最基本的目标。公平与效率对于人的需要和社会发展都必不可少，人类社会任何时候都必须平衡好公平与效率的关系，要根据特定历史阶段的具体情况相机选择。

改革开放初期，面对中国生产力落后的现状，政策基调强调效率优先。1981年，党的十一届六中全会提出的中国社会主要矛盾是"人民日益增长的物质文化需要同落后的社会生产之间的矛盾"；1993年，《关于建立社会主义市场经济体制若干问题的决定》明确提出，"建立以按劳分配为主体，效率优先、兼顾公平的收入分配制度"。

二、初次分配与再分配

从分配的层次性来看，国民收入分配是由初次分配和再分配组成的复杂系统和过程。初次分配是在产品和劳务的生产中，依据各种要素对产出做出贡献的大小给予的价值补偿。初次分配可以分为宏观和微观两个层面，宏观层面上的初次分配是指住户、企业和政府三大主体对国民生产增加值的直接分配过程；微观层面上的初次分配则是指企业内部劳资之间或各要素之间收入分配的原则和比重。初次分配关系发生在直接参与生产的各要素主体之间，主要由市场机制形成，是基础性的分配；而再分配则是在初次分配的基础上，按照社会各方面的实际需要，在国民经济各部门之间和社会成员之间进行的第二次分配。再分配是在政府主导下对原始的初次分配的补充与校正，实行"公平至上"分配原则，主要通过税收和财政支出的方式进行。

国民收入分配是一个永续不断的过程，这一过程可以从不同的角度加以分析和研究，"国民收入初次分配和再分配是既相互联系又相互区别的关于统一的收入分配过程的不同侧面"[1]。由于现实中收入的初次分配和再分配无时无刻不交织在一起，以至于难以分清孰先孰后，国民收入初次分配和再分配与其说是分配的先后次序，不如说是分配的层次更加准确。

（一）初次分配与再分配的联系

国民收入分配过程是由初次分配与再分配两个层次组成的一个复杂的分配体系。初次分配和再分配在理论上可以被看作国民收入分配过程中既有联系又有区别的两个分配阶段，二者的联系主要体现在以下两个方面。

1. 初次分配是再分配的前提和基础

国民收入经过初次分配形成三种原始收入，即劳动者以工资等主要形式获得的劳动收入，企业以盈余形式获得的经营收入，政府以生产税净额形式获得的纯收入。再分配则由政府对市场初次分配后的利益格局进行"二次分配"，再分配的国民收入来自政府获得的纯收入、劳动者缴纳的个人所得税及企业缴纳的社会保险金等。没有国民收入初次分配形成的原始收入，就不能形成用于再分配的国民收入，再分配在数量和规模上都受到初次分配总量的制约。可以说，初次分配与再分配二者间是"源"与"流"的关系，只有初次分配的"源头"增大了，再分配的"水流"才会变大。因此，要实现社会公平分配，必须提高初次分配的公平度。

---

〔1〕 郭树清，韩文秀. 中国 GNP 的分配和使用 [M]. 北京：中国人民大学出版社，1991：70.

2. 再分配是初次分配的补充与保障

再分配或"二次分配"是政府通过税收、财政支出等方式对市场初次分配结果进行增补或消减调节，目的是基本实现社会公平。实际上，政府对收入分配的干预调节主要分为三种形式，包括对分配起点的调节、对分配过程的调节和对分配结果的调节。按照分配的不同性质，一般把前两种形式的分配与调节划分为初次分配的范畴，而把分配结果的形式归属于再分配的范畴，也就是在前两种形式的基础上对初次分配结果的必要调整。国民收入初次分配是收入分配的核心，但由于各主体占有生产要素的数量不同，以及各自禀赋、能力与机遇不同，往往造成收入分配差距过大，而且这种收入差距会随着"财富效应"和生产的循环进行造成主体间更大的差距。通过政府再分配调节初次分配财富占有的不公平、不合理状况，还可以为初次分配的正常进行提供一定的政治经济环境，有利于社会和谐稳定与人的全面自由发展。因此，再分配是初次分配的必要补充与安全保障。

（二）初次分配与再分配的区别

初次分配与再分配是收入分配的两个阶段，二者的区别不仅体现在基本内涵不同，而且体现在它们各自包含的矛盾问题、研究的出发点、调节收入分配的手段、地位作用等方面的不同。

1. 研究的出发点不同

初次分配以微观领域的市场主体和企业内部各要素收入分配的比重为出发点，强调机会、规则、过程，乃至结果的相对公平，目的是如何发挥市场的作用，使劳动、资本、技术、管理等各生产要素按照市场供求关系形成合理的收入分配比例关系。再分配主要是以社会公平与社会均衡发展为出发点，目的是最大限度地保持社会公正、公平、合理，从而维护社会的和谐稳定与人的自由全面发展。

2. 分配手段不同

在市场经济条件下，要素价格是配置资源的基础性手段，市场机制是收入分配的基础性手段，即市场经济体制下的初次分配，通过市场机制的调节来实现。由于市场不完善，不完全的市场行为大量存在，造成市场机制不能充分发挥作用，人们不得不依靠政府的干预来减少市场缺陷带来的损失。在收入分配方面，政府通过再分配以及税收和转移支付等手段来调节各主体间的收入分配比重。政府为主导是再分配的基本机制，税收和转移支付是其主要手段。

3. 地位与作用不同

在整个国民收入分配中，初次分配阶段涉及的数量比再分配大得多，涉及的利益方面也更广泛，初次分配基本格局一旦形成，再分配很难再有大的作为，只能在初次分配的基础上，通过转移支付方式对初次分配结果进行局部调节和修正。虽然两次分配都可以体现社会公平，但两次分配的性质和作用不同。初次分配的公平具有首要和基本的性质，在实现社会公平中起着基础性且主要的作用，它占据居民收入的绝对比重。可以说，初次分配关乎每个人的切实利益，其分配结果公平与否事关国民收入分配格局的合理与否。再分配则是对初次分配结果的调整和补充，在促进社会公平中只能起到辅助性、补充性的作用，再分配只能占居民收入的一小部分，即使在西方发达福利国家的分配中，再分配所占比重也非常有限。因此，如果收入分配差距较大，不公平问题很严重，那么应该在初次分配阶段解决，不应该推到再分配阶段，解决收入分配不公平的矛盾一定要抓住初次分配的"源头"。

4. 关注的问题及其产生的原因不同

初次分配本质上是一种机会公平和过程公平，再分配只对分配结果发生作用。初次分配领域所要实现的机会公平和过程公平，是各种生产要素在市场框架内依据其在生产过程中的具体贡献实现各自的收益，是在市场经济动态运行条件下的利益关系平衡。再分配只是一种静态的利益补偿和调整机制，把差距缩小、结果公平作为分配的基本准则。实践中，如果一味强调再分配公平而忽略初次分配公平的基础性作用，往往难以实现最终意义上或社会意义上的公平分配。

三、功能性收入分配与规模性收入分配

从研究的角度来看，收入分配主要分为功能性收入分配（Functional Distribution of Income）与规模性收入分配（Size Distribution Income）。

（一）主要内涵

功能性收入分配又被称为要素收入分配，是以劳动、资本、土地、技术、信息、管理等生产要素为主体，根据各种生产要素在社会产品生产过程中发挥

的作用或做出的贡献大小进行分配，体现和坚持效率原则。这种研究方法不是以个人为独立单位进行，而是将居民收入整体作为研究对象，并且将居民收入份额与地租、利润等在国民收入分配中所占比重进行对比研究，其目的在于通过比较各部分收入份额在整个国民收入中所占比重来研究其演变规律及合理性。功能性收入分配在收入分配理论中长期占统治地位，早期的代表人物是威廉·配第，他提出了著名的"土地是财富之母，劳动是财富之父"的论断。另一个代表人物是法国的经济学家萨伊，他提出了以"三位一体公式"为核心的要素分配理论，并认为劳动、资本和土地等生产要素共同创造了商品的价值，自然都应该参与财富分配，分别获得工资、利润和地租等不同形式和数额的收入。

规模性收入分配是以居民个人（家庭）为主体对国民收入进行的分配，体现与坚持公平原则。其主要代表人物是帕累托，帕累托的规模性收入分配主要研究社会某一类型的个体收入比重与其收入份额之间的关系是否具有合理性，以及决定这一收入分配结构状况的主要因素。它一般可以按人均收入水平由高到低排列，也可以由低到高进行排序，借以分析不同收入的居民个人（家庭）所占的不同比重。规模性收入分配只关心个人收入的多少与个人所获得的全部收入及其构成，对个人获得收入的具体途径则不予考虑。

（二）基本关系

二者的区别主要体现为研究问题的角度和目的不同。功能性收入分配主要从收入来源着手去研究收入分配问题，其目的在于解释各生产要素市场价格的形成，各生产要素所得份额在国民收入中所占的比重，以及由此建立的效率分配原则。规模性收入分配则是根据居民个人或家庭收入水平进行分类，然后通过各类经济群体所得收入与人口规模之间的关系来研究收入分配问题，其根本目的在于说明不同社会群体之间不同收入分配的形成及变化趋势，进而分析个人收入分配均等化程度与扩大社会成员的福利水平而进行的公平原则建构。

二者的联系主要体现为功能性收入分配对规模性收入分配的影响与决定作用。规模性收入分配主要研究某一收入水平上的总体收入份额，这一群体收入总量的大小由这一群体所拥有的生产要素的数量决定，而各生产要素在整个国民收入分配格局中的分配状况属于功能性收入分配，规模性收入分配状况主要由这一功能性收入分配格局决定。在二者的关系变化中，功能性收入分配状况越不均衡，各要素间的收入差距就越大，规模性收入分配差距也就越大。可以说，任何强化功能性收入分配的措施都会影响规模性收入分配格局的变化。

四、宏观收入分配与微观收入分配

收入分配可以从研究的不同层次划分为宏观收入分配和微观收入分配。宏观收入分配主要指一定时期内的各收入分配主体对国民收入增加值如何进行合理分割，通俗地说，就是一年内的 GDP 在政府、企业和居民各经济主体之间进行不同份额的基本分配状况。宏观收入分配核算可以从两个方面进行界定。一方面是对国民收入分配主体的界定，就是按照一定标准把参与收入分配的主体划分为几大类。当前，按照联合国等国际组织提出的宏观收入分配主体的划分标准，收入分配主体主要分为四大机构部门，即政府部门、企业部门、住户部门和国外部门。另一方面是对国民收入分配环节的界定，主要分为国民收入分配的起点、初次分配和再分配三个阶段。宏观收入分配格局主要指国民收入在各主体间如何进行分配，以及各主体所占比重构成的利益结构关系。可以说，宏观收入分配格局状况对一国或地区经济的健康快速发展产生着重要影响。

微观收入分配与宏观收入分配相对应，主要指单个主体即自然人、家庭、某一社会群体或企业在一定时期内的收入份额以及不同个体之间的收入分配差距与比重关系等基本情况。微观收入分配属于规模性收入分配的范畴，对于企业而言，在各生产要素之间进行的功能性收入分配属于微观收入分配的研究对象；如果从社会生产过程来看，功能性收入分配则属于宏观收入分配的研究对象。

宏观收入分配与微观收入分配既有联系又有区别。宏观收入分配与微观收入分配二者之间的区别在于，两个概念相对存在，其研究对象和具体内容完全不同，微观收入分配属于社会经济运行过程中的一个环节，而宏观收入分配则属于社会再生产总过程中的环节。二者之间的联系在于，微观收入分配是收入分配乃至宏观收入分配的具体内容、阶段和基础，从而制约并规定着宏观收入分配状况；宏观收入分配是微观收入分配各具体分配阶段、部分的总和，影响并决定着微观收入分配的实现以及实现程度。

第三节　初次分配主要理论评介

研究初次分配问题，一定要学习和借鉴前人的理论成果和研究方法。通过系统介绍古典主义、马克思主义、新古典主义及当代各主要流派的相关分配理论，对各理论学派特别是一些著名经济学家的主要观点与研究成果进行评析，对于本问题的研究，对于中国初次分配公平问题的研究具有非常重要的借鉴意义。

一、古典经济学收入分配理论

古典经济学派的经济学家不同程度上研究了各种剩余价值分配形式，如利息、利润和地租等。一方面，验证了资本主义初次分配的公平性，为资产阶级的不劳而获提供了合理的依据；另一方面，奠定了劳动价值论的基础，为马克思主义的分配理论和西方初次分配学说的发展打下了理论基础。其代表人物主要是威廉·配第、亚当·斯密、大卫·李嘉图和让·巴蒂斯特·萨伊。

威廉·配第第一个揭示了收入分配的本质，他从劳动价值论出发，提出了最低限度的工资理论。威廉·配第以劳动价值论为基础分析了资本主义的工资、利息和地租之间的关系，并认为地租是农产品价值扣除生产资料价值和劳动力价值，即扣除种子和工资之后的剩余部分，而地租的多少主要取决于工人工资的高低。配第把地租看作是包括利润在内的全部剩余价值，虽然他的分配理论还没有把利润与地租分开，但较早地触及了剩余价值的分割问题。配第提出了"土地是财富之母，劳动是财富之父"的思想观点，从使用价值的角度，深刻分析了使用价值生产过程中各生产要素所起的作用，为之后的相关研究奠定了坚实的理论基础。

亚当·斯密提出了"三个阶级参与初次分配的理论"。斯密的收入分配理论基础是劳动价值论，他认为社会主要由三个阶级参与初次分配，分别形成三种原始收入。斯密指出："一国土地和劳动的全部年产物，或者说，年产物的全部价格，自然分解为土地地租、劳动工资和资本利润三部分。这三个部分，构成三个阶级人民的收入……构成文明社会的三大主要和基本阶级。一切其他阶级的收入，归根结底，都来自这三大阶级的收入。"[1]斯密的初次分配理论认为，

---

[1]　亚当·斯密.国民财富的性质和原因的研究[M].郭大力，王亚南，译.北京：商务印书馆，1972：240-241.

三个阶级分别对应三种收入,即工人阶级获得工资、资产阶级获得利润、地主阶级获得地租。他还认为,生产商品耗费的劳动所产生的价值应该由工资、利润和地租三部分组成,利润和地租是资本和土地的自然回报,是产生价值的源泉之一。由于斯密混淆了价值分配和价值决定的关系,使其分配理论未能摆脱"二元论"的束缚,最终陷入了所谓的"斯密教条"。

大卫·李嘉图提出了三个阶级进行初次分配的理论模型。李嘉图继承和发展了包括威廉·配第、亚当·斯密等古典经济学家所阐发的劳动价值学说,比较全面且透彻地论证了劳动价值由劳动时间决定的原理,进一步发展完善了古典经济学劳动价值分配理论。在李嘉图生活的时代,以经济利益为核心的收入分配严重不公平,导致阶级对立和斗争加剧,迫使他把财富分配问题当作研究的主要问题。李嘉图继承和发展了斯密的分配理论,提出了三个阶级分配模型。李嘉图在《政治经济学及赋税原理》的序言中指出:"全部土地产品是以地租、利润和工资的名义,在地主、资本家和劳动者这三个阶级之间进行分配的。这种分配的比例在不同的社会阶级中极不相同……确立和支配这种分配的法则,乃是政治经济学的主要问题。"[1]李嘉图的整个理论体系不仅以初次分配问题为中心,而且坚持认为劳动是创造价值的唯一源泉,地租则是劳动创造的价值扣除工资后的余额,其产生的原因在于土地的稀缺性和土地质量的差异。李嘉图的初次分配理论主要论述收入的功能性分配,目的在于说明随着经济的增长,社会总产品在各生产要素之间,进而在各生产要素所有者之间的分配与占有规律。虽然他对经济增长中初次分配的研究比较简单,但他第一次对收入分配与经济增长之间的关系进行了研究,具有重要的理论意义。

法国庸俗经济学家让·巴蒂斯特·萨伊的初次分配理论基础是"效用价值论"。效用价值论认为产品的价值来源于其效用或其所可能提供的满足,效用决定价值,自然界的物质是在各种要素的协调作用下变成能够满足人生存需要的物品,生产不是创造物质产品,而是创造一定的效用。萨伊的"效用价值论"认为生产物品的要素包括劳动、资本和土地三种,劳动创造了工资,资本创造了利润,土地创造了地租,马克思把"劳动—工资、资本—利息、土地—地租"

---

〔1〕 大卫·李嘉图.政治经济学及赋税原理[M].郭大力,王亚南,译.北京:商务印书馆,1983:3.

模式讥讽为"三位一体公式"[1]。萨伊的收入分配理论以"效用价值论"为理论基础和主要依据，而且抽象掉了对资本主义生产关系及其实质的科学分析，其目的就是论证资产阶级"按资分配"的合理性，因而他的这一理论是不科学的。但是，他的分配思想对于中国建立现代市场经济中的按要素分配理论有一定的借鉴意义。

二、马克思主义收入分配理论

马克思主义的初次分配理论是由马克思、恩格斯在批判继承前人学术思想与研究成果的基础上创立的，主要包括劳动价值理论、初次分配制度理论、收入分配与经济增长关系理论和按劳分配理论等内容。

（一）马克思主义劳动价值理论

马克思的收入分配理论基础是劳动价值论。在古典政治经济学的发展过程中，劳动价值理论得以产生、发展和逐步完善。马克思则进一步继承古典劳动价值论的科学思想，对古典劳动价值论进行了批判和创新，创造了科学的劳动价值理论，其理论贡献主要可以概括为四个方面：第一，通过分析商品二因素的内涵，确立作为商品经济的基本范畴"价值"的概念；第二，通过分析创造商品价值的劳动，首创了"劳动二重性"理论，科学界定了价值创造与价值转移的关系，解决了古典劳动价值论一直没能解决的难题；第三，从交换价值中抽象出"价值"范畴，完善了价值形式理论；第四，通过对商品价值和商品拜物教的理论论述，深刻分析了资本主义生产关系的实质。马克思在批判和继承古典劳动价值论的基础上，建立了不同于古典政治经济学的科学劳动价值学说，并在此基础上创立了剩余价值学说，为资本主义社会收入分配的方式和性质提供了科学理论依据。

（二）马克思主义初次分配制度理论

在剖析资本主义市场分配关系的过程中，马克思一方面始终坚持劳动价值论，另一方面还特别注重对分配制度的理论分析。马克思将剩余价值学说同资本主义私有产权制度紧密联系起来，从理论上廓清了财产制度、生产方式和分配方式之间的相互关系，使其进行的收入分配理论分析更具科学性和说服力。

---

[1]　资本论：第 3 卷 [M].北京：人民出版社，1975：919.

马克思从劳动价值论出发，对资本主义生产过程中的劳动与劳动力进行了科学界定，认为资本主义商品生产发展过程和生产资料的资本主义私人占有制度造成了对市场等价交换制度的破坏，因为雇佣劳动市场上的劳动者，除了自己的劳动力之外一无所有，只有依附于私人资本，靠出卖自己的劳动力才能生存。恩格斯在《政治经济学批判大纲》中指出，资本主义私有制使劳动分裂为活劳动和积累劳动，并使积累劳动变化为资本与劳动相对立。在资本和劳动分裂之后，"资本又分为原始资本和利润，利润也分裂为利息和利润本身"[1]。恩格斯指出，无论是资本和利润还是利息，都由私有制下的劳动派生出来。在资本主义财产私有制条件下，不仅存在劳动和生产资料的分离，而且劳动力成为商品，致使私有制下的劳动也成为"异化劳动"，即雇佣劳动。可以说，产权制度及生产方式决定分配方式的理论，已经成为马克思主义经济学家分析初次分配关系问题的主要理论依据和研究出发点。

（三）马克思主义收入分配与经济增长关系理论

马克思将资本主义私有制条件下的经济增长理论与剩余价值理论紧密联系。马克思以劳动价值论为研究出发点，发现商品价值生产的劳动具有二重性，并认识到形成商品价值的是雇佣劳动，这种雇佣劳动可以生产出大于其自身价值的价值部分形成剩余价值，即工人的活劳动才是创造价值的唯一源泉，剩余价值则全部被资本家无偿占有了。因此，马克思认为，资本是能够带来剩余价值的价值，资本的运动过程是剩余价值不断被创造的过程，资本主义生产规律的实质是剩余价值生产规律。在剩余价值生产规律的作用下，资本有机构成不断提高，大量产业后备军面临失业和更加贫困化。资本的本质是追求剩余价值，资本家为追求更多的剩余价值便不断加快资本积累，而资本积累的加速导致生产的社会化程度越来越高，资本日益集中到少数人手中，而无产阶级和贫困失业程度不断加剧，在这种不平等的社会生产与分配情况下，社会财富的分配效应必然造成无产阶级和资产阶级的两极分化，出现"一极是财富的积累，同时在另一极，即在把自己的产品作为资本来生产的阶级方面，是贫困、劳动折磨、受奴役、无知、粗野和道德堕落的积累"[2]。在资本主义条件下，资本主义生产

---

〔1〕 马克思恩格斯全集：第 46 卷 [M]. 北京：人民出版社，1972：13.
〔2〕 马克思恩格斯全集：第 23 卷 [M]. 北京：人民出版社，1972：708.

方式的基本矛盾即资本主义的私人占有与社会化生产之间的矛盾，一方面，导致经济增长过程中财富收入分配的两极分化；另一方面，导致经济危机的频繁爆发，危机将加剧阶级间的矛盾与斗争，最终促使资本主义灭亡。

（四）马克思主义按劳分配理论

马克思主义按劳分配理论是在空想社会主义的按劳分配思想基础上建立起来的，其按劳分配理论集中体现在《资本论》中提出的"按劳动进行分配与消费"和《哥达纲领批判》中提出的"等劳等酬"观点。马克思强调，"按劳分配"中的"劳"指的是劳动者的具体"劳动时间"，就是"计量生产者个人在共同劳动中所占份额的尺度，因而也是计量生产者个人在共同产品的个人消费部分中所占份额的尺度"[1]。"按劳分配"制度不承认任何阶级差别，只承认不同劳动者不同能力间的差别，拥有不同能力的劳动者具有不平等的权利。由于社会在一定程度上还存在社会分工，社会规定有劳动能力的人都应该参加劳动，并且按照各劳动者提供的具体劳动量分配个人消费品。要消除旧分配方式的弊病，就应该坚持"权利就不应当是平等的，而应当是不平等的"[2]，社会主义社会必须创造各方面条件向共产主义社会前进。马克思主义认为，共产主义第一阶段应该实行按劳分配原则，在共产主义发展高级阶段实行"各尽其能，按需索取"原则，马克思主义发展两阶段论学说的创立，是其按劳分配思想形成的标志。

马克思关于按劳分配原则的基本观点认为，在全社会范围内，以劳动者的劳动为唯一尺度分配个人消费品，等量劳动领取等量报酬，个人消费品由其提供的劳动数量决定；按劳分配中的劳动是排除了任何客观因素影响的劳动者主观方面脑力与体力的支出，而作为分配尺度的劳动，不是个别劳动也不是社会必要劳动，而是社会平均劳动，这里不关注社会生产条件的客观状况；按劳分配在对社会总产品做了各项必要扣除后进行分配，分配给劳动者的仅仅是以实物形态存在的个人必要消费品。

马克思按劳分配理论的本质内容，就是在生产资料全社会共同占有的条件下，在社会总产品做了各项必要的社会扣除后，以劳动为唯一尺度在社会全体成员之间进行个人消费品的分配。就我国当前的生产力发展水平而言，虽然还

〔1〕资本论：第 1 卷 [M]. 北京：人民出版社，2004：996.
〔2〕马克思恩格斯全集：第 19 卷 [M]. 北京：人民出版社，1995：22.

未达到马克思所提出的按劳分配的经济条件，但马克思的按劳分配与我国当前的分配原则一致，都以"劳动"为基础进行分配。实质上，这是对进行了各项扣除之后的社会总产品按照"劳动"的质和量进行分配，而且这样一种承认劳动者劳动能力差别的分配方式，也隐含了不同劳动者的劳动效率和劳动贡献的差异性。因此，马克思的按劳分配思想也暗藏了按效率和贡献分配的原则，不仅发展和完善了空想主义的按劳分配思想，也是我国社会主义市场经济条件下初次分配的主要依据和根本原则。

三、克拉克"边际生产力"分配理论

19 世纪中期以来，边际主义和均衡分析法在初次分配领域得到了广泛应用。边际生产力分配理论是边际生产力理论与生产要素分配理论有机结合的产物，这一理论自产生以来就成为西方经济学中最具影响力的分配理论之一。美国经济学家克拉克作为边际生产力分配理论的著名代表人物之一，在其著作《财富的分配》中对这一理论进行了系统论述。克拉克边际生产力分配理论的核心问题是研究分配与生产、交换等经济环节间的关系。克拉克在其著作《财富的分配》的序言中写道："本书的目的在于说明社会收入和分配是受着一个自然规律的支配，而这个规律如果能够顺利地发生作用，那么每一个生产因素创造多少财富就得到多少财富。"[1] 克拉克认为，研究收入分配问题不能离开生产与交换，从而把初次分配过程分为三个层次：第一次分配主要决定各个产业团体的收入比重；第二次分配决定各小团体的收入份额；第三次分配是对各产业系统内无数的小团体中的工资和利息进行调配。克拉克还认为，第一次和第二次的分配状况取决于各部门产品的价格及价值，最终的收入分配同样属于生产范畴。克拉克通过对初次分配与生产、交换之间关系的分析认为，商品经济社会中的社会生产包括分配与交换环节，所谓分配科学不过是对特殊的生产过程进行的相关研究。

克拉克的"边际生产力分配理论"与萨伊的"三要素理论"有一定的内在联系。同萨伊一样，克拉克认为各生产要素在参加生产过程中都有其独特的贡献，也应该获得各自相应的报酬份额，并认为这是"分配的自然规律"。克拉

---

[1] 克拉克.财富的分配 [M].王翼龙，译.北京：华夏出版社，2008：1.

克将社会总收入分为工资、利息和利润三大部分，工资是雇佣劳动者的收入，利润是企业家协调与管理生产所获得的平均收入，而利息是资本的报酬。克拉克将土地看作一种特殊资本，而地租则是利息的一部分。克拉克的分配理论以参加生产过程的各生产要素共同创造财富和价值理论为基础，而克拉克的边际分析法主要是依据边际报酬递减规律决定各要素应得的收入份额。

边际生产力理论认为，在完全市场竞争条件下，一种生产劳务将增加到使用最后一个单位劳务等于其成本为限，竞争条件也能保证企业家必须对其所使用的生产要素支付等于它所创造的产品价值的数量。克拉克认为，工资和利息决定于劳动和资本的边际生产力，当资本不变时，资本家雇佣的最后那个工人所增加的产量就是劳动的边际生产力，这一边际生产力就是工人的工资。如果工资低于劳动的边际生产力，资本家就会增加工人；如果工资高于边际生产力，资本家则会减少工人。同样，利息取决于资本的边际生产力，如果利息率高于资本的边际生产力，资本家就会减少资本的使用量；反之，则会增加资本的使用。克拉克还认为，在完全竞争市场条件下，各生产要素在生产过程中都有其独特的贡献，也都有相应的报酬，这是市场分配的自然规律，也是新古典主义初次分配理论的基础。

克拉克对功能性收入分配与规模性收入分配进行了研究。他认为，功能性收入分配要解决工资、利息和利润的确定问题，而不管是谁得到了这些收入；规模性收入分配则决定某人或某一类人得到多少收入，而不管他们获得这些收入的方式及来源。克拉克认为功能性收入分配决定规模性收入分配，所以他把研究重点放在功能性收入分配上。从本质上说，克拉克的边际生产力分配理论是从微观经济运行角度出发，揭示了作为初次分配客体的工资、利息和利润等在经济运行过程中的基本机制。实际上，克拉克的分配理论形成了当代西方经济学生产要素需求规律及分配规律的主要理论基础和主要依据，从而得以广泛应用。从现实经济运作的角度来看，各种生产要素共同参与生产，但无法直接度量它们在总产品生产中的作用与贡献，它们从总产品分配中应得的份额也无法直接分割。采用边际法则则可以直接近似地加以测度，因为边际生产力及其比例在一定程度上构成了各种生产要素相互依存的一种指数，这种指数就成为分配时可供参考的主要标准和依据。但是，我们也应该看到，克拉克的边际生产力分配理论分析不但抹杀了工资、利息与利润之间的根本区别，还把尖锐对抗的利益分配问题隐藏在一个纯自然的生产过程之中，具有一定的不科学性。

四、马歇尔"均衡价格"分配理论

阿尔弗莱德·马歇尔是现代微观经济学的奠基人、新古典主义的主要代表，其在数理经济理论上也颇有建树。他提出的均衡价格分配理论至今仍是西方经济学的基础理论，继克拉克之后把资产阶级经济初次分配理论推向了一个新的高度。均衡价格分配理论认为，在完全市场竞争条件下，一种商品的价格取决于市场对该商品的需求量与供给量，或者是需求价格与供给价格之间的比例，均衡价格就是需求量等于供给量、需求价格等于供给价格。马歇尔从均衡价格的概念出发，研究各生产要素共同创造国民收入的过程，他认为生产要素主要包括劳动、资本、土地和"工业组织"（主要指"企业家组织与管理工作"），在创造国民收入的实践过程中，各生产要素是一种相互合作和彼此依赖的利益关系。国民收入不仅是一国或地区全部生产要素一定时期内的生产总额，同时也是全部生产要素获得收入的唯一源泉，分别以工资、利息、地租和利润四种形式分配给劳动、资本、土地和企业家等生产要素。每种生产要素的收入也就是该生产要素为生产提供服务的价值，其大小由需求和供给共同决定。马歇尔还进一步研究指出，按照上述四个生产要素进行分配时，应该依据它们在各方面用途的需要程度即"边际需要"来加以确定，而各要素最后的所得份额就是它们各自的真实价格，应该遵循市场机制由各自的市场供求关系决定。

马歇尔的收入分配理论，由工资理论、利息理论、地租理论和利润理论四部分构成。马歇尔的收入分配理论把生产要素当作商品，要素收入即分配份额表现为这些商品的价格。生产要素商品价格主要取决于市场的供给与需求两方面的均衡力量，即取决于生产要素的边际产出与要素供给的边际成本之间的某种均衡。马歇尔关于工资、利息、地租和利润的理论，证明了价值在不同要素所有者之间的分配，分配数量以要素在使用价值创造中的贡献大小为基本原则。马歇尔的"均衡价格分配理论"在某些方面也能给我们一定的启示，特别是这一方法在一定程度上为当代经济学家和实际经济统计工作者统计和测度一国或地区总产品价值提供了依据。但是，供求均衡分配理论属于一种折中主义的分配理论，它既承认供给因素（即"成本费用"）对收入分配的价值，也承认需求因素（即"效用"）对收入分配的作用。另外，马歇尔与萨伊等人一样，其价值理论上的缺陷同样体现在其分配理论上，他的分配理论由萨伊"三位一体"公式发展而来，其理论分析避开了分配关系的实质，避开了利益作为分配问题的关键这一根本性问题。总之，马歇尔的收入分配理论一方面体现了他的均衡价值论，另一方面依然为资产阶级服务，并通过"企业家才能"这一生产要素来掩饰资产阶级对工人剩余价值剥削的实质。

五、新古典主义宏观分配理论

新古典经济学家在 20 世纪 30 年代初开始研究并建构宏观市场分配理论，研究对象是功能性收入分配中各要素分配份额的决定与变化关系。新古典主义宏观初次分配理论的一个主要任务就是说明经济增长过程中初次分配格局的变化趋势。克拉克的研究认为，从动态的分配过程发展来看，影响收入分配格局变化的因素主要有人口增长、资本增长、生产方法的改进、生产组织形式的变化以及人类消费欲望的增长与变化等。在分析工资份额和利息份额变化时，克拉克十分重视劳动与资本相对数量增长的影响。在其他条件不变的情况下，劳动力的增长会使得劳动边际生产力下降、工资标准下降，劳动收入份额相应减少。但是，劳动力供给发生了变化，其他条件不可能不发生变化，其他因素如资本增长、技术进步等共同形成的对工资标准的推动力，可能远远大于劳动力供给增加产生的对工资标准的压力。由于人口的增长速度会随着社会进步而减慢，劳动力供给与需求之间的差距会逐渐缩小，工资标准则不断上升。

在克拉克看来，资本的增长快于人口的增长，受供求规律的影响，利息标准会降低，但利息的总量会增加，食利阶层的收入总体也会增加。与此同时，利润则在不断产生与消失，利润的产生是企业家进行各方面创新的自然结果，企业家的技术创新、生产方法的改进导致利润的产生；而利润消失则是利润向全社会扩散的必然结果，自由竞争规律最终把利润分配给所有的工人和资本家。在市场竞争条件下，劳动和资本不断流入能够获得利润的产业部门，直到利润完全消失，全部社会收入被工资和利息所吸收，这时该产业部门的总产量将达到最大，整个经济将进入一个静止均衡状态。但是，经济的这种静止均衡状态是暂时的，劳动和资本的运动变化过程只要不断进行下去，经济的这种静止均衡状态就会被打破。在经济变动增长过程中，一方面，由于各种动态因素共同作用，劳动工资与其他各种形式的收入会不断提高，商品价值则不断下降，一定量的劳动可以交换到更多商品；另一方面，随着各主体收入与消费水平的不断提高，劳动、资本与整个社会结构不断地向上流动，使得经济不断持续快速发展。

社会的每一个基本生产单位可以是某一行业、产业或整个国民经济，也可以是一个企业或生产小组，只要其生产过程存在投入和产出行为就会产生相关的生产函数。而且这种生产函数如同需求函数一样可以运用基本统计方法，比如，常用的回归分析法等，根据相关经验数据进行估计。这种对生产函数的经验估计也如同对需求函数的估计一样，必须选择适当的函数形式，一般选择最常用的幂函数形式。20 世纪 20 年代后期，美国数学家科布（C. W. Cobb）和道格拉斯（P. H. Douglas）对这种函数做了大量研究并取得了成功，因此一般把这种函数称作科布－道格拉斯生产函数（Cobb-Douglas Production Function），其基本形式是：

$$P=bL^kC^j$$

公式中，P 代表产量；L 代表劳动力；C 代表资本；b、k、j 代表常数。科布－道格拉斯生产函数的主要贡献在于提供了劳动和资本收入份额的理论依据。劳动和资本收入份额应该由劳动和资本对生产所做的贡献大小决定，并按照劳动和资本对生产的贡献大小进行分配。有不少学者对中国的生产函数进行了估计，但结果与道格拉斯的估计值差距较大。多名学者对中国经济增长源泉的分析显示，中国过去的经济增长主要支撑要素是资本和全要素生产率，资本投入增加的贡献在 80% 左右，而劳动收入的贡献仅为 15% 左右。这一结果显然是不正确的，因为在增长核算中产出增长多大程度上归因于全要素生产率的改进，以及多大程度上归因于投入的增长，依赖于构造投入度量的方法。[1]

---

[1] E.赫尔普曼.经济增长的秘密 [M].王世华，吴筱，译.北京：中国人民大学出版社，2007：22.

第二章　中国初次分配制度理论与实践演进过程评析

随着改革开放的推进，中国经济体制改革不断得以深化，所有制结构不断得以调整完善，从根本上打破了原有"单一公有制"的经济制度，开始逐步实行和完善多种所有制并存的经济结构形式；收入分配制度原则也几经变迁，打破了单一的"按劳分配"制度，破除了平均主义分配模式，开始探索和实行符合中国经济社会发展实际状况的分配制度，推动中国初次分配理论不断推陈出新。实际上，在社会主义市场经济体制确立之后的十多年时间里，初次分配领域一直坚持"效率优先，兼顾公平"原则，以及"初次分配注重效率，再分配注重公平"原则。可以说，这些分配思想和原则虽然有利于经济快速发展，但客观上也拉大了收入分配差距。从世界各国的发展经验来看，在市场经济条件下，特别是经济高速发展阶段，收入分配差异扩大是不可避免的现象。但像我国改革发展仅仅 40 多年的时间，收入分配差距达到如此程度值得深思。初次分配不公平损害了人们的生产积极性，非常不利于经济社会持续良性发展。党的十七大提出"初次分配和再分配都要处理好效率和公平的关系，再分配更加注重公平"，这是自改革开放以来，中央首次在初次分配领域强调公平问题的重要性。在党的十八大提出"更公平"和党的十九大提出"两个同步"的基础上，党的十九届五中全会明确提出，2035 年基本实现社会主义现代化，让"全体人民共同富裕取得更为明显的实质性进展"，强调"扎实推动共同富裕，不断增强人民群众的获得感、幸福感、安全感，促进人的全面发展和社会全面进步"；2050 年，建成社会主义现代化强国，全体人民共同富裕基本实现，中国人民将享有更加幸福安康的生活。党的二十大提出，进一步完善分配制度，规范收入分配秩序，规范财富积累机制，重点在于"构建初次分配、再分配、第三次分配协调配套的制度体系"。当前，中国政府及时调整收入分配策略，调整优化收入分配格局，努力实现收入分配公平，对共同富裕理想目标的实现具有重大意义。

第一节　改革开放前"按劳分配"制度的演进与评析

改革开放前的近 30 年间，由于不具备马克思所设想的客观经济条件，即新中国成立初期社会生产力发展和国民收入都处于较低水平的现实国情，特别是普遍存在对马克思主义关于社会主义按劳分配理论教条化的理解，导致马克思主义按劳分配基本制度并没有真正得以贯彻落实，而是"异化"为中国式的平均主义"大锅饭"。按劳分配制度的严重扭曲，人们的收入水平与其劳动质量和数量没有直接关系，严重挫伤了劳动者的劳动积极性、主动性和创造性，不仅不利于经济发展和效率提高，而且不利于公平的实现，导致效率与公平两大发展目标的现实状况与理想水平相去甚远。

一、改革开放前的"按劳分配"制度

马克思主义创始人曾对未来社会主义社会的分配方式进行过大胆设想，即在社会主义取代资本主义社会之后，生产资料归全社会所有，消除商品和货币经济形式，按劳分配成为全社会唯一的分配形式，实现等量劳动领取等量报酬。社会主义革命时期，我国在多种经济成分并存的条件下，实行"低工资、多就业"与"劳动致富"的初次分配政策；生产资料公有制的社会主义改造完成后，多种形式的生产资料所有制形式不复存在，我国只存在单一公有制形式，即全民所有制企业和集体所有制企业，与这种单一的公有制相适应，我国在收入分配领域全面实行按劳分配制度。而且，全民所有制和集体所有制这两种公有制的具体分配方式各有特点，在公有制企业和政府机关、事业单位实行工资制，在农村集体经济组织中则实行工分制。

中国社会主义按劳分配制度架构主要以苏联的分配模式为基本范式，在公有制企业实行了一系列的工资制度和福利制度。1958 年，中国进行了首次全国性的工资改革，对国家企事业单位和政府机关的工资制度进行了全面改革，取消了旧的工资制度和物价津贴制度，由"多种工资形式"向"单一货币工资"制度转变。这次工资改革确立了以技术、职务、行业、地区等为参照标准的初次分配制度，对一些部门实行计件工资制度，并开始实行与企业效益挂钩的奖励制度，初步奠定了社会主义按劳分配制度的基础。但是，由于受"平均主义"思想的影响，存在着分配形式单一化、分配结构固定化、分配水平平均化的问题，表现出严重"平均化"特征：工资等级、工资标准和工资水平完全由政府统一制定；同一部门、同一产业、同一行业的工资等级与标准全国大体一致，政府还对每个行业、每个工资级别的工资标准做出了具体规定；各企业职工的工资与本企业经营状况的好坏、经济效益的高低没有直接关系，即不论企业盈亏、经济效益好坏，职工都按工资级别照拿工资。实际上，这样的工资制度已经不是马克思主义原有意义上的按劳分配，按劳分配的本质已经被严重扭曲。

中国广大农村地区的按劳分配制度几经变迁，最终也得以形成。农业社会主义改造完成后，农村开始实行集体所有和集体经营，并实行按劳分配的生产合作社制度。1958 年开始了人民公社运动，人民公社不仅公有化程度高，实行了生产资料集体所有，而且实行了部分生活资料公有制，一些地区甚至还实行了低水平的按需分配。1961 年，农村经济政策调整之后，政府将难以为继的人民公社体制改为"三级所有、队为基础"的生产资料所有制结构，农民在农村集体经济中按"劳动工分"取得相应的劳动报酬，并恢复了农民的自留地和家庭副业。由于绝大部分农产品的价格由国家计划调节，且我国农民的收入水平实际上也是由国家计划调节，导致平均主义问题十分突出。

二、平均主义分配的经济特征

社会主义特征曾经有过一个通俗的描述，即"社会主义经济＝公有制＋按劳分配＋计划经济"。公有制、按劳分配和计划经济三个因素"三位一体"，支撑着社会主义的经济大厦，按劳分配和计划经济以生产资料公有制为基础并由其决定。但是，我国社会主义实践却表明，公有制与计划经济体制和按劳分配制度是分离的，按劳分配失去了其精神实质，存在严重的扭曲问题。这一时期主要实行以生产资料的公有制、生活资料占有的均等化、城乡分割为基础、平均分配为主要特点的收入分配制度，充分体现了"计划化、集权化和二元化的分配制度的特征"[1]。

（一）二元经济结构

城乡二元经济结构形成了城乡之间的收入分配制度明显的二元性特征，城乡之间的分配机制和收入水平存在较大的差异。受苏联发展模式的影响，新中国成立后，以国家工业化为发展主体，重工业被放在优先发展的位置，轻工业被放在次要的地位，而农业和农民的利益则处于被忽视的地位。为了尽快实现国家工业化，国家对城市居民实行低工资、高福利的收入分配制度，国家通过

---

[1] 权衡.论以公平发展为导向的科学分配观 [J]. 中国特色社会主义研究，2007（02）：41.

强制手段将大量农业剩余和社会资源用于城市工业化发展，通过人民公社体制将农民的收入压低到仅能维持基本生存的水平，而且农村没有基本养老、医疗、住房等福利保障。农民主要通过集体劳动在人民公社或生产队获得实物分配，现金收入很少，这种二元性收入分配制度与发展体制导致我国城乡收入分配之间的巨大差距。

（二）计划调节手段

改革开放前的收入分配制度由政府计划安排强制执行，所有收入分配事项都要服从中央计划的需要。计划经济体制的初衷是要实现社会公平，力图实现"人人平等、没有剥削、共同富裕"的社会主义理想社会。在收入分配制度设计上必然以"缩小差距、人人收入均等"为出发点，害怕收入差距的存在危及社会的稳定与和谐。在计划等级工资制度条件下，国家由于无法掌握职工的实际劳动贡献，只能按照一定标准大致划分工资等级，使得处于同一等级的收入分配表现为平均主义特征，导致职工工资同其劳动贡献严重脱节。在城市的国营企业和农村的集体经济中，不存在市场化的收入分配规则，计划性的收入分配制度安排得到全面而彻底的执行。在计划经济体制下，国营企业收入分配制度还包括各种非货币化的福利分配，如养老、医疗、住房、生活服务、教育和就业等社会福利制度。

（三）权力集中与政府控制

在传统计划经济体制下，其收入分配过程体现出强烈的权力集中的特点，即由于权力集中于中央，中央政府具有实际的控制权和分配权。参与收入分配的主体包括中央政府、各职能部门、地方政府、国营企业、人民公社和普通劳动者，中央政府具有绝对的分配控制权，社会各单位的工资总量和标准调整等完全由国家决定，国有企业的财务由国家通过"统收统支"的分配制度予以调控，而地方政府和各级单位只有非常少的自由分配权，广大劳动者只是分配制度的被动接受者。中央政府把社会看作一个"大工厂"，进行统一决策管理和组织经济具体运行，政府实际控制着社会生产和商品交换，也就同样控制着各个阶段的收入分配，政府根据实际经济发展的需求调控国家、集体和个人之间的利益关系，从而形成政府控制型的经济运行模式。可以说，中国传统分配体制的本质是"强政府、弱企业"和"大政府、小社会"的政府强力控制型社会发展模式。

三、"按劳分配"实践的经验教训

按照马克思主义劳动价值论，实行按劳分配制度需要高度发达的生产力、单一的全民所有制和社会产品经济形式等一系列经济条件。由于我国社会主义经济制度同理想社会主义社会制度存在相当大的差距，因此，我国实行单一、平均化、低水平的按劳分配制度，势必与生产力发展水平及社会发展阶段不相适应，给我们留下了深刻的教训。

（一）不公平结果

社会主义按劳分配制度演变为具有浓厚平均主义色彩的分配方式，其中内含着诸多不公平问题。这种收入分配不公平，首先体现在劳动中长期存在的"干多干少都一样，干好干坏都一样"，甚至"干与不干一个样"的社会现象，这种看似"绝对公平"的分配方式其实极端不公平，由于其抹杀了实际劳动中各个劳动者投入的劳动质量与数量的差别，这种带有平均主义色彩的分配方式客观上起到了"奖懒罚勤"的负面作用，严重挫伤了广大劳动者的积极性和主动性。这种分配的不公平特征还体现在"歧视性"的政府福利制度上，社会福利和补贴的目的是为了帮助和改善贫困居民的基本生存条件，福利与补贴费用主要由国家财政支付，但是在户籍制度的限制下，只有极少数的城镇居民即所谓的"市民"才有资格享受，农村居民几乎享受不到，这种只有市民才能享受到的福利补贴对于生活极端贫困的广大农村居民来说极不公平。实际上，这种歧视性的不公平福利与补贴，在领导干部和一般职员之间、城乡之间、不同行业与地区之间普遍存在。

（二）生产效率低下

实行平均主义的收入分配制度，必然会压制经济社会发展的动力。也就是说，由于平均主义分配方式缺乏有效的利益激励功能，必然导致经济长期发展中的低效益。传统计划经济体制下的"按劳分配"制度以生产资料公有制为生产基础，收入分配也完全采取高度集中的基本方式，否定和排斥了市场的有效调控作用。这种本质上否定社会主义"按劳分配"的思想观念，必然造成收入分配的激励功能弱化，严重影响企业生产效率，导致经济发展缓慢甚至停滞不前。正如邓小平同志所言："过去搞平均主义，吃'大锅饭'，实际上是共同落后，共同贫困，我们就是吃了这个亏。"[1]对于个人而言，由于知识多少、能力

---

[1]　邓小平文选：第3卷[M].北京：人民出版社，1993：155.

高低、技术高低等对人们的收入水平没有大的影响，随着"吃大锅饭"心态的形成，广大劳动者的积极性得不到充分发挥，"出工不出力"的搭便车行为滋生蔓延，导致社会生产力水平低下，进而造成个人收入停滞不前。

（三）贪污腐败现象

社会主义公有制条件下，权力集中、计划挂帅和平均化的分配实践过程中，企业负责人和农村基层领导干部掌握着各种社会资源的实际控制权，"委托—代理"机制的存在极容易滋生贪污腐败问题。权力比较集中，企业和各级政府的负责人都充当着"代理人"的角色，他们实际掌控着普通公民的生存权利，代替国家、集体和地方各级政府支配并使用着社会资产，而且不用为这些资产的使用效率承担任何责任，腐败行为的滋生在所难免，甚至达到了为所欲为、化公为私的程度。比如，企业招工中的任人唯亲，只招收内部职工子弟，形成了一个独特的、世袭的、阻碍收入分配公平的特殊利益群体。

总之，改革开放前的社会主义建设与收入分配制度，我国在很大程度上照搬苏联模式，未能正确理解和实践马克思主义的按劳分配理论，导致收入分配上不仅没能很好地坚持和贯彻按劳分配原则，而且扭曲演变为了平均主义分配。中国的社会主义实践证明，平均主义不是也不可能是任何进步意义上的社会主义按劳分配，平均主义分配背离了社会主义初级阶段的公平标准，极大地抑制了普通劳动者参与社会主义劳动的热情和生产积极性，浪费了大量的社会生产要素，阻碍了社会生产力应有的发展速度，其结果既没有实现社会公平也没有提高经济效率，导致公平与效率的双重损失，社会主义初次收入分配制度改革势在必行。

第二节 "按劳分配为主体，其他多种方式并存"分配理论评析

改革开放后，为了解放生产力、发展生产力，必须在经济体制改革过程中对传统计划分配体制进行"革命性"变革，打破平均主义，抛弃"大锅饭"式的分配机制，逐步推进落实按劳分配制度。摒弃旧的平均主义分配方式，恢复与实行社会主义按劳分配制度，主要是以邓小平收入分配理论为指导，按照"三个有利于"标准建构和完善社会主义初级阶段分配制度和实现机制，提出并开始实行"按劳分配为主体，其他分配方式为补充"分配原则。通过市场经济

体制改革，把市场竞争机制引入分配领域，坚持实行"按劳分配为主体，多种分配方式并存"分配制度，有效地促进了机会平等和过程公平，极大地激励了人们生产和创业的积极性，解放和发展了生产力，同时也丰富和发展了马克思主义按劳分配理论。这一时期收入分配制度改革的出发点是快速提高劳动生产率，大力发展社会主义生产力。

一、改革开放初期的初次分配制度

改革开放初期，随着我国对社会主义发展阶段和社会主义本质的思考，对社会主义初次分配理论也进行了积极探索和实践。这一探索和实践过程经历的主要经济发展阶段及各阶段提出的初次收入分配思想观点如下。

（一）恢复按劳分配制度

改革开放以来，邓小平创造性地提出了具有中国特色的社会主义分配理论。以邓小平在党的十一届三中全会上提出的"要按照劳动的数量和质量计算报酬，克服平均主义"为标志，批判计划经济时期分配体制上的"高度集中"和"平均主义"的弊端，恢复并坚持了"按劳分配"的基本精神，基本上完成了按劳分配在理论上的拨乱反正。实践中，我国以农村土地改革为突破口，全面推行和实施家庭联产承包责任制，短时间内基本实现了农村收入分配制度的创新，主要是改革"集体为主的集中统一分配"的农村分配制度和"按工分取酬"的传统方式，实行"交足国家的、留够集体的、剩下的全是自己的"新型农村分配制度，使得广大农民第一次获得了经济"剩余索取权"，极大地调动了农民的生产积极性、主动性和创造性。在城市和工业发展中，开始恢复奖励工资和计件工资制度，并开始在国有企业试行"浮动工资制"，对国家机关和事业单位的工资制度进行改革，实现了收入分配体制改革的初始目标。党的十二大提出"坚持国有经济的主导地位和发展多种经济形式相结合"的改革思路，对国家机关和事业单位实行以职务工资为主的结构工资制，在企业开始实行"工资与经济效益相结合"的工资调整方式，强调职工工资要同具体劳动成果挂钩，这是对我国传统"平均主义"分配制度的根本否定。

（二）"按劳分配为主体，其他分配方式为补充"分配原则的提出与实践

党的十二届三中全会通过的《中共中央关于经济体制改革的决定》（以下简称《决定》）开始把社会主义按劳分配制度原则与我国经济社会发展具体状

况结合起来，提出要"建立多种形式的经济责任制，认真贯彻按劳分配原则"，提出"社会主义有计划的商品经济"新概念，把初次分配方式放在按劳分配的理论基础和商品经济的具体要求之下。党的十三大报告第一次从理论上对中国"社会主义初级阶段"历史条件和现实状况进行了全面、系统的分析，明确指出中国社会主义初级阶段的收入分配应该坚持"按劳分配为主体，其他分配方式为补充"的基本原则。这一经济社会发展阶段的收入分配方式受社会生产力发展多层次、不平衡状况的影响，不可能也不应该是"单一的"，而是应该实事求是地实行"一主多辅"多样化的分配方式，"先富"与"共富"之间关系不是矛盾对立的，而是辩证统一的。《决定》提出"允许多种合理合法的非劳动收入的存在"，这在党的正式报告中是第一次出现，由此开始形成中国社会主义初级阶段经济活力四射、繁荣发展与收入分配方式多样化、差异化状况的社会新局面。

党的十四大明确提出，中国经济体制改革的目标是要建立社会主义市场经济体制，这一建设目标的提出不仅标志着中国经济体制改革发展的一个里程碑，有力地促进了市场经济快速发展，而且是社会主义收入分配制度变革的重要制度基础，标志着收入分配将由原来的政府主导转变为市场主导，市场将成为收入分配制度原则的决定性力量。党的十四大报告明确提出，在社会主义市场经济条件下，初次收入分配制度要坚持和实行"以按劳分配为主体，其他分配方式为补充，兼顾效率与公平。运用包括市场在内的各种调节手段，既鼓励先进，促进效率，合理拉开收入差距，又防止两极分化，逐步实现共同富裕"[1]。这一思想充分表明政府要放权让利，主要通过市场经济发展来实现社会收入分配上的"兼顾效率与公平"，并进一步阐述了达到共同富裕需要一个过程，这个过程是一个非常曲折的过程；当前需要加快对企业工资制度改革，逐步建立起适合中国经济社会发展特点的工资制度和工资增长机制。

（三）"按劳分配为主体，多种分配方式并存"分配制度的提出

党的十四届三中全会通过了《中共中央关于建立社会主义市场经济体制若干问题的决定》，全会指出将社会主义市场经济体制与社会主义基本制度相结

---

[1] 中共中央文献研究室.中共十三届四中全会以来历次全国代表大会中央全会重要文献选编[M].北京：中央文献出版社，2002：157.

合，就是要使市场机制对资源配置从而对经济发展起基础性作用，进一步完善和发展社会主义基本制度。全会还提出，在社会主义市场经济条件下，收入分配要"坚持以按劳分配为主体，多种分配方式并存"制度，坚持和体现"效率优先，兼顾公平"分配原则。中国学术界往往把"按劳分配为主体，多种分配方式并存"分配制度简称为"并存论"。"并存论"分配制度最终以党的正式文件提出，为以后的"生产要素参与分配"制度奠定了理论基础；"效率优先，兼顾公平"的分配原则在党的正式文件中也是第一次被明确表述出来，而且这一分配原则在党的十五大报告中又得以重申，成功实现由长期实践到理论上的突破，获得了较为稳固的发展地位。党的十六大报告对"效率优先，兼顾公平"分配原则做了新的阐释和解读，即在我国收入分配问题上，要求"初次分配注重效率，发挥市场的作用，鼓励一部分人通过诚实劳动、合法经营先富起来；再分配注重公平，加强政府对收入分配的调节职能，调节差距过大的收入"。这一新观点和新解释是针对我国分配领域存在的现实矛盾提出来的，使得收入分配问题更具有实践性和操作性。同时，中国适应市场经济的要求，逐步建立和完善产权清晰、权责明确、政企分开、管理科学的现代企业制度，并且开始实行以"岗位技能工资制"为核心的企业工资制度改革，进一步落实并扩大了国有企业分配自主权，政府不能再直接干预国有企业分配，不同企业的工资水平可以随着经济效益的高低拉开一定差距。

二、实行"并存论"分配制度的客观必然性

马克思主义政治经济学理论认为，共产主义第一阶段应该坚持实行"按劳分配制度"。实际上，由于各社会主义国家的发展程度与马克思主义设想的社会主义之间有较大差异，在不发达的社会主义条件下，按劳分配制度与其他分配制度之间的地位和关系不同，主要分为"主次关系"和"并列关系"。在中国社会主义初级阶段，实行"按劳分配为主体，多种分配方式并存"的分配制度有其客观必然性，实行这一分配制度对中国社会主义经济社会发展的意义重大。

（一）坚持"按劳分配为主体"的客观性

社会主义社会的初次收入分配制度必须坚持"按劳分配为主体"，不由人的主观意志决定，而有其客观必然性。

1. 经济所有制结构的决定作用

按照马克思主义政治经济学理论，在社会主义公有制经济条件下，所有生产资料归全民或集体所有，劳动者个人只拥有自己的劳动力，他们除了向社会提供自己的劳动之外，再也不可能提供其他东西，"按劳分配"自然成为社会主义社会分配个人消费品的根本方式。特别是在社会主义初级阶段，旧的社会分工还没有完全消失，不同劳动者向社会提供的劳动之间存在较大差异，要求在分配个人消费品时适度拉开差距。只有实行按劳分配，使劳动者分配到的收入与他们提供给社会的有效劳动相符，才能充分调动广大劳动者的积极性，促进生产力的发展，为向共产主义社会过渡准备条件。

2. 社会主义制度的本质要求

建设社会主义的首要问题是搞清楚什么是社会主义、如何建设社会主义这一基本问题。邓小平认为："社会主义的本质是解放生产力，发展生产力，消灭剥削，消除两极分化，最终达到共同富裕。"[1] 马克思主义"按劳分配"制度充分体现了社会主义社会的本质要求，从根本上否定了资本主义生产资料私有制条件下按资分配的不合理分配制度，保证了广大劳动者的合法利益和其他正当权益，也充分体现了劳动者在社会主义社会中的主人翁地位。社会主义初级阶段，尽管不同劳动者的劳动能力以及由此产生的劳动收入之间存在一定差距，但一般不会产生收入差距过大和财富占有上的两极分化，并且可以为提高经济效率创造更大动力，为更高水平的公平分配创造条件。

3. 按劳分配对其他分配方式的制约

目前，我国其他分配方式都会受到按劳分配方式的制约。比如，私营企业的收入分配制度一般会受到国家法律法规与相关政策的规范和约束，普通劳动者报酬必须以按劳分配为基础，但并不完全按劳动力价值进行分配，"按资分配"也是重要的分配方式；个体劳动者一般不雇用帮手，即使有雇工也非常有限，他们的生产经营活动主要是自己投资并亲自参与生产劳动，他们收入中的大部分属于劳动收入的性质，雇工的工资应该在参照公有制企业职工工资水平的基础上结合企业经济效益予以确定；由于国家和集体也是中外合资、中外合作企业的投资人，这些企业的一部分资产属于公有性质，针对这一部分经济进

---

〔1〕 邓小平文选：第3卷[M].北京：人民出版社，1993：373.

行的分配应该坚持按劳分配原则。由此可见，在社会主义初级阶段多种分配方式并存的情况下，劳动仍然是大多数社会成员获得收入的主要手段，劳动报酬是广大劳动者获得收入的主要形式，按劳分配原则依然占据绝对的主导地位，制约和规定着其他各种分配方式发挥作用以及发挥作用的方式和程度。

（二）坚持"多种分配方式并存"的必然性

社会主义初级阶段在生产力水平相对低下、多种所有制经济共同发展等条件下，不可能实行单一的按劳分配制度，必须赋予收入分配新的内容和形式，这就是中国"按劳分配为主体，多种分配方式并存"的初次分配新格局。这一初次分配新格局的出现，并不是对马克思按劳分配理论的否定，而是有其客观必然性，是根据中国社会主义的具体实践经验对马克思按劳分配理论的进一步丰富和发展。

1. 生产力发展是最终决定力量

分配由生产决定，任何分配方式最终都要取决于可供分配的产品数量，取决于生产力的发展状况。在生产力发展水平极端落后的原始社会，可供分配的产品有限，为了维持族群的生存和延续，对食物等各种物品只能采取平均分配的方式进行。随着人的实践能力的提高，特别是生产工具的不断创新，人类社会的生产力水平不断发展，可供分配的产品种类和数量越来越丰富，分配方式也频繁出新、多种多样。当前，我国处于并将长期处于社会主义初级阶段，中国社会虽然已经跨过了短缺经济时代，全面建成了小康社会，但生产力发展水平还不理想，当前社会的主要矛盾转变为了人民日益增长的美好生活需要和不平衡不充分发展之间的矛盾。与中国社会主义初级阶段的基本国情相适应，社会成员的利益实现和收入分配既不能实行按需分配和马克思主义的按劳分配，也不能继续实行平均主义分配，只能在坚持以按劳分配为主体的基础上，实行"多种分配方式并存"的分配制度。

2. 基本经济制度是根本原因

按照马克思主义生产关系基本原理，生产决定分配，生产资料的所有制性质决定分配制度和分配方式。中国社会主义初级阶段的基本经济制度特征是"以公有制为主体，多种所有制经济形式共同发展"，这是不以人的主观意识而转移的客观现实，是由我国生产力不平衡发展决定的基本国情。特别是在市场体制环境和国际化经济发展模式下，我国公有制经济形式不仅仅采取国有经济和集体经济，而且其实现形式越来越趋于多样化，混合所有制经济大量出现，非公有制经济形式得到了充分发展。复杂多样的所有制结构决定了分配结构形式必然多样化发展，我国当前以"公有制为主体，多种所有制经济共同发展"的所有制结构的客观存在，决定了"按劳分配为主体，多种分配方式并存"分配结构形式的合理性和必然性。

3. 社会主义市场经济的内在要求

党的十四大正式提出中国经济体制改革目标是要建立社会主义市场经济体制，市场经济条件下允许"多种分配方式并存"，承认市场各要素和主体参与市场生产经营并同时参与利益分配的权利。也就是说，市场经济条件下的劳动与资本、土地一样，也是基本生产要素之一，包括劳动在内的各生产要素的价值或价格都需要通过市场等价交换的方式实现。在市场经济中，劳动与资本、技术、管理等要素属于不同所有者，各要素所有者可以凭借所有权获得一定收益。与传统计划经济条件下的利益实现机制不同，市场经济条件下的"生产－分配"机制不仅鼓励更多的生产要素投入实际生产，刺激各经济主体和要素所有者将更多的稀缺要素投入生产，而且有助于约束生产经营者最大限度地节约资源和提高经济效益，实现社会经济整体快速增长和良性发展。

（三）市场经济条件下按劳分配制度的特征

传统经济理论认为，按劳分配制度是社会主义公有制经济主要实行的分配制度，与资本主义市场经济没有共通之处。邓小平以卓越的见识和超人的胆识提出，计划和市场都是经济发展的方式和手段，不属于社会基本制度范畴，社会主义经济发展可以充分利用这些方式发展自己，而且我国的社会主义实践也充分证明了社会主义基本制度与市场经济体制是可以相互兼容的，社会主义与市场经济完全可以实现对接。在我国特有的社会主义市场经济条件下，按劳分配制度只有与市场经济相结合才能得以贯彻落实，其具体特点主要表现在以下几个方面。

1. 按劳分配必须借助商品货币关系实现

按照马克思经济理论的发展逻辑，其设想的未来充分发展的社会主义社会不再需要商品货币关系，劳动者只要"从社会领得一张证书，证明他提供了多少劳动（扣除他为公共基金而进行的劳动），而他根据这张凭证从社会储存中领得一份耗费同等劳动量的消费资料"[1]。由此可见，未来社会主义社会的劳动者可以根据自己向社会提供劳动量的多少直接分配个人消费品。由于我国社会主义还处于初级阶段，多层次的所有制形式并存，还必须借助商品货币关系来发展生产力，按劳分配的等量劳动交换原则只有在市场机制的作用下，以货币为中介经过公平交换才能得以实现。

2. 劳动的价值或价格需要通过市场体现

按照马克思主义的逻辑推演，未来社会主义社会的劳动者向社会提供的个人劳动直接属于社会劳动的一部分，其价值量或劳动量一般按照自然劳动时间进行计量，"各个生产者的个人劳动时间就是社会劳动日中他所提供的部分"[2]。在我国社会主义初级阶段，多种经济成分并存的客观必然性，决定了商品中所包含的劳动量不能直接用自然劳动时间进行计算，劳动者所提供的个人劳动不是社会劳动的一部分，劳动者直接属于某个企业组织，企业工人进行商品生产的劳动耗费都不是社会必要劳动时间，而是个别劳动时间，不能作为统一标准来衡量劳动量和商品价值量的大小。所以，按劳分配是以劳动者耗费并在市场上实现了的价值量作为按劳分配的依据，劳动的"质"与"量"只有通过市场交换才能得以体现和实现。

3. 劳动者的报酬收入与企业效益直接挂钩

在我国社会主义初级阶段，劳动者的报酬收入与劳动者的具体生产条件和企业效益密切相关。按照马克思的设想，未来的劳动者参与的劳动单位都是完全平等的基层劳动组织，不是什么存在独立利益的经济体，按劳分配制度的实施主体是统一的社会中心，只要劳动者工作一定的时间，不论其参与哪一个劳动组织都应该获得等量的报酬。目前，我国社会主义市场经济条件下的企业还是自主经营、自负盈亏、有独立利益的经济体，各个企业的劳动生产率和经济效益差距较大，企业支付劳动报酬也不存在统一标准，"按劳分配"在实践中不仅取决于劳动者所提供的劳动量，还取决于劳动者所在企业的具体生产效益和市场效率。同等劳动能力的劳动者由于隶属于不同的企业，即使付出同等质量及数量的劳动，所得到的劳动报酬也会存在较大差距。

---

〔1〕〔2〕　马克思恩格斯选集：第 3 卷 [M]. 北京：人民出版社，1995：304.

三、"效率优先，兼顾公平"分配原则辨析

在社会主义经济体制改革与发展过程中，党的十四届三中全会提出"效率优先，兼顾公平"的分配原则。人们对这一分配原则始终存在着不同的看法，这一分配原则的价值意义和历史地位，应该从我国经济社会实际状况出发，历史、辩证地加以理解和分析。

（一）"效率优先，兼顾公平"分配原则

我国学术界对"效率优先，兼顾公平"的内涵历来有不同理解，不同学者看问题的视角和侧重点各有不同。有学者提出："不合理、不合法的收入导致的贫富悬殊与'效率优先，兼顾公平'的政策倡导中过分注重效率而导致社会价值取向转变有关。"[1]"效率优先，兼顾公平"的分配原则逻辑上预设的前提就是效率必须得以保证和实现，公平则不一定，关键时期可以不要公平。由于这种逻辑上的缺憾，在实际经济生活中"公平"的经济和社会价值往往被贬低、忽略甚至遗忘。从"效率优先，兼顾公平"原则的字面表述来看，这一分配原则意味着当效率与公平之间出现矛盾时，必然保证效率的优先实现，公平价值不具有必然性，可以被忽略或牺牲掉，这种做法在理论和实践上都显得十分荒谬。

"效率优先，兼顾公平"原则在要求把效率放在第一位的同时，不是忽视公平或不顾公平。这一分配原则意在表明"效率和公平"二者的不平等地位，二者的地位和功用存在先后、主次、轻重之分，表明如果没有效率的提高，要实现公平必然困难重重。社会主义初级阶段，把效率放在"优先"地位，公平放在"兼顾"的次要地位，是由我国生产力长期落后的现实状况决定的，符合我国经济社会发展的实际情况，"效率优先"具有重要的现实意义。如果优先考虑效率问题，就必须注重保护各生产要素的产权和参与市场生产经营的积极性；如果把效率放在优先的位置上，就必须承认个人努力的程度与个人之间的各方面差距，把高收入看作是对个人努力产生经济高效率的一种奖励；"效率优先"突出效率的核心价值，就是要通过这种不平衡发展战略安排，克服以前平均主义的分配制度以及由此导致的低效率，充分尊重生产要素供给者的个人努力和个人劳动价值。"兼顾公平"中的"公平"一般被理解为是"机会均等条件下收入分配的合理差距"，不应该也不可能用来指代收入分配的平均一致。"效率优

---

〔1〕 李杰，徐太军."效率优先、兼顾公平"政策的新思考[J].西南民族大学学报，2007（03）：211.

先"的本质意义就是要使分配原则的选择符合"三个有利于"标准，适应市场化改革的需要，实现资源的有效配置。满足"效率优先"要求的分配原则只能是按贡献分配，因为只有承认各生产要素对社会财富的生产所做出的贡献，并根据其贡献大小来分配对等的报酬，才能鼓励人们不断提高劳动的质量和数量，不断增加人力资本投资，使不同生产要素的所有权在经济上得到实现，从而促进生产力发展。"兼顾公平"则是要求在实行按贡献分配的条件下，保证社会不出现两极分化现象，保持社会的稳定发展，同时建立和完善社会保障制度。这一分配原则实质上就是在把收入分配不平等控制在社会所能承受的最大限度的条件下，追求经济效率的最大化和促进社会生产力的发展。

（二）"效率优先，兼顾公平"分配原则的历史作用

"效率优先，兼顾公平"分配原则是社会主义初级阶段的必然选择。社会主义初级阶段的生产力水平决定了必须实行"效率优先"的原则，唯有大力发展生产力，将效率摆在优先位置，才能创造更多的社会财富，尽快缩小与西方发达国家的经济差距，为共同富裕的实现奠定基础。在实践中，改革开放以来所取得的巨大成就，与这一分配原则的坚持实施是密不可分的。这一分配原则的目的是要解决新时期我国生产力与人民日益增长的物质文化需要之间的突出矛盾，比较符合中国经济社会发展的实际，在我国经济社会发展中所发挥的作用不容忽视。

在实践操作过程中，"效率优先"比较好理解，也取得了较为理想的经济效率；"兼顾公平"则分歧较大，很多时候把"兼顾"变成了"不顾"，导致公平与效率关系失衡。"效率优先，兼顾公平"的提法是特定历史条件下的产物，不管人们对这一分配原则的评价存在多大的分歧，大家都对这一分配原则有一点共识：谁都不能否认这一提法在改革开放初期所具有的重要历史作用与无可争辩的合理性，而对这一分配原则在推动中国社会经济发展中的重要作用给予肯定。一方面，"效率优先，兼顾公平"分配原则从根本上冲破了原来的平均主义，将分配状况同个人对于经济效益的实际贡献直接联系起来，多劳多得，充分地调动了每个社会成员的积极性；另一方面，主要在于"效率优先，兼顾公平"的提法冲破了原有计划经济体制的束缚，适应社会主义市场经济条件下发展经济的客观要求，极大地解放和发展了社会生产力，同时也促进了人的解放与发展。

（三）"效率优先，兼顾公平"分配原则的消极影响

社会主义初级阶段，由于长期坚持实行"效率优先，兼顾公平"分配原则，在经济飞速发展的同时，也出现了大量的社会问题，如居民收入差距过大、收入分配不公平、分配秩序混乱、分配格局不合理等问题，提醒我们必须对这一分配原则进行重新认识和科学评价。

1."效率优先，兼顾公平"分配原则的理论缺陷

多数学者认为，"效率优先，兼顾公平"分配原则的确立和实施充分反映了我国生产力长期落后的实际发展状况，这一分配原则只是针对我国社会发展的主要矛盾而提出来的一个"阶段性政策"，不能也不宜长期坚持实行下去。这一"策略性"分配原则内在地包含"先天的"理论缺陷，"效率优先"作为政府推进经济发展的一种策略，作为一种价值取向和政策目标，在价值观念上表现为对经济增长速度的强烈渴望，表现在实际行动上就是对 GDP 的极端追求。这种发展战略的逻辑是"生产先于分配"，为了快速发展经济把"蛋糕"做大，牺牲社会公平也在所不惜；客观上，这种发展方式带来的经济增长并未使广大民众分享到多少发展成果，经济利益大部分为富裕阶层特别是掌握着大量国有资源的政府、企业权力阶层控制，使得"兼顾公平"在很大程度上成了一句空话，因此不可能得到人民的认可和拥护。

2."效率优先，兼顾公平"的表述不科学

"效率优先，兼顾公平"的表述内在地将效率与公平对立起来，不符合中国社会主义制度自身改革的和谐价值目标和根本要求。"优先"与"兼顾"要求政府在进行政策设计和选择时，以效率为首选和主要目标，在效率得以优先安排和实现的前提下"兼顾公平"问题，如果条件不允许，"兼顾不到公平"也是正常的、合理的、应该的。由此可见，理论上的表述尚有偏颇之处，过分强调效率的价值特别是中央设立"效率"考核标准，必然导致地方政府和官员过度追求 GDP 的政绩，不顾客观经济基础和经济发展规律，不顾经济增长与环境之间的协调，不顾经济增长与人民物质文化生活水平的提高相协调，一味地追求"高速度、高增长、高 GDP"，甚至出现"数字出官员，官员出数字"的社会现象；实践上过度强调效率，不能很好地兼顾到公平，必然导致贫富差距扩大，包括城乡差距、行业差距、地区差距和不同社会阶层之间差距的不断扩大；在企业特别是非公有制企业内部，"效率优先"变成了利润优先、利益优先，"兼顾公平"

成了轻视、忽视乃至不顾对职工的公平，某些企业违反劳动法，严重损害职工权益，如随意延长劳动时间，超额加班加点而不付或少付加班费，压低和拖欠工资，甚至侵犯工人的人身自由。

3.“效率优先，兼顾公平”混淆了发展的手段与目的

“效率优先，兼顾公平”分配原则坚持把效率、发展放在首要位置，把经济增长作为发展的根本；把公平放在次要的位置，没有认识到共同富裕的社会主义价值目标，以及经济社会“以人为本”的发展目标。公平目标的实现不仅有促进人的全面自由发展的价值意义，而且有进一步提高效率的经济意义。社会主义初级阶段，提高经济效率、解放与发展生产力是人的解放和发展的必要手段；而发展的最终目的是更好地满足人的需求，实现人本身的自由全面发展，发展手段与目的不能混淆，社会主义社会要求目的与手段有机地结合与统一。新时期仅仅追求效率的提高而不能很好地兼顾公平的发展方向是有偏差的，如果为了效率而完全不要公平、放弃公平，这样的效率就变得毫无意义。

通过以上分析可以看出，“效率优先，兼顾公平”分配原则是一个适应社会主义市场经济初期发展的制度。虽然这一制度曾经对我国社会经济的发展起过积极作用，但其自身有着明显的局限性。由于其局限性的存在，使得“效率优先，兼顾公平”的分配原则不再有利于中国当前和未来社会经济持续发展和安全运行，更不利于和谐社会的建设，因此，必然要对“效率优先，兼顾公平”分配原则进行矫正。党的十六届四中全会以来，中央文件不再提“效率优先，兼顾公平”这一流行了多年的分配原则与政策，表明它已经完成了自己的历史使命，从“允许一部分人先富”到“共享改革成果，兼顾各方利益”，说明我们党的分配思想发生了重大变化，在收入分配制度和原则上，应该尽快完成和落实从“效率优先，兼顾公平”向“效率与公平并重”的根本转变。

第三节　“按劳分配和按生产要素分配相结合”分配理论评析

按生产要素分配理论最早由西方资产阶级经济学家萨伊提出，这一理论随着资本主义经济发展而逐步完善，成为西方经济学最为重要的收入分配理论。人们之所以有资格取得报酬收入，是因为他们为生产这些收入提供了必要的生

产要素，投入是收入的来源和依据。"按生产要素分配"坚持将报酬与投入直接挂钩，投入是获得报酬的根本依据，投入什么生产要素就可以获得什么报酬，投入多少生产要素就可以获得多少报酬。

一、"按劳分配和按生产要素分配相结合"分配制度

在我国经济体制改革过程中，主要是在党的十二届三中全会之后，我国的乡镇企业、个体经济、私营企业和"三资"企业等非公有制经济都获得了较快发展，这些非公有制经济主要坚持实行按生产要素分配原则。"按劳分配和按生产要素分配相结合"原则在党的十五大报告中被正式提出来，是指导我国收入分配实践的基本理论原则。

（一）"把按劳分配和按生产要素分配结合起来"分配原则的提出

党的十五大报告在分配制度改革问题上取得了大胆创新，从根本上解决了社会主义社会生产要素能不能参与分配的问题，打消了人们的思想顾虑。报告重申了社会主义初级阶段坚持"按劳分配为主体，多种分配方式并存"分配制度，在这一分配制度的基础上进一步明确提出我国社会主义可以实行"把按劳分配和按生产要素分配结合起来"的分配制度。党中央在邓小平理论和改革精神的引导下，把分配制度中的"其他分配方式"科学地概括为"按生产要素分配"，"按生产要素分配"第一次在党的正式报告中被提出来，对我国经济社会发展和社会利益关系调整的意义重大。这一崭新的分配制度形式，不仅有助于实现我国社会主义分配结构和分配形式的多样化、合理化，打破了社会主义条件下个人收入无法转变为生产要素的思想禁忌，也为后来的"按生产要素分配"理论和"财产性收入"的提出奠定了思想理论基础，是社会主义分配理论的重大突破和发展。

（二）"劳动、资本、技术和管理等生产要素按贡献参与分配"分配原则的确立

江泽民同志作的党的十六大报告在收入分配制度改革方面进行了大胆的突破。这次报告不仅对"按劳分配为主体，多种分配方式并存"分配制度的具体环节和内容要求进行了修改和完善，而且把"按生产要素分配"明确表述为"劳动、资本、技术和管理等生产要素按贡献参与分配的原则"。许多专家学者认为，中央的这一全新的分配原则是对社会主义市场经济条件下"按劳分配

和按生产要素分配相结合"分配制度做出的新的诠释。社会主义市场经济条件下的分配制度，必须体现出劳动的价值，以便充分调动广大劳动者的积极性和创造性，同时也要体现其他各物质生产要素的价值，以便激发各物质要素所有者积极参与生产经营活动，在最大程度上实现效率提高与经济发展。党的十六大强调认为，中国社会主义分配制度现阶段要"以共同富裕为目标，扩大中等收入者比重，提高低收入者收入水平"为目标进行改革，为我国经济发展达到"中等发达国家"水平或达到更高水平之后的社会利益关系改革重点和收入分配发展格局指明方向。

二、"按生产要素分配"的本质分析

按生产要素分配，就是根据各个要素在商品和劳务的生产与流通过程中的投入比例及贡献大小来分配国民收入。这一原则强调报酬与投入的对等，要求投入什么要素获得什么报酬，投入多少要素获得多少报酬。社会主义市场经济条件下的"按生产要素"分配原则有其特定的内涵和特点。

（一）"按生产要素分配"的主要内涵

按生产要素分配就是在总收入不变的条件下，各要素应该按照在生产中的贡献大小获得合理的收入份额。第一，投入什么生产要素必然取得相应的报酬，劳动者提供了自己的劳动力就应该获得合理的劳动报酬，资本提供者应该获取合理的利润和利息，土地提供者应该获取合理数量的地租，经营管理者应该获得经营管理报酬，技术人员应该获取技术报酬，而政府因为在社会生产过程中提供了公共物品和社会管理职能而应得到相应报酬，即政府税收。第二，要素获取的报酬量与投入量呈正比关系，投入的要素数量多，获取的报酬数量就多；投入的要素数量少，获取的报酬数量就少。报酬的数额与投入的要素数量呈正比例关系。第三，要素的报酬需要借助于市场得以实现。各生产要素需要投放到市场形成正常的要素价格，然后通过市场交易获得相应的报酬收入。第四，各要素报酬之间的比例关系，由各要素收入在商品总收入中所占的比重来确定，即由各要素投入的边际生产力来确定。

按生产要素分配原则不仅是资本主义高级阶段的分配原则，也是我国社会主义市场经济发展阶段的主要分配原则。拥有要素产权的所有者，凭借其要素所有权从生产要素使用者那里获得一定形式和数量的报酬，以实现自己的要素收益权。按生产要素分配主要涉及三方面的内容，即分配的依据是要素所有权，因此，参与分配的主体也必然是要素所有者；被分配的对象或分配客体是各种要素共同创造出来的新价值的一部分；分配的标准是不同生产要素的质量、数量和贡献大小，市场经济条件下主要参照要素的稀缺程度和贡献大小。

（二）按生产要素分配的主要特点

在社会主义市场经济条件下，按生产要素分配原则有其显著特点。第一，按生产要素分配原则不同于按劳分配原则，社会主义按劳分配主体是所有劳动者，即自然人；按生产要素分配的主体则可以是劳动者个人，也可以是法人或政府，分配主体呈现出多元化的特点。第二，按生产要素分配的客体是企业剩余，参与企业剩余的各生产要素都具有资本的性质，属于"按资分配"的范畴；社会主义国有企业的物质资本和人力资本都具有公有性质，同样属于资本的范畴，具有一般资本的属性和特征。第三，按生产要素分配可以采用股份制、红利制、年薪制、期权制、职工持股等多种形式，而且在市场经济的改革过程中，还会产生新的分配方式和制度形式，分配形式呈现出灵活多变的趋势。第四，按生产要素分配的资本属性与诸多分配形式决定了其分配的市场化特征，即按生产要素分配必须由市场机制进行调节，遵循市场基本价值规律，通过市场公平竞争、等价交换原则来具体进行。

三、"生产要素按贡献参与分配"的客观必然性

确立和实行"生产要素按贡献参与分配"原则，不是由人们的主观意志决定的，而是有其客观性和现实性。这一分配原则最终由社会生产力发展状况决定，是生产力发展而又未能充分发展的必然要求。按劳动分配主要表现为按劳动市场价值或价格进行分配。

（一）生产资料所有制结构的决定作用

在社会生产发展过程中，分配是一个重要经济环节，也是生产关系的一个重要组成部分，是联系生产与消费的一个中间环节，其性质和具体方式主要由生产决定，最终由生产资料所有制的性质决定。一定性质的生产资料所有制不仅决定着生产关系的根本性质和主要内容，也决定着分配关系的性质和产品的

分配方式。可以说，有什么样的生产资料所有制结构，就必然要求有什么样的分配制度和分配方式与之相适应。我国社会主义长期存在的"生产资料公有制为主体，多种形式的所有制经济共同发展"的多元经济结构，决定了分配领域实现"按劳分配为主体，各生产要素按贡献参与分配"分配制度的客观必然性。新时期，收入分配领域按劳分配与按生产要素分配并存不是价值选择的结果，而是由我国生产资料所有制结构以及建立在一定生产资料所有制基础上的生产关系具体决定的。

（二）生产要素所有权在经济中的客观要求

"生产要素按贡献参与分配"是各生产要素产权得以实现的制度基础和先决条件。在社会主义市场经济条件下，收入分配制度以所有权为基础得以确立，各生产要素归属于不同的所有者，这些生产要素参与生产经营带来的收益也应该归属于不同的要素所有者。如果各生产要素对生产经营做出了贡献而不能得到相应的报酬，就是对各生产要素所有权的否定，必然损害各生产要素所有者的利益和继续参与生产经营活动的积极主动性。实现经济快速发展，必须激励各生产要素最大限度地投入生产经营活动，必须给予不同要素所有者相应的经济报酬。

（三）社会主义市场经济运行的客观要求

市场经济制度是依靠市场的竞争机制、价格机制和供求机制对经济资源配置起基础性作用的有效经济运行模式。在社会主义市场经济制度条件下，各生产要素都可以作为商品进入市场并按照等价交换原则进行公平买卖和有效配置。由于各生产要素所有权不同，隶属于不同的所有者，因而生产经营者要获得这些生产要素的使用权必须向其所有者支付一定的使用报酬。在市场经济环境下，允许各生产要素按贡献参与分配，其价格由生产要素的使用者和供给者双向协商决定，同时也可以实现各生产要素的有效配置。从这个意义上说，生产要素按贡献参与分配是社会主义市场经济条件下收入分配的主要方式。

四、"按劳分配与按生产要素分配相结合"分配理论评析

我国学术界对"按劳分配与按生产要素分配相结合"的分配理论（即所谓的"结合论"）存在不同的理解，争议较大。有学者坚持"按要素分配包括按劳

分配"的观点，认为按要素分配的实质是要素价格的体现，按劳分配的"劳"是指劳动力，"按劳分配"就是劳动力价值或价格的实现，按劳分配实际上是按要素分配的一个方面。有学者坚持"按劳分配包含按要素分配"的观点，认为生产要素的生产配置是一种劳动组合，按要素分配实质上是按配置生产要素的劳动进行分配。还有学者坚持"按劳分配和按生产要素分配不能相互替代"的观点，认为两种分配不能相互替代，因为按劳分配与生产资料公有制相联系，按生产要素分配与生产资料私有制相联系，而作为分配领域的制度，它们遵循和实践的效率与公平原则有着完全不同的含义。

（一）按劳分配与按生产要素分配间的冲突

"结合论"包含着两种分配原则之间的根本对立。按照马克思主义政治经济学理论的观点和思维方式，按劳分配与按生产要素分配是截然相反、矛盾对立的两种分配制度。这是因为按劳分配制度以生产资料公有制为基础，是生产资料公有制在分配关系上的实现，体现着劳动人民当家作主和消灭了剥削关系的新型分配制度，被看作社会主义社会的唯一分配原则。而按生产要素分配则以生产资料私有制为基础，体现出资本家与雇佣劳动之间剥削与被剥削的不平等关系，这一分配原则被看作资本主义制度条件下的主要分配原则。按劳分配中的"劳"，一般指劳动者的"活劳动"，体现着"等量劳动领取等量报酬"的社会主义生产关系；而作为生产要素之一的劳动要素中的"劳"，则指劳动力、人的劳动能力，反映的是资本家凭借生产资料所有权无偿占有雇佣劳动剩余价值的剥削关系。

（二）按劳分配与按生产要素分配间的联系

"结合论"表明两种分配原则之间存在一定联系。在市场经济条件下，"按劳分配与按生产要素分配"都遵循市场基本价值规律，奉行平等交换原则，承认分配形式上的平等和分配结果上的不平等。"按劳分配"与"按生产要素分配"虽然是基于不同社会制度基础上的两种分配形式，但它们都坚持和实行按贡献分配原则，通过调动各生产主体的积极性达到提高效率、发展生产的目的。

"结合论"比"并存论"的可操作性更强。社会主义初级阶段实行"按劳分配为主体，多种分配方式并存"的分配原则，这种所谓的"并存论"分配原则主要由我国"以公有制为主体，多种所有制并存"的生产资料所有制结构决定。

但是，这种"并存论"分配原则并未真正突破按生产资料公有制和按劳分配为主体的经典理论束缚，在我国收入分配实践中也难以进行科学量化和具体操作，不能有效地解决好社会主义市场经济条件下的初次分配公平问题。如果由"并存论"变为"结合论"，可以使我国现阶段的初次分配原则变得更具体、更简单易行，并且更能体现社会主义市场经济的基本要求。

第四节　"初次分配注重公平"分配理论评析

认识到贫富差距及其社会影响与危害，整个社会更加关注收入分配问题，政府政策也逐步转向强调公平。2005 年，党的十六届五中全会首次提出"更加注重社会公平，加大调节收入分配的力度"；2007 年，党的十七大报告提出"初次分配和再分配都要处理好效率和公平的关系，再分配更加注重公平"[1]；2012 年，党的十八大报告提出"加大再分配调节力度，着力解决收入分配差距较大问题"；2017 年，党的十九大报告把我国社会的主要矛盾从"人民日益增长的物质文化需要与落后的社会生产之间的矛盾"，转变为"人民日益增长的美好生活需要与不平衡不充分的发展之间的矛盾"，即从"重效率、重增长"转向"重分配、重公平"。"初次分配注重公平"思想是对社会主义初级阶段分配理论的重大发展，也是现实经济社会矛盾发展的必然选择，不仅表明党和政府对我国新时期收入分配问题的极大关注，对分配制度的深入思考与积极探索，以及通过分配制度的改革与创新，尽快缩小社会贫富差距，最大限度地解决社会公平问题的决心，而且充分再现了党坚持以人为本的价值理念，以及把人民群众的根本利益作为一切工作的出发点和归宿的宗旨。

一、"初次分配注重公平"原则的提出

党的十六届四中全会以来，"效率优先，兼顾公平"的提法开始淡出党的文件，"社会公平"概念开始频现，成为中央关注的重点问题。党的十六届五中全会提出"加强和谐社会建设"时，要求"更加注重社会公平，使全体人民共

---

[1] 胡锦涛.高举中国特色社会主义伟大旗帜　为夺取全面建设小康社会新胜利而奋斗——在中国共产党第十七次全国代表大会上的讲话 [M].北京：人民出版社，2007：38-39.

享改革发展成果"，并要求把社会公平问题作为全面落实科学发展观的一项重要内容来看待。此后，中央政府开始重点改革收入分配秩序，为实现社会公平建设目标，努力构建科学合理、公平正义的社会收入分配体系。随着我国经济社会发展格局和社会发展中主要矛盾关系的演变，党的十七大果断对分配领域已有的"效率优先"战略安排进行重构，在坚持和完善"按劳分配为主体，多种分配方式并存的分配制度，健全劳动、资本、技术、管理等生产要素按贡献参与分配制度"的基础上，提出"初次分配和再分配都要处理好效率和公平的关系，再分配要更加注重公平"的分配思想和价值目标，强调初次分配和再分配中的"公平"，把"公平"放到了突出的位置。党的十七大报告还首次提出"初次分配也要注重公平问题"，强调把处理社会收入差距问题的"关口"由再分配前移至初次分配。就如何实现初次分配公平问题，报告提出要逐步提高居民收入在国民收入分配中的比重，提高劳动报酬在初次分配中的比重（简称"两个提高"）。"两个提高"的提法和策略表明，政府在今后一段时期内要通过大力提高居民收入特别是劳动报酬在国民收入中的比重，来调整国民收入初次分配格局的决心，切实让老百姓分享到更多的经济发展成果，不断提高人民群众的生活水平。

针对市场经济条件下的初次分配原则，党的十七大报告提出要"健全劳动、资本、技术、管理等生产要素按贡献参与分配"的制度。对比党的十六大报告确立的"生产要素按照贡献参与分配"原则可以发现，党的十七大报告的提法更规范和稳定，通过将"确立"改为"健全"，将"原则"改为"制度"，仅仅四个字的变化却充分表明我们党对我国市场经济条件下实现效率提高和收入分配公平的决心和信心。特别是把健全"生产要素按贡献参与分配"作为一种制度固定下来，比较适合我国社会主义初级阶段的国情，有助于劳动、资本、土地、知识、技术等生产要素的市场活力，有利于社会主义初次分配公平的实现。

党的十七届五中全会通过了《中共中央关于制定国民经济和社会发展第十二个五年规划的建议》（以下简称《建议》），主要对党的十七大以来提出的各项合理调整收入分配关系的要求做了全面部署，强调"十二五"期间将进一步改革和完善收入分配制度。《建议》要求进一步合理调整收入分配关系，使得经济发展成果惠及全体人民；要实现城乡居民收入普遍较快增加的目标，努力实现居民收入增长和经济发展同步、劳动报酬增长和劳动生产率提高同步，低收入者收入明显增加，中等收入群体持续扩大，贫困人口显著减少，人们的生活质量和水平不断提高，尽快扭转收入差距扩大的趋势。

二、"初次分配注重公平"的价值意义

初次分配问题是我国经济社会发展的一个重大现实问题，这一问题不仅直接影响着各种生产要素参与社会主义现代化建设的积极性，影响经济发展速度、经济结构调整以及可持续发展，而且关系到共同富裕目标的实现，关系到社会主义改革事业的成败以及社会的稳定与和谐。可以说，解决和实现中国新时期初次分配公平意义重大。

（一）国民收入分配格局均衡发展的基础

初次分配不公是再分配手段调节乏力的根源。我国正处于一个重要的社会转型期，城乡、地区、行业以及个人之间出现的收入差距问题日益引起社会的高度关注。针对收入差距不断扩大的问题，国家推出了一系列旨在消除收入差距的再分配制度改革，但从实际情况来看，我国的再分配机制不但没有缓解初次分配造成的差距，而且有进一步扩大的趋势。根据中国收入分配课题组的统计计算，1994 年的基尼系数超过了警戒线 0.40，2020 年的基尼系数为 0.47。政府再分配制度之所以难以解决收入差距问题，根本原因在于初次分配不公平。只有通过完善初次分配制度，确保初次分配的公平性，才能解决当前我国收入分配领域存在的问题。

初次分配是国民收入分配格局形成的第一阶段和决定性环节。国民收入分配过程一般分为初次分配和再分配两个阶段，初次分配是国民收入分配格局形成的主体力量和基础，在整个国民收入分配中，初次分配的涉及面比再分配广得多，涉及的金额也要比再分配大得多。再分配只是国民收入分配格局的补充部分，起到一定的辅助作用。初次分配与再分配是"源"与"流"的关系，再分配在数量和规模上都受初次分配的制约，初次分配不公严重影响再分配公平实现的程度，甚至造成逆向调节，产生逆向分配。从收入分配的实际分布来看，初次分配规定着人们之间的根本利益关系，国民收入基本的分配关系由初次分配决定，在整个国民收入分配过程中占据核心地位。再分配所占比例较小，占居民收入的次要地位，而一旦初次分配出现分配不公、收入差距较大等问题，

再分配就很难进行有效调节与纠正。也就是说，如果不能在初次分配上，即在生产过程和各种要素的所得分配中实现效率与公平的统一，而寄希望于政府的二次分配来解决公平的问题，就很可能会事倍功半，甚至事与愿违。由此可见，初次分配决定了整个收入分配的基本格局。

（二）有利于实现"共同富裕"的理想目标

初次分配公平有利于遏止贫富差距扩大的趋势。"效率优先，兼顾公平"分配原则的具体实施，有力地推动了我国经济社会的快速发展，彻底打破了平均主义思想的束缚，为加快我国社会主义社会"共同富裕"理想目标的实现，起到了不可替代的历史作用。但是，在我国社会主义市场经济条件下，长期坚持这一分配原则，过分追求效率和利益，长期忽视或牺牲公平，必然造成社会收入差距不断被拉大的问题，甚至出现两极分化的结果。在市场经济条件下，人们之间适当的收入差距，一方面，可以产生激励效应，调动广大劳动阶层努力参与社会生产的积极性，出现贫穷追富裕、后富学先富的经济竞赛的景象，进而激发市场的活力；另一方面，可以促进经济的积累效应，推动经济效率的加速提升，拓展国内市场的巨大空间。改革开放40多年以来，中国经济持续高速增长，相当程度上是依赖"效率优先"政策与容忍收入差距拉大的结果。然而，如果社会成员之间贫富差距过大，社会出现少数富裕者群体和占人口多数的贫困群体与极端贫困化的弱势群体，必然会引发社会阶层之间的对立情绪，滋生各种各样的社会问题，如果任由其发展下去，很可能会引发社会的动荡。

"初次分配也要体现公平"作为重大经济社会问题被提上日程，意味着政府将要加快解决收入分配不公平的问题，加大调节收入分配差距的力度，加强对社会财富占有严重不均状况的有效调控。重视初次分配公平问题，必须让低收入群体在经济发展中的收入增长速度快于富裕阶层，尽快缩小由来已久的贫富差距，把贫富差距限制在合理的范围内。劳动报酬在初次分配中所占比重过低，带来的一个最直接的后果就是贫富分化严重，贫富差距过大会造成财富的过度集中，有悖于共同富裕的宗旨。重视初次分配公平，特别是提高"劳动报酬在初次分配中的比重"，可以使广大只能依靠自身劳动力赚取收入的低收入人群更多地分享到市场经济发展的成果。目前，我国的贫富差距已经达到了令人震惊的程度，要有效地抑制贫富分化，解决贫富悬殊问题，必须坚持做到"保护合法收入、取缔非法收入、整顿不合理收入、调节过高收入、帮助过低收入"的原则,但最根本的是要提高劳动报酬在初次分配中的比重。总之,实现初次分配阶段的公平,不仅能直接增加劳动报酬,也能缓解收入再分配领域政府转移支付的压力,进而扭转收入差距扩大的趋势,为实现共同富裕的理想目标奠定基础。

（三）有利于提高居民消费水平,转变经济增长方式

初次分配公平有利于提高居民消费水平。根据经济学的相关规律,分配、消费及经济增长之间相互联系,收入分配结构影响着人们的收入结构,从而进一步影响消费。收入是消费的源泉,居民分配份额不断降低、收入差距不断扩大抑制了社会的消费能力。在通常情况下,居民收入增加的同时,居民的消费支出也会同比例增长,从而增加市场的有效需求,拉动经济的有效增长。新时期,我国经济增长的推动因素过分依赖出口和投资,消费驱动比例较低,居民消费在国内生产总值中的比重,在很大程度上是居民收入在国内生产总值中比重的表现,居民收入最终转化为居民的购买力和消费力,居民消费能力有限主要在于居民收入水平较低。消费水平与居民收入差距有着直接关系,消费者一般可以分成高收入者、中等收入者和低收入者,不同收入群体有着不同的消费水平和储蓄行为。从消费规律来看,消费倾向从低收入阶层、中等收入阶层到高收入阶层逐渐递减。收入分配不公平,收入向高收入者的流动,导致高收入阶层和中低收入阶层差距过大,使占人口绝大多数的中低收入阶层的消费能力和消费水平下降,从而引起国内总需求的严重不足。

内需不足、消费率过低的主要原因在于居民收入过低,要提高居民消费率就必须增加居民收入。从需求的角度来讲,拉动经济增长有"三驾马车",即投资需求、消费需求和出口需求。一段时间以来,我国经济快速增长的动力主要来自投资需求和出口需求,这两大需求呈现出过快、过旺的发展态势,而最能够拉动国民经济平稳增长的消费需求一直处于疲软状态,消费率持续走低。国家统计局数据显示,自 1981 年以来,我国最终消费率呈逐步下降的趋势,到 2011 年已经下降至 49.1%,远远低于 70% 以上的世界平均水平;居民消费率在 2008 年已经降至 35.3%,低于 60% 以上的世界平均水平。2011—2019 年,我国的最终消费率平均为 53.4%;2020—2021 年,这一数值接近 55%,仍低于 78%

的世界平均水平。

与此同时，我国投资率却始终处在较高水平，多年来的投资率一直在 40% 以上的水平，个别年份的投资率高达 60% 以上。从 2003 年到 2011 年已连续 9 年在 40% 以上，2011 年更是达到 48.3%，远远高于同期 22% ～ 23% 的世界平均水平。2019 年的投资率保持在 45% 左右，是世界平均水平的两倍多；2021 年，这一数值下降为 43%，仍高于多数西方发达国家和发展中国家。

虽然这在一定程度上与我国经济处于快速发展时期，需要较多的基础设施建设和较多地发展生产资料生产的现实基本相符，但长期失衡显然是需要引起高度重视的。消费率偏低已成为制约经济发展的突出矛盾，要改变这种状况就必须扩大消费需求。由于消费决定于收入水平，我们不能期望在低收入水平下形成较高的社会消费需求，内需不足的根本原因是普通劳动者收入增长速度相对较慢。因此，在初次分配中注重公平，通过提高劳动报酬在初次分配中的比重，可以增加中低收入阶层在国民收入中所占份额。提高收入就是提高了社会购买力，也就是提高了社会消费力，尤其是中低收入者消费力的提高，有助于推动经济发展，提高消费对经济发展的贡献率。

粗放型经济增长方式是当前和今后相当长一段时期内我国经济发展中面临的突出问题。由于这一经济增长方式的"低效率"，使中国的经济增长更多地依靠高投入、高浪费、高消耗、高排放、高污染、难循环、低效率等粗放方式来维持，这种传统方式下的增长已经接近"天花板"，无法持续下去。而维系这一落后经济增长方式存在的重要原因之一，就是我国企业的劳动成本比较低，较低的劳动成本使得粗放经营仍然能够维持一个比较高的利润率，导致企业缺乏转变经济增长方式的内部动力。提高初次分配中劳动报酬的比例，会降低企业利润率，缩小资本盈利空间甚至使其无利可图，但同时也会迫使企业转而采用更先进的生产技术，降低各生产要素的耗费，加快产业结构的优化和升级，实现经济增长方式由粗放型向集约型的根本转变。

（四）有利于发挥劳动积极性，提高经济效率

在初次分配领域坚持和实行公平原则可以充分调动各要素所有者参与市场经济发展的积极性，增加各生产经营者和广大劳动者的创造性，促进企业生产效率的提高。这是"公平"价值对经济发展的一个最直接的影响，也是公平的经济价值的一个最重要的体现。公平之所以能够影响人的积极性和创造性，根

本原因就是人的一切活动都是追求和实现利益的活动，对利益的追求是人的一切活动的内在驱动力。马克思曾经讲过："人们奋斗所争取的一切，都同他们的利益有关。"[1]公平最本质的内涵是利益在人与人之间的合理分配，劳动与报酬的一致，即"同工同酬"。可以说，初次分配的公平程度直接影响着人们的利益能否实现以及实现的程度。

在社会主义市场经济条件下，坚持"初次分配公平"分配原则，可以激发一切创造社会财富的生产要素参与市场的积极性，激发市场活力，从而促进经济效率的提高。如果收入分配过程中缺失公平，就会压抑劳动者和各种要素的创造性，经济运行就会丧失活力和效率。初次分配中的公平并不是指收入分配的均等化，而是一个包含着机会公平、规则公平、过程公平和结果公平等在内的综合范畴。如果把公平看作市场经济过程的公平原则，效率与公平的关系就不是对立、此消彼长的，而是相辅相成、互为因果，注重初次分配中的公平问题不仅不会导致效率的降低，反而会使效率提高；如果片面地把公平等同于收入分配中的平均主义，人人一样的均等化，经济效率必然会受到影响。

坚持初次分配公平原则，有利于改善当前中国收入差距较大的现状，可以使我国的市场经济关系和分配关系更加完善，提高劳动者的生产积极性和市场自信心，增加他们对市场改革的认同感，从而促进经济效率的提高。相反，如果初次分配违背了市场经济的公平原则，企业内部分配不公平，劳资利益冲突加剧，必然会导致生产成本的上升和经济效率的下降。对于市场主体的企业来说，如果企业之间没有公平竞争，技术创新和管理创新就会缺乏动力，现存的诸多垄断行业之所以效率低下，不仅在于市场资源分配机制不公平，也在于企业收入分配不公平。就企业内部的劳资关系而言，由于"资强劳弱"关系的刚性，强势的资本方就会过多剥削弱势的劳动方，造成"利润侵蚀工资"问题，劳动者的生产积极性和创造性也随之下降，最终导致企业效率难以得到有效提高。

（五）有利于实现社会稳定与和谐

初次分配公平有利于实现企业内部劳资之间的良性合作。企业是市场经济的主体，劳资关系是最基本的社会关系，劳资之间的利益分配是初次分配的核心内容，关系着企业的稳定发展与效率提高，也间接影响着整个社会的稳定和

---

[1]　马克思恩格斯全集：第 1 卷 [M].北京：人民出版社，1956：82.

谐与发展。马克思曾经指出："资本和劳动的关系，是我们现代全部社会体系所赖以存在的轴心。"[1] 近年来，我国的劳动争议、劳资冲突与纠纷的数量正在以较高速度递增，争议的主要问题集中在劳动报酬拖欠严重、工资增长缓慢、实际工资过低、劳动者的劳动权益得不到保护、劳动者的利益受到严重侵害等方面。近几年，中国沿海较发达地区愈演愈烈的"劳工荒"，为日益恶化的劳资关系敲响了警钟。不断提高职工工资可以缓解恶化的劳资关系，促进企业劳资合作，构建起和谐的劳资关系，为社会的稳定与和谐奠定基础。

"初次分配体现公平"是社会稳定发展的迫切需要。如果初次分配不公平，收入差距过大，社会呈现出贫富两极分化的趋势，特别是大部分贫困阶层与弱势群体的存在，会滋生各种各样的社会问题，引发社会阶层之间的对立情绪，任其发展下去必然会引发社会的动荡，对我国经济社会的稳定发展非常不利。收入分配是社会成员经济利益分配最重要的体现，具有极强的社会敏感性，收入分配不公平会直接影响社会成员的社会心态。如果收入分配不公平问题得不到及时解决，会引发低收入群体、弱势群体对社会的不满情绪，增加他们的"相对剥夺感"，民众会产生严重的心理失衡和强烈的失落感，甚至产生"仇富"心理。一个偶然的"仇富"事件，往往可以借助媒体向社会蔓延，形成一股强大的"仇富"力量，甚至由心理上的"不平"向行动上的"报复"转化，引发贫富群体之间的对立，继而带来一系列的社会问题。我国劳动争议案件受理数（件），2012 年为 641 202 件，2018 年为 894 053 件，2021 年上升到 1 252 045件。逐年上升的劳动争议案件，一方面，表明我国法治建设还不太完善；另一方面，这些问题直接涉及人民群众的当前利益和根本利益，如果解决不好可能会演化为政治问题，影响整个社会的稳定与发展，甚至会危及国家政权，政府必须予以高度重视。

初次分配公平有利于建构社会主义和谐社会。和谐社会的内涵包括多个方面，其内容极为丰富，构建和谐社会是一个系统工程，需要经历一个长期的建设过程。社会主义和谐社会的具体内涵和要求是"经济繁荣、政治文明、社会稳定、人民安居乐业"，其核心是各方面利益关系的均衡，在此基础上实现社会各方面关系的协调发展。当然，这里的利益均衡发展不是指人们之间利益的

---

[1] 马克思恩格斯全集：第 20 卷 [M]. 北京：人民出版社，1979：506.

平均化，而是按照公平、公正、公开原则进行配置社会资源与经济利益的市场分配。因此，公平分配社会成员的经济利益是实现利益均衡和社会和谐的基础。经济公平是社会公平以及和谐社会建设的基础和主要内容，先要在初次分配中实现公平，为实现经济公平奠定基础，才能逐步实现社会主义和谐社会的美好愿望。当前收入差距拉大以及社会阶层利益关系失衡，已经严重影响到了我国社会的稳定，影响到了和谐社会的建设进程。唯有把初次分配中的不公平问题解决好，才能维护和实现社会的公平正义，进而为社会主义和谐社会的确立奠定坚实的物质基础。

三、"初次分配公平"的评判标准

对于初次分配公平的判断标准，西方经济学各派都以各自的经济理论为基础提出了各自的主张。我国新时期初次分配公平的判断标准，主要以马克思主义经济理论为基础，以我国社会主义市场经济实践为出发点，包含多个层次的评判标准系统，既有适应一切社会形态的一般衡量标准，又有存在于特定社会或特定社会阶段的具体客观标准。

（一）判断初次分配公平的生产力标准

马克思主义历史唯物主义认为，人类社会的基本矛盾是指一定社会的生产关系必须适应社会生产力需要，由生产力发展状况决定并随着社会生产力的发展而调整变化。一定社会形态下的分配关系作为生产关系的一个环节和部分，必须适应社会生产关系的需要和发展要求。因此，按照社会生产力标准的要求，一定社会发展阶段的利益关系和产品分配最终由社会经济发展方式和发展水平决定，即不同的社会经济形态和经济发展阶段必然存在与之相适应的分配制度。由此可见，评判初次分配公平最根本的是生产关系和生产力标准。

按照马克思主义历史唯物主义基本原理，判断某种初次分配是否公平，要看其是否为某种生产关系所固有，即一定的利益关系和分配形式相对于占主导地位的生产关系是否具有内在必然性。由于决定一定社会生产关系性质的因素主要是生产资料所有制形式，一定的利益关系和分配方式必然受生产资料所有制的制约，有什么样的所有制形式就要求有什么样的分配制度与之相适应。由于我国社会主义现实是以公有制为主体的多种所有制并存，使得我国的分配结构呈现出"主补结构"的特点。初次分配公平与否关键要看分配的结果与分配的理论依据是否相统一。初次分配制度与生产资料所有制结构相一致，分配的结果也必然与生产资料所有制结构相适应，否则，应该存在的收入差距消失了，应该缩小的收入差距扩大了，都是分配制度与所有制形式不相适应的表现。

判断一种初次分配制度是否公平，还要看一定分配制度或形式是否有利于促进社会生产力的发展，即公平分配的生产力标准。历史唯物主义认为，分配制度作为生产关系的主要内容，对生产力的反作用主要表现为促进和阻碍两种结果。当一定的生产关系适应生产力性质时，其公平分配的生产力标准与生产关系标准相耦合，正确地按照一定生产关系内在要求的分配标准进行分配，就能巩固和完善其经济基础，促进生产力的发展；反之，如果分配制度不合理，分配形式背离了生产关系的内在要求，必将产生不合理的收入差距，破坏社会的经济基础，最终阻碍生产力的发展。当分配制度成为生产力发展的阻碍，不适应经济社会发展需要时，表明这种分配制度或分配方式已经过时，需要对其进行必要调整或重建。由此可见，是否有利于一定生产关系的巩固和生产力的发展，是衡量初次分配公平与否的一般标准，其中的生产力标准又是最根本的标准。

（二）判断初次分配公平的市场标准

在社会主义市场经济条件下，我国实行按生产要素贡献大小分配原则，各生产要素都可以参与分配，应当确立收入与贡献一致的分配标准，以利于调动各生产要素参与市场经济活动的积极性，进而促进效率提高和经济快速发展。包括劳动者在内的各生产要素主体，通过自己的劳动或提供其他生产要素而对社会财富的创造过程做出了自己的贡献，就应该获得一定数量的收入，即获得一定量的要素报酬。

从实际情况来看，由于分工和社会化大生产的存在，准确计算出各生产要素对价值生产所做的具体贡献不太容易，各要素提供者得到的收入实际只是这些要素的市场价格。一般生产要素会受到市场供求关系变化的影响，这些要素在生产中的作用或贡献会出现变动，从而影响各要素的价格水平和要素提供者的收入水平。不过，在市场经济条件下，由于各生产要素主要通过市场交易获得收入，只要遵循等价交换原则，其价格或收入自然被认为是公平的，因此，

"收入与贡献相称一致，应当成为我国新时期初次分配公平的主要衡量标准"[1]。市场各生产要素获得的收益份额与贡献之间的关系可以表示为：

$$\beta = W/C$$

式中，β代表收入与贡献的比值，W代表要素收益，C代表要素的贡献大小。按照马克思主义经济学原理，β应该大于0小于1，即$0<\beta<1$，这是为了社会公共利益和长远利益的需要，必须从当前的社会产出中扣除一部分，也就是要从人们的贡献值中扣掉一部分，这样就会减少各要素所有者的收益额，造成一般劳动者和生产要素提供者获得的收入额小于其贡献值。这里的"收入与贡献相称一致"原则主要包含两层意思。这一分配原则表明任何生产主体或要素收入都应当与其贡献保持协调一致，一切社会成员的收入与贡献比值都应当处于$0<\beta<1$的范围内；这一分配原则还表明，相对于不同的社会成员而言，他们的收入与贡献之间的比例应当保持大致相等。比例公平是指主体"按照为社会创造价值的多少、对社会贡献的大小以一定比例分配财富和利益"[2]。假设有两个劳动者A_1、A_2，他们的贡献分别为C_1、C_2，收入分别为W_1、W_2，收入与贡献相称一致原则可表示为：

$$W_1/C_1 = W_2/C_2$$

按照"收入与贡献相称一致"原则的要求，在可比较的范围之内，不同要素的收入与贡献之间的比值差越小，表明分配状况越公平；反之，比值差越大，则表明分配结果越不公平或差距较大。当前，由于我国长期处于社会主义经济社会转型时期，市场经济体制还很不成熟，市场机制难以充分发挥作用，收入与贡献不相称、不一致问题大量存在，是造成初次分配不公平结果的根本原因。当然，在既定的经济社会条件下，由于受市场和非市场等各种不利因素的影响，收入与贡献不可能完全一致，只要两者比值能够大致接近或差距不大，就应当被认定是公平分配。对于我国新时期的初次分配而言，至少应当在四个层面实现收入与贡献比值的大体一致，包括不同地区、不同产业、不同所有制以及企业单位内部不同劳动者间的收入与贡献比值相称一致或差距不大等基本状况。

综上所述，确立"收入与贡献相称一致"作为初次分配是否公平的衡量标

〔1〕 郑志国.论分配公平的衡量基准 [J].岭南学刊，2007（06）：115.
〔2〕 隋月娟.坚持比例公平和机会公平的辩证法 [J].理论探讨，2007（09）：128.

准，符合马克思主义的生产力标准，有利于实现人民群众的根本利益，也同我国当前的分配制度相一致，应当成为衡量我国初次分配公平与否的主要标准。

（三）判断初次分配公平的具体实践标准

从逻辑上来看，在社会主义市场经济条件下，确立"收入与贡献相称一致"原则来判断初次分配的公平性和公平程度较为客观公正，但是由于计算不同生产要素对价值创造所做的贡献份额几乎是不可能的，实际上很难以这种办法实现初次分配公平。在分配实践过程中，各生产要素之间的分配是否公平可以通过多种方式、多个方面表现出来。

1. 通过制度规范的内容及其执行情况进行判断

通过制度规范进行判断是指对各种有关收入分配的法律法规和制度规范内容的公正性进行判定。初次分配过程中有关分配权利、分配机会、分配规则、分配结果等内容的公平性，成文的法律法规和制度规范等相关内容能够提供客观的判断依据。如果法律法规和制度规范的内容本身不公正、不平等，就可以认定分配权利、分配机会、分配规则和分配结果等是不公平的；相反，这些分配则可以被认定是公平的。尽管初次分配过程包含的分配环节和内容较多，但依据已有的法律法规和制度规范的具体内容，对初次分配公平的总体状态能够做出较为客观的判断。在实践中，也可以通过对明确规定的法律法规和制度规范的执行情况做出客观判断。如果某些法律法规和制度规范在实际中得到了很好的执行，就可以判定这些分配是公平的；相反，如果某些法律法规和制度规范没有得到执行或执行不到位，则可以判定这些分配是不公平的或者公平程度有限。

2. 通过生产要素的市场选择行为进行判断

在市场经济条件下，各生产要素都可以自由进入和退出市场，人们可以将各生产要素进入和退出市场作为初次分配公平性的判断依据。如果各生产要素积极进入市场，可以认为这个地区、行业或就业单位的分配是公平的，或者相对于其他地区、行业或就业单位而言是公平的；如果生产要素纷纷退出某个劳动力市场，则被认定为不公平。初次分配过程中的分配权利、分配机会、分配条件、分配规则、分配过程、分配结果等是否公平，都可以通过这种形式反映出来，尤其是分配权利、分配规则、分配过程、分配结果的公平性，通过这种形式能够得到充分、准确的反映。当然，这里所说的生产要素进入和退出市场的行为选择仅限于收入分配方面的原因，必须排除其他原因导致的进入和退出市场的行为选择；各生产要素必须享有充分的自由择业权，而且生产要素市场的供给与需求处于均衡状态。如果不能满足这些条件，通过生产要素的进入和退出的市场选择来判断初次分配的公平性就会偏离客观实际，这样的判断没有任何实际意义。

3.通过各主体公开的意见表达进行判断

各生产要素所有者的公开意见表达也是判断初次分配公平与否的依据之一。在市场机制不健全的情况下，各生产要素进入和退出市场的行为可能会受到某种限制或扭曲，各生产要素所有者的公开意见表达可以作为初次分配公平性的判断标准。如果各生产要素所有者对收入分配结果的满意度较高，就会积极支持现行的分配制度和政策，从而可以判定此时的分配是公平的；如果只有部分生产要素所有者对要素收入分配表示满意，或者所有生产要素所有者对获得的收入不满意，反对现行的分配制度和政策，表示初次分配结果不公平。

4.通过生产要素所有者的积极性进行判断

市场条件下的各生产要素所有者劳动积极性可以通过生产要素的投入率和投入效率的高低反映出来。在生产要素不愿流动或者由于各种主客观原因不能流动或者不愿进行公开意见表达的情况下，各生产要素收入初次分配是否公平的判定，还可以通过生产要素所有者运用生产要素的积极状态表现出来。如果初次分配公平，各生产要素的所有者的积极性能够得到充分的发挥，都积极运用其所拥有的生产要素，让生产要素得到充分的利用；如果初次分配不公平，部分或所有生产要素所有者的积极性就不可能得到充分发挥。劳动者劳动积极性发挥的程度越高，表明初次分配越公平；反之，则表明初次分配越不公平。

第五节　"共同富裕"价值目标评析

"共同富裕"是中国人民自古至今憧憬的社会理想，是马克思恩格斯关于"未来社会"的一般构想，是社会主义的本质特征。回望新中国的历史，党和国家历代领导人都高度重视共同富裕问题，也一刻没有停止过对共同富裕价值目标的追求。共同富裕是社会主义的本质要求，是中国式现代化的重要特征，也是我国特色社会主义社会必然要实现的理想目标。自 1953 年我们党首次提出共同富裕，到 1992 年的"南方谈话"提出"社会主义的本质"论，再到 2012 年党的十八大明确"共同富裕是中国特色社会主义的根本原则"，直到 2022 年党的二十大提出"全体人民共同富裕的现代化"是中国式现代化的重要特征之一，"共同富裕"逐渐由一种遥不可及的"墙上口号"变为具体可行的行动指南。党的十九大以来，我们党适应社会主要矛盾的转变与要求，在继续做大做好"蛋糕"的同时，积极切好分好"蛋糕"，推进共同富裕的具体进程，成为中国共产党为人民谋幸福的重要着力点。

一、"共同富裕"目标的提出

在改革开放前后的几年内，党的报告里找不到"富裕"和"共同富裕"这样的概念。通过"摸着石头过河"，我们党积累了一些走中国特色社会主义道路的成功经验，有了自信的中国共产党人第一次把"共同富裕"和"先富""共富"写进了党的十三大报告。邓小平曾经明确提出，过去搞平均主义，一起吃集体的"大锅饭"、国家的"大锅饭"，造成实际上的共同落后、共同贫穷。此后，"共同富裕"这一概念都会出现在党代会的报告里。

邓小平在"南方谈话"中提出，社会主义的本质是解放生产力，发展生产力，消灭剥削，消除两极分化，最终达到共同富裕。党的十四大报告也强调："贫穷不是社会主义，同步富裕又是不可能的，必须允许和鼓励一部分地区一部分人先富起来，以带动越来越多的地区和人们逐步达到共同富裕。"党的十五大报告又增加了"帮助后富"以达到"共同富裕"的内容，即允许一部分地区一部分人先富起来，带动和帮助后富，逐步走向共同富裕。

党的十六大报告提出，鼓励一部分人通过诚实劳动、合法经营先富起来。以共同富裕为目标，扩大中等收入者比重，提高低收入者收入水平。如此积极地看待"财富"，看待先富与共富的关系，超出了社会大众的认知。党的十六大报告还强调，要积极"放手让一切劳动、知识、技术、管理和资本的活力竞相迸发，让一切创造社会财富的源泉充分涌流，以造福于人民"，让更多的人富起来，扩大中等收入群体。党的十六届四中全会开始将提出十年之久的"效率优先，兼顾公平"分配原则淡出党的文件，"社会公平"被提出来并逐渐成为国家关注的重点问题。

党的十七大报告提出，走共同富裕道路，促进人的全面发展，做到发展为了人民、发展依靠人民、发展成果由人民共享。坚持新发展理念，通过共同富裕道路实现人的全面发展，是改革开放30年之际提出的理论成果之一。党的十七大还提出了深化收入分配制度改革，"初次分配和再分配都要处理好效率和公平的关系，再分配更加注重公平。逐步提高居民收入在国民收入分配中的比重，提高劳动报酬在初次分配中的比重"。同时，还强调提出要"整顿分配秩序，逐步扭转收入分配差距扩大趋势"，彻底解决社会贫困问题。这些新的理论原则都指引着我国社会"共同富裕"的发展方向和目标。

党的十八大报告提出，"共同富裕是中国特色社会主义的根本原则"，强调"必须坚持走共同富裕道路"，要"使发展成果更多更公平惠及全体人民"。把"共同富裕"与"更多更公平"联系起来，凸显"共享"新发展理念，要求未来社会分配时更注重社会公平，更偏重解决好民生问题，表明我国建设"民生政府"、走共同富裕道路的决心。

党的十九大报告强调，必须始终把人民的利益摆在至高无上的地位，让改革发展成果更多更公平地惠及全体人民，朝着实现全体人民共同富裕的目标不断迈进。党的十九届五中全会通过了《中共中央关于制定国民经济和社会发展第十四个五年规划和二〇三五年远景目标的建议》，明确了到2035年基本实现社会主义现代化远景目标，让"全体人民共同富裕迈出坚实步伐"；到2050年，全体人民共同富裕基本实现，人民将享有更加幸福安康的生活。

治国之道，富民为始。治理国家的方法，要先使老百姓富裕起来。"富民"是治国的首要任务，因为只有老百姓普遍富裕了，国家才能安定、强盛。习近平总书记在全国脱贫攻坚总结表彰大会上强调指出，始终坚定人民立场，消除贫困、改善民生、实现共同富裕是社会主义的本质要求，是我们党坚持全心全意为人民服务根本宗旨的重要体现，是党和政府的重大责任。正如习近平总书记在省部级主要领导干部学习贯彻党的十九届五中全会精神专题研讨班上的讲话中强调的，实现共同富裕不仅是经济问题，还是关系党长期执政的重大政治问题。

第十三届全国人大四次会议通过了《中华人民共和国国民经济和社会发展第十四个五年规划和2035年远景目标纲要》（以下简称《纲要》），提出"十四五"是开启全面建设社会主义现代化国家新征程，向第二个百年奋斗目标进军的第一个五年。《纲要》提出，共同富裕是社会主义的本质要求，是人民群众的共同期盼。我们推动经济社会发展，归根结底是要实现全体人民共同富裕。"更加积极有为地促进共同富裕"被写入了《纲要》，"共同富裕的计划"开始提上日程。

在庆祝中国共产党成立 100 周年大会的讲话中，习近平总书记再次强调提出，"维护社会公平正义，着力解决发展不平衡不充分问题和人民群众急难愁盼问题，推动人的全面发展、全体人民共同富裕取得更为明显的实质性进展"。在党的二十大会场上，代表们讨论最多的话题是"共同富裕"。党的二十大报告提出，"全体人民共同富裕的现代化"是中国式现代化的五个特征之一，中国式现代化的本质包括"实现全体人民共同富裕"，中国式现代化的实现需要"扎实推进共同富裕"。

二、"共同富裕"目标的价值内涵

共同富裕是一个崭新的时代课题，除了早期西方浅尝辄止的空想主义"乌托邦"试验之外，世界上没有哪个国家真正尝试过，必须靠我们自己"摸着石头过河"。在弄清楚共同富裕做什么、怎么做之前，先要搞清楚共同富裕"是什么"，清晰认识其本质内涵。

（一）"共同富裕"的本质内涵

共同富裕是中国式现代化的"母版""新版"，不是西方高福利政策的"再版""翻版"；共同富裕是高质量发展基础上的富裕，不是"穿新鞋走老路"；共同富裕是分阶段促进共同富裕，不是同时同步同等富裕；共同富裕是靠人人参与、人人奋斗，不是"躺平""搭车"；共同富裕是全体人民的共同富裕，不是少数人的富裕；共同富裕是先富带后富、帮后富，不是"劫富济贫""打土豪分田地"；共同富裕是普遍富裕基础上的差别富裕，不是"绝对公平""吃大锅饭"；共同富裕是"富口袋"与"富脑袋"的统一，不是单单物质上的"土豪""富豪"；共同富裕是各尽所能、各尽其责，不是靠捐赠搞"逼捐"；共同富裕是一场等不得、也急不得的"耐力赛"，不是速战速决的"百米跑"。[1]

共同富裕属于经济学范畴，意味着收入分配上的公平合理与社会财富占有

---

[1] 沈轩. 共同富裕"是什么""不是什么"[J]. 政策瞭望，2021（11）：29-32.

上的相对均衡。想要正确理解共同富裕的内涵，就要认真分析"共同"和"富裕"两个概念的内涵与关系。"富"是指占有财产、财物较多，能保证过上好的生活；"富裕"表示拥有的金钱、房屋、土地、物资等数量较多，包括动产与不动产。哲学层面的"富裕"，一方面反映了社会财富的多少，是社会生产力的集中体现；另一方面是指社会生产力的发展高度、发达程度，以及社会物质产品的极大丰富和人民生活富足的程度。这是共同富裕"量"的标志。

"共同"是指合伙、合作，大家一起做事情、一起努力、一起行动，是一个集体协同的过程。"共同富裕"反映了群体社会成员对社会财富占有的均衡状况，是生产关系、利益关系的集中体现，体现了社会主义平等与共有共享理念，也体现了"一个都不能少"的人民情怀。这是共同富裕"质"的规定。人们追求的美好幸福生活和社会主义伟大成就是党领导全国各族人民一道拼出来、干出来、奋斗出来的。社会主义市场经济条件下的富裕，不是少数人或少数要素获得较多收入，而是所有人与所有要素的共同富裕，劳动、资本、技术、组织管理等要素是参与生产过程的利益共同体，强调共同体意识和分享共享理念，这是社会主义共同富裕的一个方向性问题。

在马克思主义的视阈里，共同富裕既包含生产力要素，又包含生产关系要素，是"人"与"物"的统一；既要求不断增强生产力的发展能力，创造更加丰富充足的物质成果，也要求不断改革生产关系，保证发展成果由全体人民共享，体现了我党的人民立场。共同富裕是消除贫困和两极分化基础之上的普遍富裕，在未来理想社会中位于价值体系的最高层次，既要求不断发展生产力，创造更加丰富充裕的物质财富，又要求不断变革生产关系，保证社会发展成果由全体人民共有共享。富裕是世界上所有国家走向现代化的重要目标，而中国社会主义现代化追求的是"共同富裕"，共同富裕是社会主义的本质要求，是中国式现代化的重要特征，也是社会主义区别于资本主义的根本标志。

（二）共同富裕的主要特征

党的二十大报告指出，中国式现代化是全体人民共同富裕的现代化。第二个百年奋斗目标的核心要义与实现中华民族伟大复兴的根本宗旨，就是实现全体人民的共同富裕。我们要实现的共同富裕是符合中国国情的共同富裕，即"共同富裕是全体人民的富裕，是人民群众物质生活和精神生活都富裕，不是少数人的富裕，也不是整齐划一的平均主义"[1]，要分阶段促进共同富裕。这一要求反映了中国共同富裕的精神实质与本质特征。

1. 共同富裕主体的"全民性"

马克思早在《1857—1858年经济学手稿》中描述，未来社会主义社会生产力的发展将如此迅速，生产将以所有人的富裕为目的。马克思设想的"所有人的富裕"，正在新时期的中国特色社会主义社会一步步变成现实。新中国伊始，中国共产党领导全国各族人民进行社会主义现代化建设，就致力于全体人民共同富裕的理想信念，如毛泽东同志曾指出的，中国社会主义现行的制度、计划可以一年一年走向更富更强的，更富更强是一年一年可以看到的，"而这个富，是共同的富，这个强，是共同的强，大家都有份"[2]。毛泽东提出的中国发展富强，是"所有一切人都富裕起来"[3]。邓小平说过，贫穷不是社会主义，两极分化更不是社会主义。邓小平同志提出："共同致富，我们从改革一开始就讲，将来总有一天要成为中心课题。社会主义不是少数人富起来、大多数人穷，不是那个样子。社会主义最大的优越性就是共同富裕，这是体现社会主义本质的一个东西。"[4]我们追求的富裕是"共同富裕"，重点强调富裕的"共同性"，我们所追求的富裕属于全体人民，社会财富人人共享、人人有份，而不是一部分人富起来另一部分人就不管不顾了，而是"一个也不能少"的"全家福"。邓小平曾多次指出，社会主义不是少数人富起来、大多数人穷，不是那个样子，社会主义最大的优越性就是共同富裕，这是体现社会主义本质的一个方面。

共同富裕的主体是中国最广大的人民群众，社会主义的共同富裕具有全民性。中国式现代化是全体人民共同富裕的现代化，在共同富裕的现代化道路上，一个都不能掉队，体现了富裕的人民性、全员性。按照党制定的共同富裕"时间表"和"路线图"，到2035年，全体人民共同富裕取得更为明显的实质性进展；到21世纪中叶，全体人民共同富裕基本实现。这一论断的含义非常丰富，即共同富裕的主体是全体人民，是所有人的富裕，而不是少数人的富裕、一部分人的富裕。共同富裕是全体人民共同参与、共同创造出来的，也必须由全体

〔1〕 习近平.扎实推动共同富裕[J].求是，2021（20）：5.
〔2〕 毛泽东文集：第6卷[M].北京：人民出版社，1999：495-496.
〔3〕 中共中央文献研究室.建国以来重要文献选编：第11册[M].北京：中央文献出版社，1995：612.
〔4〕 邓小平文选：第3卷[M].北京：人民出版社，1993：364.

人民共有共享，实现广大人民美好幸福生活的愿望。

2. 共同富裕客体的"全面性"

人无精神不立，国无精神不强。共同富裕不仅是物质上的富有，而是物质上和精神上都富有，是"富口袋"与"富脑袋"的统一。人类创造财富可以分为物质财富与精神财富，共同富裕不仅仅是指物质财富的富足，还包括精神财富的富足，是物质财富与精神财富高度统一的发展状态。现实中的共同富裕主要表现为发展成果能够满足广大人民的美好生活需求，美好生活不只局限于生存需要的物质层面，物质富足只是人生存发展的基础，是幸福生活的必要条件，是人民追求更美好生活的一个个"台阶"；美好生活、幸福生活不只局限于生存需要的有形的物质层面，还应该包括无形的精神层面的需要，社会发展越高级，人的自由全面发展越充分，要求人的精神生活越丰富、人的精神境界越提升，要求实现人的精神生活越富裕，正所谓"衣食足而知荣辱，仓廪实而知礼节"。

共同富裕是人民群众物质生活和精神生活两个方面的富裕，社会越是发展越需要精神生活的富裕。如果没有精神上的富裕，物质富裕也是不可持续的，将会失去正确价值观的引领，失去前进的方向和动力。新的社会主要矛盾中强调实现人民美好生活需要的发展目的，与以前的物质文化需要相比，领域更宽、层次更高、形式更多，越来越凸显美好精神生活需要的核心价值。因为广大人民的美好生活需要得到满足和实现，具体体现为精神上的获得感、幸福感和安全感，物质文化生活的满足，以及民主法治、公平正义、安全环境等方面要求的满足，都转化为精神上的满足，表现为精神生活方面的富裕。可以说，精神富足的生活体现了我们党扎实推动共同富裕的价值目标和理想境界，彰显了"以人为本""以人民为中心"的社会主义现代化建设与共同富裕的基本价值理念与精神品格。习近平总书记强调指出，只有物质文明建设和精神文明建设都搞好了，国家物质力量和精神力量都增强了，全国各族人民物质生活和精神生活都改善了，中国特色社会主义事业才能顺利向前推进。

2021 年 11 月，文化和旅游部、浙江省人民政府联合印发了《关于高质量打造新时代文化高地推进共同富裕示范区建设行动方案（2021—2025 年）》，就浙江"打造新时代文化高地、建设共同富裕示范区"做出专项部署。2022年 2 月 7 日，浙江省委召开"高质量发展建设共同富裕示范区"推进大会，其目的是让"有礼"成为浙江最具标志性成果、最具辨识度标识之一。通过培育"浙江有礼"文明品牌，打造精神文明高地，在共同富裕中实现精神富有、在现代化先行中实现文化先行。在共同富裕示范区建设中，推动群众精神富有是其中的关键环节，将为全国促进人民精神生活共同富裕提供可复制、可推广的经验。

3. 共同富裕实现过程的"渐进性"

共同富裕是在社会主义制度下，物质财富和精神财富、"硬实力"和"软实力"都高度发达之后的理想目标。虽然经过 40 多年的改革开放取得了一系列历史性成就，经济社会各方面发生了历史性变革，但我国仍处于社会主义初级阶段的基本国情没有变，我国仍是世界上最大的发展中国家没有变。由发展到发达、由富裕到共同富裕的过程中有千难万险，要充分估计到共同富裕实现过程的长期性、艰巨性、复杂性。共同富裕是一个长期的战略目标，其实现过程是一个人人参与并积极创造的过程，不可能一蹴而就，实现全体人民共同富裕仍需要长期的艰苦奋斗，必须做好打持久战的心理准备。

共同富裕是一场等不得也急不得的"耐力赛"，不是速战速决的"百米跑"。共同富裕的进程不是"一刀切"地富起来，也不是整齐划一的平均主义，而是由具体的自然条件、历史文化、制度沿革、资源禀赋等不同因素决定的有先有后的富裕，也就是说，我国要实现的共同富裕只能分阶段、分步骤进行，而不是同时同步同等实现富裕。当前，"发展不平衡不充分"已经成为共同富裕的主要制约因素，解决这个问题既需要继续"做大蛋糕"，又需要"分好蛋糕"，这两项任务都十分艰巨。在通往共同富裕的道路上，中国人民每前进一步都付出了与之相匹配的智慧和汗水。

中国渐进式改革有一个主要特点，即先进行自下而上的试点，再把成功经验上升为制度自上而下推广开来。"十四五"规划提出浙江率先"升格"，先行建设"共同富裕示范区"。这是因为浙江具备开展示范区建设的基础和优势，毕竟浙江的富裕程度较高，发展均衡性较好，且改革创新意识较为浓烈。如《中共中央国务院关于支持浙江高质量发展建设共同富裕示范区的意见》所指出的，通过浙江建设"共同富裕示范区"，就是为全国其他地方促进共同富裕探索路径、积累经验、提供示范。

三、"共同富裕"目标提出的意义

党的十八大以来，党中央准确判断和把握经济社会发展的阶段变化特征，把逐步实现"人的全面发展"和"全体人民共同富裕"摆在战略目标的位置和高度，积极推动经济社会各方面、各区域协调发展，采取更有力的措施保障和改善民生，在打赢脱贫攻坚战的基础上，全面建成小康社会，为促进共同富裕创造良好条件。在全面建设社会主义现代化国家新征程上，扎实推进共同富裕的意义重大。

（一）社会主义现代化建设的重要目标

共同富裕贯穿中国社会主义现代化道路形成和发展的整个历史过程。中国式现代化源于中国共产党的伟大创造，在推进现代化的历史过程中追求共同富裕，体现了共产党人始终不变的初心和担当。新中国成立初期，毛泽东同志就曾指出，中国要建立的社会主义制度可以按计划逐步实现富强，而且中国社会主义要实现的富强是"共同"的，人人都有份。改革开放之后，邓小平同志多次强调指出："一个公有制占主体，一个共同富裕，这是我们所必须坚持的社会主义的根本原则。"[1]中国特色社会主义进入新时代，习近平总书记强调指出，我们追求的发展是造福人民的发展，我们追求的富裕是全体人民共同富裕，必须把促进全体人民共同富裕摆在更加重要的位置。一代又一代中国共产党人继续践行对广大人民的承诺，不忘自己的初心使命，积极探索中国式现代化的具体道路，让"共同富裕"的幸福之花早日开放。

共同富裕是中国特色社会主义现代化建设的重要目标。共同富裕这一目标，凸显了中国式现代化道路的价值取向，对社会主义事业起着统摄和引领作用。习近平总书记曾强调指出，共同富裕本身就是中国特色社会主义现代化的一个重要目标，我们党要始终把满足人民对美好生活的期待作为发展的出发点和落脚点，在实现社会主义现代化过程中要逐步解决好这个问题。中国特色社会主义"五位一体"的总体布局，即经济发达、政治民主、文化繁荣、社会和谐、美丽中国都是中国特色社会主义现代化的目标，共同富裕与这些目标密切相关，共同构成中国特色社会主义现代化的目标体系，共同富裕在这个目标体系中居于核心位置。

---

[1] 邓小平文选：第3卷[M].北京：人民出版社，1993：111.

（二）实现中华民族伟大复兴的必由之路

党的百年发展史是一部党领导全国各族人民追求共同富裕的奋斗史，共同富裕始终是中国共产党为中华民族谋复兴、为中国人民谋幸福的奋斗目标和方向。近现代的中国，广大人民长期饱受国内外敌人的奴役、剥削和压迫，我们党经过23年艰苦卓绝的武装斗争，完成了新民主主义革命，中国人民从此"站起来"了，为共同富裕的实现奠定了制度基础。社会主义中国经过了近30年的积极探索，始终没有找到正确的社会主义发展道路，一直没能摆脱贫穷"枷锁"的羁绊。但是，我们党始终在"摸着石头过河"，积极探索社会主义建设和发展道路，通过开创性的改革开放伟大革命，历史性地解决了多数人绝对贫困问题，全面建成了小康社会，带领中国人民"富起来"了，为共同富裕的实现奠定了坚实的物质基础。随着中国特色社会主义进入新时代，要在实现第一个百年奋斗目标的基础上，沿着中国现代化建设的时间表和路线图，为把我国建设成为社会主义现代化强国而继续奋斗，"强起来"的中国必然会到来，象征中国"强起来"的共同富裕一定能够实现。党的十九大提出，在全面建成小康社会的基础上，分两步走全面建设社会主义现代化强国新目标，意味着中华民族迎来了从站起来、富起来到强起来的伟大飞跃，迎来了实现中华民族伟大复兴的光明前景。党的二十大做了进一步部署，提出以中国式现代化全面推进中华民族伟大复兴。可以说，实现共同富裕是实现中华民族伟大复兴的必由之路。[1]

（三）关系到我们党能否长期执政的重大政治问题

共同富裕是长期执政的党对人民做出的历史承诺。中国人民对社会主义幸福生活与美好愿景的坚守，来自对中国共产党的信任，来自对中国特色社会主义的信仰。新中国成立伊始，中国人民就坚定地跟随中国共产党在"一穷二白"的基础上创造性地进行社会主义建设，中国人民坚定地跟着共产党干革命，忍饥挨饿却又义无反顾地进行社会主义事业建设，靠的是在长期革命战争时期就形成的对党的信任，是对党建设社会主义为人民的信赖。人民以高度的热情、忘我的精神投入社会主义经济建设大潮之中，创造了许多中国社会主义"第一"和"人间奇迹"。然而，由于受主客观因素的影响，社会主义建设走了许多弯

---

〔1〕 张海东．共同富裕的重大意义、战略目标和实践途径 [EB/OL]．[2022-10-31].http：//theory.people.com.cn/n1/2022/1031-/c40531-32555574.html.

路，人民幸福生活的希望落空。改革开放之后，邓小平实事求是地针对具体国情提出社会主义初级阶段理论，提出三步走发展战略，分阶段安排具体发展目标，最终实现社会主义现代化总目标，并实现对人民"共同富裕"的承诺。新时代，全面建成小康社会是社会主义现代化建设的重要阶段性目标，"共同富裕"是新征程上中国共产党给人民的又一个历史承诺。党的执政基础在于人民，只有让全体人民过上美好幸福生活，才能不断巩固和扩大党的执政基础。可以说，实现共同富裕不仅是经济问题，还是关系党的执政基础的重大政治问题。[1]

（四）为人的自由全面发展创造条件

实现人的自由全面发展，是贯穿马克思主义发展史的主线，也是马克思主义者的最高价值。人和人的自由全面发展始终是马克思思想的着力点，共同富裕的实现有助于推动人的自由全面发展，有助于为实现人的自由全面发展创造各方面条件。第一，物质生产不仅是人类历史的起点，也是推动人类发展的重要动力。实现共同富裕意味着物质财富的极大丰富与合理分配，为人的自由全面发展提供了物质保障。第二，共同富裕是物质生活和精神生活都富裕，只有一个方面的富裕不是社会主义共同富裕。没有精神的富裕，物质发展会失去正确价值观的引领，就会迷失方向、失去发展动力，所以说共同富裕为人的自由全面发展开辟了精神境界。第三，在马克思主义那里，人是社会的存在物，"人的本质不是单个人固有的抽象物。在其现实性上，它是一切社会关系的总和"[2]。只有实现全体人民共同富裕，社会与人的关系才能达到真正统一，每个人的自由全面发展与所有人的自由全面发展才能达到真正统一，从而为每个人的自由全面发展创造出更大的社会空间。所以说，共同富裕为人的自由全面发展奠定了充分的社会关系。第四，共同富裕的实现意味着人类必须追求人类与自然关系的和谐，人类对自然不再是掠夺、破坏，而是与自然和谐共生。社会将创造最适合人自由全面发展的生态环境，以高水平的生态文明实现同自然的"和解"。

---

〔1〕 张海东.共同富裕的重大意义、战略目标和实践途径 [EB/OL]. [2022-10-31].http://theory.people.com.cn/n1/2022/1031/c40531-32555574.html.

〔2〕 马克思恩格斯选集：第 1 卷 [M]. 北京：人民出版社，1974：18.

　　到 21 世纪中叶，社会主义现代化强国的实现，必然包括全民共同富裕目标的实现，并在共同富裕中实现所有人的自由全面发展，也只有在共同富裕中才能减少人与人、人与社会的冲突与对抗。反过来，人的自由全面发展也有助于推动实现全体人民共同富裕的进程，通过人的能力的提升，调动人的积极性和创造性，使每个人都能凭借自身的独特能力投身于推动共同富裕的历史进程。

第三章 国民收入分配格局公平状况评析

从宏观层面进行分析，初次分配公平问题主要表现为国民收入在各主体之间的分配总量及比例关系合理性问题，即国民收入初次分配格局均衡问题。随着中国经济体制和收入分配制度改革的深化，各经济主体间的利益关系和利益格局不断得以调整，整个国民收入分配格局也在各种社会利益关系的演变中发生了较大变化。国民收入分配格局包括初次分配格局和再分配格局，其合理状况对我国投资与消费的增长比例和结构变化、对社会公平和效率的实现程度、对产业结构和地区经济发展结构的优化等都有重要的影响。合理的国民收入分配格局可以保证资源配置优化、经济持续发展和保持社会稳定的实现，因此，对我国国民收入初次分配格局和再分配格局的演变、劳动报酬在 GDP 中的占比及现状分析具有重要的现实意义。本章将以"资金流量表"为基础，主要对 1992 年以来中国国民收入分配基本格局的演变及现状进行分析，力图通过横向国际比较，对国民收入分配格局及其演变做出科学判断，从而为制定合理的收入分配制度与规则，为住户（居民）、政府、企业三者间的合理收入分配关系提供客观依据。

第一节 国民收入初次分配格局评析

根据国家统计局官方网站提供的统计数据，我们可以对 1992 年社会主义市场经济体制确立以来所依赖的国民收入的初次分配总量和初次分配结构进行分析。通过这些统计分析以及与世界其他一些国家的横向比较，从中可以发现初次分配格局的动态变化规律。实证分析各经济主体初次分配收入状况，对我国国民收入初次分配格局的合理性做出客观评价，为政府进行国民初次收入分配格局调节提供重要依据。

一、国民收入初次分配格局的理论基础

从宏观层面对中国国民收入初次分配格局进行分析，需要清楚界定相关的概念和理论，为进一步认识和分析国民收入初次分配格局奠定基础。

（一）国民收入分配格局

格局就是结构和格式。收入分配格局是由参与收入分配各要素的收入在总收入中所占比重而形成的分配结构及其相互之间的联系。收入分配格局是一个存量指标，反映的是经过收入分配过程后，某一时点上整体的分配结构及其各种分配要素之间的相互关系。国民收入分配格局通常指一定时期内的一国或地区的国民收入在政府、企业和居民之间的分配比例及其相互关系。国民收入被创造出来后，经过初次分配和再分配形成政府、企业、居民的初次分配收入和可支配收入，国民收入分配格局也相应地被划分为初次分配格局和再分配格局。

（二）经济主体收入分配及其格局

经济主体收入分配是指收入在各类经济活动主体之间所进行的分配。从经济主体角度考察收入分配问题，主要分为政府、企业和住户三种类型。从微观层次考察经济主体收入分配，可以发现政府、企业和住户如何对初次分配阶段的增加值和再分配阶段的原始总收入进行分配。宏观层次的经济主体收入分配，则是各机构单位对初次分配阶段的国内生产总值或再分配阶段的国民收入所进行的分配。由各经济主体收入分配所形成的各单位或部门收入在总收入中所占的份额，以及由此产生的各经济主体之间的收入分配关系称作经济主体收入分配格局。

经济主体收入分配格局与功能收入分配格局、规模收入分配格局之间既有区别又有联系。功能收入分配和规模收入分配都可以通过经济主体收入分配关系体现出来，功能收入分配如果将考察的对象由各种生产要素替换成要素所有者，由此形成的收入分配关系就转化为经济主体收入分配格局；同样，规模收入分配本身就是经济主体收入分配中低一个层次的收入分配问题。其区别主要表现为：功能收入分配的研究只限于初次分配领域，其目的在于通过分析各种生产要素价格的形成及其所得在国民收入中所占比重，由此建立起经济效率的分配原则，并据此研究收入分配与经济增长之间的关系；规模收入分配与主体收入分配既可以在初次分配阶段开展研究，也可以在再分配领域进行研究；而主体收入分配既包含微观收入分配问题，又包含宏观收入分配问题，其研究目的是将两种分配的目的加以综合，既要分析各种要素分配是否符合经济效率原则，又要注重分配的公平问题。

　　主体初次分配格局和最终分配格局都有非常重要的意义。由于主体收入分配格局向上承接各要素收入分配格局，向下衔接投资与消费比例关系，在国民收入分配中处于枢纽地位。因此，分配理论研究分配格局更应关心分配主体，重点关注承受机构部门在分配的初始阶段和最终阶段的收入格局，即初次分配格局和最终分配格局，尤其是初次分配格局，因为这一分配格局实际上代表了一定时期的生产结构，而且这一分配格局对判断产业结构的合理性以及制定产业政策、发展战略和国民经济计划都具有重要意义。

　　国民收入分配的三主体即居民、企业、政府所获得的份额，分别对应居民收入、企业利润、财政收入，相当于社会财富被分配到三个不同部门，被形象地称为"三个口袋"[1]。在国民收入总量既定的条件下，"三个口袋"之间的占比变化可谓一种零和博弈，一个部门收入的增加往往意味着另外一个或两个部门支出的增多，呈现出此消彼长的态势。

　　（三）初次分配格局及分析指标

　　初次分配格局是介于社会生产与再分配格局之间的中间环节，这一分配格局对于最终分配格局的形成具有决定性作用。初次分配格局是指初次分配领域各生产要素，即土地、资本、劳动、技术、管理等，根据其各自在生产中发挥的作用或所做的贡献大小进行分配后，各自在总收入中所占的比重以及由此形成的相互分配关系。参与国民收入初次分配的有三大主体，即居民、企业和政府，相对应分别获得的三种原始收入，即居民收入、企业利润和政府收入。政府收入是企业和居民上缴各种税金形成的国家纯收入；企业利润是由固定资产折旧和营业盈余共同形成的原始收入，由企业自行支配；居民收入主要来自劳动者的工资，即企业支付给劳动者的劳动报酬。各主体部门的原始收入加上一部分财产收入就构成了各自的初次分配收入，三大主体的初次分配收入共同构成国民收入初次分配格局。相对于再分配受超经济因素支配，初次分配主要属于经济"自然生长"的结果，比较符合经济效率原则，因而应该尽量发挥初次分配的效率职能，并努力使初次分配格局保持稳定，将再分配的职能限定于弥补初次分配造成的缺陷方面。通过比较初次分配格局与最终分配格局，二者的背离程度往往可以用来衡量收入分配自由度或扭曲程度的一把标尺，会使初次

〔1〕　徐康宁. 富民优先关键要做实"三个口袋"[J]. 群众，2017（01）：17.

分配格局研究更具有独立的价值和意义。

在对初次分配格局进行统计分析时，在微观经济领域采用原始总收入的数据，在宏观经济领域则采用国民总收入的数据。原始总收入是体现收入初次分配结果的指标，反映各机构单位通过初次分配后所取得的收入部分。国民总收入由各机构单位原始总收入汇总而成，是反映初次收入分配总体状况的指标，就其与国内生产总值的关系而言，它等于国内生产总值加上来自国外净要素收入之和。这两个指标的性质是生产性收入、交换性收入和有偿性收入指标，属于中间收入的范畴，不是最终收入。

二、国民收入初次分配总量分析

国民收入初次分配总量是由社会各机构部门在初次分配阶段获得的原始收入相加计算出的总和。考察国民收入初次分配总量，可以从整体上反映初次分配的市场效率运行状况，可以通过不断增大社会可分配的财富"蛋糕"，为进一步调整国民收入初次分配格局打下坚实的物质基础。改革开放以来，多年的高速经济增长，极大地丰富了我国国民收入初次分配的总量，中国经济增长的绩效为世界所公认，经济实力的增强及经济快速增长为收入分配提供了巨大的可分配"蛋糕"，被国外学者称为"中国奇迹"或"中国之谜"（见表3-1）。

表 3-1　1978—2020 年中国经济主要指标增长情况　　　　单位：亿元

年份	国民总收入（GNI）	GDP	第一产业	第二产业	第三产业	人均GDP/元	经济增长率/%
1978	3 645.2	3 645.2	1 018.4	1 745.2	881.6	381	11.7
1980	4 545.6	4 545.6	1 359.4	2 192.0	994.2	463	7.8
1985	9 040.7	9 166.0	2 541.6	3 866.6	2 607.2	858	13.5
1989	17 000.9	16 992.3	4 265.9	7 278.0	5 486.3	1 519	4.1
1990	18 718.3	18 667.8	5 017.0	7 717.4	5 933.4	1 645	3.8
1991	21 826.2	21 781.5	5 288.6	9 102.2	7 390.7	1 893	9.2
1992	26 937.3	26 923.5	5 866.6	11 699.5	9 357.4	2 311	14.2
1993	35 260.0	35 333.9	6 963.8	16 454.4	11 915.7	2 998	13.5
1994	48 108.5	48 197.9	9 572.7	22 445.4	16 179.8	4 044	12.6
1995	59 810.5	60 793.7	12 135.8	28 679.5	19 978.5	5 046	10.5
1996	70 142.5	71 176.6	14 015.4	33 835.0	23 326.2	5 846	9.6
1997	77 653.1	78 973.0	14 447.9	37 543.0	26 988.1	6 420	8.8

年份	国民总收入（GNI）	GDP	第一产业	第二产业	第三产业	人均GDP/元	经济增长率/%
1998	83 024.3	84 402.3	14 817.6	39 004.2	30 580.5	6 796	7.8
1999	88 189.0	89 677.1	14 770.0	41 033.6	30 580.5	7 159	7.1
2000	98 000.5	99 214.6	14 716.2	45 555.9	38 942.5	7 858	8.4
2001	108 068.2	109 655.2	15 516.2	49 512.3	44 626.7	8 622	8.3
2002	119 095.7	120 332.7	16 238.6	53 896.8	50 197.3	9 398	9.1
2003	135 174.0	135 822.8	17 068.3	62 436.3	56 318.1	10 542	10.0
2004	159 586.7	159 878.3	20 955.8	73 904.3	65 018.2	12 336	10.1
2005	185 808.6	184 937.4	23 070.4	87 046.7	72 967.7	14 185	10.4
2006	217 522.7	216 314.4	24 737.0	103 162.0	82 972.0	16 500	10.7
2007	267 763.7	265 810.3	28 095.0	12 381.1	100 054.0	20 169	11.4
2008	316 228.8	314 045.4	33 702.0	149 003.4	131 340.0	23 708	9.6
2009	343 464.7	340 506.9	35 226.0	157 638.8	147 642.1	25 575	9.2
2010	410 354.0	401 202.0	40 533.6	187 581.4	173 087.0	30 808	10.3
2011	483 392.8	484 124.0	44 781.5	227 035.1	216 123.6	35 083	9.5
2012	537 329.0	540 367.0	49 084.6	244 639.1	244 856.2	39 771	7.9
2013	588 141.2	595 244.0	53 028.1	261 951.6	277 983.5	43 497	7.8
2014	644 380.2	641 281.0	55 626.3	277 282.8	310 654.0	46 912	7.3
2015	686 255.7	688 858.0	57 774.6	281 338.9	349 744.7	49 922	7.0
2016	743 408.3	746 395.0	60 139.2	295 427.8	390 828.1	53 783	6.8
2017	831 381.2	832 036.0	62 099.5	331 580.5	438 355.9	59 592	6.9
2018	914 327.1	919 281.0	64 745.2	364 835.2	489 700.8	65 534	6.7
2019	984 179.0	986 515.0	70 473.6	380 670.6	535 371.0	70 328	6.0
2020	1 009 151.0	1 013 567.0	77 754.1	384 255.3	553 976.8	72 000	2.3

资料来源：由国家统计局官方网站统计数据计算得到。

注：由于改革开放早期的数据查找困难且对分析问题的影响不大，所以只选择了一些有代表性的年份数据。

按照修订后的 GDP 数据进行计算，1978—2008 年的中国 GDP 年均增长率高达 9.6%，2008 年的中国 GDP 总量已经超过 3.4 万亿美元，成为全球第三大经济体。"十一五"发展规划期间，中国经济总量的国际地位又实现了"三级跳"，GDP 的世界排名从 2008 年的第三位提升到了 2010 年的第二位，首次超过日本；中国 GDP 占世界经济的比重也从 2008 年的 7.2% 上升到 2010 年的 9.5%；中国与美国经济的差距逐步缩小，2008 年的中国 GDP 相当于美国的 31%，2010 年上升为 40.2%。[1]

国家统计局统计公报显示，中国 2021 年 GDP 经济规模达到 114.4 万亿元人民币，比 2020 年增长了 8.1%，人均 GDP 突破 8 万元人民币。按年均汇率计算，经济总量约为 17.7 万亿美元，接近美国的 80%，占世界经济的比重超过18%，对世界经济增长的贡献率达 25% 左右，人均 12 552 美元。经初步核算，中国 2022 年的 GDP 为 121 万亿元人民币，人均 GDP 达到 85 698 元人民币，按不变价格计算，比上年增长了 3%。按年均汇率计算，120 万亿元人民币折合约 18 万亿美元，人均为 12 741 美元，连续两年保持在 1.2 万美元以上。

以 GNI、GDP、第一产业增加值、第二产业增加值、第三产业增加值、人均 GDP 和经济增长率，作为衡量经济持续高速增长的统计指标，这些指标从1978—2008 年都得到了快速增长。通过测算可知，GNI 增长了 94.2 倍，GDP增长了 92 倍，第一、第二、第三产业增加值分别增长了 34.3 倍、90.3 倍、169.22 倍，人均 GDP 增长了 67 倍，经济增长率达到了年均近 10%。到 2020年，GNI 增长了 276.8 倍，GDP 增长了 278 倍，第一、第二、第三产业分别增长了 76.3 倍、220 倍、628 倍，人均 GDP 增长了 189 倍，经济增长率达到了年均 9.67%。在国民收入分配格局变化的同时，中国产业结构转型升级已成为新发展阶段下的重要经济特征。三个产业占 GDP 的比重持续变化，从 2011 年的9.2%、46.5% 和 44.3%，演变为 2020 年的 7.7%、37.8% 和 54.5%，2021 年的7.3%、39.4% 和 53.3%。2012—2021 年，第一产业占 GDP 的比重逐渐稳定，第三产业占比开始超过第二产业，形成"三二一"产业结构发展格局。

我国经济的快速增长为收入分配提供了丰富的物质基础，收入分配的"源头"在不断增大。因此，如果以国民收入的经济增长速度和总量为衡量目标，则中国改革开放以来的收入分配体制总体效率较高。中国经济社会发展实践表明，原有的初次收入分配方式对国民经济的高速增长及提高广大人民的生活水平具有一定的积极意义。这是因为"效率优先""初次分配注重效率"对经济增长具有激励效应和赶超效应，初次分配坚持效率原则，在实际经济发展中优先发展生产力，通过提高生产要素的配置效率和利用效率，最终推动经济高速增

---

[1] 国家统计局：国际地位稳步提高　国际影响持续扩大——"十一五"经济社会发展成就系列报告之十七 [N]. 中国信息报，2011-04-02（002）.

长。所以说，中国改革开放以来形成的收入分配体制具有较高效率，经济高速增长是收入分配"高效率"的直观反映和主要表现。

三、各主体初次分配总收入分析

国民收入各主体初次分配总收入，主要通过各部门内部不同要素收入的构成体现出来。掌握我国各经济主体初次分配状况，可以为相关政策制定者准确把握国民收入初次分配规律、确定调整方向、制定调整策略提供重要依据。我国 1992—2020 年各主体初次分配总收入与经济总量如下（见表 3-2）。

表 3-2　经济各主体初次分配总收入与经济总量　　　　　单位：亿元

年　　份	企业部门	住户部门	政府部门	经济总量
1992	4 679.6	17 795.4	4 462.2	26 937.2
1993	7 086.8	22 075.3	6 097.9	35 260.0
1994	8 550.8	31 341.1	8 216.8	48 108.7
1995	11 682.6	39 024.8	9 103.1	59 810.5
1996	11 853.8	46 628.8	11 659.9	70 142.6
1997	13 188.8	51 537.6	13 334.4	78 060.8
1998	13 445.4	54 850.0	14 729.0	83 024.3
1999	15 755.1	57 553.4	15 170.7	88 479.2
2000	18 576.3	62 126.5	17 297.6	98 000.4
2001	21 821.6	66 252.1	19 993.5	108 067.2
2002	24 197.0	72 101.6	22 798.2	119 096.8
2003	28 291.5	80 699.6	26 183.4	135 174.5
2004	41 469.6	92 045.6	26 071.9	159 587.1
2005	42 220.1	109 698.1	26 516.7	178 434.9
2006	47 722.1	125 794.4	31 704.6	205 221.1
2007	58 511.2	150 152.0	39 105.7	247 768.9
2008	74 609.2	183 074.8	45 254.9	302 938.9
2009	73 275.2	201 147.5	49 222.7	323 645.4
2010	83 385.8	234 426.2	61 074.7	378 886.7
2011	94 853.9	280 607.2	74 461.1	449 922.2
2012	97 023.5	315 912.6	85 003.2	497 939.3
2013	120 826.0	350 595.6	89 261.7	560 683.3
2014	137 142.3	383 786.8	97 949.6	618 878.7

年　　份	企业部门	住户部门	政府部门	经济总量
2015	135 612.6	416 385.0	100 962.7	652 960.3
2016	142 007.6	452 563.7	104 442.7	699 014.0
2017	167 271.6	506 672.0	111 450.7	785 394.3
2018	204 713.6	559 446.5	116 898.0	881 058.1
2019	220 044.0	604 241.7	124 632.1	948 917.8
2020	225 802.8	623 738.1	111 398.3	960 939.2

资料来源： 数据来自国家统计局官方网站《中国统计年鉴》。

（一）住户部门初次分配收入状况分析

住户部门收入表示为部门增加值加上劳动者报酬和财产性收入，再减去生产税净额的数值。在住户部门收入形成过程中，先将增加值的一部分支付给劳动者和政府，剩余部分作为本部门的收入留在部门内。住户部门在内部收入形成的基础上，加上从企业部门和政府部门获得一部分劳动者报酬和财产净收入，共同形成本部门的初次分配总收入。我国住户部门初次分配总收入如表 3–2 所示。

我国住户部门的原始总收入主要来自于劳动者报酬和财产性收入，主体是劳动者报酬。除 1996 年外，1992 年以来的劳动者报酬所占比重都保持在 80% 以上，说明我国居民的初次分配收入当前还主要靠劳动收入。住户部门初次分配收入构成的一个特点是，财产收入对住户部门初次分配收入的贡献分别在 1993 年和 1994 年达到最高水平 8% 以上之后，便开始逐年下降。尤其是 2004 年，下降到 2.7% 的历史最低水平。1993 年和 1994 年之所以达到最高水平，与我国当时正处于高通胀期，国家实行高存贷款利率有直接关系。随后，这一比重逐年走低，一方面是因为高通胀造成居民获得的银行存款利息较少；另一方面是因为我国居民财产性收入的渠道还比较单一，居民难以获得利息和房租之外的其他财产性收入。

2008 年以来，劳动者报酬在住户部门原始总收入中占比越来越高的变化趋势更为明显。2017 年，住户部门的劳动者报酬、财产净收入和营业盈余分别增长了 2.8 倍、2.39 倍和 1.98 倍。这一时期，住户部门初次分配中的劳动者报酬比重平均超过 80%，其他部分的收入比重不足 20%。这说明金融危机以来，居民收入增长主要源于劳动者报酬，劳动收入的主体地位不断得到提升。

（二）企业部门初次分配收入状况分析

企业部门收入表示为部门增加值减去部门内部劳动者报酬和生产税净额，再加上财产收入的数值。企业部门在收入初次分配阶段属于财产收入净转出部门，需要从营业盈余中拿出一部分去支付利息、红利等，从而导致企业部门在该阶段获得的初次分配份额（原始总收入）占国民总收入的比重比形成阶段低得多。

企业部门收入形成阶段的营业总盈余与国民总收入相比，二者的比例关系特点可以从四个发展阶段表现出来。第一阶段是 1992—1996 年，企业部门营业总盈余相当于国民总收入的比重在 21.3% ～ 25.5% 之间波动；第二阶段是 1997—1999 年，这 3 年间二者的比例稳定在 21.8% 左右；第三阶段是 2000—2007 年，这一阶段二者间的比例有了明显的上升，2004 年这一数值达到了最高点 27.4% 的水平；第四阶段是 2008—2020 年，这一比例稳定在 24.3% 左右。与此同时，企业部门的原始总收入占国民总收入的比重，与营业总盈余相当于国民总收入比重的变动之间存在同向变动规律，只是前者低于后者约 1.4% ～ 6.0%。另外，这一时期的企业部门财产净支出相当于国民总收入的比重，自 1995 年和 1996 年两年达到历史最高水平的 6.0% 之后，从 2001 年开始逐年走低，到 2005 年这一比重下降为 1.3%。这一变动趋势，一方面，提高了企业部门原始总收入在国民总收入中所占的比重；另一方面，却减少了住户部门的财产收入，进而影响住户部门原始总收入在国民总收入中所占的份额。

我国企业在多数年份都是财产收入的净支出方，营业盈余是企业部门收入的最主要来源，其占企业部门初次分配收入的比重超过了 100%。1992 年以来，其对企业部门初次分配收入的贡献呈现出先下降后上升的趋势，但是 2014—2020 年又出现缓慢下降的趋势，这主要与中国非金融企业经营成本高，企业经营融资难、融资贵相关。

（三）政府部门初次分配收入状况分析

政府部门收入表示为增加值减去部门劳动者报酬，再加上部门获得的财产性收入的数值。政府部门的收入来源主要是税收，其增加值主要用于支付劳动者报酬和固定资产折旧，理论上政府部门的营业净盈余应该为 0。但是，现实中的各国政府或多或少都拥有一部分非法人企业，这些单位在开展经营活动时如同企业部门一样，也要向政府缴纳一部分生产税，形成政府部门的营业盈余。

政府部门的收入形成不同于其他两个部门，无论是生产税还是营业总盈余最终都归政府所有，意味着政府部门的收入实际上只是在住户部门和本部门之间形成。因此，劳动者报酬始终在政府部门的增加值中占有相当大的比重，个别年份甚至超过了80%。

政府部门的营业总盈余中扣除固定资产折旧之后的部分主要通过经营企业获得。政府部门通过营业盈余增加收入既不符合国际惯例，也与我国行政体制"小政府、大社会"的改革方向相悖，政府在调控本部门原始总收入时应当及时改变这种状况。如果政府部门中有些单位的主要业务是靠经营取得收益，那么它已经失去了归属于政府部门的意义。政府部门应当将这些单位剥离出去，以还原政府部门的主要职能。相对于其他部门，政府对本部门征收的生产税在增加值中所占的比重一直处于较低水平。

政府部门的原始总收入中90%以上都来自生产税。2007年之前，由于历年的财产净收入均为负数，政府部门每年都需要用一部分生产税收入或营业总盈余来弥补财产收入方面的赤字。政府部门财产净收入既影响本部门原始总收入的规模及份额，也制约着国内其他部门和国外部门的财产收入。2007年，政府部门有300多亿元的财产净收入，意味着其他部门不但不能从政府部门获得财产净收入，反而需要多支付给政府部门一部分财产收入。

2008—2020年，政府部门税收收入的主体地位有所弱化。特别是2012年之后，生产税净额占政府部门收入的比重不断下降，2020年较最高时低了近20个百分点。而净财产收入比重在不断提高，尤其是2005年以来，净财产收入比重由负转正，2015年时最高，为15.3%。与此同时，政府部门净财产收入由2005年的164亿元增加到2017年的1.24万亿元，增长幅度达75.7倍。政府部门净财产收入的快速增长与税收收入主体地位的强化，与我国城镇化快速推进和房地产热带动的"土地财政"密切相关。2017—2020年，政府部门原始收入占比下降了4.5个百分点，表明其政府部门净财产收入的下降与税收收入主体地位的弱化，主要在于政府对中小企业税收的减免让利，以及地方政府土地财政能力的下降。

四、初次分配格局测算及变动趋势

初次分配是对生产经营成果即经济增加值的直接分配。对我国1992年以来资金流量表中的数据进行调整之后，可以对我国国民收入各主体初次分配收入逐年变化状况进行分析，主要是对主体收入初次分配格局绝对数量进行分析和各主体收入初次分配百分比进行直观描述与评价。

（一）主体收入初次分配格局绝对数量分析

通过对比各部门初次分配总收入和经济总量的各年份环比增长速度，可以发现我国国民收入初次分配格局的基本特征（见表3–3和图3–1）。

表3–3　各部门初次分配总收入和经济总量环比增长百分率　　　　%

年　　份	企业部门	住户部门	政府部门	经济总量
1993	51.4	24.1	36.7	30.9
1994	20.7	42.0	34.7	36.4
1995	36.6	24.5	10.8	24.3
1996	1.5	19.5	28.1	17.3
1997	11.3	10.5	14.4	11.3
1998	1.9	6.4	10.5	6.4
1999	17.2	4.9	3.0	6.6
2000	17.9	7.9	14.0	10.8
2001	17.5	6.6	15.6	10.3
2002	10.9	8.8	14.0	10.2
2003	16.9	11.9	14.8	13.5
2004	46.6	14.1	−0.4	18.1
2005	1.8	19.2	1.7	11.8
2006	13.0	14.7	19.6	15.0
2007	22.6	19.4	23.3	20.7
2008	27.5	21.9	15.7	22.3
2009	−1.8	9.9	8.8	6.8
2010	13.8	16.5	24.1	17.1
2011	13.8	19.7	21.9	18.7
2012	2.3	12.6	14.2	10.7
2013	24.5	11.0	5.0	12.6

年　份	企业部门	住户部门	政府部门	经济总量
2014	13.5	9.5	9.7	10.4
2015	−1.1	8.5	3.1	5.5
2016	4.7	8.7	3.4	7.1
2017	17.8	12.0	6.7	12.4
2018	22.4	10.4	4.9	12.2
2019	7.5	8.0	6.6	7.7
2020	2.6	3.2	−10.6	1.3

资料来源：根据表 3–2 中的数据计算得到。

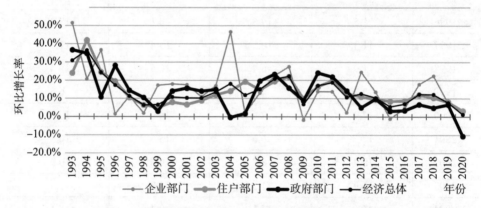

图 3–1　各部门初次分配总收入和经济总量环比增长曲线

国民收入初次分配格局的总体特征，表现为中国国民收入初次分配总收入在 1992—2020 年间大致走出了一个"W"型路径。从 1993 年的 30.9% 增长到 1994 年 36.4% 的最高点后开始逐年回落，1998 年、1999 年跌至谷底，增长率只有 6.4% 和 6.6%；之后又开始逐年走高，1999 年恢复到 10.8%，到 2008 年达到相对高点 22.3%；之后的 2009 年又下降到低点 6.6%，接着 2010 年回升到 17.1%，2011 年回升到 18.7%，随后逐年下降到 2015 年的低点 5.5%；之后经过三年的小幅增长，又下降到 2019 年的 7.7%，2020 年则达到历史的最低点 1.3%。

企业部门初次分配总收入的环比增长曲线波动幅度较大。最高年份为 1993

年的 51.4%，最低年份为 2009 年的 -1.8%，相差 53.2 个百分点。在这 28 个年份的增长速度中，有 13 个年份高于国民总收入平均增长速度。企业部门初次分配总收入环比增速高于国民总收入环比增长速度，其积极意义在于可以促进整个经济长期快速发展，为各方面增加收入创造条件；其消极意义在于会导致收入向企业部门倾斜，其他两个部门收入减少，使得整个收入初次分配格局失衡，不利于国民经济的长期稳定发展。

住户部门初次分配总收入环比增长的曲线与经济总量的环比增长曲线比较相似。除了 1993—1996 年的 24.1%、42.0%、24.5%、19.5%，2004—2008 年的 14.1%、19.2%、14.7%、19.4%、21.9%，以及 2010—2011 年的 16.5%、19.7% 等 11 个年份高于国民总收入平均增长速度，其余年份的增长速度都低于国民总收入平均增长速度。从过去的 28 年的相关数据可以看出，2008 年之后，住户部门的逐年环比增速呈下降态势，到 2020 年达到了历史最低的 3.2%。

政府部门初次分配总收入环比增长曲线的波动幅度，比企业部门初次分配总收入环比增长曲线的波动幅度小，但比住户部门初次分配总收入环比增长曲线的波动幅度大。其波动曲线与企业部门的环比增长曲线大致呈反方向变化，即企业部门初次分配总收入环比增长较快的年份，多数情况下，政府部门环比增长较慢，表明政府部门与企业部门在初次分配阶段的环比增长大体呈现出此消彼长的关系。2004 年，企业部门初次分配总收入环比年增长高达 46.6%，而政府部门却出现了负增长 -0.4%。政府部门 2010—2020 年的增长速度一直处于下降态势，表明党的十八大以来政府让利于民而自己过紧日子的理念开始落地生效。

金融危机的 2008 年之后，企业部门、住户部门和政府部门三部门的初次分配总收入环比增长呈现出逐年下降的趋势，表明我们经济发展处于新常态，经济增速放缓而经济结构却得以升级优化，经济发展更具可持续性和市场竞争力。2020 年，三个部门的环比增长值分别为 2.6%、3.2% 和 -10.6%，经济总收入环比也下降到了最低点 1.3%。

（二）经济主体收入初次分配格局的直观描述及评价

通过计算和比较各主体收入初次分配格局各项指标所占的百分比，即对各主体收入初次分配格局直观描述及评价，可以发现其变化规律及对国民收入初次分配格局的影响（见表 3–4 和图 3–2）。

表 3-4　各主体初次分配总收入占比 %

年　　份	企 业 部 门	住 户 部 门	政 府 部 门	经 济 总 量
1992	17.4	66.1	16.5	100
1993	20.1	62.6	17.3	100
1994	17.8	65.1	17.1	100
1995	19.5	65.2	15.3	100
1996	16.9	66.5	16.6	100
1997	16.9	66.0	17.1	100
1998	16.2	66.1	17.7	100
1999	17.8	65.0	17.2	100
2000	19.0	63.4	17.6	100
2001	20.2	61.3	18.5	100
2002	20.3	60.6	19.1	100
2003	20.9	59.7	19.4	100
2004	26.0	57.7	16.3	100
2005	22.9	59.6	17.5	100
2006	22.4	59.0	18.6	100
2007	22.6	57.9	19.5	100
2008	26.6	58.7	14.7	100
2009	24.7	60.7	14.6	100
2010	24.5	60.5	15.0	100
2011	25.8	59.2	15.0	100
2012	24.7	59.8	15.5	100
2013	24.1	60.7	15.2	100
2014	24.7	60.1	15.2	100
2015	24.2	60.9	14.9	100
2016	19.1	60.9	20.0	100
2017	20.1	61.0	18.9	100
2018	22.4	61.2	16.4	100
2019	22.4	61.4	16.2	100
2020	22.5	62.0	15.5	100

资料来源：根据表 3-2 中的数据计算得到。

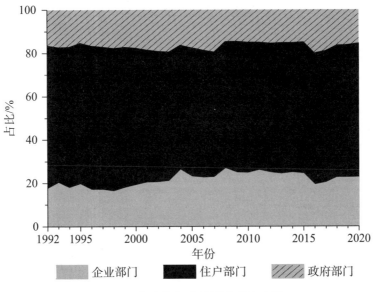

图 3-2　各主体初次分配总收入占比

以 1992 年为基础，到 2020 年的 28 年间，按现价计算的国民总收入增长了 35.6 倍，年均增长 13.9%。同期的住户部门、企业部门和政府部门原始总收入的年均增长速度分别为 13.8%、15.5% 和 13.9%。企业部门初次分配总收入的年均增长速度比国民总收入高出 1.6 个百分点；住户部门初次分配总收入的年均增长速度比国民总收入低 0.1 个百分点；政府部门初次分配总收入的年均增长速度与国民总收入持平。假设中国 1992 年的初次分配总收入的分配格局是合理的，那么上述各部门初次分配收入年均增长速度的状况说明，收入初次分配在过去的 28 年一直向企业部门有所倾斜，而住户部门的增长较其他部门缓慢，所占比重相对偏低。

国民收入初次分配格局最直接、最明确的描述方式是各部门初次分配占国民总收入的比重及其变化状况。由表 3-4 和图 3-2 可以看出，在国民总收入的构成中，企业部门初次分配总收入所占比重由 1992 年的 17.4% 上升到 1993 年的 20% 以上；1996—1998 年连续三年下降到 17% 以下，2001 年开始连续 15 年上升到 20% 以上，2008 年上升到最高点 26.6%，比 1992 年提高了 9.2 个百分点。在这一时期，企业部门初次分配总收入大约经历了三个阶段，即 1992—2000 年的第一阶段，2001—2008 年的第二阶段，2009—2020 年的第三阶段，其变动规律表明初次分配收入向企业部门倾斜主要发生在 2004—2015 年之间。

住户部门初次分配总收入在国民总收入中的占比大致呈"U"型发展特征。由 1992 年的 66.1% 上升到 1996 年的 66.5%，接着慢慢下降到 2008 年的 58.7%，降低了 7.4 个百分点，年均降低了 0.64 个百分点，表明政府调控居民初次分配收入的结果并不理想。2009 年的住户部门初次分配总收入恢复到 60.7%，2011 和 2012 经过两年短暂下降到了 60% 以下，接着 2013 年开始又恢复到 60% 以上，2020 年上升到了 62%。住户部门初次分配总收入在国民总收入中的比重变化，表明其越来越符合提高居民初次分配收入的调控方向。但由于我国住户部门初次分配收入增长速度长期落后于经济增长速度，人均初次分配收入增长过低，致使当前我国住户部门初次分配收入占比仍不理想。

政府部门初次分配总收入在国民总收入中的比重，由 1992 年的 16.5% 慢慢上升到 2007 年的高点 19.4%，表明我国国民收入初次分配逐渐向政府部门倾斜。2008 年和 2009 年分别快速下降到了 14.7% 和 14.6%，2010 年则慢慢回升到了 15% 以上；经过 2015 年的小幅下降之后，2016 年回升到 20% 的高度；随后的 2017—2020 年，这一比重又逐年下降到 15.5%。这一变化态势表明我国政府初次分配总收入在国民总收入中的比重更趋于合理，是政府部门让利于企业部门和住户部门的结果。

五、国民收入初次分配格局比较分析

判断国民收入初次分配格局是否合理既需要做纵向分析，也需要做横向比较。对中外国民收入初次分配格局进行比较，有助于我们对国民收入初次分配格局的状态做出客观、合理的判断，对改进国民收入分配格局也具有一定的启发意义。

选取与发达国家相似发展阶段进行比较，以期发现初次分配格局演变的可能性规律，为研判中国"十四五"时期及其之后的国民收入初次分配格局发展趋势奠定基础。考虑到数据可得性的限制，以及与我国经济结构变化趋势和文化的异同，故选取美国和日本两个国家进行比较分析，选取的时间段为：美国 1970—1990 年（人均 GDP 为 5 000 ～ 24 000 美元），日本 1975—1990 年（人均 GDP 为 5 000 ～ 25 000 美元）。与美国和日本相似发展阶段比较，我国国民收入初次分配格局的特点比较明显（见表 3-5）。

表 3-5　中美日相似发展阶段要素收入份额　　　　%

国　别	劳动者报酬	营业盈余	生产税净额
中国（2017 年）	51.61	36.42	11.97
美国（1970—1990 年）	56.36	36.50	7.11
日本（1980—1990 年）	50.89	44.33	5.16

资料来源：根据 OECD 数据库相关数据计算得到。

表中数据显示，中国的要素分配格局变化趋势与美、日一致，劳动者报酬比重低于美国但略高于日本。在人均 GDP 为 1 万美元左右时，美国和日本的劳动者报酬占比均呈现出略有上升的趋势，中国的要素分配格局与美、日相似发展阶段的变化趋势较为一致。2017 年，中国劳动者报酬占比为 51.6%，较美国低了近 5 个百分点，较日本高 0.7 个百分点。营业盈余与美国类似，比日本高了约 8 个百分点。生产税净额占比高于美国和日本平均约 5 个百分点。从绝对值及增速来看，2017 年，中国劳动者报酬为 42 万亿元（约合 6.2 万亿美元），同比增长 9.7%。相似阶段的美国（1976 年）和日本（1980 年）的劳动者报酬分别为 10.48 万亿美元和 9 310 亿美元，增速分别为 10.6% 和 6.4%。

我国初次分配结构变化趋势与美国和日本相似发展阶段较为一致，均呈现出居民部门比重上升的趋势。但是，与美国和日本相比，中国居民部门比重差距偏大（见表 3-6）。

表 3-6　中美日相似发展阶段各主体初次分配收入占比　　　　%

国　别	居　民	企　业	政　府
中国（2017 年）	60.56	25.41	14.03
美国（1970—1990 年）	80.10	13.20	6.68
日本（1980—1990 年）	83.66	10.80	5.52

资料来源：根据 OECD 数据库相关数据计算得到。

在初次分配格局中，我国居民部门比重不足 61%，较美国和日本平均低 21 个百分点。我国企业部门比重相对偏高，较美国高了 12 个百分点，比日本高了 15 个百分点。我国政府部门比重相对偏高，较美、日两国分别高了近 8 个和 9 个百分点。相较于美国和日本，中国居民部门初次分配过多地依赖劳动者报酬，占比高达 85%，远高于美国和日本的水平。相反，我国居民部门的营业盈余和净财产收入占比则相对较低，2017 年，我国居民部门净财产收入占比不足 4%，较美国和日本类似发展阶段低了近 5 ～ 6 个百分点。

第二节　国民收入再分配格局评析

国民收入再分配是政府在各经济主体原始收入的基础上，通过经常性转移收支进行的二次分配，其结果形成政府、企业、住户各部门的可支配收入。再分配格局是各收入主体所有的真实可用的收入份额，能够最准确地代表一个国家国民收入分配的真实状况。通过对再分配过程相关数据的统计分析以及与世界一些国家的横向比较，从中可以发现我国国民收入再分配格局的变动规律，并为政府进行国民收入分配格局的评判与调节提供重要依据。

一、国民收入再分配格局相关理论

研究中国国民收入再分配格局问题，首先要了解相关概念和内涵，通过对国民收入再分配格局内涵的认识，有助于判断中国各部门可支配收入比例和最终分配格局的合理性。

（一）国民收入再分配格局及其指标

再分配是指政府在国民收入初次分配基础上，根据规定标准和程序对国民收入进行的二次分配，主要通过经常性转移支付进行。再分配是实现政府社会管理者职能、进行国民经济宏观调控、提供公共产品、调节个人收入、维持社会公平、进行社会储备等各项社会事业发展的需要。各经济主体对初次分配结果进行再分配后，形成各机构单位或部门的可支配收入，各经济主体在国民可支配总收入中所占的比重以及由此形成的相互间的分配关系就是再分配格局。国民收入再分配是以"间接方式"实现的分配，其分配过程极其复杂，各主体通过多种形式和多个分配环节，从其他主体那里转移过来部分收入，作为初次分配份额之外的"增加收入"。各主体在初次分配基础上通过二次分配取得的收入被称为"转移收入"，发生的支付称为"转移支出"。政府主要是通过国家预算、价格、税收、保险等经济杠杆在国民经济各部门之间进行分配，再分配过程中主要坚持和遵循公平原则。这里的关键在于，"在再分配过程中不同收入主体初次分配收入净值是正是负，换言之，转移收入多于还是少于转移支出。只有转移收入净值状况才会对国民收入最终分配格局产生实质影响"[1]。

在国民收入分配的相关范畴中，"可支配收入"是一个十分重要的经济变量。这一经济范畴不仅反映国民收入经过两次分配之后，各主体实际拥有的可供支配的收入总量，反映国民收入在各主体间的构成，而且可以反映各部门的消费和储蓄比重。可支配收入是消费和投资的前提，没有可供支配的收入就不可能进行投资和消费。消费与投资比例的优化依靠主体收入分配格局的优化，消费份额的增长有赖于住户收入份额的增长，而投资份额的增长则主要依赖于企业可支配收入的增长。在收入再分配格局的分析过程中，微观层面采用可支配总收入，宏观层面则采用国民可支配总收入。某机构单位或部门的可支配总收入是该机构单位或部门在收入初次分配基础上，通过经常转移收支所形成的可供本单位或部门最终使用的收入。经常转移是指机构单位间非资本性的、不以回报为目的的单方面转让，包括社会保险、社会补助、无偿捐赠和赔偿等经济活动。

（二）国民收入再分配的价值意义

收入再分配是各经济主体对收入初次分配结果进行二次分配，在初次分配的基础上形成政府、企业、住户的可支配收入。可支配收入是各收入主体掌握的真实可用的收入份额，能充分且准确地代表一个国家国民收入分配的真实状况。可支配收入是可以直接用于消费、投资或储蓄的真实收入。与初次分配格局相比，国民收入再分配格局中的企业收入份额一般会有大幅度的下降，而居民收入份额会有不同程度的增加。

国民可支配总收入与国民收入是两种性质完全不同的收入。国民收入即原始总收入是一种生产性收入，而国民可支配总收入是一种分配性收入；国民收入是收入初次分配的结果，它只是分配的一种中间收入，而国民可支配总收入是再分配的结果，是一种最终收入；国民收入的去向是再分配领域，与使用领域没

---

[1]　郭树清，韩文秀. 中国 GNP 的分配和使用 [M]. 北京：中国人民大学出版社，1991：81.

有直接联系，而国民可支配总收入的去向则为使用领域，具体用于消费和储蓄。

二、各主体可支配总收入分析

各主体可支配总收入主要是对我国住户部门、企业部门和政府部门收入通过再分配获得的最终份额。通过对各主体可支配总收入演变过程的分析，一方面可以清晰地了解我国各经济主体的变动规律和发展趋势；另一方面为形成我国最终分配格局奠定了基础，并为判断各主体可支配总收入比例的合理性提供了依据。

（一）住户部门收入再分配分析

住户部门作为收入再分配领域的一个主要参与者，需要通过某些方式向政府转移一定的支出，主要是缴纳社会保险和收入税，更主要的是通过经常转移从政府那里得到多于转出的收入。因此，住户部门在收入再分配过程中是一个收入净转入部门，住户部门在国内只与政府部门发生收支关系。住户部门可支配总收入在其原始总收入的基础上，通过经常转移收支活动后形成，具体等于该部门原始总收入加上经常转移净收入。我国住户部门可支配总收入在1992—2020年间随着国民经济的不断发展而逐渐增加，但其中的经常转移收支净额，却呈现出逐年由高到低的变化趋势（见表3-7）。

表3-7　住户部门可支配总收入　　　　　　　　单位：亿元

年　　份	初次分配总收入	经常转移净值	可支配总收入	变动率 /%
1992	17 795.4	657.3	18 452.7	3.7
1993	22 075.3	751.8	22 827.1	3.4
1994	31 341.1	951.1	32 292.2	3.0
1995	39 024.8	1 266.8	40 291.6	3.2
1996	46 628.8	1 496.3	48 125.1	3.2
1997	51 537.6	2 304.7	53 842.3	4.5
1998	54 850.0	2 193.4	57 043.4	4.0
1999	57 553.4	2 179.6	59 733.0	3.8
2000	62 126.5	1 125.3	63 251.8	1.8
2001	66 252.1	1 185.2	67 437.3	1.9
2002	72 101.6	1 203.3	73 304.9	1.7
2003	80 699.6	1 007.4	81 707.0	1.2
2004	92 045.6	1 342.3	93 387.9	1.5

年　　份	初次分配总收入	经常转移净值	可支配总收入	变动率 /%
2005	109 698.1	911.4	110 609.5	0.8
2006	125 794.4	734.6	126 529.0	0.6
2007	150 152.0	664.3	150 816.3	0.4
2008	183 074.8	−3 194.4	179 880.3	−1.7
2009	201 147.5	−3 194.1	197 488.3	−1.6
2010	234 426.2	−4 460.8	229 965.4	−1.9
2011	280 607.2	−5 677.0	274 930.2	−2.0
2012	315 912.6	−7 567.9	308 344.8	−2.4
2013	350 595.6	−8 845.9	341 749.7	−2.5
2014	383 786.8	−10 160.3	373 626.5	−2.6
2015	416 385.0	−11 487.5	404 897.8	−2.8
2016	452 563.7	−11 398.1	441 165.5	−2.5
2017	506 672.0	−17 495.1	489 176.9	−3.6
2018	559 446.5	−16 145.5	543 300.9	−2.9
2019	604 241.7	−10 528.9	593 712.8	−1.7
2020	623 738.1	2 060.4	625 798.5	0.3

资料来源： 由国家统计局官方网站《中国统计年鉴》统计数据计算得到。

住户部门获得的转移收入主要是社会保险福利和社会补助。表 3–7 中的数据显示，住户部门通过经常转移社会保险福利和社会补助得到的收入，除住户个人缴纳的那部分外，主要来自政府部门和企业部门的转移支出。一般来说，政府部门所转移的支出应当在其中占绝大部分，从表中的数据来看，我国政府部门的社会补助占全部社会补助的比重多数年份高于 80%，尤其自 2001 年以来一直维持在 91% 以上。当前，我国的职工个人缴纳的各类社会保险和基金费用非常有限，而企业替职工缴纳的"五险一金"的数额较大，主要以政府社会保险福利的形式转移给住户部门。住户部门经常转移支出中，收入税所占比重由 1992 年的不足 1% 提高到 2001 年的最高点 24.2%，此后一直维持在 21% 以上。2007 年，我国政府部门征收的个人所得税为 3 186 亿元，同比增长了 29.8%，占当年税收收入的 7%；住户部门的经常转移支出中，超过 1/5 用于缴纳政府的税收。因此，收入税在调节住户部门可支配总收入方面所起的作用也越来越大。

通常情况下，住户部门在再分配阶段是一个收入净转入部门，应当掌握比其他部门更多的可支配总收入，只有这样才能真正实现发展生产的根本目的和共同富裕的理想目标。我国住户部门1992—2020年可支配总收入在国民可支配总收入中所占份额基本呈现出一种近似于抛物线的特征。从1993年的64.6%逐年提高到1997年的最高点68.6%，然后从1998年的67.8%一直下滑到2007年的最低点57.5%，比最高年份下降了11个百分点，降幅达到了16%。这主要在于住户部门经常转移收支净额在可支配总收入中所占比重太低，2000—2007年，连续8年不足2.0%，尤其是2005年之后的几年，更是不足1.0%；2008—2019年，这一数据一直是负数，且有扩大的趋势，2017年达到最低点-3.6%；直到2020年才转负为正，上升到了0.3%。表3-7中数据的变动态势说明，2008年以来，住户部门的可支配总收入几乎全部取决于收入初次分配的数额，没有通过再分配获得更多的收入，政府对住户部门的可支配总收入的调节作用有限。

（二）企业部门收入再分配分析

企业部门可支配总收入等于企业原始总收入加上企业经常转移收入减去企业经常转移支出的结果值。企业部门收入再分配的各种经常转移收支，包括除资本转移外的所有转移，主要是收入税、社会保险支付、社会补助和其他经常转移四项内容，我国企业部门在再分配过程中是一个净转出部门。从净转出收入数额相当于企业初次分配总收入的比重来看，大致呈现出"低—高—低—高"的演变路径（见表3-8）。

表 3-8　企业部门可支配总收入　　　　　　　　单位：亿元

年　　份	初次分配总收入	可支配总收入	变动率 /%
1992	4 679.6	3 159.3	−32.5
1993	7 086.8	5 557.2	−21.6
1994	8 550.8	7 005.1	−18.1
1995	11 682.6	9 722.5	−16.8
1996	11 853.8	9 624.9	−18.8
1997	13 188.8	10 410.8	−21.1
1998	13 445.4	11 716.8	−12.9
1999	15 755.1	13 066.5	−17.1
2000	18 576.3	16 466.7	−11.4
2001	21 821.6	19 035.3	−12.8
2002	24 197.0	21 765.4	−10.1

年　份	初次分配总收入	可支配总收入	变动率 /%
2003	28 291.5	25 029.1	−11.5
2004	41 469.6	37 573.4	−10.0
2005	42 220.1	37 307.4	−11.6
2006	47 722.1	39 909.3	−16.4
2007	58 511.2	48 198.4	−17.6
2008	74 609.2	65 450.9	−12.3
2009	73 275.2	64 171.1	−12.4
2010	83 385.8	72 069.2	−13.6
2011	94 853.9	78 990.5	−16.7
2012	97 023.5	78 875.9	−18.7
2013	120 826.0	100 204.4	−17.1
2014	137 142.3	116 262.3	−15.2
2015	135 612.6	113 178.2	−16.5
2016	142 007.6	118 441.7	−16.6
2017	167 271.6	138 998.7	−16.9
2018	204 713.6	173 908.6	−15.0
2019	220 044.0	188 666.8	−14.1
2020	225 802.8	195 203.2	−13.6

资料来源：由国家统计局官方网站《中国统计年鉴》统计数据计算得到。

　　1999 年之前，企业部门净转出收入的比重维持在一个较高的水平，尤其是 1992 年企业部门净转出的总收入相当于当年原始总收入的 32.5%。2000—2007 年，企业部门净转出收入的比重维持在一个相对较低的水平，2002—2004 年连续 3 年企业部门转出较少，再分配收入存在向企业部门倾斜的趋势。2004—2007 年，企业部门净转出收入的比重又有所提高，高了 7.5 个百分点。2007 年之后的几年，企业部门转出减少，2009 年达到了一个新的低点。2010 年之后，企业部门转出几经波动，由 2012 年的高点 18.7% 降到 2020 年的 13.6%，降幅达到了 5.1 个百分点。企业部门经常转移净支出的减少，意味着该部门可支配总收入较以前有所增加，进而在国民可支配总收入中所占份额也将增加。企业部门净转出主要是收入税，从企业部门收入税占该部门经常转移支出的百分比来看，1992—2020 年呈现出一个典型的倒"W"形路径。长期以来，我国企业部门将经常转移支出的大部分用于缴纳收入税，收入税对调节企业部门的再分配收入及整个再分配格局起到了十分重要的作用。

将企业部门可支配总收入增长速度与国内生产总值增长速度及国民可支配总收入增长速度进行对比，可以判断某一时期企业部门可支配总收入的增长是否处于合理区间。相关统计数据表明，1992—2020 年（个别年份除外），我国国内生产总值和国民可支配总收入之间基本保持了相同的增长速度，其增长表现出大致相同的趋势。

（三）政府部门收入再分配分析

政府部门的可支配总收入是由原始总收入加上转移收支净额构成。政府部门经过收入再分配过程后，历年的可支配总收入比同期的初次分配总收入都有所增加，说明政府部门在收入再分配过程中除了将从企业部门转移进来一部分收入转移给住户部门外，还将其中一部分留作本部门的可支配总收入，从而使自己也成为转移收支的净转入部门，截留转移收入的比例大小，决定了它对自身的调节程度。自 2008 年起，政府部门还直接从住户部门直接转移出一部分收入，导致住户部门可支配收入增长缓慢，比重降低。这些都会对主体最终分配格局的形成产生影响（见表 3-9）。

表 3-9　政府部门可支配总收入　　　　　　　　　单位：亿元

年　　份	初次分配总收入	经常转移净值	可支配总收入	变动率 /%
1992	4 462.2	926.6	5 388.8	20.8
1993	6 097.9	845.4	6 943.3	13.9
1994	8 216.8	709.8	8 926.6	8.6
1995	9 103.1	813.1	9 916.2	8.9
1996	11 659.9	910.4	12 570.3	7.8
1997	13 334.4	1 028.8	14 363.2	7.7
1998	14 729.0	390.6	15 119.6	2.7
1999	15 170.7	918.1	16 088.8	6.1
2000	17 297.6	1 618.8	18 916.4	9.4
2001	19 993.5	2 304.2	22 297.7	11.5
2002	22 798.2	2 437.5	25 235.7	10.7
2003	26 183.4	3 876.6	30 060.0	14.8
2004	26 071.9	4 450.1	30 522.0	17.1

年　　份	初次分配总收入	经常转移净值	可支配总收入	变动率/%
2005	26 516.7	6 080.8	34 104.5	22.9
2006	31 704.6	9 406.0	41 379.6	29.7
2007	39 105.7	12 488.8	54 052.5	31.9
2008	45 254.9	17 720.2	62 975.1	39.2
2009	49 222.7	17 414.5	66 637.2	35.4
2010	61 074.7	19 902.1	80 976.8	32.6
2011	74 461.1	25 300.8	99 761.9	34.0
2012	85 003.2	29 897.2	114 900.4	35.2
2013	89 261.7	33 824.6	123 086.3	37.9
2014	97 949.6	37 096.3	135 045.9	37.9
2015	100 962.7	40 679.4	141 642.1	40.3
2016	104 442.7	42 325.6	146 768.3	40.5
2017	111 450.7	51 408.8	162 859.5	46.1
2018	116 898.0	54 367.6	171 265.6	46.5
2019	124 632.1	50 739.7	175 371.8	40.7
2020	111 398.3	38 169.3	149 567.6	34.3

资料来源： 由国家统计局官方网站《中国统计年鉴》统计数据计算得到。

通过对政府部门经常转移收入、经常转移支出及经常转移净值三者之间的增长关系进行分析，可以判断政府部门再分配收入的合理性。政府部门在收入再分配阶段扮演的是"二传手"的角色，它把经常转移所得到的收入除了留一少部分维护其正常运行开支外，大部分应当以社会福利之名转移到住户部门，要求政府部门经常转移支出的增长速度不能过分低于经常转移收入的增长线。政府部门经常转移收入比支出增长快，政府部门经常转移收支净额都是正值，只是其随经济增长情况呈现出较大波动。

政府部门经常转移净值由 1992 年的 20.8% 下降到 1998 年的 2.7%，下降了18.1 个百分点。1999—2008 年，政府部门经常转移净值逐年上升并且上升速度非常快，10 年时间增长了 36.5 个百分点，2008 年达到了 39.2%；自 2009 年开始，经过了小幅下降与波动，2015 年又上升到了 40.3% 这一新高度；2018 年更是达到了最高点 46.5%，比 2007 年高出 14.6 个百分点。随着社会民生支出的增加，这一增长势头开始减弱，2019 年下降了近 6 个百分点，到 2020 年又下降了 6.4 个百分点，达到了一个相对低点 34.3%。这一状况要求我国财政体制尽快由过去的经济建设型向公共财政型转变，保证我国政府部门的经常转移收支有一个比较稳定的发展态势，以便更好地发挥其在调节收入再分配格局中的作用。

三、各主体收入最终分配格局分析

主体最终收入分配格局是指各部门主体经过全部收入分配活动后，各自所得到的可支配总收入在国民可支配总收入中所占的份额，以及由此形成的收入分配关系与分配结构。主体收入最终分配关系和分配结构是决定国民经济最终消费水平和经济发展能力的基础和决定力量。

（一）经济主体收入最终分配格局的意义

一个国家或地区在一定时期内，经过收入分配活动形成公平合理的初次分配格局固然重要，但关键还要看经过再分配调节后形成的最终分配格局。因为各部门主体经过初次分配所得到的原始总收入，并不是它们最终有权支配和使用的收入，只有经过再分配活动形成各主体可支配总收入分配格局，才能反映各经济主体的真实收入分配关系和利益关系。此外，由于各部门的可支配总收入是它们可以用于最终消费和储蓄的来源，各部门主体可支配总收入使用去向的特点有所不同，所以经济主体收入最终分配格局又是影响整个国民经济投资与消费比例关系，影响国民经济未来发展方向的关键因素。

（二）经济主体收入最终分配格局的演变过程

1992 年社会主义市场经济体制确立以来，我国经济主体收入分配格局随着经济体制的变化发生了较大变化，经济主体收入最终分配格局可以用各主体的经济总量来描述，也可以从其相对量来考察。从经济总量来看，各部门的可支配总收入随着经济的快速发展都有相应提高的趋势；从相对量来看，1992—2008 年的住户部门可支配总收入逐年下降，而企业部门和政府部门的可支配总收入比重则在波动中小幅上升。2009—2020 年的发展态势则与前一阶段的发展态势相反（见表 3–10 和图 3–3）。

表 3–10　各主体收入最终分配占比　　　　　　　　　　　　　%

年份	总量 / 亿元				比重 /%		
	企业部门	政府部门	住户部门	国内合计	企业部门	政府部门	住户部门
1992	3 159.3	5 388.8	18 452.7	27 000.8	11.7	20.0	68.3
1993	5 557.2	6 943.3	22 827.1	35 327.6	15.7	19.7	64.6
1994	7 005.1	8 926.6	32 292.2	48 223.9	14.5	18.5	67.0
1995	9 722.5	9 916.2	40 291.6	59 930.3	16.2	16.5	67.3
1996	9 624.9	12 570.3	48 125.1	70 320.3	13.6	17.9	68.5
1997	10 410.8	14 363.2	53 842.3	78 487.3	13.3	18.3	68.4
1998	11 716.8	15 119.6	57 043.4	83 879.8	14.1	18.1	67.8
1999	13 066.5	16 088.8	59 733.0	88 888.3	14.7	18.1	67.2
2000	16 466.7	18 916.4	63 251.8	98 634.9	16.7	19.2	64.1
2001	19 035.3	22 297.7	67 437.3	108 770.3	17.5	20.5	62.0
2002	21 765.4	25 235.7	73 304.9	120 306.0	18.0	21.0	61.0
2003	25 029.1	30 060.0	81 707.0	136 796.1	18.2	22.0	59.8
2004	37 573.4	30 522.0	93 387.9	161 483.3	23.3	18.9	57.8
2005	37 307.4	34 104.2	110 609.5	182 021.1	20.0	20.5	59.5
2006	39 909.3	41 379.1	126 529.0	207 817.4	18.5	22.8	58.7
2007	48 198.4	54 052.8	150 816.3	253 067.5	18.4	24.1	57.5
2008	65 450.9	62 975.2	179 880.3	308 306.4	21.2	20.4	58.4
2009	64 171.1	66 637.2	197 488.3	328 296.6	19.5	20.3	60.2
2010	72 069.2	80 976.7	229 965.4	383 011.3	18.8	21.1	60.1
2011	78 990.5	99 761.9	274 930.2	453 682.6	17.4	22.0	60.6
2012	78 875.9	114 900.4	308 344.8	502 121.1	15.7	22.9	61.4
2013	100 204.4	123 086.3	341 749.7	565 040.4	17.7	21.8	60.5
2014	116 262.3	135 045.9	373 626.5	624 934.7	18.6	21.6	59.8
2015	113 178.2	141 642.1	404 897.5	656 717.8	17.2	21.6	61.2
2016	118 441.7	146 768.3	441 165.5	706 375.5	16.8	20.8	62.4
2017	138 998.7	162 859.5	489 176.9	791 035.1	17.6	20.6	61.8
2018	173 908.6	171 265.6	543 300.9	888 475.1	19.6	19.3	61.1
2019	188 666.8	175 371.8	593 712.8	957 751.4	19.7	18.3	62.0
2020	195 203.2	149 567.5	625 798.5	970 569.2	20.2	15.4	64.4

资料来源：由国家统计局官方网站《中国统计年鉴》统计数据计算得到。

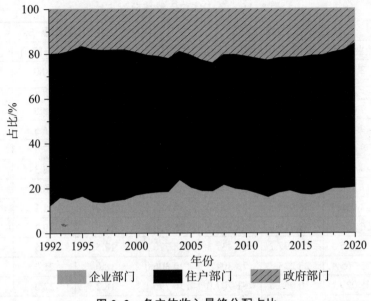

图 3-3　各主体收入最终分配占比

　　1992—2007 年，我国经济主体收入最终分配格局的演变趋势呈现出以下主要特点：第一，企业部门可支配总收入占国民可支配总收入的比重，由 1992 年的 11.7% 上升到 2007 年的 18.4%，提高了 6.7 个百分点，增长了 57.3%，年均增长了 0.5%。企业部门最终收入份额在 1999 年之前较低但比较稳定，2000 年之后开始急剧拉升，达到 2004 年的最高点 23.3% 之后又逐渐回落到 2007 年的 18.4%，说明 2000—2004 年的再分配向企业发生了倾斜。第二，政府部门可支配总收入占国民可支配总收入的比重，由 1992 年的 20.0% 提高到 2007 年的 24.1%，增加了 4.1 个百分点，提高了 20.5%，年均提高了 0.3%。2000 年之后基本保持在较高水平，表明进入 21 世纪以来的再分配向政府部门发生了倾斜。第三，住户部门可支配总收入占国民可支配总收入的比重，从 1992 年的 68.3% 降低到 2007 年的 57.5%，15 年间减少了 10.8 个百分点，年均降低了 0.7%。特别是 2000 年之后，住户部门收入份额明显开始逐年下滑，降到 2007 年的 57.5%，达到历史最低点。说明改革开放 30 年的主体收入最终分配格局向政府和企业部门发生的倾斜，此倾斜是以住户部门利益损失为代价的。

　　2008—2020 年，我国主体收入最终分配格局表现出以下主要特点：第一，企业部门可支配总收入占国民可支配总收入的比重，由 2008 年的 21.2% 缓慢下降到 2012 年的 15.7%，下降了 5.5 个百分点，年均下降了 1.1 个百分点；之后由 2013 年的 17.7% 缓慢上升到 2020 年的 20.1%，提高了 4.4 个百分点，年均增长了 0.5%。第二，政府部门可支配总收入占国民可支配总收入的比重，由 2007 年的 24.1% 缓慢下降到 2020 年的 15.4%，下降了 8.7 个百分点。第三，住户部门可支配总收入占国民可支配总收入的比重，由 2007 年的 57.5% 逐渐上升到 2020 年的 64.4%，上升了 6.9 个百分点，年均上升了 0.53%。除了 2014 年度时这一比重下降到 59.8% 之外，其他年份都高于 60%。

中国经济主体收入最终分配格局的演变大致可以分为两个阶段。第一阶段自 1992 年到 2008 年，主要由于政府本身再分配比重不合理，住户部门不仅没有能够通过再分配增加收入，还要将一部分原始总收入转移到政府部门，导致住户部门的可支配总收入比重一路下滑，形成了不均衡的主体收入最终分配格局。第二阶段自 2009 年到 2020 年，政府部门和企业部门可支配总收入份额在 2008 年达到相对高点后逐年回落，回归到相对合理的比重区间，特别是政府部门可支配总收入份额逐年下降，2020 年达到 15.4% 的最低点。住户部门可支配总收入份额逐年缓慢回升，日趋回到合理的区间，2020 年达到了 64.4% 的高点。

四、国民收入再分配格局比较分析

受资料收集的限制，这里主要选取改革开放 30 年和改革开放 40 年两个时间节点，对中美日之间的国民收入再分配格局进行比较分析。1992—2007 年，美国和日本各主体可支配收入的相关数据如下（见表 3-11 和表 3-12）。

表 3-11　美国各主体可支配收入占比　　　　　　　　　　　%

年份	1992	1993	1994	1995	1996	1997	1998	1999
政府	11.37	11.51	12.02	11.92	11.83	11.72	11.46	11.22
企业	13.18	12.88	12.76	13.27	13.79	14.41	13.56	13.33
居民	75.45	75.61	75.22	74.80	74.38	73.87	74.99	75.45
年份	2000	2001	2002	2003	2004	2005	2006	2007
政府	11.07	10.29	10.44	10.91	11.41	11.98	12.32	12.03
企业	12.70	12.56	13.17	13.25	13.70	14.49	15.45	15.07
居民	76.23	77.15	76.39	75.84	74.89	73.54	72.23	72.90

资料来源：根据美国商务部经济分析局在线数据库中有关数据计算得到。

1992—2007 年，美国国民收入分配格局一直比较稳定，政府可支配收入占 GDP 的比重最高为 2006 年的 12.32%，最低为 2002 年的 10.29%，相差 2.03 个百分点，平均为 11.50%。美国企业所占比重最高为 2006 年的 15.45%，最低为 2001 年的 12.56%，相差 2.89 个百分点，平均为 13%；居民可支配收入比重最高为 2001 年的 77.15%，最低为 2006 年的 72.23%，相差 4.92 个百分点，平均为 75%。与美国 2007 年的各部门可支配收入相比，中国政府可支配收入比重高出了 6.4 个百分点，企业可支配收入比重也高出了大约 9 个百分点，而居民可支配收入比重低了 15.5 个百分点。我国居民所得比重在 1992—2007 年间平均为 64.4%，比美国低了 10.5 个百分点。

表 3-12　　日本各主体可支配收入占比　　　　　　　　　　%

年　　份	政　　府		企　　业		居　　民	
	初 次 分 配	再 分 配	初 次 分 配	再 分 配	初 次 分 配	再 分 配
1996	7.1	19.2	9.7	5.4	83.2	75.4
2000	7.6	17.8	11.1	7.7	81.3	74.5
2005	9.0	17.6	13.4	9.0	77.6	73.4

注：岳希明 . Income distributional consequences of fiscal policy in China，2008.

1996—2005 年的 10 年间，日本国民收入分配格局波动不大，政府可支配收入占 GDP 的比重由 19.2% 下降到了 17.6%，企业可支配收入比重由 5.4% 上升到了 9.0%，居民可支配收入比重由 75.4% 下降到了 73.4%。与日本 2005 年的各部门可支配收入相比，中国政府 2005 年可支配收入比重高出了 2.4 个百分点，2007 年高出了 0.8 个百分点；企业 2005 年可支配收入比重高出了 11.5 个百分点，2007 年高出了 15 个百分点；居民 2005 年的可支配收入比重低了 14 个百分点，2007 年低了 16 个百分点。

通过上面的数据分析对比可以看出，经过国民收入的再分配，中国政府收入和企业收入比重仍然偏高，而居民收入占比偏低的格局没有改变，我国再分配格局存在"两高一低"的特征，即政府和企业所得比重偏高，居民所得比重偏低。通过对比中美、中日国民收入再分配格局可知，世界有代表性的发达国家的居民收入分配份额大大高于中国，而政府和企业分配份额则明显低于中国。中国政府收入比重偏高，一方面在于我国政府占初次分配收入比重较高；另一方面在于我国政府转移支出的比重偏低。由此可见，中国政府应该加大对国民收入分配格局的调整力度，尽快提高国民收入分配格局中的居民份额。

2008 年全球金融危机以来的数据比较。考虑到经济体量、文化差异、发展阶段以及数据可得性因素，选取了 13 个 OECD 国家（美国、日本、奥地利、比利时、德国、法国、加拿大、捷克、葡萄牙、西班牙、希腊、意大利、英国）和 3 个与中国发展水平相似的发展中国家（巴西、墨西哥、智利），通过与主要国家同一阶段的比较可以发现，在要素分配格局中，中国劳动者报酬占比并不低。金融危机后，部分国家出现劳动者报酬占比下降的趋势，中国却呈现出上升的趋势。

改革开放 40 年相关数据分析，即与美国和日本相似发展阶段国民收入再分配结果比较发现，我国住户部门占国民收入的比重偏低（见表 3-13）。

表 3-13　中美日相似发展阶段国民收入再分配格局比较　　　　　　　　%

国　　别	居民部门		企业部门		政府部门	
	再分配占比	再分配—初次分配	再分配占比	再分配—初次分配	再分配占比	再分配—初次分配
中国（2017 年）	61.80	0.80	20.10	−2.50	20.60	1.70
美国（1970—1990 年）	73.78	−6.32	10.23	−2.97	15.99	9.31
日本（1980—1990 年）	75.12	−8.54	5.20	−5.60	19.68	14.16

资料来源：根据 OECD 数据库相关数据计算得到。

无论是初次分配还是再分配，我国住户部门占比均低于西方主要国家平均水平。初次分配中，大部分发达国家住户部门占比为 70% 左右，我国住户部门占比低于美国和日本等主要国家平均水平约 10 个百分点以上；我国企业部门占比远高于美国和日本等主要国家约 10 个百分点；我国政府部门占比低于美国和日本等主要国家平均水平 1 个百分点左右。在再分配格局中，我国三部门收入分配结构有所优化，但仍与西方主要国家存在差距。2017 年，我国住户部门占比低于西方主要国家平均水平约 6 个百分点，企业部门占比高于西方主要国家平均水平 7 个百分点左右，政府部门占比与西方主要国家平均水平持平。再分配格局比较结果表明，我国住户部门占比还有较大的上升空间。

第三节　劳动报酬问题评析

改革开放前的计划经济时期，中国长期实行"低工资、低消费"的收入分配制度，而且居民的收入渠道比较单一，绝大多数居民收入的来源只是自己的劳动报酬。改革开放以来，劳动报酬仍然是中国居民收入的主要来源，在初次分配中占据着较大比重。理论上，劳动报酬份额合理与否是市场经济体制发展完善程度的主要标志，也是整个国民收入初次分配格局合理程度的主要表现。相比其他一些国家，我国劳动报酬占 GDP 的比重偏低，而且呈现出下降的趋势。政府应该给予高度重视并尽快采取有效手段加以调节，采取有力措施促进社会公平正义，要实现好、维护好、发展好最广大人民根本利益，关键是要不断提高广大劳动者的劳动报酬。

一、劳动报酬的基本内涵

中国社会主义收入分配制度坚持按劳分配为主体与基本原则，按劳分配主要通过劳动报酬的形式进行分配，劳动报酬是初次分配的核心内容。

（一）马克思主义劳动报酬理论

马克思主义认为，在资本主义市场经济条件下，劳动力首先通过市场交易成为商品，资本家才能雇用工人进行具体劳动，工人才能替资本家进行剩余价值生产，成为资本家赚钱的工具。被雇用的工人创造出来的是"新价值"，这种新价值可以转化为参与生产的各要素收入，而工人只是在必要劳动时间内创造出补偿自身价值的价值，其价值大小等于资本家支付给工人的工资量。因此，资本主义市场条件下的工资不是劳动的价值或价格，其本质是劳动力价值或价格的一种转化形式。

马克思在《资本论》中提出了"劳动力价值论"理论。劳动力是人的劳动能力，体现为生产某种使用价值时支出的体力和脑力的总和。由于劳动力存在于人的肌体之内，劳动力的再生产必需一定的物质生活资料才能得以维持，因此，劳动力价值就是维持劳动者的生存所需要的生活资料的价值。马克思指出，劳动力商品和其他商品一样具有价值和使用价值，劳动力的价值大小同任何其他商品一样也是由生产和再生产劳动力所必需的必要劳动时间决定。劳动力价值主要由三部分构成，一部分是劳动者用以维持劳动者自身劳动力的再生产所必需的生活资料的价值；另一部分是"劳动者养育家属及其子女所必需的生活资料的价值"，这部分主要用以满足资本主义生产对劳动力商品的持续需要；还有一部分是"劳动者的教育训练费用"，用以满足资本主义生产对高技术水平劳动力的需求。

劳动力的价值与其他物质商品的价值决定方式有所不同。劳动力价值的构成成分不仅包括基本生理需要，而且包括社会和道德因素。劳动力价值的最低界限由生理的要素来决定，维持劳动者自身劳动力的再生产所必需的生活资料的价值构成了劳动力价值的最低界限；而劳动力价值的最高限度，主要由历史的、社会的或道德的因素共同决定，取决于一定社会经济义化发展水平和道德要求标准。随着社会经济发展和文明程度的不断提高，工人自身所必需的生活资料的种类和数量会有所增加，养育家庭所需要的生活资料的种类和数量也会增长，而且日趋激烈的市场竞争对劳动者本人的技术和文化知识水平的要求也会提高，劳动者需要的教育训练费用也需要增加。因此，随着社会的发展进程，劳动力的价值应该保持不同程度的增加。不能否认，等量的劳动力价值，其最低限和最高限在经济和社会发展水平不同的国家或区域差距非常大。

马克思主义政治经济学理论告诉我们，劳动力资源是最为核心的生产要素，是现实的生产力，是推动经济发展和社会进步的基本动力。社会主义市场经济条件下，职工工资仍然是劳动力价值的转化形式，劳动力的工资水平应该由劳动力商品的市场价格决定。但是，我国劳动收入偏低的状况严重损害了广大劳动者的根本利益，一方面，抑制了劳动者的生产积极性和创造精神，给经济社会的发展带来了较大的消极影响；另一方面，致使劳资关系紧张，劳资冲突频发，一些地方发生了"劳工荒"。这种不良状况持续下去，不仅会加剧我国贫富分化程度，而且会影响社会主义公平正义和共同富裕目标的实现。

（二）劳动报酬的主要内涵

《中国统计年鉴》定义的"劳动报酬"，主要指劳动者因从事生产活动而获得的全部报酬，包括劳动者获得的各种形式的工资、奖金和津贴等，既包括货币形式的报酬，也包括实物形式的报酬，还包括劳动者所享受的公费医疗、医药卫生费、上下班交通补贴、单位支付的社会保险费及住房公积金等。对于个体经济而言，由于所有者获得的劳动报酬和经营利润不易区分，一般将这两部分统一作为劳动者报酬来看待。而国家计委经济研究中心收入分配课题组认为，自营收入中的劳动报酬收入占 70%，其他 30% 属于资本收入。从基本法律关系定义的劳动报酬，主要指广大职工因从事生产经营活动而获得的劳动收入，包括从各种生产单位获得的货币与实物工资，即单位以工资、福利及其他形式从成本、费用或利润中支付给劳动者个人的报酬，也包括个体等其他劳动者获得的各种劳动收入。

由此可见，劳动报酬就是依据按劳分配理论原则，由用人单位依照国家有关规定或劳动合同的约定，以货币或其他形式直接支付给劳动者的报酬，一般包括工资、社会保障和职工福利等。实践中，劳动报酬主要表现为三种形式，一是货币工资及福利，包括生产单位支付给劳动者的工资、薪金、奖金、各种津贴和补贴，以及个体和其他劳动者获得的货币纯收入；二是实物工资，主要是生产单位以减免或低于成本价格提供给劳动者的各种消费品和服务；三是由生产单位为劳动者缴纳的社会保险，具体包括退休、养老、失业、医疗、生育等保险费用及住房公积金。在劳动者劳动报酬中，工资是现实的收入，社会保险是未来使用的收入，福利则可能是年终奖、休假等现实的收入。

（三）劳动报酬是初次分配的核心问题

中国的收入分配制度坚持按劳分配主体原则，主要通过劳动报酬形式进行分配，劳动报酬或劳动收入是初次分配的主体部分，劳动报酬所占比重也是初次分配公平与否的主要判别标准。马克思主义政治经济学基本原理认为，在所有参与初次分配的诸要素中，劳动在收入分配过程中起着决定性作用。劳动是具体从事商品生产的人的体力与脑力资源的供给，虽然"人"和"物"等要素资源在生产过程中都必不可少，但两者在商品生产过程中的作用性质有根本的不同，劳动者具有能动作用，具有"物"不具备的"适应人类需求改造自然的能力"[1]。不论"物"多么重要，它在生产过程中只是一个被动因素，其价值只能随着使用过程一部分一部分地转移到新产品中去，不能创造出任何"新价值"。而"人"则不同，"人"作为能动的主体，是一个具有主观能动性、创造性的要素，可以按照人的主体需要去进行生产，生产出新的使用价值，同时使"物"具有对于"人"来说的新价值，这种新价值就是人类财富增长的唯一

---

〔1〕 马克思恩格斯全集：第 46 卷 [M]．北京：人民出版社，1979：252-253．

来源。根据经济学家西蒙·库兹涅茨的研究，"西方国家国民收入中由物质资本所贡献份额已由 45% 下降到 25%，而劳动对国民收入的贡献从 55% 上升到75%"[1]。经济学家雷诺兹则认为，由市场决定收入的 4/5 应该归属于提供劳动服务的主体，劳动收入才是整个收入分配最为重要的力量，这是市场健全完善与各生产要素可以替代的状况下的必然结果。当前，在主要发达资本主义国家中，"人力资本对经济增长的贡献率已经达到了 80% 左右，远远超过了物质资本的贡献率"[2]。

从我国的现实发展来看，居民收入和劳动收入始终是初次分配的主体内容。鉴于中国市场经济发展的时间还较短、经济发展整体水平有限，个人财富积累不高的现实状况，绝大多数人的收入还属于劳动收入、工资性收入，拥有较多财产性收入和经营性收入的人的比例还非常低。近些年，中国城镇居民收入中的工薪收入比重虽然有所下降，但工资的主体地位并没有改变；农民纯收入中的工薪收入和经营性收入都属于劳动报酬，占其纯收入总量的绝对比重。这表明居民收入依然是初次分配收入的主体，而劳动性收入依然是居民收入的绝对主体。

二、劳动报酬率的演变趋势

劳动报酬占 GDP 比重的大小被称作劳动报酬率，也称为分配率。劳动报酬率通常被用来衡量一个国家或地区初次分配公平状况的重要指标。这一比率的比值越高，说明国民收入初次分配越公平；反之，则说明国民收入初次分配越不公平。改革开放以来，随着中国经济持续快速增长、劳动者收入普遍快速提高，劳动报酬在国民收入中的比重份额总体呈现出先下降后上升的发展态势，劳动报酬率变动的原因是多方面的，需要对当前我国劳动报酬和劳动报酬率的演进过程进行具体分析。

（一）劳动报酬率的演进过程

我国 1978 年到 2020 年间的劳动报酬占初次分配比重的变动规律有其显著特征。改革开放 40 多年间，我国劳动报酬率大致经历了"先上升后下降、再上升再下降、再上升"的倒"W"型演变曲线。我国劳动报酬率的演变趋势，大

---

〔1〕〔2〕　袁春晖 . 提高劳动报酬的比重是初次分配公平的关键 [J]. 探索，2010（04）：148.

体可分为四个发展阶段: 1978—1992 年的波动期; 1993—2002 年的相对稳定期; 2003—2007 年的逐步下降期; 2008—2020 年的逐步恢复上升期 (见表 3–14)。

表 3-14   1978—2020 年劳动者报酬占 GDP 的比重   %

年　份	劳动者报酬总额占 GDP 的比重	年　份	劳动者报酬总额占 GDP 的比重
1978	49.73	2000	51.38
1979	48.80	2001	51.45
1980	51.28	2002	50.92
1981	52.71	2003	49.62
1982	53.58	2004	47.10
1983	53.54	2005	41.40
1984	53.68	2006	40.61
1985	57.36	2007	39.74
1986	52.82	2008	47.90
1987	52.02	2009	49.00
1988	51.68	2010	47.50
1989	58.10	2011	47.00
1990	53.42	2012	49.40
1991	52.16	2013	50.80
1992	50.09	2014	51.00
1993	50.67	2015	51.60
1994	51.15	2016	52.30
1995	52.84	2017	51.40
1996	53.40	2018	51.70
1997	52.79	2019	52.00
1998	53.14	2020	52.20
1999	52.38		

资料来源: 数据来自国家统计局官方网站《中国统计年鉴 2021》。

1. 1978—1992 年的波动期

1978—1992 年, 我国劳动报酬率经历了 1978—1988 年的稳步上升期和 1989—1992 年的快速下降期。数据显示, 1978 年, 我国的劳动报酬率达到了 49.73%, 而后经过一年小幅度回落, 降到了 48.8%, 之后又逐年持续上升, 1989 年达到改革开放以来的最高点 58.1%。此后连续三年大幅下降, 1992 年降至 50.09% 的低点，下降了约 8 个百分点。

2. 1993—2002 年的相对稳定期

1993—2002 年，我国劳动报酬率呈现出"波动中上升、基本情况稳定"的变动态势。数据显示，我国劳动报酬率自 1993 年起开始逐步小幅回升，1998 年上升至 53.14%，随后小幅回落，2002 年稳定在 50.92% 的水平。

3. 2003—2007 年的逐步下降期

2003—2007 年，我国劳动报酬率逐年持续下滑。数据显示，我国劳动报酬率 2003 年下降到了 50% 以下，之后持续下降到 2007 年的 39.74%，5 年下降了近 10 个百分点，达到改革开放以来的最低值，跌幅之大、跌速之快较为罕见。

2000 年以来，随着我国市场经济体制的逐步完善和市场关系的良性发展，所有制结构和产业结构得以调整优化，劳动力市场进一步健全和规范，收入分配制度改革更趋合理与深化。这些体制建设、制度变革和政策调整在影响和推动我国广大居民收入多元化发展的同时，造成劳动报酬率快速下降。

4. 2008—2020 年的逐步恢复上升期

2008—2020 年，随着劳资关系逐渐改善，就业越发规范化，劳动报酬占比持续恢复上升。2008 年恢复到了 47.90%，比 2007 年上升了 8.16 个百分点；到 2013 年更是上升到了 50% 以上，此后年份一直到 2020 年都没有低于 51%。特别是自 2019 年以来的两年，劳动报酬率都在 52% 以上，而且这一上升势头会持续下去，这是党中央提高劳动报酬在初次分配中的比重、劳动报酬提高和劳动生产率提高基本同步、增加领导者特别是一线领导者劳动报酬等政策调整的必然结果。

（二）我国职工工资的变动趋势

劳动报酬的基础和主体、劳动报酬率的变动规律，也可以通过职工工资在初次分配中所占比重的变动情况得以印证。我国职工工资水平在计划经济时期不能反映经济增长情况，而改革开放以来的职工工资开始逐渐发挥出市场调节作用，可以在很大程度上反映经济增长与变动规律。改革开放以来，我国职工工资的增长和变动过程呈现出"U"型曲线，工资增长与经济增长之间的差距呈现出"小—大—小"的发展态势（见表 3-15）。

表 3-15　我国职工工资总额变动情况

年　份	GDP/亿元	职工平均 货币工资 / 元	职工工资 总额 / 亿元	职工工资总额占 GDP 的比重 /%
1978	3 645.2	615	568.9	15.6
1980	4 545.6	762	772.4	17.0
1985	9 166.0	1 148	1 383.0	15.3
1989	16 992.3	1 935	2 618.5	15.4
1990	18 667.8	2 140	2 951.1	15.8
1991	21 781.5	2 340	3 323.9	15.3
1992	26 923.5	2 711	3 939.2	14.6
1993	35 333.9	3 371	4 916.2	13.9
1994	48 197.9	4 538	6 656.4	13.8
1995	60 793.7	5 500	8 100.0	13.3
1996	71 176.6	6 210	9 080.0	12.7
1997	78 973.0	6 470	9 405.3	11.9
1998	84 402.3	7 479	9 296.5	11.0
1999	89 677.1	8 346	9 875.5	11.0
2000	99 214.6	9 371	10 656.2	10.7
2001	109 655.2	10 870	11 830.9	10.8
2002	120 332.7	12 422	13 161.1	10.9
2003	135 822.8	14 040	14 743.5	10.8
2004	159 878.3	16 024	16 900.2	10.6
2005	184 937.4	18 364	19 789.9	10.8
2006	219 438.5	21 001	23 265.9	11.0
2007	270 092.3	24 932	28 244.0	11.3
2008	319 244.6	29 229	35 289.5	11.1
2009	348 517.7	32 736	40 288.2	11.6
2010	412 119.3	37 147	47 269.9	11.5
2011	487 940.2	42 452	59 954.7	12.3
2012	538 580.0	47 593	70 914.2	13.2
2013	592 963.2	52 388	93 064.3	15.7
2014	643 563.1	57 361	102 817.2	16.0
2015	688 858.2	63 241	112 007.8	16.3
2016	746 395.1	68 993	120 074.8	16.1
2017	832 035.9	76 121	129 889.1	15.6

年　份	GDP/ 亿元	职工平均 货币工资 / 元	职工工资 总额 / 亿元	职工工资总额占 GDP 的比重 /%
2018	919 281.1	84 744	141 480.0	15.4
2019	986 515.2	93 383	154 296.1	15.6
2020	1 013 567	110 221	164 126.9	16.2
2021	1 143 670	100 512	180 817.5	15.8

资料来源： 由国家统计局官网《中国统计年鉴》上统计数据计算得到。

注： 由于改革开放早期的数据查找困难且对分析问题的影响不大，所以只选择了一些有代表性的年份数据。

1. 工资总量呈不断上升的趋势

由表 3–15 中的数据可以看出，在 40 多年的改革开放过程中，企业职工工资总额和平均工资不断增长，呈现出逐步上升的趋势。这一时期，职工平均货币工资增长了 163 倍，年均增长率为 13% 左右，平均工资实际增长了 22 倍；职工工资总额增长幅度较大，增长速度与 GDP 的增长速度相比呈现出"先降后升"的基本态势，从 1978 年的 568.9 亿元增长到 2021 年的 180 817.5 亿元，增长了大约 318 倍。这一发展态势表明职工工资总额增长速度比较快，职工工资水平的提高是随着经济快速增长带来的收入效应，根源在于市场化改革的推动和改革开放的带动。

2. 工资增长与经济增长之间差距的发展态势

改革开放以来，特别是在市场经济体制不断完善的背景下，随着我国经济快速发展的同时，职工工资水平也得到了较大程度的提高。但是，相比于我国经济增长的速度，广大职工工资的增长速度相对缓慢，二者之间的差距随着经济发展进程呈现出"先不断扩大，后逐步缩小"的趋势，这种差距及其发展趋势直接影响着经济社会的稳定与发展。劳动者工资增长与经济增长之间的差距，也可以看作职工平均工资增长与劳动生产率增长之间的差距，我们可以用职工工资收入增长率与 GDP 的增长率比值来表示这种差距。如果二者间的比值大于 1，表明职工工资收入增长速度高于 GDP 的增长速度；如果比值小于 1，表明职工工资收入增长速度低于 GDP 的增长速度（见表 3–16）。

表 3–16　工资增长与经济增长的差距变化　　　　　　　　%

年份	GDP增长率	工资增长率	工资增长与经济增长的差距	年份	GDP增长率	工资增长率	工资增长与经济增长的差距
1978	755.68	−81.10	−0.11	2000	10.64	7.90	0.74
1979	11.45	6.06	0.53	2001	10.52	11.02	1.05
1980	11.89	7.04	0.59	2002	9.74	11.24	1.15
1981	7.61	4.65	0.61	2003	12.87	12.02	0.93
1982	8.83	12.85	1.46	2004	17.72	14.63	0.83
1983	12.01	13.05	1.09	2005	14.52	13.10	0.90
1984	20.89	31.50	1.51	2006	14.79	12.57	0.85
1985	25.08	40.22	1.60	2007	13.86	10.46	0.75
1986	13.97	19.63	1.41	2008	9.60	14.20	1.48
1987	17.36	22.52	1.30	2009	9.20	17.30	1.88
1988	24.75	26.30	1.06	2010	10.30	26.80	2.60
1989	12.96	13.09	1.01	2011	9.50	18.30	1.93
1990	9.86	12.70	1.29	2012	7.90	31.20	3.95
1991	16.68	12.63	0.76	2013	7.80	10.50	1.35
1992	23.61	18.51	0.78	2014	7.30	8.90	1.22
1993	31.24	24.80	0.79	2015	7.00	7.20	1.03
1994	36.41	35.40	0.97	2016	6.80	8.20	1.30
1995	26.13	21.69	0.83	2017	6.90	8.90	1.29
1996	17.08	12.10	0.71	2018	6.70	9.10	1.36
1997	10.95	3.58	0.33	2019	6.00	6.40	1.07
1998	6.87	−1.16	−0.17	2020	2.30	10.20	4.43
1999	6.25	6.23	0.99	2021	8.10	10.30	1.27

数据来源：由表 3–15 中的数据计算得到。

职工工资增长与经济增长之间的差距状况如表 3–16 所示，改革开放以来的工资增长与经济增长的差距很少出现负值的情况。这主要是因为我国工资制度经过改革发生了变迁，职工工资增长与经济增长的内在联系发生了变化，职工工资增长速度和整体水平，能够随着市场经济体制的不断完善准确地反映经济增长的基本变动状况。但是，数据也显示出这段时期内的工资增长与经济增长之间的差距多数情况下存在一定程度的波动。自改革开放到 1992 年，我国职工工资增长与经济增长之间的差距波动较大，多数年份是大于 1 的状况，表明这段时期内的企业工效挂钩制度尽管打破了原来刚性的不合理工资制度，但是旧的计划经济因素仍然影响着职工工资制度，使得工资增长不能有效地反映经济增长的变动趋势，表明工资水平与经济增长之间没有内在联系。自 1993 年到 2007 年（除了 2001 年和 2002 年），我国职工工资增长与经济增长的差距值下降到了小于 1 的状况，1998 年二者的差距值为负数，表明我国职工工资增长较慢，没有赶上经济增长的速度。不过，工资增长与经济增长的差距由 1991 年的 0.76 到 2008 年的 1.48，变得越来越小，表明二者的变动趋势越来越趋于合理一致。

2008—2020 年，中国职工工资增长与经济增长的差距值上升到 1 以上，个别年份在 4 以上，表明我国企业工资制度得到合理改进，而且合理的工资增长反映出经济增长的基本状况，使得二者的关系越来越呈现正相关关系，这与我国政府在这一时期将收入分配倾向于"劳动"的价值选择相一致。

三、劳动报酬率比较分析

市场成熟国家中的劳动报酬在国民生产总值中所占的比重都会随着经济的发展逐步提高。库兹涅茨通过大量历史统计资料的整理和比较发现，随着经济的逐步增长，几乎所有西方国家的国民收入资本报酬份额都随着时间在下降，而相应的劳动报酬份额则不断上升，有些国家的"劳动对国民收入的贡献已达到了 75%，资本仅占 25%"[1]。市场成熟国家的劳动报酬率普遍在 54% ～ 65%之间，如日本 1999 年的劳动分配率为 54.18%，德国 2000 年的劳动分配率为53.84%，英国 2000 年的劳动分配率为 55.27%。与发达国家相比，我国的初次分配却存在着资本所有者所得畸高、劳动所得持续偏低的态势，1992—2007 年，我国的劳动分配率总体呈下降趋势，劳动分配率波动幅度较大。

从 2000 年到 2007 年，我国的劳动分配率从 51.38% 下降到了 39.74%；2008 年恢复到了 40% 以上，2013 年更是上升到了 50% 以上，而且一直到 2020年都高于 50%。自 2019 年以来的 3 年，劳动报酬率都在 52% 以上，而且这一上升势头会持续下去。这是我国政府强调提高劳动报酬在初次分配中的比重、增加劳动者特别是一线劳动者劳动报酬等政策调整的结果。由于资料限制，这里主要对中国与美国的劳动分配率进行对比分析（见表 3–17）。

---

[1] 杨雪林 . 当前我国初次分配不公正的主要表现 [J]. 中外企业家，2011，367（02）：160.

表 3–17　中国和美国的劳动分配率比较　　　　　　　　　　%

年　　份	美　　国	中　　国	中国与美国的分配率差距
1992	57.60	50.09	−7.51
1995	56.50	52.84	−3.66
1998	57.40	53.14	−4.26
2000	58.90	51.38	−7.52
2003	57.60	49.62	−7.98
2005	56.40	41.40	−15.00
2006	56.85	40.61	−16.24
2007	56.63	39.74	−16.89
2011	54.10	47.00	−10.10
2018	53.00	51.70	−1.30

数据来源：中国数据由国家统计局官网《中国统计年鉴》统计数据计算得到；美国数据由 OECD 数据库相关数据计算得到。

注：由于资料查找限制，所以只有 1992 年以来的部分年份数据。

美国的劳动者不管是否工会组织成员，实际工资都逐步提高，并且劳动份额在国民收入中所占的比重一直较大。20 世纪以来，美国劳动者的劳动收入份额大体呈增长趋势，1929 年的劳动收入比重为 60.2%，1979 年为 75.8%，职工报酬占国民收入的比重在这 50 年间上升了 15.6 个百分点。即使在 1929—1933 年经济大萧条最严重的时期，劳动分配率的比重也没有太大下降，有的年份甚至还有上升。

1992 年，中美两国劳动分配率相差 7.5 个百分点，2005 年相差 15 个百分点，2007 年更是高达 16.89 个百分点。如此大的收入差距，充分表明我国劳动者从 GDP 中分得的份额过低。2011 年，美国雇员劳动报酬份额约为 54.9%，日本约为 52%，英国约为 56.3%，德国约为 55.8%，法国约为 57.8%。2017 年，美国雇员劳动报酬份额约为 55.4%，日本约为 50.7%，英国约为 55%，德国约为 57.9%，法国约为 58.6%。[1] 2008—2018 年，中美两国劳动分配率之间的差距逐渐缩小，2011 年这一差距是 10.1 个百分点，2018 年这一差距更是缩小到了 1.3 个百分点，表明我国劳动分配率与美国之间的差距越来越小了。

---

〔1〕 张车伟，赵文 . 国民收入分配形势分析及建议 [J]. 经济学动态，2020（06）: 7.

　　我国劳动报酬率不仅低于许多发达国家，而且低于许多发展中国家。根据2002—2008年的《国际统计年鉴》中对巴西1995年、韩国2006年、伊朗2000年、埃及1990年、印度尼西亚1990年、墨西哥2004年、土耳其2006年、俄罗斯1994年、尼日利亚1994年等20个发展中国家的有关资料计算得出，这20个发展中国家的平均劳动报酬率为45.6%，高于我国同期的劳动报酬率。

　　我国的人工成本不仅远远低于发达国家的水平，而且还低于新兴工业化国家、转轨国家和不少发展中国家的水平。据2004年劳动统计年鉴提供的数据，2001年，中国雇员的人工成本相对于发达国家人工成本的比例，为德国的2.52%、瑞典的2.6%、日本的2.89%、法国的3.02%、澳大利亚的3.42%、英国的3.49%、美国的4.08%、以色列的7.09%；相对于新兴工业化国家的比例，为韩国的6.54%、新加坡的4.98%；相对于转轨国家的比例，为捷克的14.70%、波兰的18.33%、罗马尼亚的65.87%；相对于发展中国家的比例，为墨西哥的16.89%、巴西的30.50%、马来西亚的34.46%、泰国的59.95%。由此可见，我国的人工成本与世界上许多国家相比都较低，应该引起政府的高度重视。在"十四五"期间，只有重点解决好"提高劳动报酬在初次分配中的比重"问题，才能实现国民收入初次分配格局的均衡发展。

　　当前，我国劳动报酬率保持在一种较低水平基础上的相对稳定状态，这种收入分配格局不仅对劳动者非常不利，也是造成中国经济发展进程中深层次矛盾与问题的根源。由于这种不合理的分配格局植根于中国的经济增长方式和固有的制度体制之中，反映了中国经济发展的阶段性特征，市场机制不仅不可能扭转这一不合理分配格局，而且还会加重这种不合理的程度。当前，要改变我国初次收入分配格局不利于劳动者的局面，就必须依靠政府的强力，通过根本的制度改革和建构，建立一种更加公平、完善的市场体系，只有这样才能从根本上解决问题。

第四节　国民收入分配格局失衡及其影响

　　国民收入分配的核心问题是居民收入问题，表现为居民收入份额占国民收入的比重。劳动报酬是居民收入最主要的来源，占据居民收入的核心部分。通过前面的数据分析可以对当前中国国民收入分配格局做出基本判断：改革开放的前30年，国民收入分配格局长期向政府和企业倾斜，居民收入偏低且呈现出下降趋势；改革开放的后30年，需要并正在改变居民收入偏低的状况。这一判断表明中国国民收入分配格局处于相对失衡状态，此状况发展下去对我国经济社会可持续发展会造成严重的负面影响，需要政府予以高度重视并做出相应的制度安排。

一、居民收入是国民收入分配的核心问题

马克思主义认为，社会主义社会中的劳动是为了满足劳动者的消费需要，人本身就是最终目的，而不是完成别的什么目的的工具或手段。恩格斯指出："通过有计划地利用和进一步发展现有的巨大生产力，在人人都必须劳动的条件下，生活资料和享受资料，发展和表现一切体力和智力所需要的资料，都将同等地、愈益充分地交归全体成员支配。"[1]在市场经济条件下，维持正常经济和社会秩序以及扩大再生产，政府和企业都必须占有一定的国民收入份额，但这些不是经济发展的目的。经济社会发展的目的是逐步改善居民生活质量，提高人民的生活水平。社会主义社会通过市场经济发展生产力，使得生活和生产资料不断丰富，目的就是让全体社会成员都能充分地支配和使用自己创造的物质财富。居民收入份额是全部国民收入分配的核心问题。

不可否认，实践生产的目的在不同国家和不同社会发展阶段有所区别。计划经济时期，中国和其他传统社会主义国家一样，高度重视重工业而轻视轻工业和农业，导致人们的基本消费需求都得不到满足，生活水平低下。党的十六届三中全会明确提出"坚持以人为本，树立全面、协调、可持续的发展观"。"以人为本"的价值理念体现了马克思主义的基本理论观点，因为马克思设想的未来社会主义社会是"以每个人的全面而自由的发展为基本原则的社会形式"[2]。胡锦涛认为："坚持以人为本，就是要以实现人的全面发展为目标，从人民群众的根本利益出发谋发展、促发展，不断满足人民群众日益增长的物质文化需要，切实保障人民群众的经济、政治和文化权益，让发展的成果惠及全体

---

[1] 马克思恩格斯全集：第22卷 [M]. 北京：人民出版社，1965：243.

[2] 资本论：第1卷 [M]. 北京：人民出版社，1975：649.

人民。"[1]以人为本，就是要把人民的利益作为一切工作的出发点和落脚点，不断通过发展满足人们日益增长的多方面需要和促进人的逐步解放与全面发展。建设有中国特色的社会主义，必须做到以人为本，一切为了人民，一切依靠人民，使大多数人成为社会经济发展成果的享有者，不仅是社会主义"以人为本"价值的具体体现，而且充分反映和规定了中国社会主义经济社会发展的价值目标和基本方向。

当前，我国经济运行存在生产与分配的矛盾状况。一方面，GDP增长、政府税收总量、社会平均收入的指数、企业高层经管人员的报酬等不断攀升；另一方面，一部分基层劳动者的实际收入却在持续下降，一些地方和企业的职工工资之低，仅仅够维持基本生活，压低、克扣和拖欠工资的现象也时有发生。中国城乡的广大工薪阶层都是靠工资生活的，劳动报酬在初次分配中比例过低，"干得多挣得少"的状况，严重制约着老百姓的消费能力和生活质量的提高。美国"20世纪工业之父"福特认为，再没有比工资更重要的问题了。因为大多数人都是靠工资生活的，人们生活水平的提高决定着国家的持久繁荣和发展。

二、国民收入分配格局的基本判断

通过前面的数据分析，对中国国民收入分配格局可以得出基本判断，即国民收入分配向政府和企业倾斜，居民收入份额偏低。改革开放的前30年，国民收入分配格局长期向政府和企业倾斜，居民收入偏低且呈下降趋势；此后，我国国民收入分配格局需要并正在发生改变。以2008年"刘易斯拐点"为分水岭，中国宏观收入分配格局经历了两个阶段：1992—2007年，收入分配向企业、政府倾斜，"蛋糕"越做越大，居民却越分越少；2008—2020年，收入分配开始重新向居民倾斜，居民收入占比逐步回升。

（一）国民收入初次分配格局的基本判断

自改革开放以来，我国经济长期高速增长，国民收入初次分配的总量不断增加，居民、企业和政府三个主体的初次分配收入都有长足增长。因此，初次收入分配体制总体上具有较高效率，这是改革过程中提出并长期实行"效率优

---

[1]　胡锦涛.科学发展观重要论述摘编[M].北京：中央文献出版社，2008：29.

先"或"初次分配注重效率"政策的积极效应。

近些年，中国初次分配格局呈现出住户部门收入由不断下降到逐年上升，企业部门收入缓慢上升，而政府部门收入由不断上升到逐年下降的整体发展态势。从各经济主体初次分配总收入占国民总收入的比重及其演变过程可以看出，2008年是中国经济主体收入初次分配格局发生重要变化的一个分水岭。2008年之前，国民收入初次分配整体上向政府部门和企业部门倾斜，企业部门收入和政府部门收入"挤占"了部分居民收入，这种"挤占"效应反映出本应由市场自发调节的初次分配领域制度安排或因人为影响造成不公平问题凸显。2009—2020年，国民收入初次分配整体上向住户部门和企业部门倾斜，更多的是向住户部门倾斜。这主要在于中央政府始终坚持以人民为中心的发展理念，不断深化收入分配制度改革，不断提高劳动者报酬，拓宽居民财产收入渠道，使得住户部门初次分配收入占国民总收入比重稳步提高。

当前，中国居民收入来源越来越丰富，主要体现为财产性收入不断增长。与工资性收入相比，财产性收入最大的特点就是可以不断地进行累积，形成一定的"财富效应"，这种财富效应会更快拉大人们之间的财富差距，从而导致社会分化加剧和矛盾扩大化。为了在提高居民收入的同时缓解贫富差距，就需要促使越来越多的人获得更多的财产，不断提高财产性收入在居民收入中的比例。党的十八大以来，政府千方百计地拓宽居民劳动收入和财产性收入渠道，要求中央领导层政策制定者和普通民众都必须解放思想，想方设法地拓展提高收入的渠道和方法，不仅要提高广大劳动者的收入水平，还要进一步缩小社会贫富差距。2013年，我国居民的人均财产性收入为1 423元，2019年增长到了2 619元，表现出逐年上升的发展趋势。

（二）国民收入再分配格局的基本判断

从各主体可支配收入总量分析来看，我国政府、企业和居民三大主体的可支配收入份额均有大幅度增长。资金流量表按当年价格计算，我国1992—2020年各部门收入中，企业部门增长了61.8倍，增长速度最快；住户部门增长了33.9倍，增长速度次之；政府部门增长了27.8倍，增长速度最慢。在2008年之前的各部门收入中，政府部门的收入增速是最快的，住户部门的收入增速是最慢的，主要是因为我国政府是"大政府"，而住户部门是相对弱势的部门。从 1992 年至 2020 年的数据来看，国民收入再分配中的居民可支配收入占比基本呈现出一种"微笑"曲线，从 1996 年的高点 68.5% 降至 2007 年的低点 57.5%，再回升至 2020 年的 64.43%。这主要是因为我国社会不断完善收入再分配调节机制，实施个人所得税改革，扩大社保制度覆盖范围，加大社会救助补助资金投入，住户部门可支配收入占国民可支配总收入比重逐年得以提高。虽然我国政府越来越重视提高住户部门的收入比重，但与 20 世纪 90 年代初比较，与国外一些相同发展状况或相似发展阶段的国家比较，我国居民收入占比依然是偏低的。

（三）国民收入最终格局的基本判断

2007 年，我国住户部门可支配总收入份额明显偏低，政府部门和企业部门可支配总收入份额明显偏高。这种不合理的结果不仅可以通过前面所计算的各种结果得到证明，而且可以通过与国外的比较得出大致相同的结论。政府对经济主体最终收入分配格局的调控没有达到预期效果，尤其是 2001 年之后，随着政府部门长期占有更多的可支配总收入，收入再分配以牺牲住户部门利益为代价，同时向企业部门和政府部门倾斜，2005 年之后向政府部门倾斜得更严重。2008 年之后，我国住户部门可支配收入比重逐渐上升到 60% 以上，除了 2014 年为 60% 低一点，其他年份都在 60% 以上且越来越高，2020 年更是达到了较高的 64.4%。企业部门可支配收入占比稳中有升，只是上升的速度比较缓慢。特别是 2015 年以来，我国持续深入推进供给侧结构性改革，企业去产能、去杠杆、降成本取得积极成效，企业效益不断改善，带动了企业收入的较快增长，企业部门收入在国民总收入及可支配总收入中的比重逐步提高。政府部门可支配收入占比一直居高不下，自 2008 年开始骤然下降之后，经过几年的稳定期，2012 年后开始缓慢下降，2020 年下降到了 15.4%。这主要在于党的十八大以来，我国有序推出一系列减税降费政策，包括全面推开营改增试点、简并和降低增值税税率、实施个人所得税改革、清理规范行政事业性收费等，从"结构性减税"到"普惠性减税"，再到"实质性减税"。2013—2021 年，新增减税降费累计 8.8 万亿元。随着一系列减税降费政策的实施，广义政府部门收入在国民总收入及可支配总收入中的比重不断下降，这种变化趋势表明我国政府主导的国民收入分配格局调整越来越有成效。

三、国民收入分配格局失衡的主要影响

长期以来，我国市场收入分配执行"两个低于"原则，即工资总额增长速度应低于经济效益增长速度，平均工资增长速度应低于劳动生产率增长速度。"两个低于"分配原则直接造成我国国民初次收入分配格局失衡，进而影响到社会消费拉动内需的困难，并对我国经济持续发展造成了一定的负面影响，为未来的经济成长挖了一个陷阱，貌似繁荣的经济增长可能缺乏跳出陷阱的动力和能力，如果长此下去，持续的经济衰退将不可避免。

（一）不利于经济发展方式的转变

国民收入分配格局失衡，居民收入份额不断降低，劳动报酬在初次分配中的比重逐年下降，不利于经济增长方式的根本转变。长期存在的高投入、高消耗、高排放、高污染的粗放型增长方式仍能继续存在，原因之一就是劳动报酬水平太低，使得企业不采用新技术、不用提高劳动生产率也能获得适当的利润率。尽管中国长期保持较高的经济增长率和企业利润率，但这些所谓的高增长都是以"低工资"为代价的，一段时期部分劳动者的报酬被人为压低到了劳动力价值之下，我国一线职工工资水平偏低的状况长期没有得到根本的改观。由于劳动报酬长期被人为压制在较低的水平，许多中小企业甚至大型国有企业都长期维持传统的粗放式增长方式，并且心安理得地享有靠压低职工工资而来的较高利润，企业因而缺乏转变经济发展方式的内在动力和外在压力。如果初次分配中的劳动报酬份额能够得到提高，所占比重尽快向一些发达国家看齐，企业就会因为成本增加、利润率降低被迫采用先进技术，降低物质资本消耗，节约各要素资源，加快产业结构调整和优化升级，从而实现经济发展方式的根本转变。

（二）导致消费与投资关系进一步恶化

国民收入分配格局失衡，居民收入份额持续降低，削弱了居民消费能力，从而弱化了经济持续发展的动力，经济增长转而会更加依赖投资，加大消费和投资比例关系失调。中国社会消费率与消费对 GDP 增长的贡献率不断下滑，已经从 1996 年的 59.2% 和 60.1% 分别下降到了 2007 年的 49.9% 和 39.2%；2008年之后，随着我国经济的快速发展，2020 年这两个数据分别又上升到了 55% 和57.8%。而这一时期的社会投资率与投资对 GDP 的增长贡献率却不断攀升，自

1996 年的 36.8% 和 34.4% 分别上升到了 2007 年的 42.5% 和 41.3%；2008 年全球金融危机以来，经济发展日益倚重投资，多年来的投资率一直在 40% 左右的水平；2013—2021 年，我国平均投资率为 43.7%，资本形成总额对经济增长的贡献率年均值为 41.5%。这些数据分析表明，改革开放早期的经济增长主要由投资和出口拉动的；随着改革的深化，经济增长中投资的比重逐渐上升，而依赖投资势必造成投资和消费之间地位失衡。投资与消费之间的不协调或错位发展，根本原因还在于居民收入水平有限、增长速度不高、不稳定的影响因素较多。居民收入是居民消费的依据和保证，降低居民收入份额必然导致居民消费率降低，从而带动社会整体消费率下降，投资率则由于消费率下降和储蓄率提高而大幅度提高。在这种经济形势下，政府应该采取积极有效的措施，尽快增加居民收入份额，启动居民消费，扩大社会消费，促进投资与消费之间的协调发展。

（三）阻碍经济可持续发展

国民收入分配格局如果持续向政府倾斜必然会影响经济可持续发展进程。在国民收入分配格局中，政府所得偏高必然对企业份额进行挤压，企业收入份额偏低使得企业持续扩大投资力度不够，政府主导国内投资的倾向加强，受政治官员周期制度安排的影响，投资力度和经济发展波动幅度较大，也是影响经济效率和经济增长速度的重要因素。政府所得偏高也会对居民收入份额造成一定程度的挤占，主要表现为政府财政收入快速增长对居民收入直接进行挤压，以及政府转移支付和社会保障支出相对滞后致使居民不得不靠自己做好各方面的社会保障工作。这两方面的政府"挤压"导致居民收入下降，消费倾向降低，储蓄倾向上升，成为国内居民消费率持续下降的主要原因。国内消费需求不足使得经济增长对投资和国外市场依赖性增大，很大程度上成为我国经济可持续发展的羁绊。

合理调整收入分配关系，努力提高"两个比重"即"努力提高居民收入在国民收入分配中的比重，提高劳动报酬在初次分配中的比重"，是深化收入分配体制改革、形成合理有序的收入分配格局的重大举措。努力提高"两个比重"，不仅可以改变当前生产要素在按贡献参与分配中的价格机制扭曲，而且能够让社会财富的创造者分享到更多的经济发展成果；不仅有助于加快转变经济发展方式，而且有利于为经济持续发展营造和谐的社会环境，以及有利于正确理顺各主体之间的利益关系和分配比重。

四、政府在收入分配过程中存在的主要问题

税收负担简称"税负",是指国家通过法律规定要求纳税人承担的税款数额,一般表明纳税人对国家课税的承受状况,反映了国家和纳税人在社会资源或财富分配上量的关系。宏观税负是一国或地区一定时期税收收入占国内生产总值 GDP 的比重,反映了政府的社会经济职能及财政功能的强弱。由于政府税收收入不是政府真实、全部的收入,政府宏观税负通常用大、中、小三个口径进行统计,大口径的税负是指政府总收入份额占 GDP 的比重;中口径的税负是指政府财政收入份额占 GDP 的比重;小口径的税负则指税收收入份额占 GDP 的比重。三个不同口径统计得出的数值差距较大,反映了政府名义税负与实际税负不同,实际税负偏高的问题。

《中国统计年鉴》以"资金流量表"统计出来的各部门"可支配收入"相关数据,实际上并不能准确地反映国民收入再分配格局的真实状况,因为这里的政府收入只包括预算内和预算外收入,没有把多种非预算收入计算进来,这些非预算收入俗称为"预算外的预算外"。如果把这部分收入或收费计算进来,政府掌控的可支配收入实际总量要比资金流量表中反映出来的数据大得多,相对应的是企业和居民的可支配收入数量比资金流量表中反映出来的数据要小。

政府非预算收入主要包括三部分。第一部分是地方政府通过各种方式土地买卖获得的土地出让金。这部分资金既不列入财政预算内,又没有被列入财政预算外进行有效管理,而是成为游离于监管之外并构成"非预算收入"的主体,由于土地交易量非常大而且土地价格屡创新高,这部分租金的数额庞大,被称作地方政府的"第二财政"。2008 年以来,房地产市场快速发展与房价持续上涨,扭曲了国民收入分配格局,并部分抵消了居民收入占比上升的获得感、幸福感。随着房地产市场快速发展、房价上涨,地价水涨船高,土地财政驱动企业资金向政府部门流动,政府财政收入占比随之上升。2001—2017 年,地方预算收入共计 716 711.4 亿元,土地财政资金共计 469 076.3 亿元,对地方财政的贡献率为 43.8%,充分反映出自 2000 年以来土地财政对于地方财政及城镇化的重要支撑作用。[1] 根据财政部统计数据,2020 年,地方财政一般公共预算为 18.31 万亿元,其中土地出让金与房地产五类直接税收分别为 8.41 万亿元、1.97

---

[1] 王玉波.土地出让收入支持乡村振兴潜在障碍因素及化解路径 [J].农业经济问题,2022(06):70.

万亿元，两类土地相关收入占地方财政总收入的比重高达 56.69%，为地方投资建设提供了资金保障。[1]

第二部分是来自农民的非税收入。2006 年之前，地方政府在中央政府的授权之下，以农业项目建设以及乡镇统筹、自筹等形式向农民额外征收的赋税主要用于增补地方政府财政资金开支。由于缺少有效的监督和制约，地方政府会多列支和收取部分费用，从而加重了农民的实际负担。虽然自 2006 年起国家取消了存在两千多年的农业税费，农民种地从此再也不用交税，但一些变相的集资和收费有时还会伸向农民的口袋，至今没有完全根绝。理论上，这部分税费应该从居民可支配收入中扣除，并把扣掉的数额增加到政府可支配收入中去，才能得到真实可信的政府可支配收入比重和国民收入最终分配格局。

第三部分是政府及其部门机构凭借公权力或者垄断地位采取多种非税收的方式获得的制度外收入。这些收入一般不会被纳入政府财政预算管理，而是由各级政府部门和机构自收自支，主要包括制度外基金、制度外罚没、各种收费和摊派等。这些制度外收入绝大部分来自企业，也有少部分来自居民个人，在资金流量表中应该从其"可支配收入"中扣除掉。2018 年，中国的统计外收入总额为 11.73 万亿元，比 2017 年增加了 1.85 万亿元，增长率近 20%；统计外收入总额占 GDP 的比重为 13%，占居民实际可支配收入总额的 23%。

按照市场经济的发展理念，政府作为一种公权力应该以"正义"为己任，政府进行税收的目的是增加全体公民的福利；政府税收的基本原则是"取之于民，用之于民"，如果政府为了解决公共服务问题花不了那么多钱就不应该从百姓那里多收税，老百姓把钱交给政府是为了让政府把钱花到老百姓真正需要的地方去。有些年份，相比我国广大职工的劳动报酬和广大居民储蓄率所占份额日趋萎缩的同时，各级政府竟然存下了大笔存款，成了盈利者、食利者，比如 2010 年的政府收入和资金储蓄节节攀升，政府预算内财政收入的比重已经从 10.95% 上升到了 20.57%，如果再加上各种预算外收入、地方政府土地出让收入以及各级国有企业未分配的利润，政府的大口径预算收入将占到整个国民收入的 1/3 左右。鉴于这种长期不合理的收入分配状况，政府下决心调整国民收入分配格局，切实提高居民收入比重，2017 年政府开始实施减税降费政策，

---

〔1〕　陈日 . 我国地方政府"土地财政"规模测算与统计分析 [J]. 中国房地产，2022（21）：6.

"2019 年实施更大规模减税降费"[1] 政策开始有条不紊地推进。另外，党的十八大以来，我国政府实行财政赤字政策，增加的财政赤字适度向民生项目倾斜，加大对贫困地区民生薄弱环节的投入。2020 年的财政赤字率首次提高至 3.7% 的历史高位，突破了 3% 警戒线，达到了 3.76 万亿元。在政府多项积极财政政策的推动下，相信均衡发展的国民收入分配格局终将形成。

---

〔1〕 李万甫. 聚焦：2019 年实施更大规模减税降费 [J]. 中国税务，2020（02）：28.

第四章　初次分配不公平的主要表现及评析

初次分配理论的微观层面主要是对市场各要素收入分配状况进行分析。初次分配理论以功能性收入分配为基础，其研究对象主要表现为不同企业之间、企业内部各要素之间或个人的收入分配，表示在一定时期和一定的社会经济体制下，社会各类成员收入水平与各自实际投入或贡献之间的合理关系，以及不同社会成员之间的收入比例关系。当前，我国微观层面的初次分配不公平问题，主要表现为平均主义分配的顽固存在，权力过度干预收入分配，不同性质的企业职工工资水平差距较大，企业内部"利润侵蚀工资""机器排挤劳动"等问题严重，农民工群体和农民收入水平偏低。初次分配不公平直接导致社会贫富分化，如果长期得不到妥善解决，必然会使得我国社会发展远离社会公平和共同富裕的理想目标。初次分配公平问题不仅是一个经济问题，而且是一个严肃的政治问题。

第一节　平均主义分配

中国社会历来是一个平均主义色彩浓厚的社会，从古至今没有间断过对平等、公正的追求。目前，我国平均主义分配主要存在于公有制企事业单位内部，体现为与投入的差距比较而言的收入差距相对过小。平均主义分配从结果上看似公平，但这种片面追求收入均等化的分配不公现象，不合乎公平分配标准，长期干扰着我国按劳分配原则的贯彻执行，阻挠着我国收入分配体制改革的进一步深入。

一、平均主义分配制度

平均主义是传统中国社会中被广泛认同的观念。秦汉以后，财富均齐始终是思想家梦寐以求的社会理想，"不患寡而患不均"（《论语·季氏》）的平均主义思想表述是传统中国社会显性的文化特征之一。国人几千年以来固有的平均主义情怀可谓根深蒂固，广大劳动人民以"等贵贱，均贫富"为诉求的平均主义理想始终是催化农民起义与阶级革命的"火种"。计划经济时期，新生的人民共和国激情满怀地进行着"一大二公三纯四平"的平均主义"大锅饭"社会实践，即便到了社会主义市场经济环境下，平均主义在一定范围内仍然顽固地存在着，很难彻底根除，需要我们对平均主义有一个清晰的认识。

（一）"平均主义"的内涵

何谓平均主义？平均主义的本质是什么？学术界对这些问题有了相对一致的认识。李一龙认为，我国社会通常所说的平均主义，是指在分配个人消费资料时，没有实行按劳分配拉开应有的差距，而是按照人人有份、大体均等来进行分配的思想和分配方式。毛磊认为："平均主义，也称绝对平均主义，是手工业和小农经济的产物。要求平均享有社会的一切财富，主张消灭一切差别，要求人与人之间在物质分配……各方面绝对平均。"[1]钱世明认为："与投入的差距比较，收入的差距相对过小，这就是众所周知的平均主义。平均主义是我国公有制同一群体内部对劳动者分配中的一大顽症。多劳不多得、少劳不少得，甚至干与不干一个样。"[2]

从以上不同理解对平均主义分配内涵的种种界定可以看出，平均主义分配思想与生产力不发达状况紧密联系，主要是在以自然经济为主的社会形态和小农思想占统治地位的社会条件下，广大劳苦大众对社会财富占有状况的一种理想诉求和公平观。由于这种平均主义分配原则不以主体贡献大小为分配依据，只是片面主观地追求社会财富占有的平均化，因此，这种分配原则是不现实的，也根本违背了中国社会主义按劳分配的基本原则和要求。在中国社会主义社会早期的平均主义分配实践中，主要不是以"劳动"为个人收入和提供消费品的唯一尺度，合理拉开不同劳动者之间的收入差距，而是坚持"按人头分配，人人均等"原则进行消费品的分配，忽视投入劳动的多少与贡献大小，以及收入与投入之间的对等关系，从而导致个人收入分配结果没什么差别或差别较小的不公现象。现阶段的平均主义分配要求与劳动者的收入水平偏低有直接关系，大量的事实和数据分析表明，劳动者收入水平与平均主义分配要求呈现出负相关关系，即收入水平越低者的平均主义分配要求越强烈。当然，这里的平均主义指"相对的平均"，绝对平均一致的分配状况在人类历史上从来没有存在过，

---

〔1〕毛磊.中国的平均主义 [M].郑州：河南人民出版社，1993：8.
〔2〕钱世明.公平分配——理论和战略 [M].上海：上海社会科学院出版社，1994：80.

在未来也不可能实现，因为"所有的人都领取同样的工资、同等数量的肉……同等数量的产品——这种社会主义是马克思主义所不知道的"[1]。

（二）平均主义分配的演进过程

平均主义分配现象在我国的产生和发展经历了一个长期的演进过程。从古至今，平均主义思想一直存在并以不同的形式出现在不同的社会历史时期，从孔子"不患寡而患不均"的均平思想到康有为的"大同"社会，从我国计划经济时期的"大锅饭"实践到当前社会主义初级阶段工资平均化的问题，都体现了劳动人民"饥饱无殊，共同贫富"的平均主义倾向。从新中国成立到改革开放前，我国实行社会主义公有制制度条件下的计划经济体制，分配领域名义上坚持马克思主义"按劳分配"原则，实践中则实行平均主义分配，吃社会主义的"大锅饭"。具体来说，在农村生产合作社实行"平均主义"的工分制，在城市企业则实行具有平均色彩的"八级工资制"，使得中国社会主义分配制度体现出强烈的平均特征，这一分配特征与马克思所设想的"按劳分配"特征根本不同，是完全相背离的。

在中国社会主义分配实践过程中，由主管部门统一制定和实施经过统计计算的分配计划，就可以实现"公平分配"。实际上，当时实行的所谓"公平分配"是一种通过简单计算进行的平均主义分配；理论上，政府机构通过计划手段进行公平分配必须具备一些主客观条件，比如，拥有社会一切经济活动的完全信息、全社会利益的高度一体化、完善的激励机制、全民向"道德人"的转变等。由于不具备这些制约和发展条件，中国计划经济时期不可能实现社会成员的公平分配，只能实现低级落后的平均主义分配，从而导致社会生产的低效率甚至无效率。目前，在社会主义初级发展阶段，虽然我国政府对现行社会工资制度进行了多次改革，但由于旧的分配制度长期存在形成的惯性和市场信息复杂多样性的影响，使得平均主义分配很难被根除。中国社会主义改革开放事业虽然已经进行了40多年，但平均主义思想在某些企业和单位，特别是在大型央企、国企和行政事业单位仍然存在，绩效工资制还没有得到完全落实。

（三）平均主义分配的负面影响

实际上，平均主义不是也不可能是任何意义上的社会公平，对中国社会主

---

〔1〕斯大林选集：下卷 [M]. 北京：人民出版社，1979：308-309.

义经济社会发展的负面影响非常大。现代社会正义的核心要求是平等，但这种平等并不是粗陋的平均主义意义上的"人人均等"，而是一种包含一定差别的相对意义上的平等。在我国经济体制改革的过程中，要特别警惕那些以各种面目出现的绝对平均主义观点，因为"正如过度的自由有损于一个社会的正常存在所不可缺少的社会秩序一样，过度的平等同样也会损伤社会秩序，并会削弱社会活力，降低社会的效率"[1]。显而易见，落后的平均主义造成了对他人劳动成果的侵占，牺牲了广大劳动者的物质利益，严重挫伤了公有制职工的劳动积极性和创造性；平均主义降低了劳动生产效率，抑制了经济增长，干扰了改革进程；平均主义强化了懒汉思想，扭曲了劳动者的劳动技能、主动精神等各方面素质，从而阻碍了效率提高和经济增长；这种分配方式导致单位职工之间的收入差距过小，使得社会需求相对不足，产业结构升级速度缓慢，影响经济增长发展。按照行为科学理论的主要观点，实现生产效率的提高必须充分调动广大劳动者的生产积极性，这就要求给予劳动者一定的激励和驱动，不仅要满足他们的物质利益需要，而且要对他们进行精神鼓励。客观上，平均主义分配既不能给积极参与市场生产经营活动的各生产要素带来应有的利益，也不能给广大积极性更高、能力更强的劳动者带来合理的报酬，如果各方面积极因素的贡献得不到社会的承认，必然使大家心理失衡并在劳动价值取向上出现错位。

二、平均主义分配的主要表现

改革开放以来，特别是中国社会主义市场经济体制确立之后，政府对收入分配制度多次进行了改革调整。虽然传统的平均主义分配已经被打破，"按劳分配为主体，多种分配方式并存"的分配原则基本确立，但平均主义分配依然在一定范围内存在，而且平均主义分配倾向在某一时期还有所加剧。目前，平均主义分配则主要存在于公有制单位内部，突出表现为工资分配和单位内部创收、奖金、津贴、补贴及其他福利性收入的平均发放。

（一）工资平均分配问题

工资作为中国广大职工收入的主渠道，在改革开放之后仍然呈现出较强的均等化态势。中国现行的企业工资制度是在经济体制转型过程中逐步形成和完

---

[1] 吴忠民. 公正新论 [J]. 中国社会科学，2000（04）：51.

善的，因而不可避免地会带有传统体制的色彩，与成熟市场经济体制下的劳动工资制度还不完全一样，主要表现为"体制内僵硬，体制外失范"，激励不足与约束乏力问题并存。非公有制企业的工资分配制度已经放开，由企业自主进行决定，而国有企业的工资制度实际上仍由政府直接控制。现阶段，国家垄断企业职工工资水平整体偏高，工资增长机制相对僵硬，工资外收入急剧增加，加剧了国有企业职工收入的不规范问题；职工工资结构设计不尽合理，岗位绩效工资和年薪整体偏低，难以体现各级工资差别之间的合理性，缺乏有效的激励作用；政府对国有企业的工资管理较为严格，仍然带有浓厚的行政色彩，而非国有企业的最低工资和工资支付方法则缺乏有效的监督管理，使得企业侵蚀工资和其他侵犯职工权益的行为大量存在。

中国改革开放早期的工资制度改革，没能消除旧的平均主义分配倾向，而且1985年的工资制度改革还导致了新的平均主义分配在国家机关事业单位的强化。随着国家工资制度的逐步改革，非公企业职工工资增长较快，能基本体现出绩效差距。为了适应社会主义市场经济体制发展的需要，国家加快对行政事业单位的工资制度改革，于1993年、2001年及随后的时间内，定期给行政事业单位职工涨工资，但这些单位的职工工资差距依然没有明显拉开，收入差距没有体现因贡献和业绩的不同而被拉大到合理的区间。如大学的助教与教授间的最高工资比值由1956年的1：5.56缩小到1985年工资制度改革后的1：4.1，接着又进一步缩小到1993年工资调整后的1：2.66，以及2001年年初工资再度调整后的1：2.56；行政干部中，工资最高的办事员与工资最高的国家主席的工资比例也由1985年的1：6.5缩小为1999年的1：3.7。[1] 除此之外，随着工资制度改革和工资结构调整，国有单位职工的基本工资部分大幅下降，有的基本工资部分只能占到个人总收入的1/4。在不少国有单位，职工的奖金和其他收入所占比例已经超过了50%，有的甚至达到70%以上。国有单位职工工资性收入占个人总收入比重的逐步下降，与我国市场化改革的思路相冲突，进一步淡化了社会主义初级阶段按劳分配与其他多种分配方式并存的基本原则。特别是我国之后的单位工资改革皆以1985年的工资制度为蓝本，这种工资制度把科学的"结构工资制"扭曲为等级工资制，这种等级工资制很少考虑职工的业绩和

---

〔1〕 郭润宇. 社会主义市场经济条件下的个人分配问题研究 [M]. 北京：中国文联出版社，2002：399.

贡献，只是按照职工的职务职称的级别进行自然上调，与中国社会主义按劳分配精神与要求是相背离的。当前，这种工资等级制已经蜕变成了职工的"出勤费"，平均主义特征明显，而且这一分配方式在多年的执行过程中已经形成了一种强大的惯性，改革的难度可想而知。

（二）其他收入部分的平均分配

改革开放以来，在国有企事业单位中，除了职工工资存在一定程度的平均分配倾向之外，个人收入的其他组成部分，如创收、奖金、津贴、补贴、劳保等，也长期坚持按人头发放的平均主义，从而导致我国城镇职工个人收入分配中平均主义的进一步加剧。特别是 20 世纪 90 年代以来，为了弥补快速通货膨胀、物价上涨等因素带来的职工实际工资下降的问题，一些国有单位不顾国家各方面的规范和限制，利用自己部门所掌握的权力纷纷开始进行种种创收活动。这种"八仙过海，各显神通"的违规创收活动，一方面，搞乱了中国业已建立的市场分配秩序，进一步拉大了不同行业职工的收入差距；另一方面，由于创收所得一般被用作本单位职工的年终奖金及节假日的补贴，分配中按照简单的"人人有份"的平均原则进行发放，导致国有单位收入分配中的平均主义现象层出不穷。

奖金制度本来是企业单位用以调动广大职工工作积极性的有效激励措施和手段，要求注重对职工的严格考核，把奖金发放与职工绩效考核结果挂钩，从而使奖金的激励作用比较充分地发挥出来，促进生产效率的提高。但是，由于实践中各单位对职工劳动考核的形式化问题严重，奖金制度的激励机制没有很好地得到发挥，而是日益变为增加收入和弥补物价上涨损失的手段，而真正具有激励职能的生产性奖金只是一种"点缀"或者成了一种形式，奖金发放实际上成为一种平均主义分配。津贴、补贴、补助等各项职工收入本来是对从事繁重、高危的特殊工作或劳动岗位所给予的补偿报酬，同时也是为了鼓励劳动者安心从事自己的工作，按照工作岗位发放一定津贴和补助，不仅公平合理而且符合按劳分配原则。改革开放以来，由于市场物价上升过快，人们的实际收入增长低于预期收入增长，于是一些国有经济单位想方设法发放各种具有生活补贴性质的津贴，因此津贴和补贴的职能变异为福利性质，原本针对性较强的津贴变为了人人有份的单位福利，平均进行发放。但在我国城镇职工的各种津贴、补贴、补助等收入的发放过程中，基本上也是按人头平均发放，即使存在一定差别，差距也非常有限。

三、平均主义原因分析

对于我国现阶段平均主义分配倾向存在的原因，有人认为是源于"不患寡而患不均"小农思想意识的消极影响。从以上对我国改革开放以来平均主义的发展过程及主要表现来看，中国政府虽然通过收入分配制度创新打破了平均主义的顽固存在，然而，由于各方面主客观因素的制约，导致平均主义分配问题在一定时期内不可能得到彻底根除。

（一）经济发展水平的制约

在社会主义初级阶段，市场经济形成时间较短，经济发展水平有限，平均主义与相对落后的生产力水平之间有着直接因果联系。按照历史唯物主义"生产力决定经济基础和上层建筑"的基本理论，经济利益也是人们思想价值得以形成和变化的决定力量。在生产力落后和生产效率低下的社会历史条件下，人们对富裕物质生活的向往无比强烈。在得不到满足的情况下，较大的贫富差距会使得人们产生不满情绪，"等贵贱，均贫富"的平均主义思想必然大行其道。计划经济时期，虽然中国已经确立了社会主义基本制度，社会生产力也得到了相当程度的恢复和发展，但长期处于社会主义初级阶段的中国，生产力发展水平相对较低，物质产品不甚丰富，可供分配的国民经济"蛋糕"还不够大，而分吃"蛋糕"的人数却过多，就业压力相当大。在这种生产力水平条件下，为了让广大民众体验到社会主义制度的优越性，为了保障居民基本生活需要，政府只得采取"份饭"的分配方式，即较低生产发展水平是平均主义分配存在的根本原因和物质前提。

（二）传统平均主义思想的影响

长期存在的"不患寡而患不均""等贵贱，均贫富"平分思想观念，是我国平均主义分配思想存在的历史原因。封建社会中的财富分配和社会地位一样，实行森严的等级制，这种等级制带来的不平等使得劳苦大众有追求平等的强烈愿望，渴望获得与他人一样多的财富，主要表现出一种平均主义的倾向。长此以往，平均主义也就逐步演化为人们的一种深层心理结构，我国历史上历次农民起义提出的口号就证明了这一点。长期以来，这种要求均分财富的落后小生产观念，并未随着我国社会生产力的发展和社会主义分配制度的逐步完善而自动从人们的头脑中消退，使平均主义分配的习惯思维和实践执行难以在短时期内被完全根除掉。理论上，主要来自人们对马克思主义社会主义按劳分配制度教条化的理解。由于理论修养不够，广大普通民众误以为我国是社会主义国家，实行生产资料公有制为基础，自己是社会主义国家的平等主人也是生产资料的平等主人，在"蛋糕"分配上就应该按照利益均等原则分得自己的一份，即实行收入上"人人均等"的平均分配。由于受传统封建思想和长期存在"左"的理论观念的影响，平均主义在人们的头脑中也已经根深蒂固，广大劳动者习惯于把"平均"作为审视社会的视角，判断收入公平的标准也总是以"均等"为标准来进行衡量，导致当前我国收入分配领域平均主义的存在。

（三）劳动就业制度改革滞后的影响

长期以来，中国体制内的国有制企业和事业单位实行"铁饭碗"的终身雇佣制，职工既难进入也难退出，导致流动性非常小的状况。这种缺乏市场理念和市场机制的劳动就业制度的存在，使得同一部门或单位内的员工可能成为"一辈子的战友"而终身共事，这样的部门和单位好像一个稳固的"家"，处在这种关系中的所有成员都成了家庭的一员，为了维护好人际关系的和谐，能够得到大家的信任、赢得人心，单位领导往往会舍弃"效率"而去积极实现较为平等的分配方式。特别是在中国社会保障制度还不够健全和完善的情况下，客观上形成那些长期端国家"铁饭碗"的"正式"职工，一边口头上嫌弃单位待遇不好，一边又舍不得丢掉这根"鸡肋"去市场领取救济金的状况。一些年长而无一技之长的"庸才"，为了在人事改革中保住自己的职位，会通过跑关系、走后门等办法来达到目的；一些新毕业的大学生非常羡慕公有制单位的"铁饭碗"，也会通过各种关系和渠道进入这些单位，这些人部分属于"二代"关系或"裙带"关系，导致公有制单位"因人设岗、人浮于事"问题严重，平均主义分配问题积重难返。

（四）通货膨胀和物价上涨带来的压力

改革开放之后，特别是20世纪80年代中期之后，伴随着快速经济发展而来的是持续多年的高通货膨胀，物价上涨较快，人们的生活支出普遍增加，必然造成职工实际收入水平的下降。为了保证人民实际收入水平不降低，需要补偿广大居民因物价上涨带来的损失，国家采取的主要手段是工资升级、增发奖金和物价补贴。由于国家在工资政策上没有实行按劳分配与工资保值进行分设，一直没有建立起较为科学的物价补偿机制，导致这种用于补偿物价上涨损失的增量工资、奖金和补助等的平均发放，无法顾及通过按劳分配拉开劳动者之间的合理收入差距，明显缺乏对职工的激励作用，是我国平均主义分配倾向加剧的直接动因。

另外，在我国经济社会转型期，经济发展方式多元化并易呈现出一定程度的失序状态，人们对财富的分配结果也容易产生不公平感和不平衡心理，很容易滋生平均主义思维和要求。而在社会化大生产条件下，每个劳动者只是整个生产过程的一个环节，单个劳动者的劳动贡献存在计量上的客观困难，也为国有单位实行平均主义分配提供了客观理由。

第二节　权力参与市场分配的表现

市场经济分配理论中，成熟市场经济条件下的收入分配原则是按各要素在生产中的贡献大小进行分配，排除了权力进入初次分配领域的可能。权力只参与到再分配环节，调节收入分配的不均，同时促进各生产要素及其收入的合理流动。由于中国的体制改革具有"渐进式"特征，给权力干预收入分配留下了很大的操作空间，即离权力越近的人群收入增长越快，离权力越远的群体收入增长越慢，权力参与收入分配是我国"隐形收入"规模居高不下的主要原因，也是造成中国初次分配不公平和收入差距的主要因素之一。

一、灰色收入

市场经济发展的初期阶段存在大量的隐形收入，隐形收入在世界各国普遍存在，对收入差距、税收流失甚至国家财政安全都有重要影响。隐形收入主要表现为灰色收入，灰色收入的存在不仅扩大了人们之间的收入差距，而且其大量存在严重扭曲了我国国民收入的分配格局。

（一）何谓"灰色收入"

"灰色收入"一词最早在20世纪80年代产生，《现代汉语词典》中对其内涵早有解释，认为灰色收入就是指职工获得的工资、津贴以外的经济收入，如稿酬、兼职收入、专利转让费等。我国学术界一般把灰色收入理解为人们运用自己掌握的稀缺资源所获得的一些正常收入外的收入，这种收入介于"合法收入"与"非法收入"之间，是除了工资、奖金之外的经济收入。我国官方虽然至今没有给予"灰色收入"明确的解释和定义，也没有正式公布其统计数字，但灰色收入在现阶段的中国社会普遍存在。随着时代的进步和市场经济的发展，人们获得收入报酬的渠道多种多样，比如，利用内部信息炒股获取的收益、投资房地产的收入、自然资源价格收益等，都属于灰色收入。

有学者认为，灰色收入与合法收入之间的区别在于有没有正式纳税，居民获得的各种收入在正常纳税之后就是合法收入，否则就被认为是灰色收入。著名学者王小鲁认为："非法收入、违规违纪收入、按照社会公认的道德观念其合理性值得质疑的收入，以及其他来源不明的收入，统称为灰色收入。"[1]他还认为，"隐形收入"等同于"灰色收入"，这也是我国当前学术界普遍认同的观点。现阶段，我国的"灰色收入"除了具有隐蔽性、多样性、普遍性等一般性特征外，还有一些新的特征，比如，谋取对象"公款化"，即灰色收入的来源主要是通过各种直接或变相的"化公为私"方式转化而来；谋取方式的"集团化"，即经领导班子集体研究而绕开相关的制度规范为员工发放奖金和补贴。

（二）"灰色收入"的多样化

灰色收入从改革初期的经济管理部门已经扩大到了各级党政机关等权力机构，又随着市场化进程渗透到了社会的各行各业，其表现形式也多种多样，主要形式介绍如下。

1. 权力腐败产生的灰色收入

目前，围绕权力产生的贪污、渎职、寻租等腐败问题已经不是个案了。我国社会存在政府人员利用自己手中的行政职权干预收入分配、资源配置和其他各种经济社会活动，即通过滥用权力侵害他人利益，为自己谋取灰色收入，聚敛不义之财的腐败行为，主要包括钱权交易、以权谋私，层出不穷的形象工程、政绩工程建设和难以统计的土地收益等。目前，围绕权力产生的腐败问题已得到了一定的遏制。

2. "第二职业"收入

"第二职业"是指主体除了本职工作之外参与能为之带来一定经济收入的其

---

〔1〕 赵今.灰色收入是否应当征税[J].企业家天地，2011（10）：243.

他工作。如兼职教师就是在课后靠给学生补课收取教育费用，这种收入属于智慧和劳动所得；大学教师和政府人员在工作之余搞第二职业创收大有人在，其形式五花八门，诸如讲学、做学术报告、代课、当家教及兼职顾问等。与人才培养、社会应用、市场需求关系紧密的培训讲学，如经济、金融、会计、法律、外语等，搞第二职业创收的机会更多。

3.非正规部门自主经济行为

所谓非正规部门的自主经济行为，就是指一些主体的经济活动不属于任何组织机构，不是法律实体，也没有固定的地址和账户，表现为"邻里化""家庭化"和"隐蔽性"的经济活动。这种经济行为最明显的特征是在合法性的基础上，具有较大的流动性、非固定性和隐蔽性特点。比如，从市场上请·帮民工来家里装修，完工后付给农民工报酬而无须开任何票据，农民工也不纳税；再如，一些"三无"人员或下岗失业职工为了维持生计，往往会从事无证经营等地下经济活动或在街头摆摊，以此来获得额外收入。

（三）关于灰色收入的研究

由于个人收入属于个人隐私的范畴，具有"隐蔽性"，从而使得"灰色收入"的相关研究无法进行准确核算，对我国"灰色收入"的定量分析一直是学者研究的最大难题。2005 年，王小鲁研究团队在全国各地几十个不同规模城市进行了城镇居民收入与消费调查，并发表了题为《我国的灰色收入与居民收入差距》的研究报告。研究报告揭示，当年全国城镇居民收入中的灰色收入为 4.4 万亿元，相当于当年 GDP 的 24%。2008 年，王小鲁研究团队对我国城镇居民收入和消费进行了第二次调查研究，推算出当年的灰色收入为 5.4 万亿元，相当于当年 GDP 的 17%。2011 年，王小鲁研究团队对我国城镇居民收入和消费进行了第三次调查研究，推算出当年的灰色收入为 6.2 万亿元，约占 GDP 比重的 12%，其中一半以上集中在一部分高收入居民手中。

我国社会的灰色收入自 2002 年开始增长，随着 2008—2010 年非常宽松的货币和财政政策的实行，灰色收入也达到了一个高点，这一状况一直持续到 2013 年。当然，这一状况与我国的法制建设滞后和各项制度不健全直接相关，也在于我国社会缺乏对权力进行民主监督的有效机制。不过，2014 年以来，灰色收入相关数据有了一个明显的下降过程，这与我国政府大力度的反腐和积极实施全面依法治国有直接的关系。

二、权力寻租造成收入分配不公平

阿克顿勋爵说过,"权力导致腐败,绝对的权力导致绝对的腐败"。由于中国市场经济发展过程中法治建设相对滞后,导致权力没有被制约和监督,其势必会被当作滥用于"以权谋私"的工具。权力寻租是指把权力商品化,就是把权力当作资本去参与商品交换和市场竞争以谋取金钱和物质利益,即通常所说的"权钱交易"。权力寻租中的当权者利用自己手中的权力将公共权力私有化,运用审批、执法等权力收受贿赂,把其转化为金钱和物质利益,从而与普通的劳动者阶层产生了收入差距。

(一)权力资本化的普遍存在

在改革开放的前30年,权力资本已经渗透到了经济社会的各个领域。权力腐败在我国不同历史时期有不同的表现,在20世纪80年代早期是商业权利资本化阶段,80年代后期是生产权利资本化阶段,90年代是金融权利资本化阶段。这部分通过权力介入分配而富裕起来的人,并没有承担或是只承担了与其收益极不相称的市场风险,造成与其他进入市场的主体在分配结果上的极端不平等,严重破坏了收入分配合理秩序。中国经济体制改革研究会公共政策研究中心课题组计算了2004年公共权力与市场共存的背景下,市场化的商品价格体系与被政府权力控制下的要素价格体系之间形成的巨大租金,总额高达46 787.07亿元,相当于当年财政收入的15倍;权力垄断与权力腐败的租金额为8 325.49亿元,占到了2004年GDP的52%,相当于当年中央财政收入的55.1%[1]。在庆祝中国共产党成立100周年活动新闻发布会上,中央纪委副书记、国家监委副主任肖培介绍,党的十八大以来,全国纪检监察机关立案审查案件385万件,查处408.9万人,反腐败力度相当大。我们党给予党纪和政务处分374.2万人。党的十九大以来,在惩治腐败的震慑下,在党的政策感召下,主动找党组织、找纪检监察机关投案的有4.2万人。[2]由此可知,权力资本化对我国经济发展影响巨大。

党的十八大以来,反腐败深得党心民心,清正廉洁的社会风气不可逆转。特别是在以习近平同志为核心的党中央坚强领导下,在各级政府加大惩处力度

---

〔1〕 赵晓. 失衡的中国:政府管理成了最短木板 [EB/OL]. [2007-03-16]. http://www.cnstock.com.

〔2〕 重磅反腐数据公布 [EB/OL]. [2021-06-29].https://www.sohu.com/a/474608767_120229638.

的情况下，"打虎""拍蝇""猎狐"同时进行，惩处了一大批不同层面的腐败分子，贪污腐败问题受到了一定程度的扼制。我们党以"刮骨疗毒、壮士断腕"的自我革命意志和担当，坚持标本兼治，注重从源头上防治腐败，定会取得反腐败的根本性胜利。

（二）公共投资领域的权力腐败和收入分配扭曲

权力干预社会公共投资领域的腐败行为导致收入分配扭曲现象大量存在。在对京沪高速铁路和西气东输二线工程西段的审计中发现，超进度计价和多计工程款 8.15 亿元，建设成本中列支其他费用和虚假发票报销等 17.94 亿元。[1]借公共投资贪污公款不仅仅发生在中央投资项目中，在地方项目中更是频频发生，许多项目都是上届政府刚建完，新一届政府又翻修重建，工程款的相当部分被贪污，揣进当权者的腰包。一段时期以来，全国各地耗资巨大、大而不当、大而无用的形象工程、政绩工程层出不穷。究其原因，有些地方官员有如此强烈的投资冲动，不能单纯用追求"形象""政绩"解释得通，而是由其背后巨大的利益驱动的。

（三）"三公"问题不容忽视

除了贪污、受贿、挪用公款这些很明显的犯罪性的"权力寻租"外，还有更为隐形的公费旅游、公款消费等"权力寻租"。据 2000 年《中国统计年鉴》显示，1999 年的国家财政支出中，仅干部公费出国一项消耗的财政费用就达3 000 亿元。2000 年以后，出国学习、培训、考察之风依旧，公费出国有增无减。曾有媒体撰文指出，全国公车消费每年高达 3 000 亿元以上，远远超过国家的军费开支，比全国的教育经费和医疗经费加起来还要多。据资料统计，在职务消费中，车辆消费占单位行政经费的 90% 左右，并占全部国家财政支出的38%。中国行政管理经费增长之快，行政成本之高，已经达到世界少有的地步。由于贪污腐败、公款消费这些"权力寻租"所得的不法收入具有很大的隐秘性，导致相关数据缺乏，给准确衡量收入差距带来很大困难。这里对此问题不作深入分析。

国家行政事业单位具有非营利性，单位"三公"经费应致力于保障其公共

---

〔1〕 迟福林.破题收入分配改革[M].北京：中国经济出版社，2011：168.

职能的发挥，树立其积极正面的社会形象。客观上，为了单位或者领导个人的私利，少数单位在制定单位经费预算时存在诸多问题，进行虚报瞒报，提高预算标准，根本不可能做到降低"三公"经费标准，导致上报预算中部分经费的滥用、误用，在进行经费支出的过程中，存在着铺张浪费的现象，毫无节制的拨款开支，不仅没有做到公共资源的使用效率，反而成了满足少数领导化公为私，借以谋取个人"福利"的工具，造成了国有资金的浪费，极大地影响了单位形象、政府形象和国家形象。2012 年，"八项规定"出台以来，我国行政事业单位的"三公"经费管理问题受到了高度的重视，经费的支出增长已经得到了较好的控制，但在单位内部经费使用管理过程中的不规范问题仍然存在。

三、行政垄断造成收入分配不公平

国有垄断企业从创立之初便在我国国民经济之中享有特殊的地位，在收入分配环节一直存在着"屁股决定腰包"的现象。收入高低靠的不是聪明才智和勤奋劳动，而是靠"抢身份"和"抢行业"。如果能"抢"到垄断行业或是国家行政事业单位的位子，就等于"抢"到了高收入和高福利。垄断成了不同性质企业之间收入分配不公和收入分配差距扩大的主要原因。中国不同行业间的收入差距一直偏大，垄断行业和竞争行业之间，以及两者内部的收入差距是行业总收入差距的主要组成部分，对不同行业间收入差距贡献较大的特征因素是垄断因素和受教育程度，而第一位的是垄断因素，其"贡献度达到 60%"[1]。

（一）国有垄断企业的基本状况

垄断是指少数企业为了获得高额利润，通过相互协议或联合，对一个或几个部门商品的生产、销售和价格进行操纵和控制。垄断企业可以通过控制垄断价格和市场供求，实现自己的利益最大化。垄断一般分为市场垄断、自然垄断和行政垄断。实践中，行政垄断企业的经济运行效率最低，也最容易滋生腐败问题，因为这种行政垄断会形成国家经济主管人员或集体与某些企业或资本形成利益共同体，排除、限制或妨碍市场主体之间的合法公平竞争。目前，在我国社会主义市场经济制度条件下，虽然市场对社会资源分配和经济运行过程起决定作用，但仍然需要国家（政府）控制涉及国计民生的社会资源及其所形成

---

〔1〕 田思阳. 我国垄断行业高收入合理性研究 [D]. 北京：对外经济贸易大学，2019：26.

的行业企业。与国际接轨，追求市场化和国际化发展目标，一直是我国国有企业改革的方向，尤其是把获利型国有企业作为改革的重点，但其在主要业务领域一家独大的状况没有根本改观，需要加快统一开放、竞争有序的大市场建设步伐。

国有垄断企业的存在，如石油、电力、电信、金融等行业，多凭借政府赋予的权力对自然资源或生产经营进行垄断，造成不同企业之间机会和竞争规则不平等，从而导致市场主体地位不平等，企业间收入差距悬殊。2010 年年底，中央企业资产总额已达 24.3 万亿元，营业收入 16.7 万亿元，实现净利润8 490 亿元，上缴税金 1.3 万亿元。2021 年，中央企业资产总额达 102.1 万亿元，实现营业收入 36.3 万亿元，利润总额 2.4 万亿元，净利润 1.8 万亿元，上缴税费 2.4 万亿元。《财富》世界 500 强企业中，中国大陆地区 2021 年有 135 家企业进入名单，其中有 49 家央企、33 家地方国企，占比为 60.74%。

政府行政垄断带有一定的计划色彩，主要表现为政府直接控制和经营国有资产，负责国有资产的保值增值。计划经济时期延续下来的"全能政府"理念在当前政府权力系统中还有一定的"市场"，一些旧理念在一些地方政府官员的思想中仍顽固存在。一些地方政府和官员替代市场主导经济发展，参与市场分配，俨然作为一个独立的利益集团发挥其经济职能，替代企业成为社会主义市场经济发展和分配的主体力量。首先，由于一些行业涉及国计民生，长期以来由国家直接经营或者由国家委托他人进行独家经营管理，从而阻碍其他企业的进入，限制了该行业的市场化竞争而获得高额垄断利润。其次，垄断企业通过制定市场高价以获得高额利润。由于中国的垄断企业通常具有较大的国有成分，当企业获得高额利润时，政府也一同获得高额利润，因此，当垄断企业为了自身利益最大化而出台一些保护政策时，一般都会得到地方政府的默许和支持。最后，政府的政策倾斜加剧了垄断企业收入的增长。由于垄断行业直接关系着国计民生，对中国的经济发展起着基础性或关键性作用，因而政府高度重视这些行业的稳定发展，主要是通过制定一系列的行业优惠政策，使得这些垄断行业企业可以获得其他竞争企业所没有的特许经营，进而获得更好的发展条件和高额的垄断利润。

（二）垄断引起初次分配差距扩大

由于国有垄断企业职工的收入远远高于非垄断企业职工的收入，必然引起不同行业企业之间收入分配差距过大，也引起了社会多数人的不满。国有企业改制以来，具有行政垄断性质的行业企业，如电信、金融、水电等行业企业职工的工资收入是其他非垄断行业企业职工工资收入的 3 倍左右，再加上工资外的各种收入和职工福利待遇，实际收入差距可能在 5 ～ 10 倍之间。[1]因此，国有企业薪酬改革势在必行。2015 年年初，开始实施《中央管理企业负责人薪酬制度改革方案》，适用的企业总计 72 家，具体包括由国务院国资委履行出资人责任的 53 家央企，如中石油、中石化、中国移动等，以及其他金融、铁路等19 家央企。

垄断行业利润和工资过高的危害很大。一方面，垄断行业过高的收入扰乱了正常的市场用工与工资待遇规范，反映的信息是能力和贡献与收入之间没有必然联系，只与选择的行业直接关联，导致年轻人就业时"屁股决定论"和"抢位子"的特有现象，破坏了市场人才价值规律；另一方面，垄断行业企业工资偏高，实行高工资、高福利的分配方式，出现了"效益好时涨工资，形势不好就涨价"的现象，客观上造成了与老百姓福利增长之间的零和博弈。2001—2008 年，国有及国有控股企业累计获得的利润总额为 4.9 万亿元，但同期少缴纳的利息、地租、资源租金以及获得财政补贴共计 6.4 万亿元。2018 年，央企累计实现营业收入 29.1 万亿元，同比增长 10.1%；实现利润总额 1.7 万亿元，创历史最好水平，同比增长了 16.7%；归属于母公司所有者的净利润为6 100.1 亿元，同比增长了 17.6%。[2]

行政垄断加剧收入不公平分配的程度，拉大了已有的收入差距。中国行政垄断企业的经济效益一直非常好（亏空由政府补贴），只是企业经济效益和较高利润率的取得并非依靠企业的实际竞争力，也不是靠企业经营管理者的能力，更不是技术水平提高导致生产成本下降的结果，而是凭借政府赋予的垄断地位和经营特许，通过独占国有资源甚至无偿占有国家资源获取超额利润，而这种超额垄断利润本身并不是经济效益的成果，主要是从垄断产品消费者那里转移过来的一部分财富，即这种垄断利润是依靠财富转移形成的，而不是靠生产经

〔1〕 余斌，陈昌盛.我国收入分配现有问题 [EB/OL]. [2009-12-07]. http://business.sohu.com/20091207/
　　　 n268741320.shtml.
〔2〕 国新办：2018 年中央企业经济运行情况 [EB/OL]. [2019-12-03]. https://www.12371.cn/2019/11/21/
　　　 ARTI1574276712424991.shtml.

营创造出来的。这些垄断行业获得的垄断利润的去向并没有回归社会，回到老百姓手中，而是更多地为垄断行业企业占用进行内部分配。垄断行业企业利用自己获取的高额垄断利润转而形成各种收入，而且一些垄断企业还给予内部职工丰厚的垄断福利，如电信行业职工可以免费打电话，公交系统职工可以免票乘车等，使得个人的收入高低与其所处的行业直接关联，"屁股决定收入"人为扩大了行业间的收入差距。

第三节　企业内部收入分配不公平问题

自 20 世纪 90 年代中期以来，我国企业内部不同要素之间收入分配状况日趋恶化，突出表现为资本与劳动要素之间的利益冲突，"利润侵蚀工资"问题尤为突出。"利润侵蚀工资"主要指企业在利益分配过程中，公开或隐蔽地将本来应属于劳动者的收入转化为资本利润，反映了资本对劳动的直接剥削。这样的分配状况，不仅不能实现按劳分配为主体，按劳分配与按要素分配相结合也可能成为一句空话，其结果必然是收入分配的两极分化，表明我国企业内部收入分配不公平问题严重。

一、企业劳资收入分配的基本状况

企业是国民收入创造和分配的主体，要了解我国市场初次分配的公平状况，需要从微观角度对企业内部的收入分配状况进行分析。不同性质企业的分配方式不同，产生的收入分配不公平问题也不同，这里主要从公有制企业按劳分配和非公有制企业按生产要素分配两种方式进行分析。

（一）按劳分配方式下的企业收入分配不公平

社会主义国有制坚持实行按劳分配制度，要求按照劳动者所提供的劳动数量和质量分配个人收入，不允许任何人利用劳动之外的力量获取不公平收入。在社会主义初级阶段，在按劳分配为主体的公有制企业和国家机构单位却存在着较为悬殊的收入差距和不公平问题，表现为垄断行业企业职工工资过高、竞争性行业企业的职工工资较低。企业内部也存在收入分配不公平问题，主要表现为企业管理者工资偏高、普遍职工工资偏低。

1. 垄断行业企业职工工资过高

相对于其他市场竞争企业而言，国有垄断企业职工工资过高已是不争的事实。国有垄断行业通过权力赋予的垄断地位排斥其他竞争者的自由进入，从而独占或低价使用某些重要资源的超经济优势以获得高额垄断利润，企业再转而把他们所获得的垄断利润部分转化为企业经营管理者和职工的收入，而且这些收入的数额远远高于社会平均水平。根据相关政府部门的测算，一些垄断性行业的许多企业员工工资是全国平均工资水平的 3 ～ 10 倍，大型央企的职工总数不足全国职工数的 8%，但其工资总额占比是全国工资总量的一半左右。垄断企业与非垄断企业的收入差距数额和比重日趋扩大（见表 4–1）。

表 4–1　垄断国企员工均收入与非垄断企业员工均月收入差距统计表　单位：元

收 入 项 目	2005 年	2010 年	2015 年	2019 年
垄断国企员工均收入	9 416.4	10 886.4	20 106	30 712.2
非垄断企业员工均收入	1 213	1 344	2 234	3 011
收入差距	8 203.4	9 542.4	17 872	27 701.2

数据来源：唐清明.国有企业收入分配制度改革的必要性和紧迫性初探 [J]. 现代信息管理，2019（16）.

由表 4–1 中的数据可以看出，垄断企业与非垄断企业之间月收入的差距 2005 年为 8 203.4 元，2010 年为 9 542.4 元，2015 年为 17 872 元，2019 年则高达 27 701.2 元，数据表明两种收入绝对数额差距越来越大。从比例来看，2005年，垄断国企员工人均月收入是非垄断企业员工人均收入的 7.8 倍，2010 年为 8.1 倍，2015 年为 9 倍，2019 年为 10.2 倍，数据表明两种收入比例差距也是越来越大。可以说，垄断企业垄断利润的存在，不仅造成收入分配人为不均，也是引发低收入群体"仇富"心理的主要原因。

2. 管理层与普通职工工资差距过大

国有企业普遍存在经营管理层收入过高问题。有的国企高管年薪高得离谱，相比普通职工工资简直就是天文数字。有资料显示，有的大型国有公司高层管理人员的薪酬采取年薪制后，与普通职工的工资差距在 20 倍以上。2015 年，《中央管理企业负责人薪酬制度改革方案》开始实施之前，大型央企、国企管理层的税前薪酬动辄上百万元、上千万元。

国企的经营管理者不仅工资水平高，而且企业所发放的补贴、津贴、奖金、实物分配等制度外收入名目繁多，职务消费数额没有明确上限，多采取实报实销的方式，更增加了经营管理者的总收入水平，进一步拉大了企业上下各层次间的差距。国企各层次间的差距主要是由企业收入分配的激励和约束机制缺位或不完善造成的，由于政府相关管理机制不到位，有效调控手段缺失，致使国有企业管理层给自己定的工资和福利相对较高，给普通职工定的工资和福利水平偏低，造成企业高层与普通职工收入差距进一步拉大。

刘植荣曾对一些国家的国有企业高管薪酬进行过研究，高管平均薪酬均未超过人均 GDP 的 4 倍，未超过法定最低工资的 8 倍，未超过全国从业人员平均工资的 5 倍。美国和日本国有企业高管收入是人均工资的 3.8 倍，英国是 1.5 倍，加拿大是 1.6 倍，新加坡是 1.7 倍。日本国企高管收入只及私企高管的 25%。而中国作为一个发展中国家，有的国企高管工资是普通员工的十几倍、几十倍甚至上百倍[1]。国企单位工资高，高管的工资更高，表明国企单位工资制度不合理，没有从中国的国情出发做出合理安排。

3. 不同身份的职工工资差距较大

公有制企业雇用临时工或合同工的现象已经较为普遍，而且这些临时工或合同工与体制内的正式工之间的收入差距非常大。"同工同酬"社会主义按劳分配制度本质要求，也是市场经济的基本分配原则。"同工同酬"原则中，"同工"是指相同或者相近岗位上劳动者，"同酬"则是指相同的劳动报酬分配制度和方法。"同工同酬"不能简单地理解为工资数额的绝对相等，即便是在相同或者相近岗位上工作的劳动者，因为各自的工作时间、熟练程度、工作绩效、工作年限等各方面不可能完全相同，工资金额当然也不会完全相等。

我国国有企业按身份进行分配，不同性质的职工会被不同对待：对体制内的正式工不仅有较高的工资，而且有较好的福利待遇；而对临时工不是实行按劳分配，不仅工资水平低下，而且多数没有什么福利待遇，"同工不同酬"问题十分严重。国有企业全部工作人员，包括上至高级管理人员、专业技术人员下至工人都是"合同制员工"，也就是正式工。另有少量的"劳务派遣工"，共有两种用工形式。综合来看，名义上的合同工比重一度是相当高的。

---

[1]　刘植荣 . 中国需要一部《工资法》[J]. 检察风云，2017（02）：28.

我国国有工业总产值自 1992 年以来在 GDP 中所占比重明显处于下降趋势，而国有企业雇用的合同工比重虽然小有波动，但是所占比重比较高，2007 年保持在 95% 上下。中国国有工业生产的主力不是占职工总数 5% 左右的正式工，而是占职工总数 95% 的合同工、临时工。显而易见，国有企业之所以雇用如此大比例的合同工、临时工，主要是因为合同工、临时工的工资待遇较正式工低得多。据统计，"自 1998 年至 2005 年，中国国有工业企业职工由 3 747.78 万人减少到了 1 874.85 万人，人员减少了近一半，累计减少报酬支出 2 252 亿元；企业利润总额则由 1998 年的 525 亿元增长到了 2005 年的 6 519 亿元，增长 11 倍多"[1]。

2000 年前后，中国大力推行国有企业改革实现减员增效的目的，迫使许多体制内职工被大量裁员下岗。近些年，随着国有企业的改制转型增效，企业发展较快用工大量增加，而原来被迫下岗的员工并没有回到原来的岗位，企业主要从劳动力市场大量雇用所谓的"体制外的临时工"，目的是降低企业用工成本。这些体制外员工与正式员工的工作相同，甚至比正式员工的工作更苦、更累、时间更长，而企业却对他们支付了比正式工少得多的薪酬待遇，这样企业用工成本就会大大减少使得企业利润空间得到很大的提升。

客观上，不应该把国企内的正式工与合同工进行简单对比，因为合同工在很多单位就是我们俗话说的"正式工"，国企内合同工的比例起码占到了 99%，因为有行政事业编制的领导毕竟是少数。[2] 现在国企的用工模式主要分为三大类，即公务员、事业编和合同制，合同制中的劳务派遣和非全日制用工属于特殊的合同制，属于"同工不同酬"的用工范畴。

（二）按要素分配方式下的企业收入分配不公平

传统经济理论认为，"按生产要素分配"是生产资料私有制条件下的市场经济主要收入分配方式。当前，我国多种生产资料所有制并存，市场经济成为经济运行和经济发展的主要方式，允许并鼓励资本、劳动、土地等各要素参与生产经营，并按照各自在生产经营中的贡献大小进行收入分配。

---

〔1〕 郑治国 . 企业利润怎样侵蚀工资 [J]. 中国工业经济，2008（01）: 6.

〔2〕 现在国企还区分正式员工和合同工吗？ [EB/OL]. [2020-07-15].https://www.163.com/dy/article/FHJAUK7N0544-JN0H.html.

1. 劳动和资本要素的收益与贡献不对称

工资与利润之间的分割比例问题也称为劳资分配问题，这在分配领域是非常重要也是非常核心的问题。由于我国劳动力供给长期相对过剩，而资本相对短缺，导致雇主和劳动者双方力量明显不对称。由于中国企业的劳资双方强弱对比鲜明，使得处于弱势的劳动力价格被扭曲，长期处于较低水平的状态，而且长期得不到增长。这样的工资标准不是个别现象，在建筑业、加工业、商业服务业非常普遍，而且经常被拖欠。与此相反，民营企业主的收入非常高，一个民营企业主的收入相当于 25 个职工的收入，"利润侵蚀工资"问题严重。非公有制企业的经营管理者一般都是企业所有者，他们往往直接控制着企业的生产和分配，资本所有者作为"经济人"必然追求利益最大化，其利润率一般会明显超过资本要素的贡献率，而普通劳动者的收入水平则明显低于其劳动贡献，"一高一低"说明企业内资本的高利润严重侵蚀了劳动者的工资。

客观上，企业分配应该按照各要素的贡献大小进行，但"生产要素按贡献分配"原则事实上并没有真正在企业中得以实施，而是沿袭了按生产要素"所有权"分配的传统方式。这主要是因为现实操作层面很难找到一个适当的办法对各生产要素所做出的贡献加以衡量，因此，这一分配原则演变为按生产要素的稀缺程度进行，最具有稀缺性的生产要素掌握了企业的最终收益分配权。在企业运行过程中，无论哪种生产要素，只要它"雇用"了其他生产要素，掌握了企业的所有权和决定权，就拥有了对"剩余"的控制权。改革开放以来的 40 多年间，由于中国市场资本严重短缺而劳动力大量过剩，长期实行"资本雇佣劳动"的管理模式，企业的所有权和决定权掌握在资本手中，资本也自然控制了对"剩余"的分配权，决定着劳动者的收入水平和命运。在非国有企业中，作为"经济人"的雇主为了追逐利润最大化，最大比例占有企业剩余，必然会极力压低职工工资，减少职工福利，使得企业剩余分配尽量对自己有利，劳动者和资本所有者之间围绕着利益分配形成了"零和博弈"。2010 年，中国规模以上私营企业投资者平均每人获得的利润为 216.74 万元，而私营企业劳动者的年平均工资仅为 20 759 元，两者差距超过 100 倍。[1] 事实上，由于一部分私营企业偷税漏税、瞒报真实利润，把自己和家庭的生活消费开支计入成本，造成

---

〔1〕　周绍东. 以劳动与分工为硬核的马克思经济发展理论研究 [J]. 社会主义研究，2013（01）：12.

私营企业主与职工之间的收入实际差距更大。

2.压低、克扣和拖欠职工工资现象较为普遍

企业拖欠工人工资日益成为一个非常严重的社会问题。通过大众媒体可以发现,现阶段被拖欠工资的对象往往是从事劳动密集型的建筑、餐饮等行业企业的农民工。多年来,拖欠和克扣职工工资问题一直是各级政府管理部门面对的最为棘手的问题,各级政府为处理压低、克扣和拖欠职工工资事件消耗了大量时间、精力和资金。实践证明,除了少部分企业是因为经营管理不善无力支付而造成压低、克扣和拖欠职工工资现象,大部分企业则是完全恶意的,是企业主凭借其在买方劳动力市场中的强势地位,对广大弱势劳动力采取的一种过度剥削行为,同时也是一种对人的歧视和违法犯罪行为。中国人力资源开发网曾对全国多家企业用工状况调查发现,许多企业"996""715"加班加点工作是常态,有相当比例的企业有加班补偿规定但从不主动执行,甚至有的企业从不给工人支付加班报酬。有些企业把部分员工的工资压低到最低工资标准以下,工资仅能勉强维持家庭的基本生计,甚至到了连正常的生存也难以维系的地步。

3.普通职工工资增长长期低于经济增长速度

相关统计资料表明,经济增长和实际工资增长之间存在着积极相关的关系,但大多数发展中国家的工资增长都赶不上经济增长。多数发展中国家增加工资是为了适应持续增长的高通货膨胀,我国的工资增长也存在此类情况。在劳动力市场供过于求的情况下,非国有企业经常肆意压低劳动力价格,或者保持劳动力价格多年不涨,导致职工工资的增长常常低于国民经济增长速度。

二、企业"利润侵蚀工资"问题严重

企业是创造国民收入的主体,主要是获得企业盈余并把企业盈余转化为资本进行投资扩大再生产以获得更大的创造价值的能力,企业最关心的问题就是企业盈余的多少。如果企业在国民收入分配中所占比重过低就会影响资本积累速度,从而影响企业持续扩大创造价值的能力;相反,如果企业的剩余所占比重过高,必然对其他部门造成一定程度的"侵蚀",导致主体间收入分配的不公平。

（一）企业各要素收入分配的基本状况

党的十八届三中全会提出要"健全资本、知识、技术、管理等由要素市场决定的报酬机制"；党的十九届四中全会再次提出，要健全劳动、资本、土地、知识、技术、管理、数据等生产要素由市场评价贡献、按贡献决定报酬的机制。这表明从国家层面要求按生产要素贡献分配已经成为分配制度改革的方向。但从目前的状况来看，资本、技术、管理、劳动等不同要素的报酬机制并不健全。中国企业内部资本、技术、管理和劳动等基本要素间的收入水平差距较大，分配不公平问题严重。

在社会主义市场经济条件下，由于资本长期相对匮乏，而劳动力较为富足，供过于求，企业的出资人凭借资本的"强势力量"处于绝对的控制地位，对企业新创造的价值享有绝对的支配权，利润大部分归出资人占有，普通员工并无利润分享权，这种模式也就是通常所说的按资分配。出资人为了追求利润最大化，要求管理层尽可能激励普通员工做大蛋糕以实现企业收益最大化。但是在分蛋糕的时候，却不断挤占普通员工的利益空间，最大限度地压低普通员工的劳动报酬，使得劳动者报酬与其劳动力价值不对等。

企业的管理人员与普通员工收入差距偏大。企业管理层与普通员工之间产生适当的收入差距是正常的，也是为社会普遍认同的。但是，现实的企业分配中存在分配秩序不够规范、管理层收入与实际脱节、垄断行业收入过高、金融行业部分人员收入增长过快等问题。特别是一些企业高层管理者年收入是普通员工年收入的十多倍，拉大了企业上下层间的贫富差距。高收入要承担相应的高风险，而我国企业管理者的收益与风险之间存在不对等的问题。企业投入管理要素后，管理层却并不愿意承担相应的风险，当管理者不冒风险或者无法承担风险就可以获得高收益，就可能导致管理者自我约束不力，出现道德风险。

技术要素获得的收入与贡献之间也存在不对等的问题。目前，大多数企业中技术人员的收入水平相对偏低，即技术人员与普通员工收入相比高了不少，但与高层管理者的收入相比有较大差距，根本不在一个层级上，他们获得的收入基本上不能与企业利润同步增加。技术人员掌握着企业的关键技术，企业产品质量的提升、市场销路的扩大、企业的未来发展都与技术人员的技术贡献有直接关系。可以说，他们在参与企业生产过程中，承担着较大的企业责任风险，如果他们的付出得不到承认，不能获得合理的报酬，既不利于发挥技术人员的工作积极性，还容易造成企业技术人才的流失，威胁着企业的生存发展。

劳动要素则由于其在企业内的弱势地位难以改观，造成其收入年均增长速度较为缓慢，绝对收入和相对收入水平一直偏低。劳动要素的收入份额长期处于绝对的弱势地位，与资本要素所有者的年平均收入差距越来越大。如果把劳动要素的平均年收入设为 1，资本要素平均年收入相对于劳动要素平均年收入的比值多在 3 以上。

市场决定要素价格是当前深化经济体制改革的方向，是充分调动要素所有者生产积极性的前提；而建立相对合理的收入分配机制，使资本、技术、管理和劳动等要素的所有者获得合理的报酬，千方百计提高劳动者报酬成为问题的关键。

（二）劳动力价格存在不同程度的扭曲

我国普通劳动力价格偏低是一个不争的事实，这主要是由于我国长期存在劳动力供给总量相对过剩、资本短缺的自然结果，同时也是企业对普通劳动力要素定价过程的不公平博弈的结果。普通劳动力在市场中与资本博弈时往往处于不利地位，市场供求关系失衡决定了资本可以凭借在市场中的强势地位人为压低劳动力价格，使得普通劳动力价格长期低于劳动力价值，导致劳动力价格扭曲。劳动力价格扭曲是指由于市场结构不完整、市场机制不完善导致的劳动力资源在国民经济中的非最优配置，即劳动力要素市场价格与机会成本的偏差与背离。

新古典经济学理论认为，完全竞争的市场可以出清。无论是产品还是要素市场都不存在价格扭曲现象，企业按照边际产出等于边际成本进行生产，对要素的投入使用遵循边际产出等于要素的边际价格原则。要素价格扭曲是转型经济社会的主要特征之一，其结果是拉大收入分配差距和加剧分配不公平程度。实际上，我国普通劳动力的工资增长比较缓慢，工资增长水平长期低于经济发展速度。这种被扭曲的劳动力价格造成了劳动收益的流失，使收入分配结果出现财富和贫困两极分化的倾向。劳动力价格的严重扭曲使得普通劳动力的低工资收入与资本阶层的高收入形成鲜明对比，而且使得普通劳动者的贫困生活状况与富裕阶层的高消费形成巨大的反差。

目前，世界测度劳动力价格扭曲程度最常用的方法是生产函数法，萨姆帕斯（Sampath）、拉姆（Ram）等美国学者曾运用此法对印度和美国农业中的要素价格扭曲程度进行了估计。生产函数法测量要素价格扭曲程度的公式表示如下：

$$k_i = \frac{\mathrm{MP}_i}{\omega_i}$$

式中，k_i 代表要素价格的扭曲程度；MP_i 代表资本和劳动要素的边际产出；ω_i 代表投入要素的价格。如果 k_i 等于 1，说明要素价格是合理的，否则说明要素价格是扭曲的；而 k_i 偏离 1 的程度越高，说明要素价格扭曲程度越严重。如果 k_i 大于 1，说明要素价格被低估了。如果 k_i 小于 1，说明要素价格被高估了。

（三）企业内利润对工资的挤压和侵蚀的直接表现

企业是"经济人"创造新价值的主体，企业主最关心的是盈利能力，是企业利润，是新价值中自己能获得的收入份额。如果企业在国民收入分配中所占比重过低，就会影响资本积累速度，从而影响企业持续扩大创造价值的能力；相反，如果企业的剩余所占比重过高，必然对其他部门造成一定程度的"侵蚀"，导致主体间收入分配不公平。

边际革命后的经济学家研究分配问题，主要从分配的内生决定模式转为市场决定的方式，发展出了边际劳动生产率决定工资的理论，柯布－道格拉斯生产函数是美国数学家柯布（C. W. Cobb）和经济学家保罗·道格拉斯（Paul Douglas）共同探讨投入和产出的关系时创造的生产函数，以二人的名字命名，也是这一理论的最好诠释。从要素收入角度入手，我们可以描述一个企业的分配模型：

$$P = C - V - G$$

模型中，P 表示利润；C 表示总产值；V 表示劳动成本；G 表示物质成本。按照现在的工业统计核算方式，上述企业分配模型可以更明确且详尽地表示为：

$$P = C - (W + F_1) - M - N - T - (T_1 + Z) - F_2$$

模型中，W 表示工资；F_1 表示部分职工福利提取；M 表示折旧；N 表示利息；T 表示税收；T_1 表示税费；Z 表示制度外收费；F_2 表示部分不可计入成本的福利。由上述公式可以看出，在企业生产总值一定的情况下，企业留利多少与工资、福利、折旧、利息、税费和制度外收费等要素有关，并且企业利润与这些要素呈负相关关系。在企业生产总值一定的情况下，折旧、利息和税费三项支出基本是既定的；由以前的数据显示，我国企业的制度外收费和福利支出不断增大，因此，企业的利润空间有被压缩的趋势，企业必然会努力寻找增大资本利润量的途径。

从上述企业分配模型可以看出，在其他要素比重不变的情况下，降低劳动成本，利润空间就会相应增大，在利润与工资之间会形成一种相互挤压、你增我减的抗衡机制。也就是说，企业对正常的劳动力成本支出进行挤压，成为企业利润增大的源泉，这就是"利润侵蚀工资"不公平分配现象。这种现象主要是企业通过对职工工资总额的挤压，如采取同工不同酬、拖欠工资等方式直接增大企业利润总额；企业还可以通过不交或少交职工养老、医疗、失业保险费等方式，减少职工福利支出，间接增大企业利润总量。

三、劳资收入严重失衡的利弊辨析

在社会主义初级阶段，初次分配中劳动报酬偏低有其必然性的一面，企业劳资收入分配存在一定程度的不公平有利弊之分，需要辩证地分析认识。

（一）劳资收入分配差距之"利"

经济学家刘易斯和库兹涅茨等人的发展经济学理论认为，在经济发展初期，发展中国家对国民收入进行有利于资本的分配，不仅可以增加资金储蓄形成规模投资资本，消除经济发展的资本短缺瓶颈现象，跨越经济增长长期低水平的困境。从一般市场经济发展规律来看，在经济工业化发展早期，劳动者报酬率偏低有其合理性的一面，可以快速积累资本增加资本总量推进经济发展速度，其正面影响大于负面影响。到了工业化中期之后，劳动报酬率和劳动报酬份额偏低的负面影响则会大于正面意义。发展经济学理论观点已经被我国改革开放以来的经济发展过程实践所验证。改革开放初期，偏低的劳动报酬的确促进了我国经济的快速发展和工业化建设进程，由于我国劳动力成本相对较低，相对提高了资本利润率，不仅吸引了大量社会生产要素的投入，而且吸引了大量外资的进入，解决了中国经济发展中长期存在的资本不足的问题。

（二）劳资收入分配差距之"弊"

资本追逐利益最大化需要压低劳动力成本，而压低工资和逃避缴纳职工的养老保险是最简单、最奏效的盈利方法和竞争方式，所以，牺牲劳动者的合法权益，拼命压低劳动力成本成为不少企业和其他用人单位的选择，导致牺牲了劳动者合法权益，直接造成了收入差距悬殊和不公平问题。目前，随着社会主义市场经济体制的相对完善和健全，劳动报酬偏低的消极影响也开始凸现出来。

1. 挫伤劳动者的生产积极性，削弱经济持续发展的动力

当收入分配原则较为公正，社会贫富差距处于合理状态时，社会成员会把所有生产要素和精力集中在创造财富上，会做出自己最大的生产性努力；如果收入分配原则不公正，贫富差距日益扩大甚至两极分化，社会成员就会把注意力从财富的创造转移到财富分配上来，只会做出分配性努力。劳动报酬率过低使得广大劳动者难以形成凝聚力，难以调动广大劳动者的工作积极性、主动性和创造性，职工对企业的忠诚度下降，跳槽频繁、流动性增大，增加了企业的职工重置成本，降低了企业的生产效率。职工流动率高不仅会增加企业的人力重置成本，还会影响生产和各方面工作的效率和质量，严重时甚至危及企业的生死存亡。

2. 不利于社会消费水平的提高

"收入决定消费"，收入水平决定消费水平，普通劳动者的报酬率偏低是导致居民消费率下降的直接原因。目前，中国经济发展中的低劳动成本不利于扩大内需，特别是不利于扩大居民消费水平。由于普通劳动力收入过低，大多时候只能维持劳动力补偿，导致劳动者自身素质难以提高，也会造成无力承担子女教育所需费用而产生贫穷的代际转移及其他一些社会问题。社会财富占有的贫富分化问题已经严重抑制了国内的消费需求不足，使得社会再生产和经济发展缺乏动力，甚至引发一定的经济危机，造成对社会生产力的破坏。由此可见，只有保持收入分配总量和各部分收入的公平合理，才能有效地扩大消费，提高社会消费率，进而促进经济可持续发展。

3. 引发仇富心理，激化社会矛盾

不同社会阶层间的贫富差距状况决定着社会的分化以及社会结构的类型。中国目前只有少数人属于富裕阶层，多数人还不富裕甚至还很贫穷，仍然是一个"金字塔形"的社会结构。这种不稳定的社会结构是分配不公造成的自然结果，许多富人并不都通过合法的正常渠道劳动致富，许多所谓"成功的企业家"都存在"资本原罪"问题，其成功的资本可能是不法收入、"灰色收入"，甚至

是"黑色收入"。有专家指出，一些人从一无所有到成为亿万富豪平均只需要10年左右的时间，而这种致富速度在西方发达资本主义国家也是不可能存在的。与此同时，由于我国的社会保障制度还很不完善，发展相对滞后，导致占绝大多数的中低收入阶层和弱势群体不安全感和不公平感增加。如果劳苦大众和弱势群体只是经济社会发展代价的主要承担者，而无法分享社会发展的成果，社会成员之间的宽容度就会越来越小，他们往往会出现一些越轨或反社会行为，以及报复他人、报复社会的过激行为。一定程度上会引发普通劳动者对社会的不满情绪，并引发一些人的仇富心理，必然对社会稳定构成现实的和潜在的威胁，甚至引起社会治安恶化、群体性事件频发等一系列社会问题，从而严重危及整个社会的安全运行和健康发展，影响社会的和谐与稳定，尤其是我国少数民族主要集中在经济落后地区，在收入差距问题上如果没有处理好，还可能激化民族矛盾。

当前，中国社会处于关键的第二次转型期，生产要素市场供求结构正在发生转变，资本短缺问题正在被资金流动性过剩所替代，普通劳动力过剩正在被"技工荒"问题所覆盖，提高劳动报酬率，劳动要素收入公平的实现呼之欲出。现阶段，在经济社会发展的关键时期，必须尽快提高劳动报酬水平及其在国民初次分配格局中所占比重，需要政府正视与处理好各方面利益关系，让劳动者真正分享到社会主义经济发展带来的丰硕成果。

第四节 城乡居民收入分配差距分析

当前，反映中国居民收入分配差距的基尼系数居高不下，表明了社会财富在社会成员之间的分配不公平问题严重，对基尼系数贡献最大的是城乡差距。一直以来，我国农村居民增收困难，收入增长较为缓慢，农村居民收入绝对水平一直较低，不仅致使农村居民内部收入差距较大，更是拉大了城乡居民收入差距。从基尼系数来看，我国社会基尼系数1994年就越过了0.4的国际公认警戒线，目前仍在高位徘徊。世界上有完整统计数据的150多个国家中，基尼系数超过0.49的不超过10个，中国是其中一个。社会的贫富差距远远超出了合理限度，我国政府应该对这一问题予以高度重视。

一、农民收入增长缓慢

相对于计划经济时期，改革开放以来的中国农民收入增长较快，年均增长幅度达 7.0%。但总体来说，我国农民收入的绝对水平并不高，特别是 1997 年之后农民人均收入增长较为缓慢，导致现阶段我国农民人均收入总体不高。

（一）农村贫困人口演变

我国农村贫困标准不是一成不变的。改革开放以来，随着社会经济发展和生活水平的提高，贫困标准也在逐步提高。到目前为止，我国共采用过三条不同的生活水平贫困标准，分别是"1978 年标准""2008 年标准"和"2010 年标准"。"1978 年标准"是一条低水平的生存标准，按 1978 年价格每人每年 100 元，人们的消费主要是购买食物，支出比重约占 85%，温饱问题还没有根本解决好。"2008 年标准"是一条基本温饱标准。此标准按 2008 年价格每人每年 1 196 元，在此标准下人们的食物支出比重降低到 60%，基本可以保证实现吃穿不愁。"2010 年标准"即现行农村贫困标准，此标准按 2010 价格每人每年生活水平 2 300 元，是一条稳定温饱标准，即贫困人口达到现行农村贫困标准后，能满足"吃饱、适当吃好"的稳定温饱需求，还能满足多方面非食物需求，即能保障义务教育、基本医疗和住房安全，实现安稳度日、不愁吃穿的比较宽裕的生活状态。这里对我国农村贫困状况进行简单分析（见表 4-2）。

表 4-2　1978—2020 年农村贫困状况

年份	1978 年标准		2008 年标准		2010 年标准	
	贫困人口（万人）	贫困发生率（%）	贫困人口（万人）	贫困发生率（%）	贫困人口（万人）	贫困发生率（%）
1978	25 000	30.7			77 039	97.5
1980	22 000	26.8			76 542	96.2
1981	15 200	18.5				
1982	14 500	17.5				
1983	13 500	16.2				
1984	12 800	15.1				
1985	12 500	14.8			66 101	78.3
1986	13 100	15.5				
1987	12 200	14.3				

续表

年份	1978 年标准		2008 年标准		2010 年标准	
	贫困人口（万人）	贫困发生率（%）	贫困人口（万人）	贫困发生率（%）	贫困人口（万人）	贫困发生率（%）
1988	9 600	11.1				
1989	10 200	11.6				
1990	8 500	9.4			65 849	73.5
1991	9 400	10.4				
1992	8 000	8.8				
1994	7 000	7.7				
1995	6 540	7.1			55 463	60.5
1997	4 962	5.4				
1998	4 210	4.6				
1999	3 412	3.7				
2000	3 209	3.5	9 422	10.2	46 224	49.8
2001	2 927	3.2	9 029	9.8		
2002	2 820	3.0	8 645	9.2		
2003	2 900	3.1	8 517	9.1		
2004	2 610	2.8	7 587	8.1		
2005	2 365	2.5	6 432	6.8	28 662	30.2
2006	2 148	2.3	5 698	6.0		
2007	1 479	1.6	4 320	4.6		
2008			4 007	4.2		
2009			3 597	3.8		
2010			2 688	2.8	16 567	17.2
2011					12 238	12.7
2012					9 899	10.2
2013					8 249	8.5
2014					7 017	7.2
2015					5 575	5.7
2016					4 336	4.5
2017					3 046	3.1
2018					1 660	1.7

续表

年份	1978 年标准		2008 年标准		2010 年标准	
	贫困人口（万人）	贫困发生率（%）	贫困人口（万人）	贫困发生率（%）	贫困人口（万人）	贫困发生率（%）
2019					551	0.6
2020					全部脱贫	全部脱贫

资料来源：数据来自国家统计局官方网站上《中国统计年鉴 2021》。

注：① 1978 年标准：1978—1999 年的称为农村贫困标准，2000—2007 年的称为农村绝对贫困标准。

② 2008 年标准：2000—2007 年的称为农村低收入标准，2008—2010 年的称为农村贫困标准。

③ 2010 年标准：即现行农村贫困标准。现行农村贫困标准为每人每年生活水平 2 300 元（2010 年不变价）。

④ 2020 年，我国现行农村贫困标准下的农村贫困人口全部脱贫。

⑤ 1979 年、1993 和 1996 年的数据《中国统计年鉴 2021》未做统计。

国家统计局对全国 31 个省（自治区、直辖市）6.8 万个农村住户进行的抽样调查数据显示，2010 年全国农村贫困人口为 2 688 万人，比上年减少 909 万人，下降了 25.3%，下降幅度比 2009 年高 15.1 个百分点，贫困发生率为 2.8%，比上年下降了 1 个百分点。这次抽样调查是根据农村居民生活消费价格指数进行推算，把 2010 年农村贫困标准确定为 1 274 元得出的结果，这一贫困标准比 2009 年的 1 196 元提高了 78 元。按照这一贫困标准，国家统计住户调查办公室根据调查数据统计得出，2010 年农村贫困人口比上年减少了 909 万人，比上年多脱贫了 499 万人，为近三年来脱贫人数最多的一年。分析其原因，主要是受农产品价格上涨和粮食丰收双重因素的影响，以及国家多项惠民政策的实施。低收入人群，特别是西部地区人均纯收入实现了快速增长，是我国农村贫困人口比重快速下降的主要原因。随着我国整体经济平稳快速发展，"十二五"时期应该再次适当提高贫困标准，同时对中西部落后地区的农村贫困人口进一步加大扶持力度，全面提高我国的扶贫水平。

截至 2019 年年底，我国贫困发生率降至 0.6%。在整个"十三五"期间，全国贫困人口每年净减少 1 000 万人以上，截至 2020 年年底，我国所有贫困人口实现全部脱贫摘帽。2020 年 11 月 23 日下午，贵州省政府新闻办召开发布会，宣布紫云县等 9 个县退出贫困县序列。至此，贵州全省 66 个贫困县全部实现脱贫摘帽。这也标志着国务院扶贫办确定的全国 832 个贫困县全部脱贫摘帽，全国脱贫攻坚目标任务已经完成。当然，贫困地区脱贫后仍存在基础设施滞后，教育、医疗、卫生、文化等基本公共服务水平不足问题，迫切需要国家在基础设施建设和基本公共服务供给方面加大资金支持力度，着重提升这些地区基本公共服务水平。

（二）农民收入增长速度相对较慢

与同期 GDP 增长速度相比，我国农民收入增长速度长期偏低。一般来说，按照经济学分配理论和我国的实际情况，要求居民实际收入增长速度略低于 GDP 的增长速度是正常的，因为这是避免通货膨胀，支持整个国民经济增长的必要条件。但是，居民实际收入增长如果长期大幅度低于 GDP 的增长，则会导致供大于求、市场疲软，不利于国民经济的持续快速发展。自 20 世纪 90 年代以来，特别是自 1997 年之后，中国农民收入增长持续低迷，远远低于同期 GDP 的增长率，导致农村市场难以启动，国内市场需求疲软。改革开放最初的 6 年，我国农民人均收入的年增长率大约在 14%～20% 之间，年均涨幅达 15.6%，1982 年达到最高点 19.9%，但是 1997—2006 年，年均涨幅仅为 4.90%。2007 年和 2008 年两年，农民人均收入年增长率又开始大幅度回升，分别达到了 15.4% 和 15.0%，高于国内生产总值增长率 5 个百分点。这是因为国家提出"反哺"政策之后，不仅一举取消了存在千年的农业税制度，而且加大了中央政府对农村的惠农补贴力度，使得农民收入的增长速度发展较快，农民人均纯收入有一定幅度的增加。

2008 年国际金融危机以来，我国 GDP 经历了从高速向中高速增长的新常态转变，经济下行压力不断加大。中国经济新常态下，特别是从 2012 年开始，GDP 实际增速呈现出逐年下降的趋势，农民人均收入增速也趋于放缓。2012 年全国农民人均可支配收入较上年实际增长 10.7%，实际增速高于 GDP 增速 2.8 个百分点；2019 年下降到 6.2%，实际增速高于 GDP 增速 0.1 个百分点，农民人均可支配收入相对于 GDP 增速逐年收窄。2016—2019 年，全国农民人均可支配收入年均增速为 6.5%，高于城镇居民人均可支配收入增速 0.9 个百分点。农民收入持续稳定上涨，但上涨幅度逐渐下降，农民收入增长的难度增加。

（三）城乡居民收入增长幅度差距较大

社会主义市场经济体制建立以来，特别是 1997—2006 年，中国城镇居民人均可支配收入年均增长率达到了 8.91%，而同期的农民人均可支配收入年均增长率只有 4.85%，二者涨幅相差 4.06%，几乎相差了 1 倍，导致城乡居民收入差距较大。2007 年之后的几年，中国城镇居民人均可支配收入年均涨幅与农民人均纯收入增长幅度都在 15.0% 左右，二者基本持平。

党的十八大以来，农村居民人均可支配收入的实际增速明显快于城镇居民，使得城乡居民收入的相对差距呈现不断缩小的趋势。2012 年，城乡居民人均可支配收入之比为 2.88，2013 年的比例为 2.81，2019 年为 2.64；2020 年，城乡居民人均可支配收入比值为 2.56，比上年缩小 0.08。西部地区居民收入增长快于东部，东部 2019 年增长了 4.6%，西部增长了 6%，东西部地区居民收入相对差距缩小。[1] 2021 年，城乡居民人均可支配收入比值继续下降到了 2.45，发展趋势比较乐观，但其与改革开放初期的数据（1983 年的 1.82）相比，差距仍旧比较大。也就是说，即便 2010 年以来城乡居民人均收入差距逐渐缩小，农民收入增长速度已连续 13 年领先城镇居民，但远未达到理想状态。不仅如此，而且城乡居民人均收入的绝对差距仍处于不断扩大的态势，2010 年城乡居民人均收入相差 12 506.7 元，2012 年为 15 737.4 元，2020 年扩大到 26 703 元，绝对差距拉大了一倍多，表明城乡居民之间人均收入差距问题依旧突出。

二、农民收入结构性分析

从收入来源分析，我国居民的收入由工资性收入、经营性收入、财产性收入和转移性收入等四部分构成。2020 年，全国居民人均工资性收入 17 917 元，增长 4.3%，占可支配收入的比重为 55.7%；人均经营净收入 5 307 元，增长 1.1%，占可支配收入的比重为 16.5%；人均财产净收入 2 791 元，增长 6.6%，占可支配收入的比重为 8.7%；人均转移净收入 6 173 元，增长 8.7%，占可支

---

〔1〕 2020 年居民人均收入比 2010 年翻一番目标如期实现 [EB/OL]. [2021-01-19].https://news.cctv.com/2021/01/19/ ARTI4HB8isk491XETKfXYlTv210119.shtml.

配收入的比重为19.2%。[1]总体来看，我国居民收入增长好于预期，实现了与经济增长的基本同步。但是，就我国农村居民的收入来看，还有一些不尽如人意的地方。早在计划经济时期和改革开放初期，我国农民的收入几乎全部来自农业生产经营活动，农业生产经营获得的收入一般都会占到全部收入的95%以上，其他方面的收入非常少。随着改革开放政策的稳定与深入，我国农民收入结构的构成发生了显著变化，其收入结构特点日趋清晰化、合理化（见表4–3）。

表4–3　中国主要年份农村居民纯收入结构及其比重

年份	纯收入	工资性收入及其比重		经营性收入及其比重		财产性收入及其比重		转移性收入及其比重	
		收入（元/人）	比重/（%）	收入/（%）	比重/（%）	收入/（%）	比重/（%）	收入/（%）	比重/（%）
1985	397.6	72.2	18.2	296.0	74.4			29.4	7.4
1986	423.8	81.6	19.3	313.3	73.9			28.9	6.8
1987	462.6	95.5	20.6	345.5	74.7			21.6	4.7
1988	544.9	117.8	21.6	403.2	74.0			24.1	4.4
1989	601.5	136.5	22.7	434.5	72.3			30.5	5.1
1990	686.3	138.8	20.2	518.5	75.6			29.0	4.2
1991	708.6	151.9	21.4	523.6	73.9			33.1	4.7
1992	784.0	184.4	23.5	561.6	71.6			38.0	4.8
1993	921.6	194.5	21.1	678.5	73.6	7.0	0.8	41.6	4.5
1994	1 221.0	263.0	21.5	881.9	72.2	28.6	2.3	47.5	3.9
1995	1 577.7	353.7	22.4	1 125.8	71.4	41.0	2.6	57.2	3.6
1996	1 926.1	450.8	23.4	1 362.5	70.7	42.6	2.2	70.2	3.6
1997	2 090.3	514.6	24.6	1 472.7	70.5	23.6	1.1	79.4	3.8
1998	2 161.0	573.6	26.5	1 466.0	67.8	30.4	1.4	92.0	4.3
1999	2 210.3	630.3	28.5	1 448.4	65.5	31.6	1.4	100	4.5
2000	2 253.4	702.3	31.2	1 427.1	63.3	45.0	2.0	91	3.5
2001	2 366.4	771.9	32.6	1 459.5	61.7	47.0	2.0	106	3.7
2002	2 475.6	840.2	33.9	1 486.7	60.0	50.7	2.0	125	4.0

---

〔1〕2020年居民人均收入比2010年翻一番目标如期实现[EB/OL]. [2021-01-19].https://news.cctv. com/2021/01/19/ ARTI4HB8isk491XETKfXYlTv210119.shtml.

年份	纯收入	工资性收入及其比重		经营性收入及其比重		财产性收入及其比重		转移性收入及其比重	
		收入（元/人）	比重/（%）	收入/（%）	比重/（%）	收入/（%）	比重/（%）	收入/（%）	比重/（%）
2003	2 622.2	918.4	35.0	1 541.3	58.8	65.5	2.5	163	3.7
2004	2 936.4	998.5	34.0	1 746.3	59.5	76.6	2.6	219	3.9
2005	3 254.0	1 174.5	36.1	1 884.5	56.7	88.5	2.7	147.5	4.5
2006	3 587.0	1 374.8	38.3	1 931.0	53.8	100.2	2.8	284	5.0
2007	4 140.4	1 596.2	38.6	2 193.7	53.0	128.1	3.1	368	5.4
2008	4 760.6	1 853.7	38.9	2 435.6	51.2	148.3	3.1	565	11.9
2009	5 153.2	2 061.3	40.0	2 526.8	49.0	167.1	3.2	729	14.1
2010	5 919.0	2 431.1	41.1	2 832.8	47.9	202.1	3.4	873	14.7
2011	6 977.3	2 963.4	42.5	3 222.3	46.2	228.6	3.3	1 136	16.3
2012	7 916.6	3 447.5	43.6	3 533.0	44.6	249.1	3.2	1 441	18.2
2013	8 895.9	3 653	45.3	3 652.9	42.6	195	3.3	1 648	18.5
2014	10 488	4 152	41.9	4 237	42.8	222	2.2	1 877	19.0
2015	11 422	4 600	40.3	4 504	39.4	252	2.2	2 066	18.1
2016	12 363	5 022	40.6	4 741	38.3	272	2.2	2 328	18.8
2017	13 432	5 498	40.9	5 028	37.4	303	2.3	2 603	19.4
2018	14 617	5 996	41.0	5 358	36.7	341	2.3	2 920	20.0
2019	16 021	6 583	41.1	5 762	35.9	378	2.4	3 298	20.6
2020	17 131	6 974	40.7	6 077	35.5	419	2.4	3 661	21.4
2021	18 931	7 958	42.0	6 566	34.7	469	2.5	3 938	20.8

资料来源：数据由国家统计局官方网站《中国统计年鉴》中的相关数据计算得到。

注：① 1992 年以前的转移性收入包括财产性收入。

② 由于改革开放早期的数据查找困难且对分析问题的影响不大，所以年份数据始于 1985 年。

（一）经营性收入是农民收入的主要来源

经营性收入是指农村居民（以家庭为单位）进行基本生产经营活动而获得的收入，主要包括一个家庭所有成员从事第一、第二、第三产业的生产经营所获得的收入总和。经营性收入始终是农民收入的主要来源，在农村居民收入中占据主导地位。农村居民收入中的经营性收入从绝对数量上来看有了较大的增长，从 1985 年的 296.0 元逐年增长到 2007 年的 2 193.7 元，22 年上涨了 6.41 倍，年均增长率为 9.53%。从相对数量上来计算，1998 年之前，经营性收入比重大约占农村居民总收入的 2/3。1998 年之后，这一比重呈现出逐年下降的趋势，2007 年已经下降到了 53.0%，10 年间下降了 20 个百分点，但就其相对比重而言，"仍占乡村居民纯收入的一半以上，是其最主要的收入来源"[1]。随着社会流动性加速，经营性收入持续下降，2009 年已经不足 50%，2015 年更是被工资性收入超过，成为"第二位"的收入。2019 年，经营性收入为 5 762 元，比 2018 年增长了 7.5%。

（二）工资性收入是农民收入的重要来源之一

工资性收入是指农村居民受雇于企业或个人而获得的劳动收入。现阶段，随着市场经济的快速发展和城乡一体化的进程，工资性收入越来越成为农村居民收入的主要来源，也是农村居民增收的主要途径。计划经济时期和改革开放初期，由于经济体制的限制，我国农村居民收入中没有任何工资性收入。随着中国经济体制改革进程的推进，特别是允许农民劳动力进城打工的政策出台之后，其工资性收入所占比重越来越大。进入 21 世纪以来，我国农民收入中的工资性收入增长最快。从绝对量来看，农民收入中的工资性收入由 1985 年的 72.2 元逐年增长到 2007 年的 1 596.2 元，22 年上涨了 21.11 倍，年均增长 15.11%；21 世纪以来的 10 年间，农民工资性收入的年均增长率高达 30% 以上。整体来看，工资性收入的相对增长速度是随着农民收入绝对水平的提高而提高，其比重已经由 1985 年的 18.2% 逐年增长到了 2015 年的 40.3%，工资性收入超过经营性收入 0.9 个百分点，成为农民收入中"第一位"的收入来源。2015 年之后，两者间的差距越来越大；2019 年为 6 583 元，比 2018 年增长 9.8%。2021 年的工资性收入超过经营性收入 7.3 个百分点。

（三）财产性收入在农民收入中占比较小

财产性收入是指农村居民获得的租金、土地承包使用费、股息和红利收入等形式的各种收入。我国农民财产性收入所占比重较小，但绝对额有一定程度的增长。1992 年之前，我国农村居民的财产性收入数量较少，在农村居民收入中所占比重微乎其微，经济统计中一般将这部分收入归为转移性收入，直到

---

[1] 顾海兵，王亚红. 中国城乡居民收入差距的解构分析：1985—2007[J]. 经济学家，2008（6）：79.

1992 年之后才单独统计。1992 年之后，农民收入中的财产性收入的绝对数量呈逐渐上升的趋势，增长速度较快，从 1993 年的 7 元逐年增长到了 2007 年的 128.2 元，14 年共上涨了 18.31 倍，年均增长率为 23.08%。财产性收入部分"在农村居民纯收入中所占比重一直较低且比重基本稳定，自 1992 年以来的大部分年份中比重都在 2%～3% 之间"[1]。2019 年的财产净收入为 377 元，比 2018 年增长 10.3%。2021 年，财产性收入增加到 469 元，但在农民收入中的占比只有 2.5%。

（四）转移性收入在农民收入中缓慢增长

转移性收入是指农村居民无偿从政府和社会得到的各种收入，主要包括家庭帮扶款项、离退休金、养老金、救助金以及各种支持农业发展的政府补贴。实际上，无论是从绝对量还是相对量上来看，农村居民获得的转移性收入都无法与城镇居民相比。从转移性收入的绝对量来看，2004 年之前，多数年份的转移性收入都不足 100 元，1985—2007 年，22 年上涨了 6.54 倍，年均增长 9.61%；从转移性收入的相对量来看，其在农村居民纯收入中所占比重呈现出下降—稳定—上升"[2] 的发展趋势，自 1985 年的 7.4% 下降到 1996 年的 3.6%，1996—2005 年基本稳定在 3.6%～4.5% 之间；2006—2008 年，这一数据超过了 10%。2019 年，转移性收入为 3 298 元，比 2018 年增长 12.9%。近几年，转移性收入一直处于提速状态，连续 5 年占农民收入超过 20%，表明转移性收入在农民收入中的比重越来越大。

（五）农村居民收入增长总体状况

国家统计局对全国农村住户的抽样调查数据显示，2010 年，农村居民人均纯收入为 5 919 元，同比增加 766 元，增长率为 14.9%，剔除价格因素的影响，实际增长率为 10.9%，增速同比提高了 2.4 个百分点。2010 年，农村居民收入中的工资性收入人均为 2 431 元，增加了 370 元，增长率为 17.9%，增速同比提高了 6.7 个百分点，对农村居民全年增收的贡献率已经达到了 48.3%；2010 年，农村居民家庭经营性收入为 2 833 元，增加了 306 元，增长率为 12.1%，增速同比提高了 8.4 个百分点，对农村居民全年增收的贡献率达到了 40%；2010 年，农村居民财产性收入人均为 202 元，增加了 35 元，增长率为 21%；

---

[1][2]　顾海兵，王亚红．中国城乡居民收入差距的解构分析：1985—2007[J]．经济学家，2008（6）：79．

2010 年，农村居民转移性收入人均为 453 元，增加了 55 元，增长率为 13.8%，增速同比下降了 9.3 个百分点，是 2004 年以来增速最低的一年。

2021 年，农村居民人均纯收入为 18 931 元，比 2010 年增加了 13 012 元，年增长率为 11.2%。2021 年，农村居民收入中的工资性收入人均为 7 958 元，比 2010 年增加了 5 527 元，年增长率为 11.5%，对农村居民全年增收的贡献率已经达到了 42%；2021 年，农村居民家庭经营性收入为 6 566 元，比 2010 年增加了 3 733 元，年增长率为 8%，对农村居民全年增收的贡献率下降到了 34.7%；2021 年，农村居民财产性收入人均为 469 元，比 2010 年增加了 267 元，年增长率为 8.5%，对农村居民全年增收的贡献率下降到了 2.5%；2021 年，农村居民转移性收入人均为 3 938 元，比 2010 年增加了 3 065 元，年增长率为 14.9%，对农村居民全年增收的贡献率上升到了 20.8%。由此可见，在这些要素的比重中，占比第一位的是工资性收入，第二位的是经营性收入，第三位的是转移性收入，第四位的是财产性收入。

三、农民工收入的基本状况

农民工是随着中国改革开放事业发展进程而逐渐成长起来的一支新型"劳动大军"。这支劳动大军的生存发展状况非常尴尬，他们在为中国的改革开放事业和现代化建设事业做出巨大贡献的同时，却一直没能得到合理的回报与公平的对待。国家统计局的统计数据显示："2005 年我国外出农民工的数量为 1.2 亿人左右，加上在本地乡镇企业就业的农村劳动力，农民工总数为 2 亿人；2010 年度全国农民工总数为 2.4 亿人。"[1] 2019 年，国家统计局发布的《2019 年农民工检测调查报告》显示，我国农民工总量达到 29 077 万人，比上年增加 241 万人。其中，本地农民工 11 652 万人，比上年增加 82 万人；外出农民工 17 425 万人，比上年增加 159 万人。[2] 2021 年，农民工数量上升到 29 251 万人，这一庞大的群体占 4.4 亿城镇就业人口的比例高达 66%，国家应当给予农民工充分的重视。

---

〔1〕 统计局报告：2010 年度全国农民工总量为 2.4 亿人 [EB/OL]. [2011-03-11].https://finance.sina.com.cn/g/20110301/11259450395.shtml.

〔2〕 国家统计局 . 2019 年农民工监测调查报告 [J]. 建筑，2020（11）：28.

（一）我国农民工基本情况

农民工是指有农村户口和承包土地，但本人离开户籍所在地进入城镇，以从事非农产业为谋生手段的特殊农民群体。农民工是一支新型劳动大军，他们随着改革开放进程而成长起来，现在已经成为中国产业工人队伍的重要组成部分。农民工的身份有两个特点：一是农民身份；二是务工雇工的身份。广义的农民工包括两部分人：一部分是随着乡镇企业发展而就地就业的"离土不离乡"的农村劳动力；另一部分则是"离土离乡"常年在外靠打工为生的农村劳动力。狭义上的农民工主要指后一部分人。

"农民工"是一个带有歧视性的称谓，深刻反映了他们"边缘人"的生存状态和社会地位，身份变得很模糊：他们在农村有土地，但他们离开了，不再靠土地生活；他们在城市工作但没有城市户口，没有改变农民身份，不享受社会保障；他们为城市贡献巨大，向往城市生活，但不被城市接纳，受到城市的排斥和歧视，被限制和禁止从事某些职业，游离于主流社会之外；他们处于城市乃至中国社会的最底层，"农民工"几乎成了脏、苦、累、收入低的代名词。

（二）农民工工资收入水平状况

到目前为止，有关农民工收入水平和生存状况的权威数据仍然有限，出现较多的是有关我国农民工收入和生存状况等问题的一些局部地区或典型问题的调查研究，也有一些政府相关部门机构的统计和一些媒体的明查暗访，但都不够系统和权威。但是，这些有限的资料也表明，我国农民工收入水平低下的问题已经成为社会的公认，并且引起了政府和社会各界的高度关注。

1. 农民工收入水平偏低

总体来看，农民工的工资收入比农民要高一些，但比城市职工的收入要低得多。国家统计局发布的监测调查报告表明，2007 年，我国城镇职工平均年工资达到了 24 721 元，如果加上各种工资外收入，则远远高于这个数字；而农民工月平均工资只有 1 201.9 元，农民工工资平均水平仅占城镇职工平均水平的58% 左右。2011 年年初，全国总工会曾针对第二代新生农民工群体做了一个专项收入调查，数据表明："他们的平均收入约为 1 747.87 元，为城镇企业职工平均月收入 3 046.61 元的 57.4%。"[1]2021 年全国城镇非私营单位就业人员年平均

---

〔1〕王敏.新生代农民工调查报告出炉：更注重权益保护 [J]. 就业与保障，2011（03）：46.

工资为 106 837 元，首次超过 10 万元，比上年增长 9.7%；城镇私营单位就业人员年平均工资为 62 884 元，比上年增长 8.9%。2012 年外出农民工人均月收入为 2 290 元，2021 年为 4 432 元，增加了近一倍，但与城镇职工收入的差距偏大。从以上数据可以看出，相对于城镇居民工资水平，我国农民工的工资水平偏低。

国家统计局曾对 24 个城市的农民工进行调查后发现，部分农民工工资虽然达到了社会平均工资水平，但这部分农民工的工作时间较长、劳动强度大、危险性高。我国《劳动法》第四十一条规定，用人单位经与工会和劳动者协商后可以延长工作时间，一般每日不得超过 1 小时，因特殊原因需要延长工作时间每日不得超过 3 小时，而且每月不得超过 36 小时。近几年来，人们总是在讨论"996"，实际上不包括农民工，农民工每天的工作时间很少有人关心。这主要是因为农民工普遍文化水平低、职业技能缺乏，靠体力挣钱，由于劳动报酬低、生存压力大、工作强度高，农民工很难通过继续教育和培训来提升自我，我国仅有 9.1% 的农民工受过专业技能培训。[1] 农民工的工资水平如果用工资率来进行计算会变得更低，大大低于社会最低工资标准。

2. 农民工工资收入增长缓慢

改革开放 40 多年来，全国 GDP 从 1978 年的 3 645.2 亿元上升到 2020 年的 1 010 567.0 亿元，增长了 92 倍，经济快速增长也带动了收入的快速增长。城镇职工的年收入 40 年间由平均 600 多元增长到了 97 379 多元，增长了 162 倍，增长速度远快于我国宏观经济增长速度。我国农民工的平均工资性收入由 1985 年的 72.15 元增长到了 2010 年的 1 670 元，增长了 22 倍；2020 年增长到 4 432 元，增长了 62 倍左右。由此可见，我国农民工的收入增长幅度远远低于城镇职工，也低于国内生产总值。农民工对我国经济增长的贡献率越来越大，已经成为中国社会主义各方面事业发展的主力军，但农民工的劳动报酬增长缓慢，其工资对 GDP 的弹性日趋下降，他们的贡献与收入之间存在一定程度的失衡。

（三）农民工收入的合理性分析

马克思劳动价值论认为，人类的抽象劳动是形成价值的唯一源泉，而价值

---

〔1〕 农民工有多难，你知道吗？[EB/OL]. [2021-09-16]. https://www.sohu.com/a/471250215_121128741.

的创造只能是包括体力劳动和脑力劳动在内的人的"活劳动"。由于体力劳动与脑力劳动性质不同，虽然两种劳动共同参与商品的价值生产和创造过程，但其创造价值的途径与价值量大小有根本的不同。随着知本时代的到来和高新科技在生产中的广泛应用，脑力劳动在价值创造过程中的比重会越来越大，而体力劳动的作用则相对缩小。

在市场经济条件下，一个人所受的教育水平与其收入成正比。农民工的文化技术素质总体比较低也是收入低的主要原因，农民工大多学历较低，没有受过专业性技能培训，自身人力资本偏低，主要进行体力劳动。农民工单纯的体力劳动所能创造的价值量非常有限。因此，从人力资本的角度来看，我国农民工收入水平的低下也具有一定合理性。

马克思主义按劳分配思想要求每一个生产者的所得应该与他给予社会的一样多，个人的劳动按照"等量劳动获得等量报酬"的原则得到合理补偿。由于市场体制不健全、不完善，特别是长期存在劳资供求之间的矛盾，导致资本和管理等要素在生产经营管理过程中的作用被放大，而劳动的价值被抑制和人为贬低。企业给予农民工的与他们的贡献和付出并不对等，他们的"活劳动"创造的价值并未从收入中得到充分体现，农民工所创造的企业盈余大部分被资本无偿占有，这显然有悖于马克思的劳动价值论与按劳分配思想。再加上代表和维护劳动者利益的有充分话语权和独立建制的工会组织还没有建立起来，农民工的工资量一般由用工方说了算，利润过度侵蚀工资导致农民工收入增长非常缓慢。

四、城乡居民收入差距分析

由于中国统计部门公布的统计资料中反映城乡居民收入状况的指标较多，而且统计口径和统计范围存在一定差异，在计算城乡居民收入时，多数学者选择农村居民家庭纯收入和城镇居民可支配收入两个指标进行对比研究。这里也选择农村居民纯收入与城镇居民可支配收入两个指标分别代表农村居民和城市居民的实际收入，通过这两个指标的对比来对我国城乡居民之间的收入差距进行分析（见表4-4）。

表 4-4 城乡居民收入增长及差距分析

年 份	城镇居民可支配收入		农民人均纯收入		城乡收入比
	绝对数 / 元	环比增长 /%	绝对数 / 元	环比增长 /%	（农民收入为 1）
1978	343		134		2.57
1979	387	12.8	160	19.4	2.24
1980	477	23.3	191	19.3	2.50
1981	492	3.1	223	16.8	2.20
1982	527	7.1	270	21.1	1.94
1983	564	7.0	310	14.8	1.82
1984	651	15.4	355	14.5	1.83
1985	739	13.5	398	12.1	1.86
1986	899	21.7	424	6.5	2.13
1987	1 002	11.5	463	9.2	2.16
1988	1 181	17.9	545	17.7	2.17
1989	1 376	16.5	602	10.5	2.29
1990	1 510	9.7	686	13.9	2.20
1991	1 771	17.3	709	3.4	2.40
1992	2 027	14.5	784	10.6	2.57
1993	2 577	27.1	922	17.6	2.80
1994	3 469	24.6	1 221	32.4	2.86
1995	4 283	23.5	1 557	27.5	2.63
1996	4 838	12.9	1 926	23.6	2.57
1997	5 160	6.7	2 090	8.5	2.47
1998	5 425	5.1	2 162	3.4	2.51
1999	5 854	7.9	2 210	2.2	2.65
2000	6 280	7.3	2 253	1.9	2.79
2001	6 860	9.2	2 366	5.0	2.89
2002	7 703	12.3	2 476	4.7	3.11
2003	8 472	9.9	2 622	5.9	3.24
2004	9 422	11.2	2 936	11.9	3.21
2005	10 493	11.3	3 255	10.7	3.22
2006	11 759	12.1	3 587	10.2	3.28
2007	13 786	17.2	4 140	15.4	3.33
2008	15 781	14.5	4 761	15.0	3.31
2009	17 175	8.8	5 153	8.2	3.33

年　　份	城镇居民可支配收入		农民人均纯收入		城乡收入比（农民收入为 1）
	绝对数 / 元	环比增长 /%	绝对数 / 元	环比增长 /%	
2010	19 109	14.1	6 272	11.3	3.23
2011	21 810	12.6	7 394	11.4	3.13
2012	24 565	9.7	8 389	10.7	3.10
2013	26 955	7.0	9 430	9.3	3.03
2014	28 844	8.2	10 489	9.2	2.75
2015	31 195	7.8	11 422	7.5	2.73
2016	33 616	8.3	12 363	6.2	2.72
2017	36 396	7.8	13 432	7.3	2.71
2018	39 250	7.9	14 617	6.6	2.69
2019	42 359	3.5	16 021	6.2	2.64
2020	43 834	8.2	15 204	3.8	2.56

资料来源：由国家统计局官网《中国统计年鉴》统计数据整理计算得到。

（一）城乡居民收入差距由大到小

改革开放以来，在中国居民收入水平不断提高的同时，城乡居民之间的收入差距也有逐渐扩大的趋势。通过表 4-4 中的数据可知，中国居民收入水平不断提高，增长速度较快，但与之相伴的是城乡居民收入差距的日趋扩大，导致中国从一个收入差距很小的国家快速跨入收入差距巨大、分配最不公平的国家行列。中国居民收入间的差距不仅体现在地区间、行业间及不同收入阶层之间，而且突出体现在城乡居民之间。可以说，城乡居民收入差距是导致中国社会收入差距的最大因素。

中国城乡居民之间的收入比值或相对收入差距，呈现出"缩小—扩大—再缩小—再扩大"周期性波动发展态势。改革开放之初，城乡居民收入比值是 2.57∶1，之后持续下降到 1985 年的历史最低点 1.8∶1；然后，这一比值又开始逐年上升，1994 年达到一个相对最高点 2.86∶1，而且这一数值也超过了计划经济时期的水平。随着 3 年的小幅下降，1997 年的城乡居民收入比值下降到了 2.47∶1 的水平，之后这一数值开始出现快速上升趋势，1998 年的城乡居民收入比值上升到 2.51∶1，2001 年又上升到了 2.89∶1，2002 年这一收入比值又达到了新的高点 3.11∶1。此后，一直到 2013 年，中国城乡居民收入比值一直保持在 3∶1 以上，2007 年和 2009 年达到最高点 3.33∶1，表明中国城乡居民收入差距持续扩大。2014—2020 年，城乡居民收入比值逐渐下降到 2.56∶1 左右，表明这一比值今后有继续缩小的趋势。只是由于城乡居民基数差距较大，而且长期的城镇居民可支配收入增长率远超过农民人均纯收入增长率，致使两者绝对数间的差距扩大了，特别是 2015 年以来，城镇居民可支配收入快速冲上30 000 元，而农民人均纯收入只有 11 000 多元；到 2019 年，城镇居民可支配收入已经达到 42 000 多元，而农民人均纯收入只有 16 000 多元，绝对数差距更大了。

（二）城乡居民收入分配差距基尼系数分析

现阶段，我国农村居民内部的收入差距较大，而且呈现出继续扩大的趋势。现阶段的农村居民内部的收入差距比改革开放初期大得多。实际上，我国农民内部收入的差距早在计划经济时期就已存在，只是由于计划经济时期的生产力水平较低，广大农村普遍较为贫困，农村居民收入分配呈平均化倾向，反映这一分配差距的基尼系数一直维持在为 0.2 左右，差异较小。改革开放以来，我国农民总体上比过去富裕，但衡量农民内部收入差异的基尼系数有一定程度的扩大，由初期的 0.212 增大到 1988 年的 0.3；此后这一数据逐年扩大，2008 年达到了 0.38，2016 年更是达到了 0.39 的高值，接近 0.4 警戒线。

中国城镇居民内部收入分配差距不断扩大。改革开放初期，城镇居民内部收入差距不大，其基尼系数仅为 0.16，小于同期的农村居民内部收入差距。到20 世纪 90 年代初期，这一系数大约为 0.23，比 1978 年上升了 7 个百分点，虽然与改革开放初期相比不平等程度有所扩大，但仍处于较低的水平。2000 年，城镇居民内部收入差距基尼系数达到了 0.32；之后的几年，这一系数逐渐增大，2008 年达到了 0.34，表明我国城镇居民内部不同收入群体之间的差距进一步扩大。我国农村居民和城镇居民内部的收入差距持续扩大，导致全国收入分配的基尼系数长期居高不下（见表 4–5）。

表 4-5　1978—2020 年中国部分年份的基尼系数

年　份	全国收入分配的基尼系数	年　份	全国收入分配的基尼系数
1978	0.162	1997	0.403
1985	0.266	1998	0.403
1990	0.343	1999	0.397
1991	0.324	2000	0.417
1992	0.376	2001	0.490
1993	0.359	2002	0.454
1994	0.436	2003	0.479
1995	0.445	2004	0.473
1996	0.485	2005	0.485
2006	0.487	2014	0.469
2007	0.484	2015	0.462
2008	0.491	2016	0.465
2009	0.490	2017	0.467
2010	0.481	2018	0.468
2011	0.477	2019	0.465
2012	0.474	2020	0.470
2013	0.473		

资料来源：国家统计局官网《中国统计年鉴》。

注：由于改革开放早期的数据查找困难且对分析问题的影响不大，所以只选择了一些有代表性的年份数据。

根据世界银行的估计，中国改革开放初期的全国收入分配基尼系数还比较低，仅有 0.16。到 20 世纪 80 年代末，全国的基尼系数大约为 0.33，比 80 年代中期上升了 10 个百分点。由表 4-5 可知，截至 2000 年，全国的基尼系数达到了 0.417，超过了 0.4 的警戒线；2000 年以来，全国基尼系数呈现高位慢速扩大的特点，从 2002 年的 0.45 上升到 2008 年的 0.49，7 年间上升了 4 个百分点。2009—2020 年，全国的基尼系数开始小幅下降，逐渐由 0.49 降到了 0.47。全国基尼系数的结果是由农村居民内部收入差距、城镇居民内部收入差距和城乡居民之间收入差距三者共同造成的，只是农村居民内部和城镇居民内部两个方面收入差距相对较小，而城乡居民之间的收入差距是主导原因。[1] 客观上，主要是 2008 年以来，低保、惠农、社保和户籍制度改革等政策出台，城乡差距逐渐收窄、城镇内部差距小于农村。

基尼系数数据显示，我国的基尼系数不仅显著高于当代高福利国家，如挪威、瑞典等（基尼系数在 0.2 ~ 0.3），而且高于当代发达资本主义国家，如英国、美国、法国（基尼系数在 0.3 ~ 0.4）。有学者通过自己的研究认为，我国的基尼系数已经超过 0.5，甚至更高。无论他们的数据准确与否，中国居民收入分配差距日益扩大、基尼系数不断上升是不争的事实，反映了社会的贫富差距远远突破了合理的限度，使得中国社会处于可能发生经济社会动乱的"危险"状态，警示着中国在"保增长"的同时应正视和规避陷入"拉美陷阱"的风险。

五、农民收入偏低与城乡居民收入差距扩大的影响

农民收入长期低下及由之导致的城乡居民日益扩大的收入差距问题，不仅会制约农村的经济发展，而且将会影响到整个国民经济的健康持续增长。因此，农民收入问题不仅是重大的经济问题、社会问题，而且也是重大的政治问题。

（一）威胁粮食安全和农产品供给

农民的粮食生产和农产品供给，承载着我国 14 亿人的吃饭问题。农民收入偏低、增收缓慢，不仅制约着农民的生活改善，而且制约着农业再生产的投入，以及农业生产的正常进行与发展动力，这样又会进一步限制农民增收，造成农民收入与农业发展之间的恶性循环。因此，农民收入偏低、增收迟缓，必然挫伤其生产积极性，也必然使得农产品的供给和粮食安全难以得到有效保证。

（二）影响国民经济持续增长

从我国的现实情况来看，由于城乡居民消费差距持续扩大，农村居民的消费水平过低直接导致的我国消费需求不足问题，已经成为我国当前经济发展中比较突出的矛盾。目前，我国农村的消费品市场只占全国消费品市场的 1/4，这与占全国四成左右的人口数量形成强烈反差。农村是今后最大和最有希望的市

---

〔1〕 任泽平 . 中国收入分配报告 2021——根源、影响与建议 [EB/OL]. [2021-08-24].https：//zhuanlan. zhihu. com/p/403215833.

场，却迟迟难以启动，造成社会平均消费率的下降，不仅导致有效需求不足，而且不利于提高工业质量和效益，影响产业结构优化升级，制约着国民经济持续健康发展。

（三）返贫风险增大

贫困问题作为一个世界性难题，是各国政府治理的重点。新中国成立以来，中国政府就开始探索各种方式进行扶贫，从救济式扶贫到开发式扶贫，从"扶植"到"扶志"与"扶智"，我们既取得了许多伟大成就，也出现了一些问题。党的十八大以来，中国在总结以往扶贫经验的基础上，提出了精准扶贫战略，开创了中国式脱贫攻坚的减贫新模式。在近10年的减贫实践中，我们以精准扶贫制度体系为保障，实现了减贫中的精准帮扶，不断提升贫困人口的增收能力，贫困人口的生活条件得到了显著改善，多管齐下保障了贫困人口减贫增收的成效。2020年年底，"十三五"时期中国圆满完成了脱贫攻坚的目标任务，历史性地消除了绝对贫困，形成了中国特色减贫理论，为人类减贫做出了巨大贡献。"十四五"规划伊始，我国贫困治理的重心也开始发生转移，相对贫困问题将成为未来一段时期内的核心任务。刚刚摆脱贫困的农村人口的收入水平和创收能力都有了明显提升，只是城乡收入较大差距问题仍然"顽固"存在，农民内部收入差距问题仍较突出，部分脱贫人口增收基础不稳定，这些都是导致农民返贫的潜在影响因素。特别是农村相对贫困人口受自然、社会和市场等因素的影响，致贫返贫风险更大，守住防止规模性返贫底线任务艰巨。[1]

（四）影响深化改革的顺利进行

中国的社会主义改革大业，不仅要建立一个高效率且完善的市场经济体制，而且要建构一个公平正义的和谐社会，为未来实现共同富裕创造条件。改革是社会主义基本制度条件下的自我完善与自我发展，如果我们的改革造成城乡居民收入差距过大甚至两极分化，出现与人民群众利益相背离的现象，就会影响农民对改革发展的心理预期，从而严重挫伤农民参与城市化进程和继续深化改革的积极性。农民利益相对于其他社会群体而言，没有享受到应有的改革成果，根本利益长期得不到保证，回报与贡献不对等，他们就不会再支持改革，而是

---

〔1〕李青青.中国农村相对贫困人口收入增长问题研究 [D].吉林：吉林大学，2022：1.

会以不同方式消极抵制，甚至公开反对，从而造成改革事业受损或中断。我们搞的是社会主义现代化，如果出现了西方国家的两极分化，就成了资本主义现代化，那就背离了我们改革的目标。可以说，如果任凭城乡居民收入差距扩大下去，形成"马太效应"，即富的越来越富，穷的越来越穷，产生贫富两极分化，最终会使已取得的改革成果丧失殆尽。

（五）延缓社会主义现代化目标的实现

党的十七届三中全会提出必须按照"统筹城乡发展"的要求，形成"城乡经济社会发展一体化"的新格局。按照这一要求，需要把"统筹城乡发展，优化资源配置，实现城乡共同繁荣"当作我国全面建设小康社会的重大任务。在这一建设过程中，如果继续让广大农民的社会地位和实际收入大幅低于城镇居民，继续采用传统的"向城市倾斜"的经济政策，共同富裕的社会主义现代化目标就是一句空话。因此，社会主义现代化目标的经济着力点首先应该关注城乡居民收入差距扩大化的治理问题。

由上述分析可以看出，我国农民收入较低与城乡居民收入差距过大问题，并不仅仅是一个经济问题，而且是一个严肃的社会问题，应该把这一问题放到政治的高度来对待。社会主义中国不能也不允许出现贫富两极分化，当社会还处于初级阶段，绝大多数社会成员收入还比较低时，多出现一些亿万富翁，对于整个社会而言非但不是什么好事，很可能会事与愿违。因为社会主义中国在脱离贫穷的同时走向两极分化，这样就远离了改革开放的初衷，也就更谈不上早日实现中国社会主义现代化强国和共同富裕的理想目标了。

第五章　初次分配不公平原因剖析

中国改革开放的根本目的是不断提高人民的生活水平，让广大人民群众共享改革发展成果。社会主义市场经济条件下的利益格局始终存在着一致性和差异性，存在着不同的利益主体。改革进程必须进行各方面利益关系的调整，通过收入分配制度改革让每个人都能真正享受到改革带来的成果，收入分配问题的本质是现实人们之间利益关系的合理调整与实现问题。由于中国市场经济体制还不够完善，造成相关的利益机制和相关制度的缺失是初次分配不公平的根本原因。中国初次分配领域存在的不公平问题是多方面原因造成的：我国生产力发展总体水平不高、经济结构的多层次性、多种所有制并存和公有制实现形式多样化是其经济根源；市场经济体制改革不到位，市场机制的功能受到严重制约，导致各种生产资源的无效配置和要素价格与市场主体利益关系的扭曲；国有垄断行业占用甚至独占社会资源，企业获取的高额垄断收益并没有通过全民分享机制进行合理分配，一部分被这些行政垄断企业自己耗费掉了；政府职能转变相对滞后，公共服务长期供给不足，再分配手段调节力度不够，逆向调节问题突出，再加上初次分配秩序不规范和制度不健全，为一些"灰色收入"提供了可乘之机，使初次分配阶段产生的不公平问题和收入差距问题难以得到有效解决。

第一节　国民收入分配格局失衡的根源

马克思指出："思想一旦离开利益，就一定会使自己出丑。"[1] 他认为，"人们奋斗所争取的一切，都同他们的利益有关"[2]。社会主义市场经济条件下，利益问题是人们关注的焦点，也是影响人们行为的重要因素。人类社会在某种程度上是利益关系的集合体，不同社会呈现出不同的利益关系。现阶段，人们之

---

〔1〕马克思恩格斯全集：第 2 卷 [M].北京：人民出版社，1972：103.
〔2〕马克思恩格斯全集：第 1 卷 [M].北京：人民出版社，1979：82.

间利益的多元化和不同利益矛盾是一种不争的事实，利益格局始终存在着不同利益主体间利益的一致与差异，不同利益之间的不均衡利益博弈则是收入分配格局失衡和收入分配差距扩大的根源。

一、利益博弈基本理论

利益格局是指不同社会成员之间以及社会成员与社会之间在利益分配和占有过程中形成的相对稳定的模式化的关系心态。以市场为取向的改革进程，实际上是人们追逐自身利益和利益实现的过程，市场各主体自我性的利益要求与社会性的利益实现机制之间的矛盾，决定了个体的利益需求只有在市场经济的自由交易和利益博弈的复杂社会交往与互动过程中才能得以实现。市场参与的各要素主体，特别是利益集团之间的利益博弈行为成为利益实现的常态机制，利益博弈机制发挥作用的同时必然伴随着社会矛盾与社会冲突。孙立平教授认为，中国正在进入利益分化、利益冲突和利益博弈的时代，正在从过去的单一中心时代转化为多中心时代。[1]

（一）何谓"博弈"

博弈论是美国数学家冯·诺依曼和经济学家摩根斯坦于 1944 年创立的带有方法论性质的经济理论。这一理论被用于描述和分析多人决策行为的一种决策理论，多个经济主体在相互影响下进行决策，决策的均衡结果取决于双方或多方的决策结果。所谓"博弈"，是指多个参与者在一定的制度规则下，同时或先后、一次或多次从各自允许选择的行动或战略中进行选择并加以实施，而取得相应结果的过程。博弈论要求博弈双方处于平等的环境和规则下，各自利用对方的策略变换自己的对抗策略，达到取胜的目的。张维迎教授认为，博弈论是研究决策主体的行为发生直接相互作用时的决策以及这种决策的均衡问题的理论。结合此观点，有学者认为："博弈论可以理解为研究理性决策者之间策略、行为的相互作用，及其均衡结果的理论。"[2] 博弈论思想在中国古代就已存在，《孙子兵法》不仅是一部军事著作，而且应该是最早的一部博弈论著

---

〔1〕 孙立平.中国正进入利益分化时代市场经济下的和谐社会 [EB/OL]. [2005-03-15].http：//business. sohu. com/20050315/n224690235.shtml.

〔2〕 武咸云，王为群，夏礼斌.浅议博弈论——囚徒困境模型破解政府公共危机管理 [J].公共行政，2006, 188（06）：35.

作；《史记》中曾经记录过田忌赛马的故事，通过改变比赛马匹的出场顺序扭转了比赛局面，是典型的博弈思想。博弈论考虑游戏中个体的预测行为和实际行为，并研究它们的优化策略，博弈论的影响已经"从经济领域延伸到政治领域和军事及国家安全领域，使得博弈论的分析方法在社会领域中的研究占有重要一席"[1]。

（二）博弈的分类

博弈按照不同基准可以有不同的分类。按照博弈论理论，一般根据是否可以达成具有约束力的协议，它可以分为合作博弈与非合作博弈。合作博弈是指博弈参与人之间能够达成一个具有约束力的协议，以使他们选择共同或联合的策略，从而实现利益最大化。如果各博弈参与方之间不存在任何具有约束力的协议，不能进行串通、勾结、共谋，各方只能追求自身利益最大化，就被称为非合作博弈。二者的区别在于，存在利益关系的当事人之间是否具有一定约束力的协议，有协议就属于合作博弈，没有协议则属于非合作博弈。

按照博弈行为的时间序列，它可以分为静态博弈和动态博弈。所谓静态博弈，是指博弈各参与者同时进行选择和行动，或者后行动者在并不清楚先行动者所采取的具体行动内容的情况下进行的博弈行为。所谓动态博弈，是指博弈参与者的行动有先后次序，后行动者能够在先行动者选择或做出具体行动之后再进行选择和采取行动的博弈行为。动态博弈中，有时同一个博弈被重复多次、作为一个过程出现，这种特殊情况被称作重复博弈。

按照参与者合作采取的不同策略与取得的不同效果，它可以分为零和博弈、常和博弈与变和博弈。零和博弈是指各博弈方得益之和为 0，即博弈双方利益发展不对称，一方得到的即另一方失去的，呈现出"你死我活""赢家通吃"的状态，游戏"剪刀、石头、布"、打官司、竞选和竞标等都属于零和博弈。常和博弈又称为非零和博弈，就是指各博弈方得益之和为非零的常数。在利益互动过程中，各参与方的收益或损失总和不为 0，博弈主体之间存在利益分享、双赢的可能。比如，企业收入分配中"你多我少"的情况就属于常和博弈。变和博弈是指各博弈方的得益总和可大可小、可以变化，而各博弈方的得益之和大小取决于博弈各方采取的策略组合，如"囚徒困境""智猪博弈"等。

---

[1] 王红艳. 博弈论的发展与创新 [J]. 云南财贸学院学报（社会科学版），2005（05）：25.

（三）"利益博弈时代"到来

孙立平教授认为："利益时代的到来，是市场经济机制和社会结构分化两个因素双重作用的结果。"[1]相对于政府权力和计划调控经济和分配财富，市场是一种特定而高效的资源配置机制。计划经济体制的收入分配过程，需要将各种经济资源集中到中央政府手里，之后再对社会成员进行统一分配。虽然不同的阶级、阶层和个体等各有其不同的利益需求，但社会基本利益格局不是由利益博弈机制决定的，也不在政府的行政框架中进行，而是在市民社会的框架中进行。社会主义市场经济条件下，市场"无形之手"代替政府"有形之手"主导社会各方面资源的配置，利益分配不再是完全取决于国家公权力的意志，而主要由各利益主体通过利益博弈来决定。随着中国社会主义市场体系的日臻完善和经济快速发展，社会利益分化日趋稳定，不同利益群体开始出现雏形，健全的市场机制和完备的社会制度日益成为利益博弈的基本框架，任何具体的经济社会事务都可以成为利益博弈的对象，表明利益博弈时代已经来临。利益博弈时代形成的主要标志是利益博弈所必需的要素在事件的进展中陆续出现，是多元化的利益博弈主体、不同利益群体之间的联盟与对抗，以及利益博弈中各方利益要求与表达及新的博弈手段的运用。

二、国民收入分配格局失衡的根源

当前，中国社会正由传统社会向现代社会快速转型，不同社会阶层和个体之间的利益开始出现不同程度的分化。利益分化是指由于社会结构性变革引起不同利益主体间的不断分化、组合而产生差别的过程，主要表现为利益主体类别增多，利益实现形式多样，利益冲突涉及的范围更加广泛，利益冲突明显尖锐，开始触及一些深层次的利益关系问题。多元化的利益集团正在成为影响中国经济社会持续发展的重要力量，不同利益集团之间的利益冲突不可避免，不同利益集团之间的利益博弈行为日趋频繁和激烈。利益集团为谋求各自的利益必然会展开讨价还价的博弈，其结果取决于各利益集团谈判能力的强弱以及选择博弈策略的优劣。中国初次分配领域存在的问题和国民收入分配格局失衡的根源在于收入分配主体之间的不均衡博弈，主要表现为政府、企业和个人之间

---

[1] 孙立平.中国进入利益博弈时代[J].经济研究参考，2005（68）：4.

的目标冲突与利益博弈导致的利益失衡。

（一）政府与企业之间的利益冲突与博弈

很多政府政策法规的出台过程往往都是政企博弈的结果，"上有政策，下有对策"就是对政府与企业之间的博弈行为的最好表达。按照公共选择理论，政府为公共利益而存在，政府的公权力越强大，对个人权利的保护越可靠；但政府也完全被看作有功利目的而存在的主体，作为强大的公权，政府既有助于保护私利，也容易侵犯私权。按照新制度经济学"政府悖论"理论，政府提供给社会的基本服务主要是博弈规则，其目的"一是界定形成产权结构的竞争与合作的基本规则，这能使统治者的租金最大化。二是在第一个目的框架中降低交易费用以使社会产出最大，从而使国家税收增加"[1]。两个相互冲突的目标，由统治者的偏好及政治体制、经济社会发展水平、竞争压力等因素决定。

1. 政府和企业之间的目标冲突

政府和企业都是具有重要社会职能的机构组织，都是参与国民收入分配的主体，二者之间必然会产生某些职能交叉。可是，政府和企业二者的职能和目标完全不同，特别是共同作为国民收入的分配主体，二者必然存在一定的利益冲突与不同的策略选择。作为价值目标和利益需求完全不同的市场主体，政府和企业为了自己的利益最大化，会理性地选择适合自己利益需要的策略和对策，一方的策略安排主要由对方实施的策略而定，政府和企业的行为关系具有典型的博弈特征。政企关系博弈形成的主要原因在于二者的目标差异。政府是代表国家进行阶级统治和社会管理的重要机关，政府虽然有自己的利益需求，但作为社会的管理者和社会利益的代言人，迫使政府必须站在社会整体利益和长远利益上来考虑问题和采取行动。企业则是以自身利益最大化为目标的经济组织，虽然企业也有社会责任、缴纳赋税等多方面的义务，但其主要目标是自身经济利益最大化。国有企业虽然没有完全脱离政府制约管理，但大多通过股份制改造变成了独立法人，这些身份关系转变后的市场主体必然有自己独立的利益要求，并且为了保护和实现自己的利益要求与政府划清界限，同时确立新的发展

---

〔1〕 道格拉斯·C.诺斯.经济史中的结构与变迁[M].陈郁，等译.上海：上海三联出版社，上海人民出版社，1994：24.

目标和行为选择。由此可见，政府与企业两个主体间完全不同的目标或者目标差异使得两者形成了博弈关系。

2. 政府和企业之间的税收利益冲突

政府和企业之间的直接利益冲突主要体现为税收问题。税收的征收直接影响着企业的利润率，在利润总额一定的情况下，政府多征缴税收，企业所得自然减少。虽然国家为了支持经济发展给予了许多企业所得税优惠，但企业作为经济实体最关心的是自身利益，他们会从追求利益最大化出发，采取各种避税方法，多列支出和成本，少列收入和收益，借优惠政策之名逃税。这就必然影响到国家税收和公共利益，造成政企之间的利益冲突。

3. 政府与企业的资源控制利益冲突

政府特别是中央政府，为了国家利益和宏观战略目标发展的需要，必然要求对一些涉及国计民生的资源和行业实行国家垄断，同时也体现社会主义公有制的性质和控制力。客观上，政府的经济垄断行为和对国有垄断企业进行扶持，一方面，可以形成大型垄断企业，实现规模经济和资源节约，降低产品成本，实现较低的市场价格和满足市场供给；另一方面，可以克服企业短期行为带来的弊端，能够从容地把关注点从利润短期增长转移到市场的长期均衡发展，积极投资进行企业技术创新和经营管理革新，借以增强抵御市场风险的能力。市场竞争企业的发展目标是通过生产效率提高，实现自身利益最大化，要求打破市场垄断争取更大的市场空间和发展机遇。代表国家利益的垄断企业凭借垄断地位获得超额利润的战略目标，与其他行业的企业提高本行业企业利润率、实现收益最大化的目标要求之间存在直接的利益冲突。但是，由于政府掌握着强大的国家权力，使得国有垄断行业企业的地位不容挑战，其他行业企业只能妥协退出。

政府和企业之间的目标冲突造成了二者的利益博弈，政府作为博弈的一方以集体理性为出发点进行选择和抉择，而企业作为博弈的另一方则以个体理性为基础进行选择和抉择，二者间的博弈是出发点和利益需求根本不同的一种重复博弈。在这一重复博弈过程中，政府站在集体理性的角度，以国家整体利益和社会长远利益为重、以实现代表公有制经济的国有经济的保值增值为目标；而市场竞争企业则站在个体理性的角度，要求按照市场游戏规则追求自己的合法利益最大化，它们采取的策略是要求国家制定反垄断的政策与措施、出台垄断行业限薪制度、升级落后产业、放宽垄断行业市场准入并给予非垄断企业一定补贴。现阶段，在政府主导市场经济转型发展的历史时期，由于"由于政府不会轻易改变对国有垄断行业的控制和支持，而其他行业提高利润率的愿望又很强烈，因此二者的博弈是长期性的、反复进行的"[1]。"智猪博弈"的经典博弈模型给我国政企关系带来一定的启示，我国政府与企业的博弈如同"智猪博弈"，由于政府在博弈中处于绝对的强势地位，就应该主动选择改变当前的冲突，只有政府有所作为，在制定策略时多从对方的角度思考，在合作中达到利益均衡，最终实现"政府和企业双方的'帕累托最优'"[2]。否则，等待政府和企业的就只有损失，甚至是失败。

（二）企业与职工间的目标冲突与利益博弈

劳动和资本作为企业活动中最重要的两种生产要素，两者关系是市场经济中最重要的利益关系。然而，中国企业内部规范的劳资合作制度迟迟没有建立起来，劳资之间的利益冲突升级，由劳资关系紧张、恶化造成的"人间悲剧"频频上演。企业进行投资生产经营活动是一种典型"经济人"的逐利行为，就是通过严格控制成本、提高生产效率的方式，实现最大化的投资回报，同时也通过自己的努力实现人的社会价值。广大劳动者受雇于企业或资本的个人目标，是通过人力资本与市场交换来获得最大化的个人收益，同时实现个人的人生价值。按照市场"经济人"的理论假设，在企业内部收入分配过程中，资本所有者的目标是实现企业成本最小化和利润最大化，为了实现这一目标，企业主往往会把企业一定时期内收益中的更大部分划归企业利润，尽量压低劳动力市场价格，通过挤占部分的职工工资达到缩减劳动力所占成本比重的目的，导致企业内劳资双方以不同收入目标为基础的利益冲突。

劳资双方的平等地位是均衡博弈形成的前提。如果企业劳资双方地位不平等，即博弈的参与者之间不平等，将造成严重的博弈不均衡结果，形成收入分配中二者间的常和博弈。由于我国劳动力"买方市场"的存在和政府收入分配权下放到企业，致使企业收入分配的主动权完全掌控在企业主的手中，企业主的这种自主分配权具有强制性影响，压制企业职工在收入分配中不得不接受企业主单方面分配的结果。在企业分配过程中，资方有更强大的话语权和独享分

---

〔1〕　孙浩进. 中国收入分配不公平问题分析及制度思考 [J]. 学习与探索，2009，180（01）：134.
〔2〕　胡松，罗辉. 博弈论视角下我国政府和企业的关系 [J]. 当代经济，2009（01）：42.

配权，成为现行收入分配制度的既得利益者，而广大普通劳动阶层在现行收入分配体制中没有充分的话语权，正常的利益表达渠道缺失，导致其被边缘化的弱势地位和服从心态，实际利益受损不可避免。企业与职工个人之间权利的不平等和直接利益冲突必然造成二者之间严重不公平分配的后果。

企业和职工之间的利益目标都以个体理性为基础，二者间的利益冲突是一种常和博弈。这种常和博弈中的劳资双方利益直接对立，利益冲突有时会非常激烈；但由于常和博弈中利益的对立往往体现在博弈双方获得利益的比例关系或比重大小上，只要博弈双方通过协商合理划分利益比例，各自获得较为满意的份额，就比较容易形成妥协。博弈中的企业和职工在利益分配中处于利益矛盾对立的位置上，一方得到的部分就是另一方损失的部分；但是，企业劳资双方的利益冲突是合作关系之下的对立，二者间的对立仅仅体现在收入分配结果的合理性上，如果通过比例调整使得劳资双方能够在收入分配中得到自己合理的份额，双方矛盾自动化解并继续合作，因此二者间的博弈是一种常和博弈。客观上，由于企业掌握自主分配权而占据绝对的强势地位，受利益驱动的企业会采取一定策略挤占职工工资，广大职工群体则只能通过大众媒体或政府相关职能部门表达自己的合理诉求，或运用法律等手段维护自身权益，甚至通过"用脚投票"的方式表达自己的不满意愿。因此，企业劳资双方的这种常和博弈也是动态博弈和重复博弈。

（三）政府与个人的目标冲突与利益博弈

政府作为社会公共事务的管理者，其基本经济职能之一就是向个人征收个人所得税，实现财政税收最大化目标。为了实现税收最大化的目标，政府可以制定有利于增加财政收入的个人所得税起征点和相关税率，以制度或制度变迁来保证财政税收最大化目标的实现。作为"经济人"个人的目标则是个人利益最大化，这一目标与政府税收最大化目标之间存在冲突，但二者在冲突中的地位不平等。"通过暴力保护私人产权的国家权力是一把双刃剑，它同时赋予国家机器侵占私人产权的能力。"[1] 政府代表国家整体利益，掌握着强大的公共权力，往往通过自上而下的强制力，即通过制定和改变相关制度和政策的方式，使广大职工个人收入最大化目标服从于政府财政税收最大化的目标。而且，在我国现实经济生

---

[1] 汪彤.政府权力悖论与中国经济转轨 [M].北京：中国发展出版社，2010：13.

活中还存在更为不合理的税收问题，由于税收机制不健全或社会监管乏力，一些本应该多纳税的高收入者往往依靠一定的社会关系进行合理避税，甚至大量逃税漏税。较为普遍的现象是私营企业主为了少纳税，在公司账目上给自己支付低工资，还将个人及家庭消费计入公司成本开支；政府官员个人利用自己手中的公共权力"寻租"得到的大量"灰色收入"也无法进行征税；社会上一些人靠自己的特长兼职获得的收入一般也不纳税。政府征收个人所得税的本意是调整人们之间收入分配不合理差距，但是由于征税过程存在多方面的不合理之处，致使这一税负被转嫁到了广大工薪阶层身上，社会中等收入阶层成了缴纳个人所得税的主体，造成收入分配的"逆向"调节，加重收入再分配的不公平程度。

政府公共职能和政府事业单位职员个人利益之间存在冲突。政府再分配的转移支付范围相当广泛，包括国防、教育、科技、卫生、文化等各个社会公共机构的维护与发展需要，这些涉及国家和全民利益的事业发展需要与政府机关职员个人福利之间必然产生一定冲突。现阶段，中国经济社会改革继续深化，人民的发展需要与公共产品、公共服务短缺之间的矛盾突出，社会面临经济结构调整和第二次转型。各方面社会公共事业的快速发展都需要加大政府财政资金的支持，政府的公共职能要求政府要把有限的财政收入用于各项国计民生的公共事业，保证它们的财政资金需要，把资金用在经济社会发展急需的事业项目上，而对政府机关单位员工的工资福利总量和增长速度会加以适当约束。政府与国家机关单位员工个人之间的博弈是一种常和博弈。博弈一方的政府目标建立在集体理性的基础上，另一方的员工个人收入最大化目标则以个体理性为基础。政府的集体理性要求政府财政收支的科学合理性，必须首先保证国家各项重点事业发展的资金需要以实现国家集体利益最大化，政府一方面采取提高税率等方式增加税收收入的策略，另一方面则是严格限制机关单位员工的工资总量和增长；而政府机关单位员工的个体理性要求个人收入最大化，其策略主要是通过各种途径和方式来表达自身提高收入的强烈意愿，要求政府在调整相关财税政策增加收入的同时，为各级部门员工提高工资和福利，多发放奖金和津贴。

三、市场利益博弈机制面临的困境

在社会主义市场经济体制下，随着利益分化的加速和多元利益群体的形成，不同群体间的博弈行为日趋增多与公开。但是，由于中国市场经济体制还很不完善，造成我国利益博弈过程中一些内生性问题的存在，这些问题和因素是造成利益格局失衡的直接原因。

（一）不同博弈主体发育还不成熟

利益集团政治理论认为，在一个多元化的社会关系中，"集团"成为多元化社会的核心内容，是联系政府和个人的中介与枢纽。每个社会集团都有其特殊利益要求，而其利益的实现程度取决于这一利益集团的力量大小，集团的力量不取决于其成员数量，而是取决于这一集团的组织程度。如果社会多个集团的利益诉求与社会整体利益相背离，而且各个利益集团的力量相差无几，政府政策和制度安排就必须充分反映且平衡好各利益集团的利益；如果集团力量有大有小，力量较大集团的利益就会优先得到倾斜或实现。到目前为止，我国社会各种利益集团的发育和成熟程度较大，力量对比可谓强弱分明，造成不同利益集团难以均衡发展的状况。孙立平教授认为，我国社会目前已经形成了强势群体和弱势群体，包括商业精英、政治精英和知识精英在内的强势群体的组织化程度较高，集团意识性较强，对政治、经济和文化等各方面社会资源具有一定的支配权，在利益博弈中居于主导地位。相反，农民工、下岗职工、失地农民等弱势群体组织化程度低，几乎不占有和支配社会资源，他们在与强势群体的博弈过程中必然处于不利地位。当然，目前最大的问题还在于政府的利益集团化倾向，政府应该是游戏规则的"裁判员"，现在如果与其他利益各方一样参加游戏比赛，变成最大的利益集团，必然造成利益关系的扭曲。

（二）不同群体的博弈能力不均衡

由于我国政府制度设计存在不足，弱势群体的利益表达难以找到畅通渠道，很难正常行使自己的话语权和充分表达自己的利益诉求，因而无法有效地参与公共政策制定过程的利益博弈，导致政府决策在预期政治收益的诱导下偏向强势群体。而根本问题在于人数多而分散的大量弱势群体缺乏有效的组织手段，在社会利益面前没有机会表达自己的利益需求，而且缺乏与强势群体和政府讨价还价的能力。当前，强弱分明的利益集团造成的社会利益格局严重失衡已是不争的事实，当务之急是建立与市场经济相配套的利益均衡机制，培养弱势群体的表达和利益诉求能力，使得弱势群体有能力按程序进行利益表达与利益博弈，保护和实现自身集团的整体利益。

（三）制度化的博弈机制不完善

政府靠公共政策管理社会公共事务，公共政策的选择和制定就是各利益集团通过讨价还价来影响和决定政府公共政策决策的过程。长期以来，政府的政策制定与制度安排过程一定程度上会受到强势利益集团的影响，有时改革的路径选择会在某种程度上体现出强势利益集团的利益诉求，各弱势群体则因为缺乏有效途径来表达自身利益要求，其呼声变得相对微弱，其利益诉求在政府政策中难以得到充分体现。强弱利益集团之间的不均衡博弈必然造成不均衡的社会利益格局，不同利益集团之间的不同利益诉求会造成直接的利益冲突，这种利益冲突一旦被激化就可能成为引发社会矛盾的导火索。政府作为一种公权力，不应该成为利益集团参与利益博弈，而是应该引导和帮助社会各群体，特别是帮助弱势群体建立自主组织，为他们铺设畅通的利益表达渠道，为各利益集团的利益表达和利益博弈制定规则，进而构建一个能够与强势利益集团进行公平博弈的机制平台，实现利益关系相对和谐与合理的利益格局。

第二节　初次分配相关制度缺陷的根本影响

收入分配制度是决定收入分配公平与否的根本原因，利益格局或收入分配结果实质上是某种制度和机制的再现。当前，中国收入分配制度在初次分配和再分配两个层次上都存在制约分配公平性的缺陷，其中初次分配的相关制度是不公平现状形成的决定性因素。从制度层面上来看，我国始终没有一套政策目标和体系相对稳定的收入分配制度，收入分配由低水平的收入均等化向收入差距快速扩大的趋势转变，导致广大居民无法稳定地获得公平的收入。我国社会存在的初次分配不公平与"低公平"问题，也是多层次制度安排和政府政策本身缺乏公平考虑而偏离了公平价值目标的必然结果。

一、初次分配相关制度安排不合理

制度是指遵循某种规则或规则的集合，可以指具体的制度安排，也可以指社会中各种制度安排的总和，即制度结构。制度是调整收入分配关系和生产关系的主要手段，具有稳定性、强制性和规范性。我国初次分配领域的相关制度不健全、不完善，是产生初次分配不公平问题和收入分配差距悬殊的主要原因。

（一）企业收入分配工资总量缺乏制度约束

企业利润收入总量不能直接进行分配，需要预留各项必要的扣除后才可以在不同主体间进行分配。实践中，我国企业特别是国有企业分配在总量确定上不够规范，造成一些不合理的分配问题。比如，由于缺少监管企业财务与会计事务的法律法规或者法律法规难以被完全落实执行，造成一些企业财务和会计被部分甚至个别的管理经营高层所控制，这种由少数人控制造成的信息不对称往往滋生企业财务信息失真和"造假账"行为；企业固定资产折旧与使用、发展基金提取和使用等负面的相关法律法规不健全，导致这些费用被大量挪用或私用的现象；约束和监督国有企业经营管理者权力的法律法规不完善或执行不力，导致国有企业经营管理者贪污、腐败、私吞企业收入的现象时有发生。

（二）企业劳动收入分配制度不合理

企业分配制度不规范主要表现为不同主体的收入与贡献不对等。主要表现为企业经营管理者的收入不合理，尤其是国有企业经营管理阶层分配制度不规范，工资与企业经营业绩不挂钩，收入与其贡献及责任和风险不相称。国有企业对经营管理高层实行年薪制，但对年薪制的具体实施对象与方法、考核规范与标准、激励与约束机制等具体环节长期没有统一的规范，基本上处于各自为政的状态。多数国有企业职工工资制度也存在不规范现象，不能充分实现"按劳分配"，部分职工特别是体制外的职工收入与其劳动贡献不对等，造成不合理、不公平的分配结果。在非公有制企业中，由于监管部门的监管职能落实不到位，致使资本对员工的收入分配具有很大的随意性，有的把员工的收入压低到了极限，普遍存在职工收入与付出的劳动及企业经济效益脱节的现象。

（三）企业支付制度缺乏有效监管

企业职工收入主要包括工资收入和保险福利两部分，由于相关部门对国家规定的企业职工工资支付制度监管不力或者故意不作为，导致出现有些企业主随意压低、克扣和拖欠职工工资的现象，有的企业没有与职工签订劳动合同，没有给职工交劳动保险，而是把这些费用转化为企业剩余划归己有。由于对国家规定的企业职工劳动制度的执行情况监管乏力，我国企业普遍存在随意延长职工的劳动时间而又不支付相应报酬的现象，许多企业以种种借口甚至通过威胁，拒不按照国家规定的法定工作日和法定工作时间执行，侵占或取消职工的双休日和一部分法定节假日，强制职工最大限度地延长劳动时间，但不按国家规定标准补偿劳动者的应得报酬。

（四）企业投资扩大挤压劳动报酬空间

在中国经济工业化发展过程中，长期存在的资本短缺问题增加了资本讨价还价的优势。特别是在资本流动性较大的压力下，一些地方政府为了寻求经济发展、吸引资金，争相为资本提供税收、土地、金融和水电等方面的优惠政策。但是，在市场劳动供给方面，我国长期存在劳动力过剩和替代弹性较大问题，导致劳动者与资本之间的市场供求失衡和价格不合理。在企业内部，资本和劳动之间地位不平等，在收入分配的决定过程中资本拥有绝对的话语权，而劳动者阶层的话语权较为弱小，导致"利润侵蚀工资"问题严重，劳动者的收入权益成了劳资博弈的牺牲品。

二、产权制度的本质分析

在初次分配的制度安排中，产权制度具有重要作用。产权制度作为一种正式的制度安排，不仅独自对初次分配公平的实现产生重要影响，而且成为其他制度构成的基础。

（一）制度与制度变迁

早期制度经济学家的奠基者凡勃伦，把制度归结为在人们主观心理基础上产生的思想和习惯，认为制度不是组织结构，制度本身是由大多数人普遍接受的固定思维习惯组成的，是思想和习惯长期积累的产物。另一位制度经济学早期代表人物康芒斯认为，制度是控制、解放和扩大个人行动的集体行动。康芒斯强调制度是一种集体行动，制度是限制、约束个人行动的集体行动，也可以是解放、扩大个人行动的集体行动。新制度经济学家、诺贝尔经济学奖获得者诺斯认为，制度是一个社会的游戏规则，或者更正式地，是定义人类交往的人为的约束。根据他的这个定义，法律、习俗和道德都是制度的一部分。诺斯还区分了制度和组织，认为制度是规则，而组织是规则之下受约束的行动者，也是规则的制定者。舒尔茨（Schultz T. W.）认为，制度是管束人们的一系列行为规则，这些规则涉及社会、政治和经济行为。

制度提供的一系列规则由国家规定的正式制度、社会非正式制度及制度的实施机构共同构成。正式制度包括国家政治制度、经济制度和契约以及由这一系列的规则构成的一种等级结构，从宪法、成文法和不成文法到特殊的规则细则和个别契约，共同形成对人们行为的约束。非正式制度是指所有在无正式规则的场合规范人们行为的惯例或标准，包括价值观、道德观、风俗习惯和意识形态等，是人们在长期交往过程中无意识形成的并成为代代相传的文化的一部分。在社会生活中，非正式制度往往比正式制度更具持久的生命力，起到了更加久远的作用。制度实施机构的健全程度与强制性能反映出制度的有效性。

制度变迁是指制度的转换、替代与交易，也是一种社会制度的"生产过程"即制度创新。通过制度变迁可以对原有的不合理制度安排所限制、约束的群体进行扩展和解放，也可以对原来不合理制度安排下的既得利益者进行一定的约束和限制。中国经济体制转轨不是一个自然而然的演变过程，而是一个有目标、有步骤，需要有效协调的复杂过程，显然只有政府才可以承担这一职能。中国体制转轨作为制度变迁过程，其本身离不开政府的组织、协调和引导。政府在制度变迁的路径选择、变迁推进的次序与时机的权衡中起到决定性作用，扮演着"制度决定者"和制度供给者的角色。多年的改革实践证明，政府的短期政策手段对收入分配问题的调节力度非常有限，难以改变日益固化的利益格局，唯有通过收入分配制度变迁和创新，依靠制度的稳定性、强制性和规范性才能实现。

（二）产权制度的主要内容

经济学家阿曼·阿尔钦（A. Alchian）认为，产权是依靠某种社会强制力实现的对某物品多方面用途进行选择和决策的权利，这种权利承认所有者使用一种资产的权利，允许或排除他人使用该资产的权利，获取由资产运用带来收益的权利和出让或其他处置资产的权利。科斯所理解的产权是指一定的行为权利，他指出："我们会说某人拥有土地，并把它当作生产要素，但土地所有者实质上所拥有的是实施一定行为的权力。"[1] E. G. 菲吕博腾（Furubotn）认为，产权是

---

[1] 科斯. 企业、市场与法律 [M]. 盛洪，陈郁，译. 上海：格致出版社，上海三联书店，上海人民出版社，1991：68.

一套行为规范与准则，产权"不是指人与物之间的关系，而是指由于物的存在及关于它们的使用所引起的人们之间相互认可的行为关系"[1]。产权的本质是一种社会工具。产权不等于所有权，而是一组权利或一个权利体系，包括所有者对某物品或资产的所有权在内的使用权、转让权、控制权和收益权等各方面权力的集合，产权权利束中，最重要的是资源控制权和收益权，如果控制权与收益权相脱离就会造成产权的残缺，产权权利很难得到保证。相反，"如果收益权与控制权被结合在一起，并落在同一主体上，那就是一个完整的产权"[2]。现代企业制度要求"产权清晰，权责明晰"，因为清晰的产权制度有助于产权人在与他人交易过程中形成理性的心理预期，而产权主体可以是市场经济主体，也可以是自然人、集团或国家。

（三）产权的性质与收入分配的关系

产权决定收入，产权的性质决定收入的归属。所有权决定产权权利，是产权各项权利得以产生和存在的基础，而产权的各项权利则是所有权在经济上的具体实现形式。资源所有者凭借其所有权可以通过占有、支配、使用等方式处置资源以获取一定量的收益，所有者可以获取收益的原因在于产权关系中的各项权利可以分离，所有者可以把生产资料的占有权、支配权或使用权转让给他人而获取相应的收益。在这里，所有权与收益权紧密联系在一起，所有权是收益权的制度基础和前提条件，而收益权则是所有权的主要目的和表现形式，所有权如果不能带来收益或者不参与收益分配就会失去其应有的价值。

产权是收入分配的前提条件和主要依据，实现公平分配需要清晰界定产权，合理保护产权。科斯认为，"合法权利的初始界定会对经济制度的运行效率产生影响"[3]。清晰界定产权由资源的稀缺性决定，如果资源可以无限供给也就没有必要对产权进行界定了。清晰界定产权并对产权进行严厉保护，目的就是通过实现资源所有者收益最大化而对产权主体产生正面激励。当然，产权的清晰界定和法律保护需要由国家强制力来执行和实施，只有规范且有效的产权制度安

〔1〕R.科斯，A.阿尔钦，D.诺斯，等.财产权利与制度变迁——产权学派和新制度学派论文集[M].刘守英，等译.上海：上海三联书店，上海人民出版社，1994：204.

〔2〕肖耿.产权与中国的经济改革[M].北京：中国社会科学出版社，1997：7.

〔3〕R.科斯，A.阿尔钦，D.诺斯，等.财产权利与制度变迁——产权学派和新制度学派论文集[M].刘守英，等译.上海：上海三联书店，上海人民出版社，1994：10-11.

排才能充分调动各方面资源所有者的生产积极性，才有利于实现收入与贡献之间的对等与公平。科学合理的产权制度安排不仅可以实现个人主体收益的增长，而且可以使国家获得更多收益，更有利于实现"民富国强"的经济发展目标。

中国企业产权制度改革还不到位，投资主体一元化或国有资本"一股独大"的产权结构，没能改变国有企业股份制改革与垄断行业的管理体制改革进展缓慢的问题。特别是大型的央企，虽然进行了股份制改革，但政企不分、政资不分的现象还比较普遍，政府对企业的直接干预过多；企业的法人治理结构也不太完善，股东大会、董事会、监事会等有的浮于表面，没有起到应有的制约与规范作用，导致时而出现企业经营管理层随意挪用企业资产、投资效率低下、分配不合理等现象。非公有制经济发展的体制性障碍尚未真正解决，各类所有制企业公平竞争的机制和环境没有完全建构起来。由此可见，必须进行产权主体多元化的产权制度改革。我国实现的农村联产承包责任制、国有企业生产经营方式改革、鼓励和促进非国有经济的发展，以及后来多种经济形式并存发展等，都属于产权制度变革。产权制度的改革与变迁，打破了国有产权"一权独大"的状况，实现了产权主体多元化，决定了我国收入分配方式和收入分配结构，意味着收入分配格局达到了某种均衡状态。

三、产权制度不合理安排的影响

产权制度是市场体系形成的前提和得以维系的制度基础。生产要素在进入市场交易之前，必须具有明确的产权，产权是各生产要素市场流动和交易的本质。要想推动要素资源的流动和交易，就必须清晰界定产权，完善产权制度，关键是要规范国家权力介入产权安排和产权交易过程，因为国家权力及其代理人对产权的随意干预或破坏，是导致我国产权制度长期不规范、不清晰的主要原因。

（一）国有企业产权界定不清

我国国有企业改革经历了扩权让利和利润留成、利改税、承包制、现代企业制度这四个发展阶段。国有企业产权制度存在的根本缺陷就在于产权主体的权、责、利不对称，产权关系不明确，形成了所有者缺位的问题。实际上，国有企业的所有者是没有行为能力的所有者，造成了内部人控制困境。国有企业产权关系不明确、产权界定不清晰，必然造成类似"公地悲剧"问题。国有企业的资产所有权属于国家，不属于任何个人，公有制企业虽然不是无主的财产，但事实上并没有得到清楚的界定，总会有人想对公有资源建立事实上的排他性权利，私人实际上拥有对公共资源的权利可以叫作"福利攫取"，这种权利获得的不是一种正当的"索取权"，而是一种畸形的"化公为私"的掠夺。中国国有企业存在产权主体虚设与边界不清问题，国有企业本质上属于全民所有，而在行使所有权管理企业的过程中，明显看不到全民的身影，造成主体缺位的现象。

国有企业控制权过多集中在政府手中的问题没有根本解决好，政府对企业的直接干预问题还相当普遍，因而企业的自主经营管理权和决策权不完全，造成其控制权和收益权的残缺，最终导致企业因约束过多而产生激励不足的问题。同"公地悲剧"一样，国有企业资源的法律产权与事实上的产权不一致，"委托—代理"关系使得公有制企业实际控制权掌握在国有经济经营管理者手中，他们通过代替国有企业所有者行使国有资产的所有权，导致"内部人控制"现象大量存在，形成产权主体的"错位"，最终造成"花别人的钱不心疼"的低效率或无效率。国有企业理论上人人是所有者，实际上必然人人都不是所有者，普通劳动者作为国有资产的所有者虚位，其产权处于残缺状态，大家既不可能通过"用手投票"来约束使用者，也不可能通过"用脚投票"来转让自己的所有权，因此，资产的收益性对劳动者来讲是不完全具备或不完整的。不合理的产权制度安排必然会抑制各产权主体的主观能动作用，导致国有资产的成本增加与效益下降，而且政府、部门、经营管理层、股东和劳动者等不同利益主体之间必然会产生一定的利益纠纷。

国有企业的股权是以最分散、股东数最多的方式存在的。国有企业是全民所有的企业，每个公民都是国有企业的股东，国资委是代表国有股东行使权利的政府部门，是所有国有企业直接或间接的名义股东。国有企业包含多级委托代理关系，从所有者或股东到国家（政府）再到企业的经营管理者是一个多层次委托和代理过程，从最初的委托代理人到具体企业经营者中间有多个层次，层次越多，距离越远，就会使得监督和管理效率逐渐递减。如果董事会和总经理以及各级实际代理人没有制度的约束来实现权责对等，"委托—代理"关系链就会断裂，就会造成花钱的人与出钱的人毫无关系的状况，没有任何实质意义上的委托关系，"心疼"也就无从谈起。因此，管理好国有企业比一般的上市公司要艰难得多，因为老百姓无法把国有企业中属于自己的股份卖掉，无法"用脚投票"，通常的市场压力对其不起任何作用，而且管理层还掌握着一些社会资源和权力。客观上，从夫妻店到合伙制企业、有限责任公司、股份制上市公司，再到各级国有企业，每上升一个层次风险就会倍增，而且越是人口大国，国有企业的规模越大，国有经济的所有权与经营权会离得越远，对权力制衡的要求就会越高，否则就会产生诸多腐败问题。

基于上述问题，党的十八届三中全会明确提出了"积极发展混合所有制经济"的改革思路。国有垄断企业发展混合所有制，可以形成投资主体多元化、股权多元化的多个股东并存的股权结构，并实施与之配套的混合所有制产权改革，使国资监管机构的职能由监管国企转变为监管国有资本或者国有股权，维护好国有垄断资本的运营，实现国有垄断资本的保值增值。

（二）劳动力权益保护制度不健全

按照马克思主义政治经济学理论，劳动力的使用可以创造出大于劳动力价值的价值，这部分价值以"按资分配"原则被资本家无偿占有了。按照现代劳动力产权理论，劳动力产权作为劳动力所有者拥有的一种特殊产权，是指"劳动者对自己劳动付出产生的价值增量即剩余价值享有一定的剩余控制权和索取权"[1]。劳动力产权可以理解为在市场交易过程中的劳动力占有权、使用权、支配权和收益权等一系列权利的总称，反映一定社会发展阶段人与人之间在劳动力要素相关问题上的社会经济关系，是一个历史范畴。完整的劳动力产权应该包括：劳动力维持劳动力基本生存及再生产的权利，即劳动力基本生活所必需的货币与实物支付、适度的工作强度与工作稳定性；劳动者自主支配劳动力的权利，以自由流动获得较好的市场收入；劳动者享有对企业财产的部分剩余索取权，是最能体现现代劳动力产权时代特征的一项产权，主要存在于劳动者所在的经济组织和全社会范围内。目前，被市场经济国家公认最有效的劳动力产权制度安排是韦茨曼等经济学家提出的企业利润分享制。

社会主义市场经济条件下，公有制仍然是生产资料所有制的基础，并且决定了我国分配领域必须以按劳分配为主体，表明劳动要素应该高于其他物质要求，劳动力产权应该优先于资本等物质要素产权参与企业剩余分割。然而，我

---

[1] 赵华灵. 劳动产权与劳动力产权 [J]. 中国劳动关系学院学报，2009（03）：16.

国现阶段产权多元化改革比较重视资本、土地、管理等物质产权，轻视劳动力产权，造成劳动力收益权的残缺和丧失。这一方面是因为我国学者在介绍和研究西方产权理论过程中，片面强调在分配中保障物质要素的利益，借鉴西方经济理论中的狭义"人力资本"概念，强调高级科技管理人才的作用，否定简单劳动力的应有贡献，增强了一般员工的不公平感。另一方面是因为有关产权的保护性立法仍然欠缺。在我国出台的《劳动合同法》《公司法》等相关法律法规中，企业利润分享的观点和要求没有得到充分肯定，职工参与企业利润分配主要取决于企业是否制定了股权激励计划或公司内部分红计划。如果企业有这样的计划，必须在劳动合同中进行约定，按照约定员工就有权利分享公司的利润和财富。当然，在实际操作中，企业也需要考虑到相关的法律法规，确保分配的合法性和公正性。

通过完善法律和建立工资协商谈判机制来保护广大职工利益，是两个必要且重要的方面。在对职工的法律保护方面，当前的关键问题仍然是有法不依，2008年1月1日开始实施并于2012年重新修订的《劳动合同法》，在许多地方还没有得到认真的贯彻落实。比如，关于劳动者的社会保险问题，尽管《劳动合同法》有明确规定，但直到现在有些农民工的社会保障问题仍然没有得到很好的解决；在工资协商谈判机制的建立方面，国外已经有了很多成熟的经验，只是我国政府在学习借鉴用以保护广大职工利益方面做得还相对有限。

（三）自然资源产权制度安排不合理

由于我国矿产资源产权制度不健全，导致社会财富比较集中地流向矿产资源开发行业企业。我国当前的许多煤老板、铁老板一夜暴富，主要在于资源型企业的成本过低，一般只负担资源的开采成本，完全的矿业权所应该承担的有偿取得成本、环境治理成本和生态恢复成本等尚未完全体现，形成不完全的企业成本。可以说，不完全资源成本的存在是造成我国资源行业获取暴利的最主要原因。

我国资源性产品存在一定程度的价格扭曲问题。有专家计算，我国资源和劳动之间替代弹性总体为1，企业是选择多用资源还是多雇用工人，关键是看资源和劳动之间的相对价格。虽然我国劳动力价格总体较低，但由于资源要素价格也被压得很低，自然资源与劳动力之间存在一定的替代关系。正是资源要素价格被人为压低，使得劳动力要素也必须长期保持低水平，否则就会发生资源对劳动的替代，从而恶化了劳动者收入水平。矿产资源价格扭曲还表现为政府长期收取的矿产资源补偿费过低，国际上多数国家的多数矿产资源的补偿费率都保持在 2% ～ 8% 之间，而我国矿产资源补偿费只征收资源销售收入的0.5% ～ 4%；国外石油天然气矿产资源补偿费征收率一般为 10% ～ 16%，而我国的石油、天然气、煤炭、煤成气等重要能源的补偿费率都只有 1%。

　　长期存在的矿产资源税费过低问题，导致本来应该归政府所有的收益转化为了企业利润，使矿产资源的国家所有权不能完全实现，造成了利益关系和收入分配关系的某种程度的扭曲。自 2014 年 12 月 1 日起，我国的原油、天然气矿产资源补偿费费率降为零，同时取消了在山西、新疆等地区试点开征的生态保护基金、原生矿产品生态补偿费等费种的征收，相应将资源税适用税率由5% 提高至 6%。从财税体制改革的全局来看，资源税费的整合是改革的必然选择，其目的在于规范政府收入、减轻企业负担，同时便于监管。但是，清费利税并不意味着将"费"完全取消，而是要做到"税费归位，各行其道"。

（四）农村土地产权制度安排不合理

　　2009 年，福布斯"中国财富排行榜"公布的前 400 名富豪中，房地产商占据了 154 位；前 40 位富豪中，房地产商占了 19 位，将近一半；前 10 位超级富豪中，房地产商占了 5 位。清华大学国情研究中心研究员管清友对我国的土地财政状况进行了披露，结论令人震惊："1989 年至 2010 年的 21 年间，全国土地成交价款增长了 6 732 倍，而卖地收入相当于地方财政收入的比例涨幅也超过300 倍。"[1] 2019 年，福布斯发布年度中国富豪榜中，共有 88 家房地产相关企业，前一百位中房地产企业有 22 家，房地产业目前仍是我国经济的主体产业。由此可见，自 1998 年市场化改革以来，房地产行业已经超过其他行业，成为中国财富的第一集中地。在社会财富集中过程中，房地产业之所以能占据如此大的比重，其中一个最重要的原因就是我国的土地产权制度存在一定的缺陷。

　　土地产权是以土地所有权为核心派生的一个权利束，是有关土地资源而发生的一切权利的统称，主要包括土地的所有权、使用权、租赁权、抵押权和收

---

[1] 全国卖地收入 21 年涨 6732 倍　从 4.5 亿飙到 3 万亿 [J]. 共产党员，2011（22）：30.

益权等权利。土地产权也像其他财产权一样，必须有法律的认可并得到法律的保护，即土地产权只有在法律的认可下才能产生。钱忠好教授认为，我国土地产权是一种包含两层结构的复合所有制，一层是农地归农民（农户）所有，另一层为农地归社会（国家）所有，它是社会占有基础上的个人所有，是联合占有基础上的个人所有，这不是私有制，而是为消灭私有制进行必要的准备。钱忠好教授给出了复合地权具体内容的大体框架，即农地的社会所有权归国家，土地的个人所有权归农户，土地的所有权为国家和农户共同分享就是复合地权。我国农民拥有的土地个人所有权是一种不完全所有权，其性质由国家的社会所有权决定。现实中，我国土地复合产权存在所有者主体缺位、土地产权主体界定模糊不清的问题，主要表现在国家、集体和农民等产权主体地位界限不清，以至于造成现有土地制度安排不合理，导致一定程度的土地产权残缺。

1994 年，分税制改革实施以来，我国土地产权制度的问题具体表现为地方政府对土地市场的垄断，而且是买方和卖方的"双重垄断"。一方面是地方政府权力对土地拥有者表现出来的"垄断买方"。在分税制条件下，地方政府承担的地方经济发展职能，随着土地经济价值不断提升而积极发展土地财政，即借助土地资本化、金融化方式，为地区城市建设、经济发展提供资金来源。2018 年，我国土地财政收入占地方财政收入的 51%，土地财政收入的贡献超过了地方政府财政的一半以上。目前，我国地方政府实行的土地管理制度是由地方政府代表国家行使土地所有权，且土地转用方面存在严格的规定和限制，为地方政府垄断土地市场提供了制度保障。随着我国经济发展进程和地方政府征用建设土地的规模越来越大，失地的农民越来越多，成为制约农村经济发展的重要因素，一定程度上降低了农村居民的收入。另一方面是权力部门面对"购房群体"时又转而变成了土地的"垄断卖方"。消费者在购房时，土地资源又成为上游要素，开发商必须以高价从地方政府手中首先购买土地。在地方政府的土地垄断权利与市场开发建设资本合作过程中，地方政府获得大量的土地财政，房地产企业等则获取较高的利润，这一买卖过程更加剧了利益分配关系的扭曲程度。

（五）企业"高效率、低公平"分配状况产权分析

长期以来，我国地方政府主要以经济发展指标为核心进行考核，为经济高速增长纷纷出台保护垄断、制造特权的政策制度，已经培育出了一个庞大的既得利益群体，导致经济领域出现畸形的双层市场结构：上层是享有一定特权的企业，包括原来的国有垄断企业，还有强势的外资企业和一些有社会资源背景的私营企业；下层则是遭到系统制度性歧视的普通私人企业。这两类企业之间生存环境的差异不言而喻，这种带有制度性歧视的双层市场结构，形成我国国民经济"高效率、低公平"的运行特征。也就是说，这种"高效率"是既得利益者依靠政府优惠性的政策通过"超公平"的方式获得的，我国国民经济发展的"高效率"实际上是一种畸形的"高效率"，因为如果没有一部分企业"公平"的牺牲和代价，另一部分企业就不可能取得初次分配的"高效率"。

外资经济靠一定的政府优惠政策可以获得一定"超公平"的高效率。改革开放初期，我国经济发展中资金短缺，为了解决经济发展与资金短缺之间的矛盾，国家鼓励外资进入；如果没有以较大的利益回报和优惠条件为前提，外资很难进入中国，我们也不会获得外资带来的较高经济效率，地方政府对外资经济实行"超公平"的优惠经济政策有其必然性。对外资采取超国民经济的优惠政策，使得外资企业处于一种"超公平"状态，内资企业处于一种相对"低公平"状态，造成外资企业相对于民族企业的市场强势地位。原国家税务总局副局长王力认为："长期实行的内外两套企业所得税制并存的格局，是不符合国际惯例的，也对我国市场经济发展带来了一些影响，需要予以统一和规范。"[1]

国有垄断企业依靠国家赋予的垄断地位获得一定"超公平"的高效率。国有企业现阶段的经济效率明显提高，从效率提高的原因来看，一方面在于国家赋予国有企业独立经营权并建立了一定的激励机制，即通过现代企业制度改革获得；另一方面则在于国家对国有垄断企业采取"超公平"优惠政策的影响，国家通过赋予国有垄断企业在资源、价格和市场等方面特有的垄断经营权和政策保护，使其获得超额垄断利润并表现为企业的经济高效率。但是，国有垄断企业获得的高效率以市场竞争企业的利益损失和效率降低为代价，对竞争性企业来说是一种"缺公平"状态。

有的私营企业主靠不正当手段来获得特殊优惠的条件和机会，进而获得畸形的高收益。这些私营企业通过不公平方式获得较高经济收益，主要根源于国

---

〔1〕 弗洛里安·金贝尔. 中国将终止针对外资企业的特殊税收优惠 [J]. 福建纸业信息，2006（17）：2.

家对企业的监管不力，有的地方政府为了地方经济发展或谋取私利而与私营企业主串通一气，通过权力与资本结合的方式共同盘剥普通劳动者。一些私营企业通过这些不法方式，使得企业成本明显降低，利润大幅度增长，资本效率也得到大幅度的提高，但是，私营企业的这种效率提高的代价是普通劳动者的合法权利与利益的牺牲。现阶段，我国许多私营企业存在"利润侵蚀工资"、普通劳动力价格被扭曲等不公平现象，严重损害了劳动者的利益，伤害了劳动者的感情和尊严，降低了劳动者的劳动自觉性、积极性和劳动热情，长此下去必然会降低普通劳动者的工作效率，从而导致企业效率的降低。

总之，企业的这种以强势生产要素对弱势生产要素的利益剥夺，尤为突出的是资本对劳动的侵蚀等"超公平"方式得到的高效率，实质上则是一种表面的、短期的、畸形的高效率。这种"高效率"不仅不能带来经济的持续高速增长，而且不断恶化劳资关系、收入分配关系和生产关系。从长远来看，这种畸形的高效率必然会带来整个社会的低效率或无效率，并危及整个社会关系的稳定与和谐发展。

第三节　社会主义市场经济体制不健全的影响

由于我国实行渐进式经济转型模式，新旧体制长期并存，使得中国经济体制具有明显的二元性特征。在经济转型和制度变迁过程中，市场经济体制和相关制度还很不完善、不健全，经济社会发展过程必然会出现收入分配失序现象。

在社会主义市场经济条件下，如果不同性质行业企业之间存在严重的起点不公平，一部分企业享有特权，另一部分企业遭受歧视，必然导致市场失灵与不公平分配问题丛生。

一、转型期初次分配的特点

中国经济社会正处于快速的转型期。经济社会转型期有其自身的特点，即转型期的制度变迁是在政府的主导下进行的，研究我国初次分配问题不能脱离这一主要经济特征。

（一）转型经济及其体制特征

经济转型指的是资源配置和经济运行方式的转变。我国的经济转型特指中国经济体制转型，即由原来以行政计划为手段配置资源，转向以市场作为配置经济资源的主要方式。到目前为止，能称得上转型经济的国家主要有苏联、中东欧社会主义国家和中国。转型经济依据其转型过程是否存在政治制度突变以及实行私有化制度为标准，可以分为激进式的转型经济与渐进式的转型经济。中国经济的转型是在政治制度稳定不变的前提下进行，主要改变资源配置方式的转变，是渐进式的经济转型，因而需要一个相对较长的过程，即所谓的经济转型期。处于转型期的中国经济体制主要有两个特征，一是保留着旧的计划经济体制的某些特征，旧体制短时间内还不可能完全退出历史舞台；另一个是体制向市场经济转化的倾向十分明显，市场经济占经济的比重越来越大。新旧体制并存的状态使得二者之间产生矛盾与冲突，许多经济社会问题的扭曲都是这种二元经济体制的"副产品"，也是中国经济社会转型及体制特征的主要表现。

中国经济转型期的渐进特征和方式体现为"可控性"。我国的改革开放事业由政府推动和主导，就是以政府的行政权力为推进力，通过制定改革方案和实施步骤来推动、调控和引导市场化改革进程。我国的市场化改革进程，一方面是市场逐步成长、完善的过程；另一方面则是政府让渡权力和转变职能的过程。在这一转型过程中，政府掌握着改革政策的决定权、改革过程的组织权和改革局面的控制权，政府的权力决定着"每一项改革措施，要不要改、改什么、如何改是由权力中枢决定的"[1]。实际上，政府权力主导下的市场化改革意味着政府居于主体地位，市场处于客体地位，市场经济只是政府用来发展经济的工具和途径。

（二）转型期经济增长特点

当前，由于旧的管理体制和管理模式还在一定范围内继续存在并发挥着作用，中国市场经济虽然有了相当程度的发展，但市场结构还不够完整，市场经济体制还不太完善。由于市场经济体制不完善，虽然中国商品市场已经基本放开，市场价格已经在价格形成中居于主导地位，但生产要素市场发育仍严重滞后，政府部门对资本、土地等重要生产要素的供给仍然具有一定的主导权，使

---

〔1〕 郑杭生，等. 转型中的中国社会和中国社会的转型 [M]. 北京：首都师范大学出版社，1996：133.

得要素市场总体上呈现出各具特色的"双轨制"。市场经济体制下的政府基本职能，一是要为市场经济发展创造良好的外部环境；二是要为社会提供基本公共服务、公共物品；三是要维护社会发展中的稳定和谐与公平正义。政府主导型经济增长方式偏离了政府的主要职能，政府干预微观经济运行现象时有发生，这在一定程度上削弱了市场配置资源的效率和基础作用，导致政府与市场利益关系的扭曲。

中国政府主导转型期经济增长有其必然性与合理性。改革开放之初，中国经济开始起飞，客观上需要大量社会投资和适合市场经济发展需要的制度建构，而政府主导经济增长可以把有限的社会资源集中起来用于投资建设，并为市场经济发展保驾护航，只有这样才能保障市场经济在改革、发展与稳定的均衡中得以快速发展。但是，市场经济体制形成后，仍然坚持政府主导型经济增长方式的做法的风险大大增加。政府主导经济增长的情况下必然把经济发展速度乃至把经济投资放在第一位，导致市场投资增长过快进而造成投资与消费失衡加剧。政府主导型经济增长还会导致各种资源的大量消耗，加大自然资源和环境的压力，造成深远的代际不公平问题；政府主导型经济增长必然带来 GDP 主义的膨胀，受"增长主义"价值理念支配，地方各级政府必然以 GDP 增长速度为执政业绩标准。总之，政府主导经济增长以行政控制资源配置和权力干预经济发展为主要方式，必然造成政府与市场关系的扭曲，"而这种经济增长模式的支点，就是政府对市场要素的控制与根深蒂固的计划精神"[1]。

（三）转型期的收入分配特点

经济社会转型期是造成中国"二元收入分配格局"特点的主要原因。众多学者通过对中国收入分配问题的研究表明，二元社会结构是造成中国收入分配差距过大、收入分配不公平的主要原因，经济社会转型期的二元收入分配格局是一个"僵局"。从我国现实要素市场来看，土地、劳动力和资本等市场由于受政府权力的干预和影响，都存在一定程度的价格扭曲问题，导致要素不能从市场上获得合理的报酬，初次分配失去了起点公平和过程公平的支撑，其结果也会被扭曲。也就是说，要素收入不是完全通过市场价格机制按照市场规则进行，而是由某种行政机制依据行政力量进行配置，必然导致收入分配不公平的结果。

---

[1]　秋风.政府的本分 [M].南京：江苏文艺出版社，2010：25.

"先富"与"共富"的非均衡发展模式是中国社会在转型期选择的一种制度变迁模式。这种非均衡发展模式的实施,在经济社会转型过程中培育出了一批"先富"群体,而这些既得利益群体则成为我国社会深化改革的阻力;这种发展模式同时也使得更多的人步入"贫困阶层",成为经济体制与制度变迁的"牺牲品",他们在市场竞争过程中长期处于不利地位,并随着市场竞争的失败逐步沦为社会弱势群体。可以说,这一时期形成的城乡之间、区域之间、行业之间的收入分配差距和社会不同阶层之间的贫富差距,从某种意义上而言,是政府为经济发展和经济效率提高而进行的一种策略选择和相关制度安排的结果。比如,政府长期只给城市居民提供公共产品和福利,把社会大部分资源都重点投向城市,投向工业领域特别是重工业领域,这种倾斜政策实际上就是人为隔离了城市与农村,制造穷人与富人的社会发展模式。这是中国政府改革早期的战略选择与制度安排,由于国家权力过于强大,这种制度安排在运行过程中没有受到大的挑战和阻力,政府在之后的长时期内没有对这种发展模式进行积极变革,忽略了非常高昂的制度成本,致使城乡二元分割发展模式表现出制度僵化的特点。

由于我国的体制改革是一个渐进式的过程,改革进程中的某一阶段和一定时期内一些制度不完善、不健全、不完整甚至某些制度完全缺位在所难免。在我国经济社会转型时期,由于各方面的体制和制度不到位,为市场经济发展失序和权力"寻租"设置了大量租金。再加上政府职能转型没有完全进入"轨道",经济社会管理过程还存在大量的疏漏和盲区,造成非法收入与财产转移、灰色收入与灰色财产转移由此大量出现,特别是权钱交易、以权谋私等严重腐败问题以及利用制假售假、走私贩私、偷税漏税、投机欺诈等各种非法手段获取高额收入的现象,并造成居民收入差距迅速扩大。[1]正所谓"冰冻三尺非一日之寒",要想彻底解决这些问题和差距也绝非一日之功,不能期望可以采取单一措施毕其功于一役,它同样需要一个渐进过程,通过渐进的利益关系调整,使得初次分配利益格局以及收入差距回到合理的区间和人们可以容忍的范围内。

---

〔1〕 王倩. 邓小平富民理论指导下的贫富差距控制探讨 [J]. 现代商贸工业,2009(18):51.

二、不完全市场竞争行为的影响

我国社会主义市场经济建立至今只有短短的 30 多年的时间，相比西方发达资本主义国家，中国社会主义市场经济体制还处于初期发展阶段。不过，按照 WTO 规则，我国在加入 WTO 组织 15 年之后就应该自动获得"完全市场经济国家"地位，而美国、欧盟等西方国家组织却打着公平贸易和"反倾销"的幌子不予承认。众所周知，美国等拒不承认中国"市场经济地位"其实是别有用心。在他们眼里，只要中国还存在国有经济，还是中国共产党执政的社会主义国家，就不是市场经济国家。不可否认，我国社会主义市场经济还不太成熟，还有其不足之处，在客观的经济运行上，中国市场经济体制转型经济的特征依然存在，市场结构体系还不太健全，与市场经济相关的制度还有不完善之处，经济结构优化和升级上还有一定的空间。这主要表现为市场垄断的强势存在，政府权力在资源配置方面占据着一定地位，对整个经济存在一定程度的管制，虽然这种管制有越来越宽松的发展趋势；渐进的市场化使得要素市场发育相对迟缓，要素市场和价格信号存在一定程度的扭曲；市场分配秩序还有一定的乱象，存在收入分配与贡献之间不对称状况，并造成贫富差距难以缩小等问题。

（一）完全竞争市场条件下的初次分配是公平的

相对于计划经济而言，市场经济是一种资源配置的有效方式，更能保证经济效率的提高。市场经济条件下，生产要素可以利用市场"无形之手"的强大作用，通过发挥市场价格机制、供求机制和竞争机制的功能，把资源配置到效益较好的市场环节和市场主体。在市场经济条件下，各经济主体都追求更高的经济效率，只有效率高的市场经营主体才能够从市场中获得更多的经营收入，而效率低的经营主体只能从市场获得较少的经营收入，有的甚至得不到经营收入。由此可见，在市场经济条件下，企业效率与收入一致，效率高则收入高，效率低则收入低，无效率则没有收入。效率是市场进行初次分配的基本原则，是内生于市场机制和资本追逐自身利益的本能。

西方各种现代经济理论几乎都是从收入分配的市场化角度出发，论证市场机制在收入分配上所具有的效率取向，效率成了西方经济发展的唯一目的。按照边际经济学理论，在完全竞争的市场条件下，企业对其使用一定要素支付的价格等于最后该单位要素的边际产品价值。根据边际经济学"边际收益等于边际成本"利润最大原理，企业为了自身收益最大化，一般会在最优条件下进行生产以获取最大收益。企业作为利益主体受利益的驱使，一般会主动按照市场的竞争机制、供求机制和价格机制，对企业生产需要的生产要素进行最佳选择和匹配，使其使用效能最大化，即以最小的投入带来最大的产出。当要素市场达到均衡时，根据福利经济学第一定理，要素的配置一定是帕累托最优。因此，完全竞争的市场机制本身会趋于实现效率，而且使得初次分配中的高效率主体得到合理的收入份额，实现贡献与收入之间的比例对等。

（二）我国市场经济体系不完善的主要表现

就经济功能而言，市场是进行资源配置的最有效方式，也是人们选择的用以保证资源有效配置所进行的一系列制度安排。市场在新制度经济学那里被定义为"一套制度"，这一理论认为市场是"大量的特种的商品交换有规律地发生，并且在某种程度上受到那些制度的促成和构造……简言之，市场就是组织化、制度化的交换"[1]。市场作为"一套制度"，是由市场体系、市场机制、市场主体、市场组织和市场规则等几部分内在要素构成的。中国社会主义市场经济体制虽然已经基本形成，但相对于完善和成熟的市场经济制度，相关制度还不够健全，市场体系建构还不完整，市场发育还很不成熟。

1.中国市场体系不健全、不完整

市场体系是指各类要素和商品市场的总和，由消费品市场、生产资料市场、金融市场、劳动力市场、技术市场和信息市场等共同构成。改革开放以来，中国各类市场随着商品经济的发展得以恢复发展；现阶段，中国社会主义市场经济体制确立与发展已经有30多年，大多数市场已经确立并获得了不同程度的发展，相比于西方发达国家的成熟市场，中国的市场体系还不够健全、不够完整。消费品市场发展最早且相对完整，但仍有一些约束和限制消费品的流通制度需要进行改革或废除。市场的核心内容，即生产资料市场还不够健全，各要素市场长期存在"条块分割、地区封锁"的制度，而且一些营利性国有垄断企业还人为设置障碍，抬高市场准入门槛，不允许社会资本自由进入公平竞争。学界多数专家认为，"我国土地、资本和劳动力等要素的市场化程度，显著低于一般商品与服务领域的市场化程度，三大要素基本上仍然是由权力分配的，而不是

---

〔1〕 G.W.霍奇逊.新制度经济学宣言[M].向以斌，译.北京：北京大学出版社，1993：208.

通过平等的市场交易配置的"[1]。

2. 中国市场主体还不是非常明确清晰

市场经济本质上是通过各类市场主体之间平等联系、自由交易的经济，市场体系的完整与否、市场制度规范与否主要取决于市场主体的独立和明确。从市场运行的自然过程来看，广大居民个人和非公企业在我国经济运行过程中的市场主体地位已经逐渐形成。国有企业通过改革发展总体上已经同市场经济相融合，运行质量和效益明显提升，但国有企业仍然存在一些亟待解决的突出问题；一些企业市场主体地位尚未真正得以确立，现代企业制度还不健全，国有资产监管体制有待完善，国有资本运行效率还需要进一步提高；一些企业管理混乱、内部人控制、利益输送、国有资产流失等问题仍然存在。现代企业制度还不太完善，产权不清晰、权责不明晰等问题导致政府对国有企业干预太多、控制太严，国有企业无权进行自主生产经营活动，国有企业要想成为真实的市场竞争主体还需要深化市场改革。

3. 中国市场规范规则不尽完善

市场的规范规则就是以法律、法规、契约、公约等制度形式固定下来的市场运行基本准则，包括市场进入退出、市场公平竞争和市场公平交易等方面的规则和制度规定。市场规范规则是市场机制发挥作用的制度基础，也是市场运行机制遵循的基本准则，完善的市场规范规则一般具有科学化、系统化、强制化、公平性和开放性的基本特征。相比于市场规范规则的一般特征和西方发达国家的成熟市场发展状况，我国的市场相关规则还很不完善、不成熟，市场规则设置不够科学合理，甚至与市场内在的发展要求和基本运行规律相违背；市场规范缺乏统一性，规则的区域性、阶段性问题比较突出，有些规则要求之间相互矛盾，运行效率低下；市场规则的强制性不够，"有法不依"、不按制度规范要求办事的情况比较严重，而且处理结果也缺乏强制性，"违法不究"现象大量存在，导致市场规范规则形同虚设。

经济社会转型期，中国市场化体制改革进程缓慢，其主要原因在于仍然弥漫于整个社会的"计划心态"。由于思想意识和政治体制改革滞后，各级政府官员内心一直存在着某种程度的"计划心态"，始终认为自己是经济发展的主

〔1〕 秋风 . 政府的本分 [M]. 南京：江苏文艺出版社，2010：23.

体，把发展经济视为政府的主要甚至唯一职能，视为解决各种社会问题的最终、最有效的办法。这主要是由于我国历史上就是一个缺少市场文化传统的民族，权威主义的政治传统和以强调团体价值为核心的传统文化是传统社会遗留给我们的重要制度资源，具有无法估量的社会影响力。高度中央集权制下的政府在国家社会经济事务中扮演着重要的角色，由此在人们心目中"政府万能"的思想便应运而生，政府崇拜和政府权力崇拜成为中国的主流文化，而市场经济所需要的自由和权利的观念在中国还过于渺小。由此可见，依靠市场机制本身不可能自行高效地完成转轨过程，"需要政府利用各种手段积极引导和推动，用政府机构去代替不完善的市场成为转轨中发展中国家的必然选择"[1]。

（三）不完全竞争市场行为必然导致不公平分配

市场化条件下的初次收入分配可以实现高效率，却不能保证公平分配的实现。初次分配是通过市场各生产要素自发竞争途径对国民收入进行的分配活动，这次分配的主要标准是不同生产要素在新价值创造中做出的贡献，而要公平衡量各要素贡献的大小需要以成熟完善的市场经济体制为前提。完全和完善的市场可以有效配置生产资源，效率则是市场进行初次分配的第一原则。而市场能否做到公平分配，主要取决于是否有健全和规范的市场运行机制。在中国经济社会转轨时期，虽然市场在资源配置中起着基础性作用，但社会主义市场经济体制还不完善，不完全的市场竞争行为大量存在，初次分配并非在完全市场竞争环境下进行，初次分配的不公平问题在所难免。比如，因不合理的国有垄断所形成的行业之间市场竞争环境失衡所导致的收入分配不公平，因地区资源优势和政策待遇造成的分配不公平，因城乡劳动者身份不同、流动受阻和就业不充分而引起的分配不公平，因企业之间生产经营条件的差别而产生的分配不公平，以及因企业内部资本所有者、经营管理者和劳动者身份与职位不同产生的分配不公平等。

由于中国现行市场经济体制不完善，市场机制功能难以充分发挥，导致中国初次分配领域的分配畸形高效率，各生产要素贡献大小难以得到公正的衡量，这将直接影响初次分配公平的实现。在中国市场经济体制改革和渐进转型过程中，初次分配过程由于受市场机制的决定作用，必然强调并努力实现效率和公

---

〔1〕 杰拉尔德·迈耶.发展经济学先驱[M].谭崇台，译.北京：经济科学出版社，1988：65.

平两个目标；同时，初次分配过程也必然受到一些诸如公权力、垄断、二元体制等非市场因素的制约，这些因素一般能促进效率提高但难以实现公平分配。由于非市场因素对市场因素的干扰形成我国市场不完全竞争的经济特征，进而造成我国初次收入分配制度安排不合理与分配结果失衡，出现多种经济形式"高效率"与"低公平"并存的失衡状态。比如，在改革开放初期，国家为了宏观管理和经济发展的需要，出台了严格的户籍制度用以限制农村劳动力向城市的自由流动，这种长期存在的劳动力市场分割，一方面造成了城乡二元经济结构体制的制度刚性及对中国经济社会的深刻影响；另一方面造成了中国持久存在的"三农"问题，人为造成城乡收入差距过大。因此，只有继续深化经济体制改革，进一步完善和发展社会主义市场经济体制，极大削弱或根除各种非市场因素对初次分配的影响，才能达到初次分配公平和效率的同步。

三、城乡二元经济结构及消极影响

二元经济结构是指发展中国家工业化过程中出现的工业与农业两大经济部门对立发展、城市与农村"两个世界"对立发展的社会发展状态。户籍制度的建立和固化，是中国二元经济社会结构形成的根源，使具有城市户籍的居民享有多方面的优惠待遇，而具有农村户籍的农民被牢牢地限制在土地上。一般来说，从传统农业社会向现代先进工业社会的转变中，任何社会的经济发展都要经历两种生产方式并存的发展阶段，这种城乡经济运行自成体系、相互分割的现象，体现为城乡二元结构。这种独特的城乡二元经济结构不仅是中国社会"三大差别"长期存在的根源，而且是社会主义市场经济条件下新的"二元经济"问题产生的主要原因，成为当前分配领域难以根除的"毒瘤"。

（一）供求失衡导致劳动力价格被压低

长期以来，廉价而丰富的劳动力资源是我国经济快速持续发展的禀赋优势。随着市场经济的确立与发展和户籍管理的松动，大批农村剩余劳动力可以进入城市以打工为生，农民工与城市职工在用工制度上已经基本不存在制度性障碍，二者客观上存在一定的"替代效应"，不仅使得农民工成为廉价的生产机器，而且直接拉低了城市职工工资的上涨。劳资要素的稀缺程度不同，导致资本相对于劳动力而言处于强势地位。近些年，企业"只见利润增加，不见工资提高"现象普遍存在，"血汗工厂"在我国时有出现，导致部分农民工纷纷向农村回流。在改革开放的进程中，尽管我国劳动力市场发育较早，但一直存在着市场不健全的问题，各方面的机制不完善，劳资关系并没有完全理顺，突出表现在劳动力价格严重背离劳动力价值。特别是我国市场长期存在大量富余的劳动力，市场平等自由交易关系决定了资本可以凭借其市场强势地位压低劳动力价格，使劳动力价格长期低于其价值。我国劳动力价格长期被压低，必然导致初次分配不公。由于中国社会主义市场经济条件下的劳动力仍然具有商品属性，雇佣劳动制度仍然存在，普通劳动者主要靠出卖劳动力为生，他们能否从市场获得劳动力价值或价格的合理补偿，是评判市场分配机制的合理化程度以及市场初次分配公平与否的主要标准。

（二）劳动力"买方市场"导致劳动力价格被人为压低

按照新古典经济学的理论观点，市场经济条件下的劳动力供求关系只要能够在统一规则下进行充分的公平竞争就能自行实现均衡，市场也会自发形成统一的工资率，不同的劳动者会按照"同工同酬"原则获得自己的报酬。劳动力市场的充分竞争，一方面指劳动力供求双方的地位平等，既不存在买方垄断的情况，也不存在卖方垄断的情况；另一方面则指劳动力有充分的自由权，可以自愿进入或退出劳动力市场，也可以为了收入最大化在不同地区、行业、职业及所有制之间自由流动。实际上，由于专业化分工的存在和先期巨大人力成本的投入，劳动力流动的成本有时会非常高，如果流动的收益小于流动的成本，就会抑制劳动力的自由流动（见图5-1）。

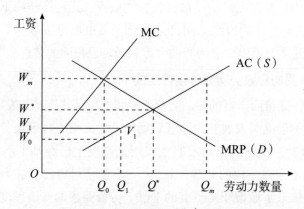

图5-1 买方垄断劳动力市场定价

改革开放以来，由于我国始终面临资本短缺与劳动力过剩的供求矛盾，导致我国劳动力买方市场长期存在，普通劳动力价格长期低于其价值，劳动力价格存在被严重扭曲的现象。在买方垄断的劳动力市场条件下，企业对工资有决定权。图 5–1 描述了在劳动力市场买方垄断条件下，企业对普通劳动力的定价机制。其中，AC 代表企业的平均工资成本（劳动力供给曲线 S）；MC 代表企业的边际成本线；MRP 代表企业的边际收益线（劳动力需求曲线 D）。在完全市场竞争条件下，企业会按照边际收益等于边际成本原则雇用最优劳动力数量 Q_0，同时支付工资数量 W_0；在不完全竞争市场环境下，市场的均衡就业点为 Q^*，均衡工资水平为 W^*，表明企业可以凭借其垄断地位限制市场劳动力的需求数量。在买方垄断市场条件下，企业还会使得劳动者的实际报酬低于其边际产量（该边际产量价值即企业的边际收益）价值，增加对劳动的剥削程度。

如图 5–1 所示，在企业优先选择的劳动力投入 Q_0 处，需要支付的工资为 W_0，就劳动力需求的数量而言，企业愿意支付的工资数量为 W_m，因为这是企业雇用最后一个工人可能给资本带来的额外收入量。因此，在 Q_0 处企业支付的工资低于劳动力的贡献，就是低于劳动力的市场价值。由此可见，在买方垄断的劳动力市场条件下，企业给予劳动力的价格不公平，企业侵占了一部分劳动者收入，即 $W_m - W_0$，从而造成企业内"利润侵蚀工资"的现象。

（三）劳动力就业歧视造成收入不公平

劳动力市场长期存在的就业歧视问题也是造成收入不公平问题的原因之一。具备同等知识水平、工作能力和工作经验，并且能够创造出同样价值的劳动者，由于受到性别、年龄、能力等自然因素的影响以及户籍、家庭背景、人际关系等社会因素的影响，在就业机会和岗位选择方面会受到不公正对待。我国劳动用工制度特有的体制内、体制外的"双轨制"，直接导致"同工不同酬"现象，人为地造成了初次分配劳动报酬的不公平。如果劳动者的技能相当，所处的市场环境相同，而劳动报酬却存在一定的差距，一般被视为"歧视性收入"。歧视性收入是由不同历史文化与习俗传承造成人们心理上不同偏好的结果。从经济学的角度来看，歧视可以从性别、种族、年龄等角度进行划分。比如，美国黑人的平均工资大约相当于白人平均工资的 70%，世界妇女的工资平均只有男性工资的 70% 上下。在我国市场经济环境下，农民工较城镇职工工资低，女性劳动者较男性劳动者工资低，其中都可以看到歧视性因素的存在。有学者研究认为，农村迁移劳动力和城市本地劳动力的工资差距中，只有小部分能够被个人特征的差距所解释，而剩余的大部分是被歧视解释的部分。由此可见，如果不消除身份、职业等各种社会歧视，受歧视者工资支付不足，市场分配就会一直存在工资差距问题，必然造成收入分配不公平加剧与整体社会的福利损失。

（四）城乡市场分割造成分配不公平

经济学把劳动力市场不能实现劳动力自由流动称为"劳动力市场分割"，这一现象是造成市场分配不公平的重要原因。计划经济时期，以户籍制度为核心，包括住房制度、粮食副食品供应制度、生产资料供给制度、教育制度、医疗制度和婚姻制度等14种具体制度构成的制度体系，将我国社会分割为两个对立的社会：由市民组成的城市社会和由农民组成的农村社会，建构起一个行政主导型的城乡二元结构。户籍制度的城乡分割将全国人口截然分成了城镇居民和农村居民，而且赋予"市民"和"农民"不同的身份；在城乡之间人为地筑起了一道"壁垒"，使农村人口不能自由地向城市迁移，将城乡居民分割为两个发展机会和社会地位不平等的社会集团。计划经济时期，一个人出生为农民就决定了其一生为农的命运，改变命运的通道非常狭窄，只有考学和当兵两个"独木桥"可走。中国长期存在的这种"城乡二元结构"直接形成了我国劳动力市场分割的局面，劳动力流动非常困难、成本比较高。改革开放以来，农民工在城市务工过程中遭受歧视和白眼的现象也是司空见惯，特别是制度性障碍的存在使得农民工在城市的生存非常艰难，就业、住房和子女就学等政策限制在很大程度上制约着农民工的自由进退与合理流动，必然造成人力资源的大量浪费和不同劳动者之间的收入差距。

从其他市场经济发展国家的经验来看，在市场经济发展之后，农业增加值占 GDP 的比重会随着工业化经济发展与城镇化进程呈现不断下降的趋势，农业劳动力会大量向城市流动，加快城市化的进程。从我国现阶段的实际情况来看，一方面，农业比较劳动生产率长期水平较低，与第二产业、第三产业存在较大差距；另一方面，由于传统户籍制度的政策限制，随着我国产业结构的合理发展，大量农业剩余劳动力并没有顺利地向非农产业转移。2009 年，我国城市化水平只有 46.6%，与世界平均水平相比低了近 10 个百分点，与同等工业化程度国家相比大约低了 20 个百分点。2019 年我国城市化水平达到了 60.6%，但各地的城镇化率高低差距很大，而且我国城市化质量整体不高。这种不良后果是由于高工资地区实施劳动力市场保护制度，从而限制了外来劳动力的自由进入造成的。地方政府迫于管辖范围内的就业、社会治安、资源等方面的考虑，一般首先要满足本地劳动者的利益需求，而对外来劳动力进行种种政策限制。目前，我国劳动力市场的分割造成的流动障碍，结果只能是长期维持买方垄断的局面，最终导致劳动者工资差距扩大，从而加剧了收入分配不公平的程度。

第四节 政府职能转变不到位的影响

虽然初次分配相关制度是我国收入分配现状形成的决定性因素，但再分配制度的缺陷也助长了不公平分配程度。我国经济社会各方面的改革和利益关系调整，需要削弱政府机构的影响和权力，而改革政策的制定、实施和贯彻却又必须依靠政府权力来进行，所以转型中的政府被赋予了双重角色，既是改革的主体又是改革的对象。通俗来讲，政府既是游戏规则的制定者，又是游戏的参与者之一，其双重身份之间存在着内在的矛盾和冲突。但是，政府这种双重身份也有其客观性、合理性的一面。社会主义市场经济条件下，在分配领域单纯讲"初次分配靠市场，二次分配靠政府"有失偏颇。实际上，初次分配和再分配都离不开政府的积极干预，再分配是影响和实现初次分配格局均衡的一个重要因素。

一、初次分配领域中的政府职能

初次分配领域的政府职能是指政府在市场生产各参与主体进行分配活动过程中，按照市场经济发展和各方面实际利益需要认真履行自己的职责、发挥应有的调控功能，通过创设一系列的制度标准达到公平分配的目的。政府的初次分配职能是政府职能的一个特殊方面，也是政府社会基本职能在初次分配领域里的延续和具体化。在社会主义市场经济条件下，我国政府的经济职能之一就是利用各种手段调节初次收入分配各方面的利益关系，主要表现为以下几个方面。

（一）为实现公平分配创造良好市场环境

市场经济条件下，初次分配公平的意义重大。只有实现市场领域的初次分配公平，才能确保各生产要素获得合理的价值补偿，刺激和调动各要素所有者参与市场生产的积极性和主动性，促进市场经济的发展活力，进而提高经济效率和推动社会生产力发展。但是，客观上，市场经济自身很难实现完全意义上的初次分配公平，因为各生产要素的价值实现和价值创造必须通过市场来完成，这就需要市场各方面机制的完善和市场机制作用的充分发挥，不能出现任何阻碍因素影响要素市场价格与价值的正常实现。由于市场经济发展过程中存在市场失灵现象，特别是我国市场经济体制和市场机制还很不完善，由于非市场的严重干扰使得各市场机制很难发挥作用，必然导致市场失灵。这时就需要政府积极发挥应有的经济宏观调控与法律、行政等各方面的职能，以弥补市场失灵的不足，为市场经济保驾护航，创造良好的市场经济环境。

（二）为实现公平分配提供法律保障

保障私人的财产权是人类社会形成法律、产生政府的根源之一。因此，所有发达的古代法律体系，包括中国古代的法律体系在内，都以尊重和保障私人财产权作为其核心内容。如果政府不尊重私人的财产权，法律不向财产权所有人提供救济，则社会交换与合作体系就无法正常运转，社会必然陷于混乱之中。同时，向社会提供法制保障，政府必须依靠完善的法律打击各类扰乱分配秩序的违法行为，靠制度安排纠正和确保初次分配有序进行的职责活动。政府不仅是私人产权、市场秩序、交易规则等公共制度产品的唯一提供者，或者说是市场"游戏规则"的制定者和管理者，在市场生产和初次分配过程中，政府还是各方面利益矛盾纠纷的裁定者，有责任运用各种强制力量打击市场违法违规行为，保证市场生产的良好环境和市场利益分配的公平有序。

（三）合理调节初次分配格局

调节初次分配格局是指政府利用税收等手段调节国民财富在要素主体参与初次分配及其所占比重的职责活动。在市场经济条件下，个人收入、企业收入和国家财政收入是参与国民收入初次分配的三大部门机构获得的收益，这三部分收入在初次分配格局中所占比重的大小及其变动情况直接关乎各主体利益的实现程度，进一步影响和制约着个人消费、企业发展和政府宏观调控等各方面能力和未来经济社会的发展状况。但是，如同市场经济发展失灵问题一样，市场初次分配过程也存在一定的盲目性和无效性，需要政府充分利用各种经济、法律和行政等有效方式，对各要素主体在国民收入分配中所占比重大小进行合理调节，为社会经济的良性发展和再分配的顺利进行打下坚实的基础。

二、初次分配领域政府职能不到位的表现

社会主义市场经济体制确立以来的30多年间，政府职能在市场化转型中已经发生了根本转变，但政府转型还不彻底。"政治化的数目字"既然已经在中国有着深厚的土壤，就很难在短期内完全消失。相对于市场经济发展和初次分配公平的需要，政府的职能转型还相对滞后，集中表现为政府相关职能在市场初次分配中的"错位""缺位"和"越位"。

（一）政府在初次分配过程中的"错位"

政府在公平分配中的职能错位，是指我国地方政府在市场主体参与分配过程中没有做到"有所为，有所不为"，而是出现了该为而"不为"，不该为而"乱为"的情况，使得市场各要素主体的利益没有得到应有的保护。第一，表现为一些地方政府在"劳动力价格偏低"问题上的不作为甚至不当行为，从而加重了劳动力价格偏低的程度。地方政府本来是社会公平正义的维护者和代言人，而我国某些地方政府或官员不仅不能有效保护广大劳动者的利益，反而与资本结盟，造成"利润与权力共同侵蚀工资"的丑恶现象。第二，表现为一些地方政府对教育的投入不足，不仅造成人们之间的起点不公平，而且造成我国人力资本存量不足，进而导致劳动力市场价格偏低。教育是人力资本形成的主要方式，劳动力市场价格或价值与其受教育的年限成正比。教育投资主要由政府、社会和家庭进行，政府是一国教育投资的主要力量，而我国政府教育投资长期偏低，教育经费投入的比例远远低于国际水平，更低于西方发达国家。一些地方政府的教育投资相对于居民家庭投入也是偏低的，不仅无法满足市场发展对合格人才数量和质量的需要，而且使得我国劳动力价值提升较为缓慢。第三，表现为一些地方政府维护劳动力福利保障的职能缺位和不到位。数量可观的福利保障开支意味着增加了一定比例的企业人工成本，一些企业长期存在以各种理由故意不给员工缴纳"五险一金"的状况，而作为监管方的地方政府对企业的这种违法行为却并没有尽到监管的责任，甚至站到企业一方，把员工对企业要求缴纳保险金的正当行为视为"要小账"，助长了一些企业消极对待缴纳职工保险的行为，造成了职工利益的损失。

政府在收入分配过程中的"乱为"是导致不同行业间不合理收入差距的主要原因。长期以来，政府过多参与投资和生产，导致政府行为日益"市场化"和"企业化"，出现对其掌握的权力性资源或垄断性资源的滥用行为。而本应由政府承担的公共管理、社会服务职能和责任，却在很大程度上处于"疲软"状态。更有甚者，政府的公共性、超越性明显异化，变得开始"与民争利""夺民之利"，伴随着这一过程的必然结果是各级政府官员腐败机会的增加。另外，相对于非垄断行业企业，垄断行业企业的畸形高收入是政府"乱为"的必然结果。电力、通信、石油等国有垄断行业企业，凭借国家授予的行业行政管理或监管的执法权力，名正言顺地排挤市场竞争对手，设置市场进入壁垒，形成自己独特的低成本优势，侵蚀其他企业的利润和竞争力，影响自由公平的市场竞争秩序。这些垄断企业普遍通过乱收费、乱涨价的方式来维持本行业的高收入和高福利，从而导致垄断行业和非垄断行业之间的巨大收入差距。

（二）政府法制保障职能的"缺位"

政府具有为经济社会发展提供公共服务和提供基础设施、法制等公共物品的保障职能。2010 年计划颁布的《工资条例》因为在出台过程中受到层层阻挠而没能出台，2012 年因为垄断行业的反对再次夭折，其部分内容被融入收入分配改革总体方案。目前，中国政府已经发布了《工资支付暂行规定》《最低工资规定》等部门规章规范和政策建议，但由于这些规范和政策缺乏法律的严肃性和强制性，执行中随意性较大，导致我国初次分配制度建设相对滞后，分配秩序比较混乱。要管住这些漏洞，就必须进行立法，中国需要自己的《工资法》，应该让《工资法》主导调节所有劳动者的收入分配秩序。

首先，市场交易秩序混乱。我国市场交易秩序较为混乱，经营者对消费者的价格欺诈行为时有发生，假冒伪劣商品层出不穷，甚至出现"劣币驱逐良币"现象。初步形成的市场不成熟、不规范，造成市场秩序混乱中的制假售假、走私贩私、偷税漏税等问题的大量存在，权力结构体系中的寻租设租、钱权交易、贪污受贿等各种形式的腐败也大量滋生。这些问题产生出来的不法收入，是造成社会收入差距扩大不容忽视的重要因素。

其次，经济犯罪现象泛滥。长期以来，我国经济犯罪大量存在，随着市场经济的发展，经济违法犯罪呈现出日益严重的趋势。但是，中国政府对通过经济违法犯罪活动获取非法收入的行为打击力度不大，对一些通过非市场或非法手段实现暴富的高收入者，特别是对官员与特权阶层贪污腐败违法获利行为监管不力、打击力度不够，成为困扰人们的价值理念的问题，也成为社会和谐发展的一大阻力。

最后，政府对企业的制度约束较少。政府出台的相关制度规范较少，发挥的指导作用和有效干预非常有限，导致企业初次分配过程缺乏必要的约束，主要表现为企业分配规则的混乱与无序，资金渠道来源过多甚至达到失控的状态。政府对国有企业工资总额、经营管理者收入水平和职务消费缺乏有效的约束机制，致使工资外收入渠道较多，许多企业收入分配的随意性较大，平均主义分配依然存在，一些工资外收入与贡献没有直接关系，形成与市场经济基本原则不相符的收入分配状况。

（三）调节收入分配格局职能中的"越位"

众所周知，中国各级地方政府之所以热衷于 GDP 增长，而不着眼于提供好的公共服务和公共物品，是因为政府作为公权力的代表，不仅扮演着决策者、管理者、执行者、监督者多重角色，而且它们已经成为经济发展的主体和自我利益化的集团，为了自身利益千方百计地涉足经济活动，通过大上项目、盲目投资、重复建设、粗放式的经济增长方式达到从中获利的目的。政府职能不彻底转变，对 GDP 的崇拜就无法消除；如果政府作为利益主体不退出市场，公平分配问题就不可能得到根本解决。

首先，初次分配和再分配格局都存在着国民收入向政府过度倾斜的问题。世界上多数市场经济国家的经验表明，当人均 GDP 超过 1 000 美元之后，国民收入分配中的政府所占份额应该逐步缩小，而我国政府所占份额不是逐步缩小，而是呈现进一步扩大的趋势。

其次，我国税制结构不尽合理。按不同口径计算我国宏观税负均处于中等收入经济体的的水平。以大口径宏观税负为例，2016 年为 28.1%，受新冠疫情的影响，2020 年下降到 23%，2021 年恢复到 25.4%，低于世界平均税负的 38.8%，更低于发达国家平均税负的 42.8%，也低于发展中国家的平均 34.4% 的水平。这意味着，相比世界上其他国家，我国的宏观税负并不算高。社会普遍认为我国税制结构不尽合理。我国生产税和消费税的纳税主体为企业，所得税也是以企业所得税为主，仅财产税的纳税主体为居民，导致纳税主体向企业倾斜，企业负担较重。2021 年，我国个人所得税占总税收的比重仅为 8.1%，远低于 OECD 国家 23.5% 的平均水平，我国个人所得税筹资功能弱，使得企业不得不承担更高的税负。另外，我国税制以生产税为主，同时生产税的纳税主体为企业，而实际上起到调节收入分配作用的所得税和财产税占比较低，这导致我国企业税负偏重，从而在调节分配的公平方面和促进增长的效率方面需要进一步改革和完善。

然后，政府一些税种设计不合理，存在重复税收的问题。如个人投资所得税，必须按照 25% 的一般税率先缴纳企业所得税，再按照 10% 缴纳个人所得税，综合税负达到了 35% 左右，需要把将近 1/3 的收入用以缴税，不仅不利于激励个人增加投资，也不符合税负公平原则，甚至还会诱发避税、偷税、漏税行为的发生。比如，富人的收入主要来自股份、资本和房屋出租等财产收入，政府却没有针对富人收入的变化建立有效的收入监督及控制制度，再加上个人所得税起征点偏低，使得本该成为纳税主力的高收入阶层往往成为漏税逃税大户，而不该纳税甚至应该成为政府补贴对象的中低收入阶层却成了纳税的主要对象，表现出明显的"逆向调节"特征。

最后，政府行政成本相对偏高。控制行政成本的增长是世界各国政府改革的重要目标之一，我国政府也不例外。国家统计局公布的数据显示，虽然我国政府行政成本的绝对规模仍在逐年增加，但政府行政成本的相对规模呈现逐年下降的态势，即行政管理支出占财政支出的比重从 2007 年到 2018 年不断下降，从 24.5% 下降到了 14.82%。这一数据与 2015 年西方发达国家的政府行政成本占财政支出的比重大体相当，比如美国为 19.2%、英国为 13.2%、法国为 13.9%、德国为 17% 大体相当。党的十八大之前，一些学术机构对中国政府的行政成本早有所披露，虽然不同学者对这一问题的研究结果有所不同，但政府的行政成本相对于一些发达国家而言偏高，即对我国行政成本与国家总财政支出的比例是 1/5 ～ 1/4 的判断结果是一致的。党的十八大以来，新一届党中央领导集体全面落实从严治党，推行中央"八项规定"，坚决惩治"四风"，倡导厉行勤俭节约和严格遵守廉洁从政的要求，在很大程度上遏制了政府行政成本快速增长的势头。2018 年 2 月 28 日颁布的《中共中央关于深化党和国家机构改革的决定》提到："提高行政效率要精干设置各级政府部门及其内设机构，科学配置权力，减少机构数量，简化中间层次，推行扁平化管理，形成自上而下的高效率组织体系。"[1]降低政府行政成本是中国深化行政体制改革的重要内容。不管是纵向历史观察还是横向国际比较，我国政府行政成本的相对规模已管控至较低水平，这说明我国政府对行政成本膨胀的治理已经取得了阶段性的成功。[2]

三、政府再分配问题评析

目前，中国政府的收入低于一般发达国家的收入水平，关键在于政府收入使用方向上的重点不同。大多数发达国家的政府收入主要用于社会保障以及提供教育、医疗、住房等公共服务支出，努力建立一整套覆盖全体公民、人人可以分享的社会保障和公共服务体系。虽然我国基本建成了具有中国特色、世界上规模最大、功能完备的社保体系，但我国的社会保障水平依然偏低，远远没有各方面全覆盖到所有公民；区域公共产品的不均等，一部分人还很少能享受到很好的公共服务。这些问题表明政府再分配难以有效调节和实现国民收入分配格局公平。

（一）政府职能转变滞后导致公共产品供给不足

基本公共服务就是根据经济社会发展阶段和总体水平，由政府提供的旨在保障个人生存权和发展权所需要的基本条件和服务，包括生存权、发展权、环境和安全等服务。公共服务的主要方式是公共服务支出，政府通过转移支付手段为全体居民尤其是低收入人群提供基本生活福利保障。市场经济国家的发展经验表明，随着国家经济发展水平的提高，在私人消费品得到满足之后，人们的需求与社会公共服务和公共产品的短缺问题会成为社会的主要矛盾，作为公共服务和公共产品的提供者，政府必须发挥其主要职能增加公共服务和公共产品支出的比重。特别是人均 GDP 处于 3 000～10 000 美元的经济发展阶段，随着居民消费逐步由耐用品消费向服务消费的升级，公共服务在政府支出中所占比重将显著提升。当人均 GDP 超过 1 万美元后，政府公共服务支出占比则逐步趋于稳定。[3]

〔1〕中共中央关于深化党和国家机构改革的决定 [EB/OL]. [2018-3-4].www.xinhuanet.com/politics/2018-03/04/c_1122485476.htm.
〔2〕樊丽明，杨志勇.公共财政概论 [M].北京：高等教育出版社，2019：97-102.
〔3〕余斌，陈昌盛.我国收入分配现有问题 [J].瞭望，2009（49）：47.

2007—2020 年的 13 年间，我国民生支出占财政支出比重总体呈上升趋势。2007 年的财政税收是 5.4 万亿元，而用于基本民生项目上的开支只相当于财政税收的 15%，相当于人均 461 元，也相当于城镇居民一年可支配收入的 3%。2007 年，民生支出占财政支出比重为 38% 左右，2019 年上涨到了 51.6%，13 年间共上升了约 13.6%。民生支出占 GDP 的比重，由 2007 年的 7.82% 上升到 2019 年的 15.96%。2021 年，全国财政收入是 172 731 亿元，全国一般公共预算支出超过 20.25 万亿元，全国一般公共预算支出是 24.63 万亿元，民生支出在其中占了大头。其中，教育支出最多，占到了 15.3%；社会保障和就业支出占了 13.8%；卫生健康支出占了 7.5%。当前，我国的财政税收和民生支出都大幅增加。

党的十八大之前，由于政府公共支出多年相对不足，迫使老百姓用更大比重的劳动收入来弥补快速增长的教育、医疗、社保等各项支出，其结果不仅会挤压居民的一部分日常开支，而且会强化广大消费者的谨慎心理预期，从而降低居民的消费欲望和能力。另外，政府在收入分配过程中的错位与失当行为会导致市场机制作用和利益关系的扭曲，在这种情况下，各经济主体往往把眼光都投向政府，其行为特征倾向于分配性努力，努力从政府控制的资源中获取更多的份额，必然造成生产性努力的衰退。这种不合理的利益分配格局目前已发生了根本转变，但相对于广大居民的需求，还需要政府"开源节流"，进一步增加财政收入。

（二）逆向调节问题严重

任何一个社会的健康发展都需要有动力机制和稳定机制，社会福利制度被誉为"安全阀""减震器"或"社会稳定器"，是实现这一机制的有效途径。我国现阶段社会福利制度建设较为滞后，主要表现为政府再分配过程中的逆向转移支付问题比较突出。由于我国"二元"转移支付制度的缺陷问题，福利体系只能与制度内就业人员和城镇居民的户口挂钩，造成"重城市，轻农村""重中间，轻两端"的政府转移支付倾斜政策，再加上全国各地政府再分配政策和实施过程中的各自为政，造成政府转移性支出难以起到应有的调节作用，甚至形成初次分配中的低收入者获得的转移性收入比高收入者少的"逆向调节"现象，这反而加剧了收入分配不公平程度，拉大了不同社会阶层之间的收入差距（见表 5-1）。

表 5-1 社会保障财政负担率及社会保障占 GDP 的比重　　　　单位：亿元

年　份	全国社保支出	国家财政支出	社会保障财政负担率 /%	社会保障支出占 GDP 的比重 /%
2007	5 447.16	49 781.35	10.94	1.98
2008	6 804.29	62 592.66	10.87	2.11
2009	7 606.68	76 299.93	9.97	2.18
2010	9 130.62	89 874.16	10.16	2.22
2011	11 109.40	109 247.79	10.17	2.28
2012	12 585.52	125 952.97	9.99	2.34
2013	14 490.54	140 212.10	10.33	2.44
2014	15 968.90	151 785.56	10.52	2.49
2015	19 018.69	175 877.77	10.81	2.77
2016	21 591.50	187 755.21	11.50	2.92
2017	24 611.68	203 085.49	12.12	3.00
2018	27 084.07	220 906.07	12.26	3.01

数据来源：由国家统计局官网《中国统计年鉴》统计数据计算得到。

城乡二元分割的社会保障制度，导致社会保障制度实际上主要面向城镇居民，不可能通过这样的社会保障制度有效缩小城乡居民间的收入差距。而且，即使城镇居民占用了社会保障大部分的支出，也没能在有效调节收入分配问题中发挥应有的作用。全国财政用于社会保障和就业方面的支出，由 1995 年的 115 亿元增加至 2007 年的 5 447.16 亿元，占财政支出的比重由 1.7% 增长到了 10.0%。但从我国现行社会保障支出结构来看，大部分支出被用于城镇居民的福利消费，其中相当一部分被用于单位离退休人员的工资支出。2007 年，中国行政事业单位离退休人员的工资支出为 1 654.8 亿元，占社会保障与就业支出的 30.4%，在各项支出中占比最高。

由表 5-1 中的数据分析发现，我国社会保障财政负担率的变动趋势呈现出较平缓的 "U" 型曲线。2007—2018 年，社会保障支出的财政负担率呈现出先降低后增加的趋势，但是均占到了财政总支出的 10% 左右，尤其是近几年的社会保障财政负担率逐年提高，这种变化主要是由于当前的需求发生了变化。从 2007 年到 2012 年的 5 年间，由于受经济危机的影响，政府加大了财政对基础建设的投入，故造成社会保障支出财政负担率的下降。2012 年以来，由于中国转变经济发展模式，经济发展速度逐步放缓，居民可支配收入相对有限，国内居民的社会救济与福利等保障需求又不能减，这就要求在满足不断增加社会保障资金需求的前提下，财政支出总额增速不可能出现大幅提升，从而导致社会保障支出中财政负担率的提升。

2008 年全球金融危机之后，社会保障支出占 GDP 的比重逐年上升。自 2008 年开始突破 2%，到 2018 年这一比重达到了 3%，因此，不管是从社会保障财政负担率还是社会保障占 GDP 的比重情况来看，我国社会保障支出的相对规模水平是逐步上升的。[1]中国社会保障支出，自 2007 年的 5 447.16 亿元增长到 2018 年的 27 084.07 亿元，12 年间增长了近 5 倍，年均增长率达 15.8%。我国人均社保支出水平的发展状况与总支出水平基本一致。从增长速度来看，这一时期社保支出的增速高低不一、有涨有落，2008—2010 年的社保支出增速大幅下降，这是由于政府为避免经济发展受金融危机的影响而大规模投资于经济建设；2011 年以来的多数年份，我国社保支出增速均处于下降趋势。由此可知，虽然我国社会保障支出的绝对规模在逐年增加，但增长速度有下降的趋势，这与我国人民日益增长的社保需要是不符的。其直接原因是"新常态"下我国经济发展速度整体放缓，财政支出增长速度也下降了。

社会保障基金的财政补助与行政事业单位离退休补助是社会保障支出的两个大比重项目，在最近 10 多年的时间内，这两项支出所占比重一直很高。农村最低生活保障金，则是当年社保支出的最低项目，具体数额仅为上述两大项目的 1/8 左右。党的十七大以来，对比当年的人口数据可以发现，我国农村人口占了 40% 左右，所能得到的补助却微不足道，表明我国社会保障支出结构不合理。这主要是因为中国经济社会各方面的发展水平有限，加之社会保障制度的不健全，广大农民的社会保障水平偏低，政府解决民生问题的能力有时捉襟见肘，导致社会保障支出的结构存在一些不合理之处（见表 5–2）。

表 5–2　中国 2007—2018 年社会保障支出结构　　　　单位：亿元

年份	财政对社会保险基金的补助	行政事业单位离退休	就业补助	城市居民最低生活保障	自然灾害生活救助	农村最低生活保障
2007	1 563.7	1 654.8	325.9	391.5	321.7	215.6
2008	1 629.9	1 811.5	413.6	412.7	357.9	229.7

---

[1] 刘宜红. 我国社会保障支出对城乡收入差距的影响研究 [D]. 太原：山西财经大学，2022：22.

续表

年份	财政对社会保险基金的补助	行政事业单位离退休	就业补助	城市居民最低生活保障	自然灾害生活救助	农村最低生活保障
2009	1 766.7	2 095.0	512.3	516.9	123.8	364.0
2010	2 307.8	2 352.6	625.9	538.5	334.7	465.6
2011	3 151.2	2 738.8	671.4	674.1	236.7	667.5
2012	3 826.3	2 845.8	735.5	667.4	274.0	696.7
2013	4 405.1	3 207.4	823.6	764.4	242.9	862.0
2014	5 046.8	3 667.0	871.8	736.5	211.5	867.0
2015	6 594.2	4 363.0	873.9	754.8	196.5	912.4
2016	7 637.0	5 234.0	786.0	717.0	274.0	943.0
2017	7 445.0	6 578.0	818.0	575.0	193.0	965.0
2018	7 596.0	7 251.0	857.0	656.0	259.0	987.0
增长率	16.07%	15.17%	9.68%	5.60%	10.64%	15.94%

数据来源： 由国家统计局官网《中国统计年鉴》统计数据计算得到。

表 5–2 中的社会保障支出结构相关数据显示，党的十七大以来的社会保险基金补助的年均增长率达到了 16.07% 的较高水平，行政事业单位离退休费用年均增长率达到了 15.17%，而在我国社保总支出中，农村最低生活保障的支出增长率也不亚于前两个大项目，为 15.94%，体现出我国社会保障支出结构相对的合理性。代表社会保险项目的财政对社会保险基金补助支出和行政事业单位离退休费用，这两项支出几乎每年都占到社会保障总支出的 30% 以上，而代表社会福利的就业补助占比不到 10%，这与市场稳定发展和广大职工对社会保障的需求之间还有一定的差距，社会保障支出结构有待优化，社会保障支出对低收入人群的补助仍有待加强。广大农村人口长期以来不能得到社会保障的相应支持，对于我国当前的经济转型以及经济平稳高质量发展是不利的。[1] 可以说，政府社会福利制度不健全，特别是政府再分配力度不够，公共服务和安全网不健全，使得广大低收入居民有钱也不敢花，而居民无钱可花、有钱不敢花问题正是我国内需长期相对不足的症结所在。

（三）不合理的税收制度未能充分发挥调节收入分配的职能

改革开放以来，我国以间接税为主的税制在调节居民收入差距中发挥的作

---

〔1〕 刘宜红 . 我国社会保障支出对城乡收入差距的影响研究 [D]. 太原：山西财经大学，2022：24.

用不明显。按照税制理论，直接税比间接税调节分配差距更有效，间接税比直接税更有利于财政收入增长。我国税制长期以间接税为主体，各项直接税税额占税收总量的比重偏低，除个人所得税、房产税和车船税之外，政府缺少其他有利于调节个人收入的税种。中国政府直接调节居民收入分配的税种较少，主要税种是个人所得税，已经开征的财产税还很不完善，在西方经济发达国家已经非常成熟的资本利得税、遗产税、赠与税等可以直接调节居民收入的直接税，依然没有开始征收。

我国个人所得税的制度设计和征管工作一直存在诸多不足。从制度设计层面来看，一方面，税收分类制有违税收公平的原则，主要通过多次扣减或者转移所得来源性质的办法避税、逃税，不仅造成税款的流失，还会从税务制度上鼓励纳税人合法分解收入，增加了税款征管的难度，不利于发挥个人所得税的收入调节功能。另一方面，个人所得税的现行费用扣除规则进行了较大合理化调整，照顾到纳税义务人的购房（租房）、养老、子女教育、失业等实际负担，但还未充分考虑到地区差异、物价水平等影响纳税人实际负税能力的相关情况，有碍实现税负公平与缩小贫富差距。总之，由于个人所得税征管制度还有不足之处，公民自觉纳税意识不强，而且许多高收入者还想办法合理避税，甚至利用不正当人际关系偷税漏税，造成高收入者的实际税负低于名义税负，导致个人所得税制在调节居民收入差距方面相对有限。

第六章　初次分配公平实现的路径选择

随着我国相关收入分配制度的变迁、完善与创新，收入分配格局也变得日趋合理化、公平化。劳动报酬增长和劳动生产率提高基本同步，更大规模的减税降费政策优化了各部门和群体间的分配比重，也为经济持续增长注入了新的活力。居民收入增长和经济增长基本同步，城乡与区域之间的收入差距日趋缩小，更为公平合理的收入分配格局为共同富裕奠定了基础。党的十八大以来的中国社会已经进入以"人的自身发展"为主要特征的新阶段。人的自由发展与收入公平分配相一致，收入公平分配是人自由发展的重要手段和物质前提，具有基础性作用。收入分配的核心问题是"不能让富的更富、穷的更穷"，要求通过经济发展在把社会财富"蛋糕"做大的同时，建构更为合理的收入分配制度，把"蛋糕"分好；需要关注从"效率优先"到"公平优先"，从"让一部分人先富起来"转向"共同富裕"的社会发展目标，确保让最广大人民群众共享改革发展成果。建立更加公平合理、规范有序的分配秩序，需要在初次分配中充分发挥市场的决定性作用，让各类生产要素取得应有的回报，合理提高广大一线劳动者的收入水平。当然，政府再分配、社会第三次分配可直接快速缩小收入差距，创造良好的市场环境，为未来的按劳分配与按要素分配创造更好的条件。我国市场初次分配公平的实现，收入分配差距的缩小，收入分配结构的合理调整，不能只靠技术性的"小修小补"，而是应该坚持"以人为本"的基本原则和"共同富裕"价值目标进行理性的路径选择，从根本上对收入分配问题进行制度建构与完善。

第一节　确立正确的价值理念和基本原则

解决好初次分配领域存在的问题，实现收入分配日趋公平化，需要政府的积极参与和适度干预，把初次分配问题放到战略的高度上。具体而言，需要转变传统的"国富优先"思想，树立"民富优先"的价值理念，坚持公平正义、效率与公平并重等基本分配原则。

一、确立"民富优先"价值理念

"治国之道，富民为始。"然而长期以来，中国理论界对社会收入分配中应该坚持"国富优先"还是追求"民富优先"存在分歧。按照"滴流经济学"（Trickle-Down Economics）原理的思想观点，在国家经济和财富积累的过程中，财富会自上而下地流向普通个人，因此，政府应该优先追求经济整体的快速增长，继而为减少社会贫困和提高人民福利水平创造条件。对于发展中国家来说，"国富民强""先强国、后富民"的发展路径是必然的选择，发展中国家为了实现经济快速发展，一般都会制定类似的"赶超战略"，就是以政府为主体和主导进行快速资本积累和扩大投资，争取在最短的时间内实现经济社会由传统结构向现代化转型。在这一战略发展过程中，政府必然选择"国富优先"发展路径，利用国家强大的控制力以掌控更多社会资源，实行"高积累、低消费"的经济发展模式，甚至为了实现国家富裕不惜一切代价，以保证经济战略目标的早日实现，等到国家实现经济现代发展和经济转型之后，再回头大力提高人民的生活水平，解决和发展民生、民富问题。

从一些经济转型国家的实践表现来看却并非如此。经过 20 年的高速经济增长，巴西、阿根廷、墨西哥等拉美国家在 20 世纪 90 年代后期基本实现了"国富"，但是经济发展的成果很少能"滴流"到普通民众头上，反而陷入了所谓的"中等收入陷阱"，使得"滴流原理"受到越来越广泛的质疑。许多学者研究认为，财富之所以没能"滴流"到普通民众的原因可能在于"滴流"的渠道不畅，进而导致财富创造主体的普通民众不愿意再进行"生产性努力"，而是把努力的方向放在分配蛋糕上，国家经济增长最终也因"生产性努力"减少与"分配性冲突"增加而陷入停滞。即使"向下滴流"畅通，也可能因为"国富民穷"导致广大民众消费能力优先的增长，从而导致社会总需求不足的问题。从这个意义上看，为了避免步入"中等收入陷阱"，发展中国家在实施"先国富后民富"一定时期之后，必须及时进行政策调整。目前，我国人均 GDP 已经超过了 10 000 美元，正式进入中等收入国家行列，但我国收入分配差距不断扩大，公共产品短缺、公共服务不到位的矛盾突出，居民消费率持续走低，国民收入分配格局失衡等矛盾的存在使我国"中等收入陷阱"的风险有所增加，如果处理不好有可能使我国也陷入"中等收入陷阱"，应当引起政府的高度重视。

"民富优先"是指先实现"民富",再去逐步推进和实现"国富"。中国自古就有"民不富则国不强"的说法。《管子·治国》篇曰:"凡治国之道,必先富民,民富则易治也,民贫则难治也。"只有人民富裕了,消费能力才能得以提升,才能推动社会总需求的扩大,带动经济繁荣,促进国家富强。"民富优先"的实质是把"国富"建立在社会总需求尤其是消费需求拉动经济增长的基础之上,是一种真正的市场主导的需求型经济增长。中国的改革和发展靠的是人民,改革发展的目的也是为了人民,"国富"的根本目的还在于"民富",如果"国富而民不富",广大民众继续处于贫困状态,那么国家就不可能保持长期稳定和持续发展,只有安民、富民才是治国的首要任务,也是经济社会发展的终极目标和社会得以和谐健康发展的根本之道。从追求"国富"到追求"民富",是"以国为本"向"以人为本"的转变,是我国经济社会发展的必然选择。政府"十二五"规划改变过去"国强民富",并提出了"民富国强"目标,足见中央领导层对民生的重视达到了前所未有的高度和改变贫富差距日益扩大的决心。可以预见,今后的经济社会发展战略规划中,民富优先、共享共富的改革必然成为释放社会总需求的重大选择,成为扭转收入分配差距扩大和实现公平发展的重大选择。实现从"国富"到"民富"的转变,将使人民群众生活得更加幸福、更有尊严,为早日实现共同富裕理想目标奠定思想基础和实践基础。

二、确立收入分配公平正义原则

"分配正义"问题是经济学、伦理学、政治学等多个学科的重要研究内容,也是政府重要职能之一和需要解决的现实问题。从经济学角度来讲,分配正义主要指经济活动前,每个经济主体相对公平的起点,拥有相对平等的资源、权利、能力等主客观条件;参与经济活动过程中,每个经济主体应该遵循统一的规则,拥有同等的机会,不允许任何特权行为;经济活动结束时,每个经济主体获得的收入份额之间差距相对合理,即"所有人的贡献都有同等的效用"[1]。客观来看,分配正义主要取决于初次分配过程的价值取向和选择的分配原则。以美国当代著名左翼经济学家约翰·罗默的分配正义理论为基础,针对我国现阶段实际收入分配状况和具体问题,我国初次分配正义原则应该坚持遵循机会

---

〔1〕 何建华. 分配正义的历史内涵及其与经济效率的关系考察 [J]. 毛泽东邓小平理论研究, 2006(09): 65.

平等、应得平等和利益补偿三个基本原则。

（一）坚持机会平等原则

机会平等要求社会为个人创造一个"公平的竞争环境"，不应该让种族、性别、家庭出身、学历等因素影响个人发展，机会面前不应该设置任何障碍，而是向所有人开放。如果外在客观环境对某些人产生不可避免的影响，社会就应该负责通过一些政策倾斜或利益关系调整对这些受影响的人进行补偿。实现收入公平分配需要在把"蛋糕"做大的同时又能分配好，关键是要坚持和落实机会平等原则，以便让所有人有机会参与进去，不能区别对待剥夺一些人参与的权利。罗默认为，"平等主义"不是分配结果的完全平等，而是对所有人的一种机会均等，即自我实现和福利机会的平等。这里的平等应该是社会主义社会的一个基本价值目标和基本实践原则，资本主义的不公正不仅在于社会制度承认剥削他人的正当性，而且在于这一社会没有给人们提供平等的发展机会。正义的本质含义就是要求"机会平等"。罗默认为要在普遍意义上实现机会平等，就必须"对那些由于自身无法控制的因素引起不利条件的人给予补偿，因为这些不利条件不是由这些人自身造成的，而是由他们自身无法控制的因素造成的"[1]。也就是说，社会政策应该给予那些获得最少机会的人最大化的机会平等，为他们创造一个"公平的竞争环境"，这是罗默平等原则的第一要义。从我国现阶段社会发展的实际情况来看，机会平等原则对市场经济体制良性运行和经济发展至关重要，需要我们创造条件进一步做到"市场机会人人平等"，以充分调动一切积极因素推进经济社会持续发展。

（二）坚持应得平等原则

"应得平等"是分配正义的重要内容和主要标志。这一原则要求根据每个人的努力程度和所创造的价值决定各自应得的回报，要求付出相同程度努力的主体应对结果负有相同的责任；既然责任相同，他们得到的回报也应该是平等的。"应得正义"就是给予每个人应得的份额，这一原则的公平性体现在各主体和要素在经济活动中凭借自己的努力程度和贡献大小获得相应的收入份额。中国目前仍处于社会主义初级阶段，生产力有了一定的发展但还算不上发达，这就决定了目前我们只能实行按劳分配与按要素分配相结合的原则，按照各生产要素

---

〔1〕 约翰·罗默.社会主义的未来 [M].余文烈，等译.重庆：重庆出版社，1997：10.

在创造市场价值中的贡献大小，即按照"应得原则"进行分配。但是，按要素贡献进行分配也有一定的缺陷，由于每个个体都会受到自身素质和外界多方面条件的影响和制约而造成能力上的巨大差异，进而成为其分配结果不合理的主要依据，这种初期的"不合理"随着"财富效应"很可能演变成贫富分化或两极分化的极端现象，因此需要通过补偿方式对市场分配的不公平结果加以矫正。

（三）坚持利益补偿原则

如果说"应得平等原则"是以经济效率为具体指向和价值目标，那么"利益补偿原则"则是以结果公平为目标。由于不同个体存在自然天赋和社会关系等条件的差异，形式上的平等，即平等的机会也会造成人与人事实上的不平等，社会有责任和义务对市场竞争失败者或弱势群体给予一定程度的人道主义救助和支持，拿出一部分社会劳动成果对他们进行补偿和帮助，以增强他们利用市场竞争机会的能力。罗尔斯认为，公正的社会制度应该能够保证"最少受惠者的利益最大化"，就是要充分照顾弱势群体的实际利益，这也是分配正义的基本要求。社会主义补偿原则主要体现为对弱者生存权、发展权等基本权利的尊重和实现，以及对强者意志的约束和财富的部分剥夺，要求重点保护广大弱势群体的基本权利和经济利益，按照"有利于最不利者"原则对他们自己无法控制的境遇所造成的不利结果给予一定的补偿，追求和实现人们之间事实上的相对平等。新时期，要实现中国市场经济条件下的利益关系公平合理，就要建立科学、合理的利益补偿机制，应该对那些为实现经济转型、为发展大计做出牺牲的地区、单位和个人给予适当合理的补偿。

在 2010 年两会期间，温家宝总理在回答记者提问时明确指出，中国社会主义建设的目标不能只是以经济建设为中心而不顾其他方面的发展和进步，而是要在经济发展的同时推进社会的公平正义和促进人的全面自由发展。温总理认为，我们集中精力发展经济的根本目的，是为了解决中国社会主义初级阶段长期存在的主要矛盾，即落后的社会生产与人们日益增长的物质文化需求之间的矛盾。他曾强调指出，"社会公平正义是社会稳定的基础""公平正义比太阳还要有光辉"[1]。党的十八大以来，在为谁发展的问题上，习近平总书记给出的答

---

〔1〕　孙松宾.让人民生活得更有尊严——公平正义比太阳还要有光辉[J].边疆经济与文化，2010（06）：卷首语.

案掷地有声，即"要将经济发展成果惠及全体人民"，党"所做的一切是希望我们的人民群众可以生活得更加舒适"。在做大经济发展"蛋糕"的同时，也要考虑"蛋糕"分配的问题，在中国特色社会主义社会中绝不允许出现"富者累巨万，而贫者食糟糠"[1]的社会现象。他认为，"检验我们一切工作的成效，最终都要看人民是否真正得到了实惠，人民生活是否真正得到了改善"[2]。可见，人民群众的利益始终是至高无上的，我们党进行的改革、所做的工作，归根到底都是为了人民群众可以生活得更好、更幸福。

公平正义是任何一个国家政府的价值目标和主要职能，社会主义中国更有理由在全社会坚持和落实好公平正义原则。目前，把公平正义原则贯彻到经济分配领域，就是要实现初次分配、再分配和三次分配的公平公正，就是要使全体人民共享改革开放发展成果，使每一个公民都能幸福而有尊严地生活，为最终实现人与人的社会平等和人的全面自由发展奠定基础。

三、坚持"效率与公平并重"原则

任何社会条件下的分配制度都存在效率与公平两个价值目标，只是不同历史社会条件下的分配制度对效率与公平二者目标会有所偏重，主要取决于政府的价值取向和目标选择。初次分配制度是一个价值选择问题，是"政府对经济发展中效率与公平两个因素轻重偏好的政策组合过程"[3]。初次分配政策既有促进公平的可能，也有增进效率的可能。按照一般规律而言，实行市场经济体制国家的初次分配，大多偏重于效率目标，因为实行市场经济发展模式的主要目的是为了追求资源配置的高效率；而实行市场经济的国家对于公平的认识却非常不同，在初次分配制度安排中存在"重效率，轻公平"与"效率与公平并重"两种选择。

初次分配的"重效率，轻公平""效率优先"模式，一般是在社会生产力低下、人均收入水平比较低的情况下采用的。社会把生产力的发展放到社会发展的第一位，对效率的偏好程度高于对公平的偏好程度，当效率与公平出现矛盾的时候，社会可以容忍因效率的提高而降低公平的程度，甚至在初次分配时为

---

〔1〕郝永平，黄相怀.实现共同富裕是重大政治问题[J].人民论坛，2022（Z1）：83.

〔2〕习近平.全面贯彻落实党的十八大精神要突出抓好六个方面工作[J].求是，2013（01）：6.

〔3〕李晓宇.转型时期初次分配的效率与公平研究[M].北京：经济科学出版社，2010：202.

了追求高效率而忽略分配中的公平问题，政府往往把初次分配中的不公平问题留到再分配中去解决。所以，在"效率优先"的分配模式下，虽然经济效率一直保持较高的发展速度，但收入分配的公平状况发展较为曲折，大体会经历公平状况"先恶化后改善"的倒"U"型发展路径，与"库兹涅茨假说"发展模式一致。

亚洲"四小龙"的初次分配放弃了传统的"重效率，轻公平""效率优先"制度模式，选择实行"效率与公平并重"的制度模式并获得成功。初次分配"效率与公平并重"制度模式下的效率与公平没有先后次序，两者处于同等的地位，主张以最小的不公平换取最大的效率或者以最小的效率损失换取最大的公平，最终达到效率与公平的均衡状态，效率与公平在此模式下得到同时实现、共同发展。这种发展模式已为"亚洲四小龙"的成功经验所证明，此模式一方面推动了经济的快速增长，另一方面使得收入分配状况得以改善，是一种较优的分配制度选择。在经济社会初始条件相同的情况下，采取"重效率，轻公平"与"效率与公平并重"两种模式最终都能达到既定的发展目标，但其发展过程中经历的历程、所耗费的时间和资源大为不同。特别是在人均 GDP 达到 1 000美元之后，不同的初次分配制度选择与安排会使得经济继续保持快速发展，或者发展波动起伏甚至停滞，这一结论已为世界多国经济发展成功与失败的经验所证实，成功经验如"亚洲四小龙"，失败经验如墨西哥、阿根廷等拉美国家。

我国人均 GDP 在 2003 年首次突破 1 000 美元，按照国际标准开始脱掉"贫穷国家"的帽子，正式步入中低收入国家行列，这一发展结果对于中国社会主义市场经济发展而言是一个新起点、里程碑。政府对这一发展阶段的经济发展目标和收入分配目标要进行综合平衡和战略思考，慎重地选择和安排初次分配"效率与公平"的发展模式和实现方式。由于中国将长期处于社会主义初级阶段，在未来很长一段时期内，效率都会是我国初次分配制度不变的内容。在"初次分配重效率"目标不变的前提下解决贫富差距、消除收入分配不公平问题，就应该选择和实行初次分配"效率与公平并重"制度模式，需要政府把对待初次分配公平的态度由"轻"向"重"转变。党的十七大报告指出，"要把提高效率与促进社会公平结合起来"，"初次分配和再分配都要处理好效率与公平的关系，再分配更加注重公平"，这一科学论断和新的制度变迁，是政府根据经济社会发展的客观规律以及不同时期和不同阶段的社会主要矛盾，审时度势做出的重大战略思想转变，反映了中国政府对初次分配的公平偏好明显增强，标志着党中央把公平问题摆到了前所未有的高度来认识和把握，是一次意义非常重大的初次分配制度变革。可以说，中国目前的分配制度改革实践正处于从初次分配"重效率，轻公平"向初次分配"效率与公平并重"的重要过渡时期。可以说，新时期的中国只有坚持执行"'初次分配效率与公平并重统一'的模式，才能形成符合转轨时期市场经济发展规律的分配制度的路径依赖"[1]。

另外，要实现初次分配公平，必须坚持市场"无形的手"与政府"有形的手"的有机结合原则。社会主义市场经济的正常运行需要市场作用与政府调控两个机制发挥作用。在初次分配过程中，市场发挥着基础性作用，市场经济体制能够为各生产要素提供机会的公平和效率空间；而政府在初次分配过程中也有其不可替代的利益规范和调节作用，主要为各要素参与分配创造良好的市场环境和提供制度规范。政府已经成为现代市场经济中不可或缺的经济主体，市场经济不可能离开政府干预而独立运行，需要政府积极发挥应有作用来弥补市场失灵。因此，在初次分配过程中，既要用好"无形的手"，又要用好"有形的手"，坚持市场和政府"两只手"的有机结合，才能实现初次分配的公平合理。

第二节　建立健全劳动收入分配制度

我国政府一直强调要完善劳动保护机制，让广大劳动群众实现体面劳动，要让人民生活得更加幸福、更有尊严，让社会更加公正、更加和谐。具体体现为让更多的自由职业者、农民工等有潜力的低收入一线劳动者尽快步入中等收入群体，因为中等收入群体是释放消费潜力、扩大内需，形成"橄榄形"分配格局的重要基础。让劳动者体面劳动、生活更有尊严，并不只是涨工资，关键是改革和完善收入分配制度，保障劳动者工作的各方面权利和应得利益。收入分配是一个相当复杂的体系，不能单纯在分配问题上兜圈子，需要超越分配问题从更为根本的制度层面上进行思考和调整安排。相对于实效短、制约性不强

---

[1] 李晓宇.转型时期初次分配的效率与公平研究[M].北京：经济科学出版社，2010：212.

的政策而言，刚性的制度更能保证利益分配的公平合理。因此，加快制度改革和建设进程，实现相关制度变迁，是解决初次分配不公平问题的主要手段。

一、规范完善企业工资制度

工资是居民最基本、最主要的收入形式，相关的工资制度是初次分配制度的核心内容，也是按劳分配原则的主要实现形式。针对企业工资制度不规范问题，政府要依据法律法规和相关政策，按照"市场机制决定，企业自主分配，政府监督调控"的基本原则，进一步规范和完善企业工资分配过程和相关制度，确保广大职工的正当利益与合法权益。

（一）规范职工工资支付制度

规范企业职工工资制度，特别是非公有制企业职工工资制度，关键是建立健全相关的监管制度和有效措施。用最低工资率代替最低工资标准，可以有效防止因为工人加班加点而降低工资率，用最低工资率表示的工资收入可以更好地保护广大职工的利益，加强对企业职工收支项目的监管，足额缴纳职工收入劳动保护与社会保险福利相关费用；加强对企业职工劳动制度的监管，杜绝企业随意侵占职工法定工作日、延长职工工作时间的做法，严肃处理不按照国家法律规定标准支付职工加班工资的企业。另外，政府可以为低收入群体直接发放消费券，不仅可以提高贫困人口的生活水平，还可以扩大社会消费需求，从而进一步带动生产发展，使消费与生产之间形成良性循环，并且可以增强党和政府对广大人民群众的影响力和号召力。

（二）贯彻落实"同工同酬"原则

"同工同酬"分配原则是社会主义"以人为本"价值理念的基本要求，也体现了马克思主义按劳分配制度的精神实质。实际上，我国的《劳动法》等相关法律法规对"同工同酬"分配原则已经做出了明确规定。比如，《劳动法》第46条就明确规定，要求企业职工工资分配过程应当遵循按劳分配基本原则，实行同工同酬；修订后的《劳动合同法》第63条也明文规定，被派遣劳动者享有与用工单位的劳动者同工同酬的基本权利。我国公有制企业和事业单位大量存在的"同工不同酬"现象的实质，是这些单位利用相关法律法规存在的漏洞或利用国家赋予的职权，实现集体强势利益对个体弱势利益的侵占与剥夺，也是我国"买方劳动力市场"环境下用人单位对被派遣劳动者的分配歧视，这与按劳分配、同工同酬的社会主义基本原则相背离。因此，这种带有歧视性的分配方式必须予以纠正，要求政府按照公平正义基本原则制定统一劳动力市场政策，把消除城乡之间等各种劳动歧视作为完善劳动力市场、实现城乡一体化的重点，实现垄断行业用工市场化，杜绝因特权造成行业收入差距扩大的现象，并逐步实现体制内外薪酬福利制度的统一。

（三）强化对企业职工工资制度的监管

规范企业职工收入分配制度，需要强化政府部门对职工分配结果的有效监管。

首先，规范国有企业经营管理阶层的收入分配制度，按照国际惯例对其工资福利和职务消费等制定最高上限，并严格按照其承担的岗位责任和绩效考核结果确定其合理的工资标准；对实行年薪制的高层经营管理阶层要实行严格的业绩综合考核标准，坚持年薪水平和发放方式与企业经济效益、经营风险对等一致原则。

其次，规范公有制企业内部职工收入，可以按照现代企业人力资源管理制度规范职工的收入水平，在制定职位和岗位规范、明确各类职位和岗位职责及上岗条件要求的基础上，建立动态的工作评价标准；公有制企业职工也属于公职人员的范畴，和政府机关公务员的性质一样，其工资标准应当参照公务员的工资，不能凭借自己的垄断地位发天价工资，变相把全民的财富化公为私、中饱私囊；企业工资分配制度、分配办法必须经过职工民主程序来制定，工资分配不得保密，必须向社会公开；在客观评价每个职工劳动付出与贡献大小的基础上，实行"按岗定薪、按劳取酬"的分配制度，合理拉开收入档次与差距。

最后，规范非公有制企业雇主对雇员的工资待遇，地方政府要完善和落实劳动力市场工资指导线制度，适时发布全国各地劳动力市场工资情况，及时发布劳动力市场综合信息，引导各类职位用工市场价格的相对合理；完善和落实最低工资保障制度，根据不同地区经济发展、劳动生产率水平和生活水平，确定并发布各地最低工资标准，要求用人单位支付劳动者的工资不得低于当地最低工资标准；加强工资制度执行过程和落实结果的监督和执法力度，对企业侵犯职工权益的违规违法行为要严厉惩处，切实保障广大职工的经济利益和其他合法权益。

学界有观点提出，收入分配问题较为复杂，在不规范的市场环境条件下推进收入分配体制改革，很难做到各方面利益的平衡与兼顾，建议政府设立类似

"全国收入分配委员会"等专职机构，负责和强化对收入分配制度改革的统筹协调。

二、建立健全工资集体协商制度

工资集体协商是"劳动力供求关系决定工资率的市场机制延伸到企业而演变为工资增长由劳资双方共同决定的机制"[1]。社会主义市场经济条件下，建立和完善工资集体协商制度是实现初次分配公平的重要机制。

（一）工资集体协商制度的内涵

工资集体协商是指职工代表与用人单位依法就企业内部工资分配制度、工资分配形式、工资支付办法、工资标准等事项进行平等协商，在协商一致的基础上签订工资协议的行为。这一制度一方面能够维护一线职工的权益，使工资增长与企业效益提高相适应，确保每个职工分享企业发展的成果；另一方面，有利于建立和谐稳定的企业劳资关系，增强企业凝聚力与加强劳资合作。我国的《工会法》《劳动法》和《劳动合同法》中明确要求建立工资集体协商机制。

工资集体协商制度是市场经济条件下通行的符合市场经济规律的一种企业工资决定形式，此制度源于西方的工资集体谈判制度，其直接目的是迫使雇主正常增加工人的工资，实质是通过劳资之间的博弈力求实现利益均衡，最终达到双赢的结果。工资集体协商制度源自18世纪末19世纪初的英国，自国际劳工组织1981年通过了《集体谈判公约》之后，这一制度已经成为所有市场经济国家调整企业职工工资福利的通行规则和有效办法。在市场经济条件下，多数国家都采取工会组织和雇主组织共同协商的方式，即工资集体协商制度，这一制度在西方发达国家相当普及，劳资工资争端都是经过协商谈判解决的。自从集体谈判成为法律以来，美国的罢工事件不断减少，如今只有不到2%的劳资冲突导致罢工，超过98%都是在谈判桌上解决的。[2]

工资集体协商制是市场经济国家通行的一种工资决定形式。中国虽然在1995年就引进了工资集体协商制度，但由于"资强劳弱"以及工会组织不健全，该制度并没有真正得以贯彻落实。目前，中国还存在一些企业"不愿谈"、

---

〔1〕迟福林，主编.破题收入分配改革[M].北京：中国经济出版社，2011：198.
〔2〕小夏.从街头到谈判桌——美国劳工运动发展的一点启示[J].南风窗，2007（05上）：41.

工会"不想谈"、职工"不敢谈"的问题。工会组织不健全的问题突出，国有企业工会由政府组织设立，没有独立地位和发挥职能的动力；非国有企业不设立工会组织，即使有工会组织发挥作用也很有限，难以发挥为了广大职工争取权利的应有作用。当前，我国广大职工对工资集体协商的自觉意识较弱，职工对工资虽然有较高的期望，由于长期以来资强劳弱的格局没有根本扭转，广大职工与管理层进行博弈的勇气不足，开展工资集体协商的自觉意识也不强。客观上，企业工会干部虽然是保护职工利益的谈判代表，但同时他们也是企业的职工，不可避免地要受制于企业领导层；在双方的利益协商中，工会缺少让对方妥协或让步的筹码，而且协商双方的知情权、否决权和陈述权不平等，工资集体协商所需要的对等谈判的局面远未形成。

（二）培育集体协商谈判主体

国际劳工组织认为，劳资平等协商的先决条件是具有利益相对独立的工会组织。建立和完善工资集体协商制度，需要培育工资集体协商谈判利益主体，尽快健全企业或行业的工会组织。企业工会作为联系企业和职工的桥梁与纽带，如何发挥组织优势，让职工更好地共享企业发展成果，不断提升职工的凝聚力和幸福感，进一步激发干事创业的激情和热情，是工会工作的出发点和落脚点，也是我们工会干部的初心和使命。要想发挥好工会组织职能作用，就必须从健全组织、完善制度入手。第一，要建立健全有相对独立功能的企业工会组织，没有独立发挥组织职能的工会无法真正代表企业职工利益进行三方协商。大力培育集体协商主体，明确只有非企业管理人员才有资格进入工会组织，工会领导成员应该通过民主选举程序产生。第二，要建立和完善职工代表大会制度，不断优化创新全体职工参政议政的具体模式，提高职工代表大会中一线工人的代表比例，保障和落实广大职工的知情权、参与权、表达权和监督权。第三，要建立健全灵活的劳动关系协调机制，建立规范有序、协调一致、联合办案的矛盾纠纷排查调解机制和劳动关系预警预报机制，完善劳动关系调解组织网络，形成上下联动、层层考核、监督到位的工作体系。第四，要进一步完善单位信息公开制度，不断完善企业经营管理公开程序，充实公开内容，创新公开形式，增强企业管理的透明度，加强工会在整个企业经营管理全过程的监督职能，特别是要通过建立微信群、微博和互联网投诉等主要监督渠道，引导广大职工积极参与对政策的执行和落实情况的监督。

（三）规范协商内容

工资集体协商制度主要围绕职工工资水平、具体工资制度和职工工资关系等几方面内容进行。工资水平是集体协商制度的最主要内容，主要是对职工工资的增长幅度和增长速度予以确定和调整；工资制度是工资水平得以实现的具体方式，主要涉及工资制度模式、工资结构、工资形式、工资支付等具体内容。工资关系是企业内部各类工作人员之间的工资差距，调整工资关系就是要工资关系合理，实现收入与贡献的大体一致，是合理利益关系的主要反映。当然，工资集体协商的具体内容不可能一成不变，随着企业效率效益的市场变化，劳资利益关系可能由均衡变得不均衡，劳资关系由合作变成矛盾和纠纷，这就必须进行及时调整和协商。目前，针对我国劳资分配不公平状况，工资集体协商制度需要用"两均衡"原则取代"两低于"原则，即工资总量的增长与企业经济效益增长相均衡，工资水平的增长与劳动生产率增长相均衡。另外，要充分发挥工资集体协商机制的基础作用，解决好初次分配的公平与合理，政府主要以第三方的身份参与集体协商，不是高高在上地当"法官"去主宰工资集体协商的过程和结果，而是要成为这一协商谈判过程的润滑剂，充当好一个"裁判员"的角色。在现实集体协商过程中，要注重集体协商的方式方法，变"争吵协商"为"和平协商"，要坚守"先易后难、分步实施、逐步完善"的协商原则，达到各方之间的相互理解与支持，在和谐中协商，在发展中双赢。

（四）加强工资集体协商制度的法律保障

工资集体协商制度是市场经济条件下完善企业工资管理制度，理顺企业内部分配关系，保障劳资关系双方合法权益，解决劳资关系矛盾和冲突的有效手段。加强立法和政策保障，提高工资集体协商相关法律法规的完整性，是推进和完善工资集体协商的必要前提。只有尽快建立健全与职工工资集体协商制度相关的法律规范，才能为维护广大职工利益提供有力的法律保障。当前，主要是加快《工资法》和《集体合同法》等相关法律法规的立法进程，并对《劳动法》等已有的法律法规的相关规定进行更新和调整，以保证工会组织的规范和功能完整，并成为真正能够代表工人利益的权利组织；同时加快培育和规范劳动力市场，为企业工资集体协商机制发挥作用创造外部市场条件。

三、完善工资正常增长机制

长期以来，我国职工工资分配主要坚持"工资总额增长要低于企业经济效益的提高，职工平均工资的增长要低于企业劳动生产率提高"的"两低于"原则，导致职工工资增长相对缓慢。目前，健全职工工资正常增长机制，保证职工工资增长与劳动生产率同步，既是防止企业利润侵蚀工资、机器排挤工人，有效维护广大职工利益的重要方法，也是提高社会消费、扩大内需、促进经济健康持续协调发展的主要保证。

（一）健全工资正常增长机制

工资正常增长机制是指企业职工工资随着经济效益提高及其他有关因素变化而相应协调并合理、持续增长的制度化的运行方式。这一工资增长机制既包括工资总额、平均工资的合理增长，尤其是生产一线职工和农民工、劳务派遣工等人员平均工资的合理增长，也包括扣除物价上涨因素后，职工工资实际购买力的提高。所谓正常增长，是指通过制度安排和设计，职工工资保持一种长期、常规化、动态化持续增长状态。正常增长不等于集体涨工资，也不是劳动者的工资只能涨不能落。如果企业效益快速上涨，而职工工资没有跟上来，就应该利用工资正常增长机制进行纠正，同时还要注意在不同劳动者之间拉开合理收入差距，兼顾经济发展中的效率与公平。这一机制的核心问题是建立以劳资双方平等协商为基础的职工工资共决机制，需要政府通过经济、法律和必要的行政手段，促进职工工资共决机制的形成，使职工敢于谈判，企业愿意谈判，谈判有实效。

（二）建立规范的现代企业产权制度

建立企业职工工资的正常增长机制，建立现代企业产权制度，实现劳动者产权是最根本的保证。建立现代产权制度，保证劳动者产权的实现，企业内部重大事项和利益关系调整等不再完全由企业所有者说了算，不仅仅考虑企业主要求追求利润最大化，还要兼顾劳动者的利益，让广大劳动者能够分享企业决策的话语权和企业的部分利润，劳动者的意见和意志也能够影响企业的分配决策。

社会主义市场经济条件下，特别是非国有制企业和国有企业的部分"制度外"劳动者的工资由劳动力市场决定，这主要是企业实行古典产权制度，即由生产资料所有制单一决定的产权安排，这种决策机制的目标是资本追求利润最大化，在劳动力市场上表现为资本尽可能压低工人工资，造成我国劳动者工资增长缓慢、劳动报酬在初次分配中比重偏低的状况。要根本改变这种不合理分配状况，就需要建立现代企业产权制度，使企业主和职工、政府等主体共同参与企业决策，可以从内在机制上克服企业压低工资水平的行为，从而解决劳动者工资偏低、分配差距偏大等问题，有利于国民经济的宏观均衡与和谐社会的建构。

（三）完善企业内部的工资决定机制

工资是劳动报酬的主要形式，提高工资收入是提高普通劳动者收入的主要途径。应该按照市场机制调节、企业自主分配、平等协商确定、政府监督指导的原则，形成反映劳动力市场供求关系和企业经济效益的工资决定机制和增长机制。健全企业薪酬调查和信息发布制度，发挥工资指导线的作用，指导企业依据薪酬信息及时调整企业内部工种间工资分配关系。所谓工资指导线，是指政府对企业工资分配进行规范与调控，使企业工资增长符合经济和社会发展要求，促进生产力发展的企业年度货币工资水平的制度应以当地政府确定的经济社会发展目标、本地区年度经济增长、社会劳动生产率、城镇居民消费价格指标预期增长水平等为主要依据，并综合考虑国家、本地宏观经济环境及周边地区经济发展、本地城镇就业状况、劳动力市场价格、人工成本水平、对外贸易状况等相关因素。

需要政府加强对劳动者工资水平的调控和指导，具体由政府确定工资增长指导线，将工资增长率与国民收入增长率、企业利润增长率联系起来，保证工资增长率不低于国民收入增长率和企业利润增长率；严格企业经营管理层的业绩考核，根据考核结果决定其薪酬总量和具体发放方式，同时把这一业绩考核结果与职工工资提高相联系，实现高层与一般职工工资之间的联动机制，充分体现工资激励中的个体工资调整与企业整体效益相结合原则。对职工工资实行一种规范的以绩效考核为基础的工资调整制度，充分发挥激励机制、竞争机制和效率机制的应有作用，核心是通过工资调整和有序增长激励广大职工不断提高自身人力资本和业务能力，进而促进企业劳动生产率和经济效益的提高。

（四）建立工资支付监控和保证金制度

中国企业职工收入分配实行"按劳分配"基本制度，坚持职工工资与企业效益同步增长原则，应该把企业职工工资增长制度列入国民经济与社会发展建设目标。需要政府从宏观层面对涉及广大职工利益的收入分配制度、工资制度、福利制度和奖金制度等进行规范管理，进一步完善企业职工工资指导线制度和企业人工成本预警制度。

为了解决长期存在的拖欠职工工资问题，需要政府牵头建立健全支付保障机制。建立健全支付保障机制，主要是政府通过行政手段帮助劳动者索要被拖欠的工资，以及通过相关制度的设立和完善以保证工资的按时支付。建立支付保障机制的制度性安排主要包括工资保证金制度和工资拖欠信息披露制度。工资保证金制度主要被运用在农民工工资拖欠严重的行业，这一制度 2004 年由湖南省率先建立继而在多个省市进行了推广。目前，中国建筑行业大多已经实行了这种制度，基本做法是由企业拿出一部分钱作为工资保障基金，一旦有拖欠工资或老板逃匿的情况，工人工资就先由工资保障基金垫付，保障工人拿到工资，然后由企业偿还或拍卖老板逃匿的企业资产补上保障基金。

为了治理拖欠工资，规范工资收入分配秩序，2016 年出台了《国务院办公厅关于全面治理拖欠农民工工资问题的意见》，2017 年出台了《国务院办公厅关于印发保障农民工工资支付工作考核办法的通知》等相关文件，通过几年的具体实施使得"治欠保支"工作取得了明显成效，拖欠农民工工资问题高发、多发态势逐步得到遏制，保障了广大农民工的基本权益，促进了社会公平。

（五）建立健全最低工资制度

最低工资标准制度是政府对全社会工资分配进行宏观管理的一种制度，是政府调节初次分配的主要方式。我国《最低工资规定》已于 2003 年 12 月 30 日经劳动和社会保障部第 7 次部务会议通过，自 2004 年 3 月 1 日起施行，1993 年 11 月 24 日原劳动部发布的《企业最低工资标准》同时废止。建立最低工资保障制度的主要目的是保障劳动者个人及其家庭成员的基本生活，在制定最低工资保障标准的时候，要考虑什么样的标准能够维持劳动者及其家庭成员的基本生活支出，同时还要和一国的经济发展水平相适应。

国家统计局公布的数据显示，我国 2018 年的人均 GDP 世界排名第 67 位，可我国的最低工资却排在第 96 位；我国最低工资是人均 GDP 的 20% 左右，世界平均数为 58%；我国最低工资是全国平均工资的 15% 左右，世界平均约为

50%。所以，要增进社会和谐，缩小贫富差距，国家必须通过立法制定全国最低工资标准，让最低工资标准与世界平均水平看齐。

为了完善最低工资制度，随着经济增长适时调整最低工资标准，需要对最低工资标准进行科学的测算，确保最低工资标准能够保障劳动者的基本生活，还需要进一步考虑劳动者及其子女接受教育的费用，以提高劳动力的素质，确保低收入劳动者能够分享到社会经济发展的成果。具体确定最低工资标准的过程中，要经过三方协商解决相关的争端，并通过制定最低工资相关法律法规，严格按照法律程序确定最低工资调整幅度和时限要求，确保劳动所得与经济发展和企业效率提高相一致。另外，我国至今没有一部全国性的最低工资法，只有各地政府相关部门推出的最低工资标准，这些标准属于政府柔性的政策而不是刚性的制度，广大职工的长期利益得不到根本保障。政府需要尽快出台全国性的最低工资法，通过立法进行强制干预，保障职工能够分享企业发展的成果，保证职工工资的稳定增长。

截至 2022 年 4 月 1 日，31 个省（自治区、直辖市）当中共有 13 个地区的第一档月最低工资标准超过 2 000 元，按照金额高低排名依次是上海、北京、广东、江苏、浙江、天津、山东、重庆、四川、福建、湖北和河南。最低工资第一档排前三名的是第一名的上海 2 590 元，第二名的北京 2 320 元，第三名的广东 2 300 元。安徽第一档月最低工资标准垫底，只有 1 650 元。经福建省政府同意和人力资源社会保障部批准，福建省自 2022 年 4 月 1 日起实施调整后的最低工资标准，福建省月最低工资标准分为四档，分别是 2 030 元、1 960 元、1 810 元、1 660 元，平均值为 1 865 元。与此前的标准相比，各档平均增幅为 14.59%，年均增幅为 6.24%。[1]

四、实施企业利润分享制度

劳动力作为企业生产要素之一，具有资本属性，因为劳动者参与企业的生产经营，不应该仅仅得到工资，还应该参与企业利润的分配。而在现实分配过程中，企业却普遍剥夺了劳动者参与利润分配的权利。通过建立健全企业联合产权制度，不仅能够增加职工对企业的归属感，有利于构建企业劳资和谐

---

〔1〕　闫锴. 多地最低工资标准情况公布 [N]. 闽南日报，2022-04-25（006）.

关系，而且可以通过明确劳动者的劳动股权，实现职工参与企业利润分配的权利。

（一）"利润分享制"的内涵

利润分享制产生于 20 世纪六七十年代的西方发达国家，目前已经成为市场经济国家普遍采用的分配制度。利润分享制是企业所有者和企业职工共同分享企业利润的一种企业收入分配模式。根据一定时期内的盈利情况，企业定期将一定比例的企业利润分配给企业职工，其分配形式主要是现期支付和延期支付两种。利润分享制主要包括企业所有权分享制和企业管理权分享制。企业所有权分享制是指企业职工通过获取企业一定份额的股份，按照股份的多少享有相应的权利。职工获取本企业股票的形式多样，主要包括职工持股计划和股票期权计划，股票期权计划通常被用于企业的高管人员，而职工持股计划是一种雇主在公司内向雇员提供公司股票的所有权计划，是被普遍运用的雇员所有权形式。企业管理权分享制是企业职工参与企业经营管理的一种企业管理模式，又称为职工参与制。职工参与制是经济民主的必然选择，经济民主是对将劳动者排除在产权主体之外的传统公司制度的制约与改造，广大职工可以与企业所有者分享管理权甚至决策权，不仅能增强广大职工自我监督的自觉性，而且能促进广大职工与公司的利益一致性，构建和谐劳动关系。

（二）联合产权制度简介

现代产权经济学认为，产权制度是维系利益的纽带，也是形成市场机制的基础和前提，是现代市场经济得以存在和良性运行的制度基础，对于社会生活日趋复杂和社会分工高度发展的市场经济意义重大。联合产权理论是刘桂斌教授于 1989 年首次提出的，曾一度被称为"中国自己的产权理论"。联合产权制度"就是要素联合与劳动联合在企业剩余的创造及分配过程中各种要素产权与劳动联合体集体产权有机结合所形成的在一定时期内稳定的产权结构"[1]。联合产权制度肯定人力资本产权并赋予其在企业产权体系中的合理地位，而且把人力资本产权同物质资本产权有机结合起来。联合产权制度将人力资本产权分为两部分，一部分是普通劳动力产权，即参与到生产过程中的各种普通劳动者对自己劳动所拥有的产权，这是任何制度下都存在的个体产权；另一部分是随着

---

〔1〕彭晓辉，王中. 基于以人力资本产权主导的联合产权制度 [J]. 商业研究，2009（06）：72.

现代化生产要求产生的技术、知识和管理等方面的高级形式的人力资本产权。随着社会经济发展和专业化分工的深化，物质资本越来越丰富，而人力资本相对越来越稀缺并为企业承担越来越大的风险，这就意味着企业中人力资本更应当拥有企业的部分所有权，企业产权的配置应该逐渐向人力资本产权倾斜。

联合产权制度是实现初次分配公平的微观基础。企业作为市场生产主体，是由各种生产要素按照一定市场规律自由结合在一起的有机体。在企业生产中，没有物质资本，人力资本将无所作为；没有人力资本，物质资本也不会转移到新产品中去。企业的生产要素可分为人力资本要素和物质资本要素，中心是把"企业理解成一个人力资本和非人力资本共同订立的特别市场和约"[1]。各种要素主体把自己所拥有的要素交给企业使用，其目的不只是为了要素保值，更是为了实现要素增值，因此，企业必须进行产权制度合理设计，对企业各种要素产权进行合理界定和有效保护，并为各产权主体带来具有吸引力的报酬。联合产权制度正是通过合理界定各种物质资本产权和人力资本产权，在生产关系的高度上把它们置于平等的初始地位，并在企业中通过生产制度安排将它们有机地融合在一起。联合产权制度也充分考虑了劳动联合体集体产权即企业的组织产权，并在企业中通过设计劳动联合体的代表机构将其所拥有的产权表示出来。在联合产权制度中，各种产权都应该得到公平的界定和充分的体现，并拥有等同机会的剩余控制权和剩余索取权。理论和实践都充分证明，产权是收入分配的根本依据，联合产权制度是一种公平、科学的产权制度，也是市场和企业初次分配公平实现的微观基础。目前，优化转型期的劳资关系，实现劳资合作，需要进行产权制度改革，从关注生产资料相关产权的重组与确立转向劳动力产权的明确，建立劳资权利相对平等"见物又见人"的双产权制度和劳资力量相对平衡的双组织制度。

（三）普通劳动者参与利润分享是劳动力产权实现的重要途径

劳动者参与企业利润分享在于劳动力资本和物质资本之间的平等协作关系，也是劳动力产权得以实现的重要途径。劳动力要素投入企业生产过程就是劳动力使用权和支配权让渡给了企业，这时的劳动力产权与资本、土地等物质产权一起成为企业产权的有机组成部分。作为企业产权的有机组成部分的劳动力产

---

〔1〕 周其仁．市场里的企业：一个人力资本与非人力资本的特别和约 [J]．经济研究，1996（06）：71．

权归属问题需要明确界定，劳动力产权归劳动者本人所有，劳动者作为劳动力所有权的主体，具有劳动者的生存权、发展权、自主支配权等权利和部分剩余索取权等利益要求。与此同时，需要明确企业用人单位对劳动力拥有完全的使用权，在劳动力被企业购买即劳动力使用权让渡之后，用人单位对劳动力拥有使用权和支配权。

劳动力产权的市场价值实现包括劳动力产权使用权的价值实现以及劳动力所有权的价值实现。所谓劳动力产权使用权的实现，就是指劳动力价值补偿的实现，主要形式是企业支付给劳动者的工资和福利，体现为劳动力使用权让渡的价值补偿。所谓劳动力所有权的价值实现，是指劳动力价值带来的增值，主要形式是劳动力要素的剩余索取权。劳动者和资本提供者在具体生产过程中，同时向企业转让劳动力和生产资料等生产要素使用权，共同创造出有价值的商品，因而都应该参与企业剩余价值的分享。西方发达国家在企业分配制度改良过程中，已经证实了这一分配方式的合理性。作为社会主义国家，我国劳动者的利益和劳动力产权应该得到更好的实现，劳动产权参与分享企业剩余可以体现劳动者在企业中的主体地位，有效保护广大职工的权利权益，对于激励劳动积极性、提高企业效率、改善劳资关系、减少监督成本，实现社会公平、增加社会凝聚力等都有积极作用。

利润分享制在中国社会主义经济条件下的具体实现形式主要是股份合作制。"合作经济"是马克思、恩格斯在批判与吸收空想社会主义合理内核的基础上，随着科学社会主义的产生而形成的。这一制度是资本主义向共产主义过渡理论的重要组成部分，是指资本与劳动或劳动者集体的生产股份合作制度，包括在资本主义条件下如何开展合作运动，以及在无产阶级夺取政权后如何进行合作运动两部分。马克思主义认为，资本主义条件下的生产合作形式主要是合作工厂或股份公司，这些生产合作化制度的基础是资本主义的工厂制度和信用制度；这两种具体组织形式是对传统资本主义生产方式的扬弃，是对资本主义所有权的扬弃和对资本管理职能的扬弃。[1] 马克思主义认为，无产阶级夺取政权后的经济组织形式是合作社，对于小农的合作社，"首先是把他们的私人生产和私人占有变为合作社的生产和占有……把各小块土地结合起来并且在全部结合起来

---

〔1〕 资本论: 第 3 卷 [M]. 北京: 人民出版社, 1975: 497.

的土地上进行大规模经营"[1]；在小生产合作社的基础上，合作社联合成全国的大联盟，变成大生产合作社。马克思主义的经济合作制度在中国社会主义条件下，已经由计划经济时期的合作社经济，发展到了改革开放后的"股份合作"制度形式。"股份合作制"是合作经济的新发展，是一种具有公有制性质的新型所有制形式，主要是以股份制方式建立企业内部的产权制度，按照股份与合作的原则建立企业内部的分配制度，将股份制与合作制两者结合起来融为一体构造而成的一种机制灵活的新型企业制度。[2]股份合作制经济作为一种新型公有制形式，其未来发展必然要坚持"劳动权益主导下的利益分享"原则，具体应该通过企业"净收入分成制"体现和实现按劳分配的主体地位。

员工持股计划是利益分享制的主要实现形式。党的十八届三中全会已明确提出混合所有制可以全员持股，形成资本所有者和劳动者利益共同体。娃哈哈、华为、腾讯、格力、吉利等民营企业都实行了员工持股计划甚至全员持股计划，企业在做大蛋糕的同时也让员工获得更多收入，这对于个人收入提高和企业的发展是一种"双赢"，体现了共享新发展理念的要求。自 2015 年 8 月《中共中央、国务院关于深化国有企业改革的指导意见》发布以来，将国有企业激励机制作为混合所有制改革的突破口，开始实行国企员工持股的中长期激励机制。国有企业实施员工持股计划，激励员工更加重视企业长期发展，可以提高企业的核心竞争力，进一步实现国有经济的稳定持续发展。

第三节 继续深化市场经济体制改革

在经济体制转型过程中，新旧体制并存必然会产生许多摩擦，新体制还不太健全、不尽完善，存在一些问题和漏洞，这些都是我国初次分配公平得以实现的影响因素。继续深化市场化改革，加快建立统一开放、竞争有序的现代市场体系，放宽市场准入，加强公正监管，打造法治化、国际化、便利化的营商环境，让各类市场主体更加活跃；进一步完善市场经济体制和深化行政管理体制，制定统一、公平的竞争规则，为各要素主体公平竞争创造良好的经济环境，

---

〔1〕 马克思恩格斯选集：第 4 卷 [M]．北京：人民出版社，1972：310.
〔2〕 李炳炎．利益分享经济学 [M].太原：山西经济出版社，2009：221.

使市场主体拥有相对公平的机会。关键是要"规范市场经济分配秩序，铲除行政权力对资源配置的过度干预，以此为基础，重建中国的国民收入初次分配和再分配机制"[1]。

一、规范市场主体及其行为

社会主义市场经济条件下，调节我国初次分配的首要目标是尽快取消和纠正不公平分配问题，根除各种非法收入。目前，亟须深化国有企业改革和国有经济战略调整，在公平准入、打破垄断方面取得实质性进展，在竞争性领域真正实现民营企业与国有企业平等的国民待遇，建立健全市场竞争机制，净化市场环境，确保市场各生产要素机会均等、过程公平，规范市场收入分配秩序，尽快消除市场主体扭曲带来的弊端。

（一）规范收入分配秩序，杜绝权力腐败行为

赵晓教授认为，"分配公平的关键在于规范权力而不是诅咒市场"[2]。深化政府行政体制改革，要按照建立有限政府的理念进一步转变政府职能。要求政府从"全能政府"转变为"有限政府"，要有所为有所不为；该管的事管住管好，不该管的事要放开。要求政府从市场主体的位置上退下来，减少在经济领域的权力，进一步分权让利，引入其他权力主体的力量，政府只对其实施监管。要通过深化体制改革，合理分解权力，优化权力结构，防止权力滥用。关键是改革行政审批制度，规范和减少政府审批事项，加强行政审批制度的法治完善，使得行政审批过程做到有法可依、有法必依，形成对权力的有效约束；加快市场行业中介机构的发展与规范，充分发挥市场中介机构和行业协会的服务和管理职能，让政府把行政审批权还给社会，充分发挥中介机构在社会、政府与企业之间的桥梁与纽带作用；建立行政审批责任追究制度，加强行政监察和社会监督的力度，坚决杜绝行政审批过程中的漏洞，为市场主体的公平、合理、有序、自由竞争打造一个良好的发展环境，打碎"公共权力部门化、部门权力领导化、领导权力利益化"的利益链条，有效防止行政权力的"寻租"腐败行为。

---

〔1〕高培勇.规范政府行为：解决中国当前收入分配问题的关键 [J].财贸经济，2002（01）：10.

〔2〕赵晓.分配公平的关键在于规范权力而不是诅咒市场 [J].中国发展观察，2007（01）：55.

（二）继续深化垄断行业改革，严格控制垄断行为

垄断行业收入分配体制的畸形化，已经成为当前中国收入分配两极分化的重要根源，不改变畸形化的垄断行业收入分配体制，就难以建立科学的、有利于社会健康和谐发展的分配结构。当前，需要进一步深化垄断行业企业改革，规范垄断行业经营行为，严控垄断收入，必须借鉴成熟市场经济国家的经验，以法律和规则的形式对行政性垄断的范围和价格等加以限制；要按照国际惯例降低一些垄断行业的市场准入，依据和贯彻"政企分开、放宽准入、引入竞争、依法监管"基本原则，以股份制现代企业制度为目标，加快改革国有垄断行业企业制度和管理体制，形成全国统一、竞争有序的大市场格局。

继续深化垄断行业企业改革。首先，要进一步打破行业垄断，充分引入平等竞争机制，减少并规范资源垄断，在对不涉及国家安全的行业要引入竞争机制，政府要主动地从这些部门退出，并积极推进市场化进程，让社会资本进入并通过充分的自由竞争形成行业平均利润率，提高效率并实现公平分配。党的二十大报告提出，要"加强反垄断和反不正当竞争，破除地方保护和行政性垄断，依法规范和引导资本健康发展"。其次，要加强政府部门对垄断行业企业工资制定过程和执行过程的监管，对企业工资总额和增长水平实行"双重调控"，[1] 抓紧研究制定并落实国有企业工资总额改革办法，同时扩大国有资本收益征缴范围，逐步提高上缴比例，更好地实现国有资本收益全面共享。再次，要健全国有企业经营管理阶层工资管理制度，对国企高管的薪酬加强规范限制。部分央企披露的 2021 年高管年薪显示，大部分央企董事长年薪不足 100 万元，并且全部是税前收入，这一消息特别引人关注，有点颠覆了大众对央企"高福利、高收入"的印象。多数民众认为央企领导多是职务消费，一般不靠薪资吃饭，但大型央企董事长税前年薪不足 100 万元，确实不太高，希望这一制度能够实现与"国际接轨"。这一变化彰显了央企高管的薪酬改革开始生效，也代表了中央带头"过紧日子"的决心。政府对央企高管要执行严格的"限薪令"，进一步规范国有企业、金融机构经营管理人员的薪酬管理，规范经营管理绩效和责任确定薪酬的制度；同时要严格控制和监督职务消费，使其合理化、规范化和公开化。最后，制定反垄断法，完善反垄断法律体系。世界上多数国家都

---

〔1〕 曹成杰，等.经济转型与利益格局调整[M].北京：国家行政学院出版社，2011：88.

有反垄断法，我国 1993 年开始颁布实施了《反不正当竞争法》，2007 年 8 月通过并开始实施《中华人民共和国反垄断法》。2022 年 6 月，全国人大常委会又通过了修订版的《中华人民共和国反垄断法》，自 2022 年 8 月 1 日起实施。

（三）发展自由竞争的要素市场，完善市场体系与功能

培育和发展自由竞争的要素市场是市场机制发挥作用的前提。商品和生产要素的自由流通和充分竞争，是商品实现市场价格、等价交换以及公平分配经济利益不可缺少的条件。通过建立和完善全国统一、公平竞争、规范有序、开放高效的各类要素市场体系，为健全、完善市场机制的正常运转创造良好条件，让市场根据供求、价格、竞争等价值规律充分发挥作用，实现市场分配意义上的公平。

自由顺畅的社会流动有利于打破社会阶层之间的壁垒，使各个社会阶层的人处于不断更新变动之中，以缓和贫富分化和社会地位差别造成的收入差距和利益冲突。一个统一开放、有序高效的劳动力市场是社会流动的重要形成机制，劳动力市场的统一性、开放性和流动性为低阶层的社会成员向高阶层流动提供了重要保障。只有在统一高效的劳动力市场基础上，充分建立起依托市场的用人机制，才能做到能进能出、能上能下，才能做到劳动力资源的合理配置和流动，减少歧视和不公平的分配，贫富分化和城乡等各方面社会差距才有可能逐步得到缓解。充分发挥市场在资源配置中的基础性作用，建立平等竞争、自由流动和统一开放的劳动力市场，要求政府积极地进行劳动力市场的培育，逐步拆除阻碍统一市场建设的各种制度性、行政性以及思想观念上的障碍；需要积极促进城乡劳动力的合理自由流动，改革户籍管理制度，消除对劳动力市场流动的制度障碍和农民工就业择业中的歧视和差别对待，形成我国劳动力要素自由开放与高效配置的良好格局，同时建立城乡一体的社会保障体系等重大举措；积极发展和培育劳动力市场中介组织，规范人才市场运作，增强对农民工等弱势群体的就业组织和就业指导，提供充分、及时的就业信息服务，并逐步完善劳动法规和劳动监督，保证劳动仲裁的公正与效率，确保健康的市场劳动关系。还要进一步打破地方保护主义造成的地区封锁，建立全国统一开放的大市场，为各生产要素市场有效配置降低市场流动成本。

二、建立和完善现代产权制度

实现初次分配公平是一项影响广泛而深远的系统工程，需要构建具有中国特色的现代产权制度，主要从私有产权保护制度、自然资源产权制度、国有资产管理制度和农村集体土地产权制度等方面着手。

（一）清晰界定和依法保护财产权利

私人财产权是指一个人只要不强迫或欺骗他人，可以按照自己的意志和选择的方式使用和处置属于自己财产的权利。私人财产权是一种社会制度，在一个自由人组成的社会中，这种制度可以使社会趋于和平与和谐。财产权是自由社会的基石，主体离开运用自己财产的自由，就不可能存在任何人身自由或政治自由。私人财产权不容侵犯一般会被写进宪法，更凸显其作为基本人权的重要价值。当然，对产权的宪法保护还只是产权制度的起点，要达到对产权的真正保护还需要相匹配的完善的制度体系。

进一步清晰界定各社会阶层，特别是低收入阶层关于生产资料和劳动力的财产权利，切实保护他们在市场交易中的平等权利和地位。比如，国有企业职工对国有企业资产拥有所有者的权利和地位，他们的权利并不随着国有企业改制而自然消失，只能通过补偿、购买的方式实现权利的转换。国有企业拍卖所得收益，应该充分考虑广大职工的利益，一部分应该转换成社保基金，而不是将国有资产廉价卖给私人或将收益全部划归政府所有。

保护私人财产权利，需要按照国际惯例将私有财产权纳入公民的基本权利体系，建立健全私有财产保护制度，这样既是完善市场经济的基本要求，也是提高居民财产性收入的基础保障。加强和完善私人财产权相关的行政立法，要特别注重加强对知识产权的保护，严格按照《民法典》清理、修改和规范诸如城市拆迁条例等不利于私人财产权保护的相关规定，使各类行政条例都能够体现强化私人财产权保护的要求；依法保护每个公民的合法私人财产，对个人财产的征用、没收等都要合法进行，设置严格的征收、征用原则和程序。实践中要明确界定因公共利益征收征用私人财产的范围，在征收、征用私人财产中实行公民参与制度和听证制度等，避免因不规范操作侵害私人财产权，确保其财产性收入来源的基础稳固。对公权力侵犯私人产权以及不同产权之间的矛盾纠纷都要依法公平处理，保护好产权主体的各方面权益。

在我国现行社会主义市场经济条件下，产权所有者怕的是地方政府各级行政部门，因为这些政府行政部门执行政策的随意性对各种私有产权是最大的威胁。客观上，民间自然人之间的侵犯产权行为相对于政府对私人产权的侵犯而言，其损害程度要小得多。因为政府是唯一可以在合法名义下重写游戏规则，把本来合法的产权变成非法产权的社会机构，因此政府行政部门对产权的侵犯可以名正言顺，同时也是最可怕、最不公正的。因此，保护老百姓的私人产权的基本要求或前提条件是法院必须独立于政府行政权力，只有独立的司法，老百姓在产权受到威胁和侵犯时才可以到法院去起诉，而且对法院的公正审理才会有信心。如果没有司法独立，产权保护只能是一种价值理念和良好的愿望，司法受制于政府行政，当政府行政权力侵害老百姓产权利益时，他们就没有其他的途径可走，只能被逼采取极端的方式走向暴力自救。因此，要加快从严建设法治国家、法治政府，真正实现司法独立，保护好老百姓应有的、以各种私有产权为核心的公民权，维护好实现好社会的公平正义。

（二）建立健全自然资源产权制度

自然资源产权制度是对自然资源的所有、使用、经营等法律制度的总称。继续深化各种自然资源的相关产权制度改革，主要是建立健全符合中国市场经济法治需要的自然资源产权制度，包括所有权、占有权、使用权和收益权等权利。需要进一步明晰所有权，要使产权主体有更大的动力保护自己的产权，并让产权主体获得包括所有权在内的产权关系；清晰界定使用权的界限，防止发生侵权行为并保持使用权的长期稳定，关键是引入多元化的使用权主体，打破使用权的垄断；切实保障产权收益权，提高使用权收益所占比重；实行税费改革，取消不合理的税费负担，扩大资源税的征税范围；还要激活资源的转让权，扩大转让权涉及的资源种类和范围，建立完善的产权交易市场，建立由资源所有权市场和使用权市场构成的二级市场体系。产权的规范界定既有利于自然资源的合理有序开发，提高自然资源的使用效率，又可以避免自然资源产权收益的流失，有利于产权的完整。完善的自然资源产权制度还有利于经济发展模式的优化与实现经济可持续发展，有利于实现自然资源的代际公平。另外，政府要不失时机推进资源和要素价格改革，充分发挥市场价格机制在促进要素间合理分配中的作用。

（三）深化国有资产管理制度改革

国有企业带来的道德风险越高，对公民权益保护制度的要求就会越高。现代企业产权制度是包括国有企业在内的现代企业生存发展的基础条件，产权明晰、权责清晰是中国国有企业改革的基本要求。国有企业制度改革主要是按照社会主义市场经济体制要求，建立权属关系清楚、利益关系明确的公有产权制度。党的十六大报告提出，要把"深化国有资产管理体制改革"放在整个经济体制改革的重要位置，要求根据国民经济协调、快速、健康发展的客观要求和加强国有资产管理，正确划分各级政府和各级、各类国有资产管理机构的职责权限，经济运行中需要规范和协调一些最基本的经济关系，如政府与企业之间的关系，企业内部所有者之间的关系，所有者与经营者之间的关系，所有者内部各个监管主体之间的关系，等等。这样既可以深化国有企业产权制度改革，又可以明确界定出资人的所有者权益与企业法人财产权之间的利益关系，有利于实现国有资产保值增值，促进国有企业经济效益提高。一般的公众公司为了避免代理风险，建立了一系列的制度措施对公司进行管理和监督，目的是迫使公司管理层"即使花别人的钱也心疼"。

在我国国有企业改革过程中，出现利用产权关系改革和调整的机会，通过与企业主管部门的政府官员相勾结，占有和侵吞公有产权而在短时间内暴富的企业经营管理阶层。因此，需要进一步改革和规范国有企业产权制度，明确支付和市场的合理界限，依法约束政府权力的职能范围；清晰界定国有垄断企业所有权、经营管理权和收益分配权，规范国有垄断行业的收入分配方案和具体分配形式以及数额，避免国有资产流失和化公为私的腐败现象；推进国有垄断企业股份制改造，允许社会资金进入，实现企业产权多元化发展，大力发展股份制现代企业经营模式；要加强对国有资产运作的监督管理，依法公开国有企业的经营预算和整体经营状况（国家秘密除外），定期上缴国有企业经营利润，防止国有企业经营阶层自收自支行为泛滥，切实保护好国家、股东和职工等各产权主体的合理收益，确保我国国有企业真正成为全民所有的、实现国民收入公平分配的社会组织。

（四）推进农村集体土地产权制度改革

提高农民的财产性收入是缩小城乡初次分配差距的重要措施。农民的财产性收入主要通过交易土地产权来实现，而我国现行的农村集体土地所有权制度限制了农村土地的流转，不利于农民财产性收入的实现。全面推进农村集体土地流转制度改革，尽快出台与土地物权法配套的法律法规，明晰农村土地产权并赋予农民土地产权主体的地位，充分发挥土地市场化功能，使农民充分享受土地流转的增值收益。改革农村土地产权，需要界定好农户宅基地产权，让农民的宅基地真正成为农民的私有财产，这样的宅基地才能够像城市的商品房一样抵押和自由流转。宅基地私有化不仅能直接提高农民的财产性收入，更重要的意义在于这种制度变革可以吸引一批市场技术人才加入新农村建设队伍中去，不仅有利于促进城乡人才和要素之间的良性互动，而且通过城乡之间大规模的交换和交流，最终实现城乡一体化。

三、促进实现城乡发展一体化

实现收入分配公平，消除日益突出的各方面社会矛盾，实现社会和谐与公平正义，首要任务是逐步打破旧的"二元结构体制"，尽快建构实现城乡发展一体化，消除城乡二元经济社会带来的恶性后果，重建经济社会协调公平秩序。

（一）建立城乡协调发展机制

我国改革开放以来的长期实践表明，政府一直存在城市偏好心理，以效率提高为出发点向城市极端倾斜投入发展政策。如果政府不对城乡居民间的这种偏差进行矫正和未来发展中实行区别对待，"对于越贫穷的人来说，每一份额外的财富带来的效应越大，政府就越应该赋予农村居民更大的优先权，而现实不是如此"[1]。政府严重的城市心理偏好以及二元经济社会结构的强化，使得城乡居民在公共产品享有和发展机会上的差异过大。目前，要消除城乡二元结构及其影响，各级政府必须树立科学发展观，坚持全面、协调、可持续发展的发展思路，改变传统"城乡有别"的发展观，将统筹城乡发展作为发展社会经济的首要任务，促进社会机制的协调发展。与树立科学发展观相适应，各级领导干部还必须树立正确的政绩观，改变过去片面地以经济指标为中心的政绩观，通过改革把"城乡发展是否协调"作为考察领导干部政绩观的标准之一。

---

〔1〕 姚洋.转轨中国：审视社会公正和平等 [M]. 北京：中国人民大学出版社，2004：194.

　　城乡协调发展的具体体现就是实现"城乡一体化"机制。"'城乡一体化'既不是乡村城市化,也不是一般意义上的城市化,城乡融合才是城乡一体化的本质。"[1]中国已经进入工业化、城镇化快速发展的历史阶段,保证在工业化、城镇化的过程中农业不被边缘化,不出现所谓"城市欧洲化、农村非洲化"的极端状况,需要实现城乡协调发展,必须打破城乡分治的二元管理体制,建立和完善城乡协调发展机制。实现城乡协调发展,必须加快推进城市化进程。加快城市化进程,把大多数的农民转变为市民,"身份"转变中一定要保证这些人在城市有稳定的就业和稳定的收入,有相对固定的住房,同时还要保障他们可以享有与其他市民没有任何差别的社会保障和政治权利,而不是转变成现在的农民工,更不是转变成城市贫民。协调城乡发展还必须加快新农村建设,把落后的农村改变成具有现代服务功能的新农村,使以后住在农村的人和继续从事农业生产的人能够同样享受现代文明。实现"城乡一体化"需要统筹城乡关系全面发展,使城乡之间各种要素能够自由流动,在"大社会、城乡同"统一发展规划下,大力发展城市与农村的比较优势,建立起城乡互补的协调发展机制;在城乡之间要架构统一的政策桥梁,在充分发挥城市先进生产力辐射作用的前提下,用城市的产业结构调整与升级带动农业产业结构的调整与升级,形成城乡相互促进、协调发展的新格局。

(二)消除二元经济结构的关键环节

　　"城乡二元结构"是在中国工业化的历史背景下形成的,主要体现为城乡居民之间不平等的经济关系。打破城乡二元结构,消除这一经济结构带来的负面影响,需要加大财政对农村的支持力度,将过去的农村支持城市、农业支持工业逐步转变为城市反哺农村、工业反哺农业,彻底合理调整城乡实际经济利益关系。统筹城乡经济发展,建设现代化农业,发展农村经济,增加农民收入是解决"三农"问题的新内涵。

　　1. 多渠道帮助农民增加收入

　　在 2013 年中央农村工作会议上,习近平总书记提出:"中国要强,农业必须强;中国要美,农村必须美;中国要富,农民必须富。"而农民要富,首先就

---

[1] 中改院."十二五":迎接城乡一体化新时代 [EB/OL]. [2010-08-15].http://www.reformdata.org/2010/0815/13831.shtml.

要增加农民收入。促进农民增收，缩小城乡居民收入差距对于消除恶性二元结构至关重要。政府可以对农产品进行价格保护或提高农产品收购价格，同时控制农业生产资料价格的上涨势头，通过"双管齐下"的方式达到稳步提高农民收入的目的。政府要增加专项投入，加强农田水利基础设施建设，提高农业防灾能力，最大限度地减小自然灾害对农业生产与农民增收的影响。加大再分配经常转移支付的力度，增加对农村地区转移支付，也是提高农村居民收入的主要方式，进一步提高农村救济水平，使农村中丧失劳动能力的人基本生活都有保障；扩大农村商业保险范畴，重点是建立健全农村医疗保险、人寿保险、财产保险制度。政府在解决农村绝对贫困问题之后，继续关注和解决农村相对贫困问题，以此来帮助农村低收入阶层发展生产，增加其收入和消费水平。土地是农民赖以生存的根本，也是农民增收的核心要素，应该尽快确立并加速改革农地使用权的流转制度，形成合理的农地规模经营，使土地产生规模效益；进一步完善农业土地征用制度，严格规范和约束政府征用土地的权限，提高土地补偿标准的合理价格，妥善安置失地农民并为失地农民提供社会保障，严格保护农民对征用土地过程的知情权和参与权等措施，依法保护农民的土地财产权利，这些保护农民土地财产权利的措施对提高农民土地性收益至关重要。

坚持农业农村优先发展，全面推进乡村振兴。《中华人民共和国国民经济和社会发展第十四个五年规划和 2035 年远景目标纲要》（以下简称《纲要》）明确提出了要"全面实施乡村振兴战略"，即随着脱贫攻坚目标的完成，中国"三农"工作的重点必须逐步转移到全面实施乡村振兴战略上来。我国已经实现绝对贫困人口全面脱贫的目标，巩固和维护脱贫攻坚成果是非常重要的挑战，为了巩固全面脱贫攻坚成果，实现与乡村振兴的完美衔接，今后的社会主义现代化新征程上，需要进一步加强对农业农村的支持力度，推动农村改革的进一步深化，全面提高农业农村的竞争力和创新力。乡村振兴和脱贫攻坚在本质上都是为了解决中国"三农"问题，从而不断提升农村发展水平，增加农民收入，进而提高农民生活水平。《纲要》明确提出要"把乡村建设摆在社会主义现代化建设的重要位置"，乡村振兴战略已经取得了一定的成就，在今后一段时期内还需要进一步贯彻和落实相关政策和规划，重点是要"补短板"，农村基础设施、公共服务、科技和人才、环境治理等是其中的突出短板。[1]

---

[1] 魏后凯，等."十四五"时期促进乡村振兴的思路与政策 [J]. 农村经济，2020（08）: 1.

2. 构建有利于城乡公平发展的公共财政金融体制

在城乡二元经济结构体制下，我国实行偏向于城市与工业的财政体制，农业获得的财政支持远低于城市，城乡经济发展严重失衡，导致城乡差距不断拉大。因此，要实现城乡公平发展，必须改变过去公共财政投资上的城市偏斜政策，提高财政支农比重，坚持"多予、少取、放活"的方针，在"多予"上下功夫，要大幅度增加"三农"财政支出比重，增加农村公共基础设施建设投入，加快和改善农村的基础设施，根本扭转财政体制向城市偏斜的政策为向农村偏斜；扶持农村与农业的发展。政府要加大对贫困地区的扶持力度，逐步提高扶贫资金占 GDP 的比重，使扶贫资金比重逐步达到国际标准的 1.5%；加大政府对农村社会公共事业的投入力度，减轻人民负担；改变金融信贷服务上的城市偏斜政策，逐步建立起向农村倾斜的金融信贷体制，国有商业银行尤其是农业银行以及农村信用社必须保证农业发展对资金的需求，国家应该采取贴息等方式支持金融机构向农业与农村发放贷款。在发展农村金融的过程中应当明确一个理念：信贷是一种服务，既然是一种服务，应该能够尽量坚持和做到"普惠"，金融体系应该能够为社会所有阶层和群体提供金融服务，尤其是那些金融体系至今还没有覆盖到的落后地区。

（三）加快户籍制度改革，创新城乡管理体制

城乡分割的户籍制度是中国二元经济社会结构形成和长期存在的制度基础。新时期，随着市场化改革的逐步推进，部分地区的户籍制度被取消，部分地区的户籍制度由"刚性"趋于"软化"，特别是与城镇户口捆绑在一起的各种福利和实惠逐渐被剥离，城镇居民享有的特权和优势在慢慢弱化和消退。传统户籍制度形成的城乡壁垒开始被打破，一些省份或地区开始实行城乡居民统一登记制度，城乡劳动力基本实现了自由流动。但是，存在半个多世纪的户籍制度并没有被完全废除，这一制度对农村劳动力的自由发展还存在很大的束缚，由于歧视和偏见限制农民工就业择业的现象依然存在，农民工的收入和社保问题、子女入学、住房问题等与城市居民之间仍然存在分割管理和区别对待。

户籍制度根本改革，就是要取消传统的非农与农业人口分别登记的管理制度与统计方法，按照国际通行规则，实行按人口居住地登记户口的登记管理制度。实行新的人口管理制度，一方面，需要给予所有进城务工人员与原城市人

口一样的基本生活保障，免除这些人员的后顾之忧，从而可以充分调动这些劳动者参与城市经济建设的积极性和主动性；另一方面，有利于加速农村劳动力的转移，解决农村剩余劳动力的浪费问题，加速城市化发展进程，促进城乡社会并轨融合与一体化发展。当前，最重要的是解决好农民工问题，农民工这个"特殊群体"40多年来在为工业化、城市化、现代化做出了历史重大贡献，却难以公平分享到改革发展的成果。

当前，我国的农民工市民化取得了较大成绩，但总体上还面临着各种"社会排斥"。农民工市民化过程实际上是一个基本公共服务社会均等化逐步实现的过程，让农民工成为历史是我们党治国理政卓有成效的标志之一。彻底解决农民工问题，尽早让"农民工"这一称呼成为历史，关键在于党中央的决心，在国家层面统筹解决农民工市民化问题，实现农民工市民化政策与体制的突破，即加快推进以户籍制度、基本公共服务制度、农村土地制度、财税体制、行政体制为重点的综合配套改革。农民工问题既关系着我国城镇化的进程，又关系着和谐社会的建设，牵动我国发展方式转型的全局，我们相信农民工终将在现代化过程中完成其历史使命。

第四节　强化政府调控收入分配职能

收入分配问题不仅是一个经济问题，也是一个严肃的政治问题。这一问题的发展状况关乎中国社会主义市场经济的可持续发展以及社会公平、社会稳定与和谐。进行相关的制度建设和体制改革，关键在于政府的积极有为和坚定决心，在于国家决策层的政治智慧和政治勇气。解决初次分配不公平，合理调整国民收入分配格局，不仅需要摒弃那种"微观经济领域交给市场，宏观经济领域交给政府"的片面理解，需要界定收入分配领域中政府权力与市场之间的合理边界，而且需要在遵循市场规则的基础上去完善制度安排，通过法律法规对初次分配进行调节和规范，加快政府职能转变。转变政府职能主要是转

---

〔1〕 迟福林.让农民工成为历史 [J].南方农村，2010，26（05）：84.

变"全能型政府"为"公共服务型政府"，充分发挥和完善"民生国家"[1]的各项职能，由个体、共同体和国家共同承担责任，共同建设、共同分享社会发展成果。

一、合理调整国民收入分配格局

当前，我国收入分配体制存在"三个集中"倾向，即财富不断向政府集中、向资本集中、向垄断行业集中。刺激和扩大国内的消费需求，形成以消费为动力的经济增长结构，需要政府加快推进收入分配体制改革，不仅要注重劳资关系的微观调节，还要注重对国民收入分配结构的宏观调整，实现国民收入分配格局的均衡发展，而这些经济利益关系的各方面调整是政府不可推卸的责任。

（一）政府要尽快解决自身收入比重过大问题

在国民收入初次分配格局中，政府本身也是重要的参与者之一。看似劳资双方博弈的初次分配，实际的参与者却是"三方四家"，即政府（税收和垄断利润）、资方和劳方，所以，实现初次分配公平不能只考虑劳资双方，还必须把政府及其参与初次分配的两种形式一起纳入考虑。在政府税收连续多年以远高于 GDP 的发展速度进行增长，政府取得初次分配很大份额的情况下，劳资双方在利益上的协商和协调，即使还有空间也非常有限。实现劳资市场公平分配与国民收入初次分配格局均衡，政府当前最可以有所作为的地方，是通过科学测算重新调整和确定政府在国民收入初次分配格局中所占的合理比重，为劳资双方在剩余财富中的公平分配创造有利条件。

政府通过自我革命解决自身收入比重过大问题，要求政府自觉加快经济体制和政治体制的改革深化，侧重点是规范公务员的工资外收入，全面实施阳光工资制，取消实物分配方式，根除一切"灰色收入"；推进政府预算与支出公开化，大规模地减少行政成本，特别是减少"三公"开支，切实减轻纳税人的负担；调整财政支出结构，把更多财政用于发展民生事业和增加财政投入的公共服务项目。长期以来，地方政府对于不能给政府带来眼前利益、对 GDP 增长没有直接作用，甚至领导个人不满意的项目发展支出，表现得比较消极。比如，一些地方政府对开发房地产、经济开发区项目比较积极，而对低收入群体生活

---

〔1〕 鄢一龙．新时代与民生国家建设 [J].中央社会主义学院学报，2018（01）：78.

需要的保障性住房、社会保障投资则比较消极；对能够促进地方经济增长的形象工程感兴趣，而对诸如环境污染治理等没有眼前收益的项目兴趣不高。地方政府这种发展状况，需要全国人大和地方各级人大制定和落实《转移支付法》《预算法》《税收征管法》等相关法律法规，严格约束与规范地方财政收入与支出，从根本上改善和优化我国公共财政支出结构。

政府投资应该更多地向民生项目倾斜，加大社会民生领域"补短板"的力度，同时要提高对科技攻关、生态环保、现代农业等领域的支持力度。政府在扩大投资的同时，一定要降低财政赤字率，"国家账本"必须做到收支相对平衡。因此，中国政府预算报告提出，中央部门要带头过紧日子，重点保障刚性支出、急需支出，从严控制一般性支出，强化"三公"经费预算管理，努力降低行政运行成本。2022年，中央部门支出下降了2.1%，同时要求地方各级政府财政预算也要从严从紧，把更多财政资源腾出来，用于改善基本民生，支持市场主体发展，这是我国民生政府的"本分"。

（二）抑制国有垄断企业收入非理性增长

抑制国有垄断行业企业收入非理性过快增长，应着重考虑如何调整和完善垄断行业的利润分配制度。"十二五"期间及未来的一段时期内，要加快推进行政性垄断行业改革，放宽市场准入条件，坚持公平竞争原则，加快破除行政垄断，允许和鼓励社会资本尤其是中小资本进入相关领域，通过市场化竞争使其利润率趋于平均化；加强对垄断行业内部收入分配的监管，在完善"股权激励"机制的同时，规范和约束国有垄断企业经营管理阶层薪酬最高额度及其与普通职工的差距；建立垄断超额利润上缴财政制度，企业利润和个人收入都需要透明以便接受社会的监督，目前也可以在大型国有垄断行业企业内部试行平均工资限高封顶的办法。2022年8月1日，中国开始实施修订版的《中华人民共和国反垄断法》，政府可以依法对垄断企业生产的起点和过程进行适度干预，对促进初次分配效率与公平的最佳结合可以起到一定程度的积极作用。

目前，在中国市场主体形成和公共产品短缺的两大特定背景下，国有资本不应当也没有必要大量配置在市场领域与民争利，而是应当强化其公益性。盈利性是一个企业的基本属性，国有企业不是不要盈利性，而是需要国有企业把盈利性建立在公益性的基础上，在盈利的基础上促进国民福祉的最大化。具体而言，是要建立常态化的国有企业收租分红机制（如建立"国民基金账户"

等），让全体公民都能够享受一定比例的国有资产红利，有利于加快我国基本公共服务均等化进程的同时，也有利于公平分配的实现。

（三）千方百计提高居民收入

党的十七大报告提出，要逐步提高居民收入在国民收入分配中的比重，提高劳动报酬在初次分配中的比重。"两个提高"的意义重大，既有利于调动各种生产要素所有者的积极性，改善广大人民群众特别是普通劳动力的物质、文化生活，又有助于缩小贫富收入差距，为实现社会公平创造条件。切实提高劳动报酬在初次分配中的比重，政府必须有所作为，必须发挥对劳动力市场的指导和规范作用，建立有利于科学发展的宏观调控体系，以形成合理有序的国民收入分配格局。调整国民收入分配格局，增加居民收入水平，需要政府监督企业全面实行劳动合同制度和工资集体协商制度，确保职工工资水平合理、方式规范、差距适度和按时足额发放，对压低、克扣和拖欠职工工资的企业严惩不贷。提高劳动者报酬在初次分配中的比重，政府适度减税是不容回避的关键环节，只有通过"一提高一减少"使得初次分配向劳动者倾斜，才能最终形成公平、合理的初次分配格局。

"创造条件让更多群众拥有财产性收入"是经济快速增长的结果和生产要素参与分配原则的具体表现，也是提高居民收入水平的重要途径。让"更多群众拥有财产性收入"有利于调整社会财产分布的不均衡，缩小收入分配差距；有利于扩大内需，转变经济增长方式。实际上，让群众拥有财产性收入是劳动力等各生产要素参与分配原则的具体表现。创造条件让更多群众拥有财产性收入，应该首先让劳动者拥有产权，只有通过这一制度保障，才能更好地参与企业的治理和影响企业的分配决策。其次，加快企业的股份制改造，使劳动者拥有股权，让职工成为企业所有者的一员，凭借其所有权直接参与企业经济剩余分配，获取企业资产增值的收益，从源头上增加财产性收入。最后，维护金融体系健康稳定地发展，在广大群众拥有财产的基础上有可供选择的投资渠道，才能保证财产性收入从市场中盈利，从而使得收入分配格局趋于合理化。

二、完善初次分配相关制度规范

收入分配制度改革是一项涉及社会多方利益的系统工程，收入分配制度改革能否取得实质性突破取决于决策层下定决心冲破垄断集团和既得利益集团的制度障碍。政府应该加强自身建设，注重发挥改革中的主导力量，执行"提供法制保障"的职能，通过提供法律和制度等公共产品，实现政府市场经济管理职能，依法规范市场主体行为，确保初次分配过程的有序进行。

（一）尽快制定全国适用的"工资法"

党的十六大报告曾提出，一切合法的劳动收入和合法的非劳动收入都应该得到保护。提高劳动者报酬，保护劳动者的权益，必须加强保护合法劳动收入的制度建设，需要政府尽快对工资实施立法，同时规范劳动力市场秩序。有了"工资法"，政府才能依靠工资法强制执行和不断调整工资标准，建立科学的最低工资标准调整机制，真正落实职工工资正常增长机制。我国的工资法主要围绕改革现有薪酬体系、强化绩效考核体系进行。

改革现有薪酬体系主要是建立符合本企业生产经营特点的岗位绩效工资制，按照岗位劳动差别和实际贡献拉开分配差距，形成能者多劳、劳者多得的机制，目的是激发员工潜力和积极性。科学设计薪酬的不同等级，将员工加薪与职位晋升进行区分，增强岗位工资设置与调整的灵活性，实现同岗不同人因机遇能力和工作业绩不同而享受不同的薪酬待遇。

强化绩效考核体系，坚持"战略引领、紧扣业绩"考核原则，建立考核评价机制，实现多劳多得、优劳优得，将部门考核和个人考核落到实处；切实将公司战略发展目标转化为具体、可操作的绩效考核指标，建立起"公司—部门—员工"的三层考核体系。合理调整工资结构，将平均发放的工资性补贴纳入岗位绩效工资，绩效工资比重原则上不低于60%。

同工同酬制度要求劳动者是平等的，公务员和国有企业职工工资、私营企业职工工资必须保持大致相同的工资标准，工资标准按专业性、危险性和劳动强度等条件制定，不能存在任何无关业绩的歧视；工资等级制度，将从事不同岗位、担任不同职务的职工，根据其技术复杂程度、劳动繁重程度、操作熟练程度和工作责任大小等因素，划分劳动等级来相对区分其劳动差别，在按劳动等级规定相对应的工资等级标准，据以支付职工的劳动报酬。

总之，"工资法"事关广大职工的切身利益，其制定过程一定要体现民主、科学、公平、公开的精神，"工资法"草案应该向社会公布，广泛听取广大公民意见，体现和维护人民群众的根本利益。

（二）贯彻落实《劳动合同法》，规范企业用工制度

新《劳动合同法》自 2008 年实施以来，遭到了一部分企业和一些学者的抵制与批评，他们大都认为这一法规会对中小企业影响巨大，必然造成众多中小企业经营困难，故此 2012 年进行了修订，2013 年 7 月 1 日正式实施，新法最大的亮点是明确规定劳务派遣工与正式工应该同工同酬。从《劳动合同法》实施的具体情况来看，它在保护劳动者权益、规范企业用工方面发挥了积极作用，劳动合同签订率明显上升，社会保险参保人数明显增加，社保覆盖面不断扩大。从理论上讲，新《劳动合同法》的实施必然会对一些企业的发展造成成本增加、利润下降等负面影响，但实事求是来讲，新 "《劳动合同法》的实施并不是导致近期部分中小企业经营困难，甚至被'压垮'的直接和主要原因"[1]。相反，新《劳动合同法》的具体实施可以规范企业基本用工制度，能够依法保护广大劳动者的合法权益，也是政府用以调控企业分配行为的有力工具。总体来看，新《劳动合同法》对于提高广大劳动者权益保护的积极意义和价值应该予以肯定，其不足之处应当在实践中加以改进和完善。

（三）构建公平有效的利益博弈机制

利益的分化和多元利益集团的形成，已经成为政府制度选择与安排中需要考虑的重要因素。在新的利益格局下，政府不仅要关注不同利益群体间的博弈行为，更应该关注新时期不同利益主体发育不均衡以及利益格局明显失衡的问题。政府应该采取积极有效的措施，引导各利益集团均衡发展，构建公平完善的利益博弈机制，确保实现各利益集团的利益均衡，同时达到政府公共政策的公平性与社会和谐发展的目的。

加快弱势群体的组织化进程，塑造多元利益博弈主体。在利益表达和博弈的过程中，弱势群体只有建立属于自己的、组织化程度较强的利益集团，才能在维护自己的权利与利益过程中与其他利益集团展开博弈，达到维护自己合理权益的目的。政府应当引导和帮助社会弱势群体建立代表自己利益的合法组织，诸如下岗职工、农民工、失地农民等，只有帮助他们从自在的弱势群体上升为自觉的利益集团，并培育他们的利益表达意识和博弈能力，才能形成对强势群

---

〔1〕　黄颖川，宋菁. 劳动合同法不是部分中小企业困难的直接和主要原因 [N]. 21 世纪经济报道，2009-
03-19（006）.

体力量的制衡，并保护和争取到弱势群体的合法权益。

构建公平合理的利益博弈机制需要规范多元利益集团间的对抗与联盟策略。利益博弈时代已经来临，政府应当根据各利益集团的特点采取不同的应对措施，为不同利益集团尤其是弱势利益群体参与政府公共政策选择过程提供公平的制度平台，有利于其进行利益的充分表达和博弈，促进不同利益集团在博弈和沟通中达成某种共识或实现利益取向的一致性，从而提高政府公共政策制定和执行的合法性和实效性。在利益博弈时代，政府在制定利益博弈规则、做出公正的裁决以化解社会利益冲突的过程中，必须站在"超然"的立场上，而政府的这种超越性是保证利益博弈健康、公正进行的前提。

关键是要定期检讨、评估利益分配机制和实现形式，防止利益格局的固化、部门化和权力化。层级政府之间要建立正常的利益协调和博弈机制，使权力与职责、利益相符合；要建立经常性的利益调节机制，以打破既得利益的刚性；要进一步厘清政府各部门的权力边界，逐步实现收益均等，并限制权力"寻租"现象。

三、转变和完善政府公共服务职能

政府再分配的目的不是要实现结果平等，也不是要实现高福利制度，而是从民众的现实公共需求出发，把政府公共服务提供给全体社会成员，使全体社会成员享受到的公共产品和公共服务质量更高、更公平。政府再分配是短期内缩小收入差距的主要手段，也是间接实现初次分配公平的主要途径。

（一）由"经济建设"向"公共服务"的职能转变

长期以来，中国政府消费中公共服务消费部分占比明显偏低，其症结在于政府职能转变滞后，政府特别是基层政府多是"发展主义"政府，而"公共服务"的社会建设职能相对滞后。随着我国社会主义市场经济建设步伐的加快以及市场发展的相对成熟，市场与社会保障等公共服务之间的矛盾日趋突出，迫切需要政府基本职能回归。所谓政府基本职能回归，就是指坚持以完全消除政府部门追求经济发展和经济利益的行为，将主要精力转移到为全体国民提供公共服务的轨道上来，重新把社会公共利益最大化作为政府的唯一行为动机。这就要求政府的执政理念和政府职能由"全能政府"转向"有限政府"，由"权力政府"转向"责任政府"，由"经济增长型政府"转向"公共服务型政府"，由此实现政府基本职能的根本转变和回归。

根本转变政府职能，需要调整财政支出结构，构建结构比重合理的"民生财政"，用于教育、医疗卫生、社保和就业、环保、公共安全等民生方面的支出占到适度比例；必须明确提供基础设施、制度规范等公共产品的主要政府职能，"政府必须从单纯地追求经济增长转向为社会大众尤其是弱势群体提供公共服务，以此缩小收入差距，缓解收入分配失衡，促进社会公平"[1]。目前，政府主要致力于提高公共服务投入的均等化程度，保证最低标准公共服务的公平供给，增加政府货币化转移支付。

（二）加大教育与培训力度，提高劳动者技能

改革开放40多年，中国经济快速发展，人均收入大幅提高，人口数量红利对于经济的快速增长发挥了重要作用。第七次全国人口普查结果也显示，中国的生育率呈现逐渐下降趋势，人口数量红利不断下降；同时，人均受教育水平不断上升，人口质量红利不断凸显，中国已进入现代人口转变阶段。加大教育投资，实现教育权利公平，实现人口质量红利快速提升的任务极为紧迫。

教育资源和受教育权利的平等是实现不同主体之间起点公平的根本保证。实现教育平等尤其是基础教育平等，有助于弱势群体的生存能力和向上流动的机会，有助于社会阶层结构的优化，有助于中产阶层的扩大和"橄榄型"社会稳定结构的形成。实际上，人们越来越注重对教育资源和受教育权利的争夺，以至于获得这种资源和权利已经成为一种愈演愈烈的社会竞争，这种竞争已经从高等教育一直前移到了学前教育。众所周知，教育事业是政府提供给全体社会成员的一项公共服务，尤其是基础教育即九年义务教育，是每个公民都应该享受的公共服务和权利。而政府作为公共服务的提供者，必然是教育资金的主要投入主体，政府应该努力消除教育过程中的"精英化"和"世袭化"现象，有义务保证每一个公民接受教育的均等权利和机会。

当前，要尽快改变以地方财政投入为主的义务教育体制，需要中央政府负责对基本教育的全额投资，全面落实九年义务教育，如果条件允许还可以实现中等教育免费，大幅度削减高等教育支出，通过教育水平的提升为科教兴国发

---

[1] 许跃辉，赵晓南. 我国收入分配失衡与政府职能转变 [J]. 华东经济管理，2008（09）：117.

展战略的落实和未来中国经济的发展打下良好的基础。就我国劳动力市场状况来看，总体处于供大于求的状况，而职业技能素质高的劳动力却供不应求，技工严重短缺以至于许多地区出现了"技工荒"。所以，需要政府大力发展免费的职业教育，为低技能者尤其是下岗职工和农民工免费或低价提供职业教育培训，进一步提高劳动者技能，增加劳动力的人力资本。

（三）健全税收体系，缓解收入差距的"马太效应"

税收杠杆是调整收入差距的有效手段。当前，要想缓解收入分配差距的"马太效应"，政府就要切实建立和实行公平的税负机制，进一步健全税收体系。

第一，加大税收征管力度。税收征缴监管力度直接关系税收调节作用的实现，应该加强税源监控和税收征管工作，加强个人收入信息体系和个人信用体系建设，扩大涉税信息来源，严厉打击偷税、逃税、漏税与避税等不法行为。特别是要做好高收入者应税收入的管理和监控，减少税收流失。2011 年，国家税务总局下发了《关于切实加强高收入者所得税征管的通知》，要求严堵高收入者个税漏洞。

第二，完善个人所得税制度。2011 年通过的《个人所得税法》修改决定，将工薪所得减除费用标准由 2 000 元提高到 3 500 元并合理调整了税率结构，使得工薪收入者的纳税面由原来的 28% 下降到了 7.7%，纳税人由 8 400 万人减少到了 2 400 万人，中低收入群体的税负大幅减轻同时还加大了对高收入者的调节力度，受到了社会的广泛欢迎。2018 年 8 月 31 日，《个人所得税法》做出修改（"新个税法"），起征点从 3 500 元提高到了 5 000 元，全国有 6 000 万人不需要再缴纳个税。划分所得来源，采用综合征收和分类征收相结合的方式；实行专项附加扣除，在提高基本减除费用标准的基础上，新设子女教育、继续教育、大病医疗、住房贷款利息、住房租金、赡养老人等六大项扣除，并在 2022 年增设 3 岁以下婴幼儿照护专项附加扣除。优化调整税率结构，即扩大 3%、10%、20% 三档低税率的级距，降低原适用低税率部分所得的税率，相应缩小 25% 税率的级距。自 2023 年 1 月 1 日起调整"一老一小"专项附加扣除标准，3 岁以下婴幼儿照护、子女教育专项附加扣除标准由现行每孩每月 1 000 元提高到 2 000 元；赡养老人专项附加扣除标准，由每月 2 000 元提高到 3 000 元。通过提高基本减除费用标准、优化税率结构、新设专项附加扣除这套"组合拳"，更好地发挥个人所得税调节收入分配作用，提升国家综合治理能力。新个税是一份沉甸甸的民生大礼包，显示出政府改革的满满诚意，有利于推动民生目标的实现，保证全体人民在共建共享发展中有更多获得感。

社会主义市场经济体制确立以来，经过几次税制调整，直接税比重已经从2011年的28.4%提升至2021年的36%，但现行税制仍以间接税为主体，直接税占比较低，难以兼顾公平与效率。"十四五"时期，政府还应该根据居民收入水平变化、物价上涨等因素，适时进行合理调整，提高直接税种类和比重，推进我国税制进一步合理与完善。互联网技术的成功促进了平台经济的野蛮发展，创造了许多财富神话，而平台企业在缴纳个税时的核定征收方式和汇总申报方式的漏洞，为企业偷漏税提供了可乘之机，因此"应切实关注和加强对平台经济的个人所得税管理，维护社会公平"[1]。税制改革的重点是要考虑适时开征遗产税、财产税、赠与税等直接税，将部分高档奢侈品纳入消费税征收范围，加大对高收入群体的调节力度。税制改革的方向是逐步建立健全财产税制度，应尽快完善房地产税，适时开征遗产税和赠与税，更好调节已有的贫富差距。

（四）建立健全普惠型社会保障体系

我国经济社会发展现状存在自相矛盾的状况，既非常"富裕"又相当"贫穷"。"富裕"是因为我国经济总量已经稳居世界第二的位置，"贫穷"是因为我国人均GDP还处于世界中间位置，而且还有一个庞大的社会贫困群体。按照人均年收入1 274元的贫困人口标志线，到2010年年末，我国农村贫困人口仍有2 688万人，城镇被纳入最低生活保障的有2 300万人，应该对这些特殊贫困人群给予更多的关爱，加大对他们的扶持力度，通过各种途径提高他们的真实收入水平。党的十八大以来，"精准扶贫"成为一切扶贫工作的中心，按照中央规定的人均2 300元，我国还有7 000多万贫困人口。到2020年，实现农村贫困人口全部脱贫，所有贫困县"摘帽"。

解决贫困问题、返贫问题，关键是要加大社会扶贫力度，健全社会保障体系，建构城乡低保网。社会基本保障既是人民的生活保障网，也是公平分配的调节器和社会均衡发展的稳定器，政府要进一步完善城乡居民最低生活保障制

---

〔1〕许宪春，许英杰.政府税收与国民收入分配[J].西安交通大学学报（社会科学版），2022,42（04）: 9.

度，扩大保障覆盖面，提高保障标准和保障水平，保证低收入群体的基本生活和基本权益。

社会保障制度与教育平等同属于底线公平。底线公平是指"就政府和社会必须保障的，必须承担的责任的意义而言的，它是责任的'底线'"[1]。底线公平是对于全社会而言最起码的不可或缺的保障制度，也是政府必须承担的责任和义务。社会保障体系直接影响着社会的安定有序和社会风险的防范、社会矛盾的化解，可以说是"收入分配的调节器"和"社会发展的稳定器"。

目前，中国政府要建立健全社会保障体系，实现社会"底线公平"。首先，需要建立健全覆盖全体社会成员的最低生活保障制度，在扩大城镇低保对象范围的基础上，逐步建立和落实农村居民最低生活保障制度，并且随着我国经济发展水平的提高而进一步提高全国最低生活保障水平。其次，建立和完善城乡基本医疗制度，在扩大城镇职工基本医疗保障覆盖面的同时，将个体劳动者、非正规单位职工和流动人口等社会人员逐渐纳入社会保障体系，在中国广大农村地区则尽快实现覆盖全体居民的"新医合"制度。然后，进一步实现职工养老保障的全覆盖，城镇职工主要实行社会统筹和个人账户相结合的养老保障制度，"十二五"时期要将其覆盖面逐渐扩展至非公有制企业职工、个体劳动者和广大农民工；在广大农村地区则积极探索建立多种形式的农村养老保障制度，目前实行的是由个人、集体和政府三方共同筹资建立的新型农村养老保险制度。最后，建立健全社会保障法律体系，从我国的实践教训和发达国家的成功经验来看，必须加强政府对社保基金使用和投资等各环节的监督，关键是"通过建立一套完善的法律体系来保障管理机构能够有效地管理社会保障事业和社会保障资金的有效运行"[2]。

"十三五"期间，我国社保制度体系逐步完善，覆盖范围不断扩大，保障水平稳步提高，管理服务优化规范，建成世界上规模最大的社会保障体系，切实增强了人民群众的获得感、幸福感和安全感。截至 2020 年 10 月底，全国基本养老、失业、工伤保险参保人数分别为 9.92 亿人、2.14 亿人、2.64 亿人，均提前完成了"十三五"规划目标。共有 5 949 万建档立卡贫困人口参加基本养老

〔1〕 吴永平.起点公平与底线公平：和谐社会的两大基石[J].理论探讨，2007（06）：13.
〔2〕 孔祥智.中国三农前景报告[M].北京：中国时代经济出版社，2005：150.

保险，参保率超过 99.99%，基本实现了应保尽保。目前，我国养老保险参保人数已占全球养老保障总人数的 1/3，是世界上覆盖人数最多的养老保险制度。截至 2020 年 11 月底，全国社会保障卡持卡人数已达到 13.32 亿人，覆盖了 95% 的人口和所有地市，提前并超额完成了"十三五"规划目标。[1] 到 2021 年年末，全国社会保障卡持卡人数为 13.5 亿人，社会保障卡已经覆盖了 95.7% 的人口，提供的服务项目也越来越多，以社会保障卡为载体的居民服务"一卡通"稳步推进。

第五节　确立和实施"共同富裕"发展战略

千方百计增加居民收入，让全体人民过上富裕、体面而美好的生活，始终是我们党和政府肩负的历史使命和经济社会发展的根本目标。实践中，在总结国内外已有经验教训的基础上，党的十八大提出了全面建成小康社会的奋斗目标是，到 2020 年国内生产总值和城乡收入在 2010 年的基础上翻一番，有些专家将之称为"中国版国民收入倍增计划"[2] 或"双倍增计划"[3]，并在"十二五"时期进行了部署和实施。"十四五"规划已经确立了"共同富裕"现代化战略发展目标，需要在已有的基础上提出和实施新的"国民收入倍增计划"，继而在以习近平同志为核心的党中央团结带领全党全国各族人民，始终朝着实现共同富裕的目标不懈努力，通过再一次"摸着石头过河"找到实现共同富裕现代化的努力方向和有效路径，必然能够把我国社会主义全体人民共同富裕价值目标和社会理想变为现实。

一、提出和实施"翻一番"目标

日本是实行"国民收入倍增"的先行者，俄罗斯、韩国等一些国家也有类似的做法。这些国家的收入倍增方案和类似的做法对我国"十二五"时期开始实施"翻一番"有一定的启发作用。当前，党的二十大和"十四五"规划明确

---

〔1〕 郭梁.全国人大常委会委员郑功成：社保覆盖面广　百姓生活更有底 [J].民生周刊，2021（05）：31.
〔2〕 马光远.中国版国民收入倍增计划启动 [J].商周刊，2012（24）：20.
〔3〕 胡晓鹏.从 GDP 到居民收入：双倍增计划的内涵解读 [J].毛泽东邓小平理论研究，2013（8）：37.

提出了 2035 年的发展目标，有必要提出和实施新的"两个倍增计划"，助推全体人民共同富裕取得更为明显的实质性进展。

（一）国外的经验与启示

国民收入倍增计划是指"在一个相对确定、较短的时期内，通过提高国民经济各部门生产效率和效益、显著提升居民实际收入水平、建立健全政府收入分配和社会保障机制等方式，实现居民收入翻番目标的一种经济社会发展方案"。日本是世界上最早也是唯一制订并实施"国民收入倍增计划"的国家。[1]日本"国民收入倍增计划"是成文的、系统的经济计划，其最终目的是通过极大限度地谋求经济稳定增长，极大地提高国民生活水准和达到充分就业。20 世纪 60 年代日本在经济高速增长时期实施了"国民收入倍增计划"，成为其经济腾飞的基础和转折点。日本的"国民收入倍增计划"实质上是日本经济史上的一次经济大转型，为日本经济发展提供了一个新的发展模式。日本在经济快速发展的同时，合理分配了社会财富，成功实施并完成了"国民收入倍增计划"，在 1960—1970 年的 10 年间，其经济年平均增长率超过了 10.9% ，人均国民收入翻倍仅用了 7 年时间。通过国民收入倍增计划的实施，日本在 1967 年提前实现了高速经济增长和国民收入翻一番的目标；到 1968 年，日本超过当时联邦德国的经济总量，成为仅次于美国的世界第二大经济体。居民收入的提高，既拉动了内需消费，也促使日本社会形成了一个强大而稳定的中产阶层。日本在经济高速增长时期实施的"国民收入倍增计划"具有重要的借鉴意义。

除了日本以外，俄罗斯、韩国、埃及等国家也提出和实施过类似的国民收入倍增计划或目标。1999 年，俄罗斯总统普京提出政府必须制定新的收入政策，在增加居民实际收入的基础上确保居民生活水平的稳步提高。[2]2003 年 5 月，普京在国情咨文中提出，到 2010 年的 10 年内实现国内生产总值翻一番的战略目标，以消除贫困问题，提升俄罗斯的经济发展水平。从实际效果来看，俄罗斯已提前顺利地实现了 GDP 以及人均国民收入的倍增目标。[3]在 2007 年底的

〔1〕 康成文. 双倍增目标与跨越中等收入陷阱的关系研究 [J]. 哈尔滨商业大学学报（社会科学版），2017（03）：4.

〔2〕 贺红梅，马步宁. 魅力俄罗斯（政治经济篇）[M]. 北京：高等教育出版社，2015：126-127.

〔3〕 康成文. 双倍增目标与跨越中等收入陷阱的关系研究 [J]. 哈尔滨商业大学学报（社会科学版），2017（03）：5.

总统大选中，韩国前总统李明博提出了以年均经济增长 7%、10 年内人均收入翻番至 4 万美元，以及使韩国跻身全球七大经济强国之列的"747 经济发展计划"[1]。2012 年 7 月，埃及发布了与日本计划名称相同的《国民收入倍增计划（2012—2022 年）》，此计划主要由日本国际协力机构（JICA）计划专家鸣尾真二（Naruo Shinji）参与编制。[2] 与日本的国民收入倍增计划相比，俄罗斯、韩国等国家的国民收入倍增计划没有具体详细的计划文本，计划的完成程度与取得的发展成就也不如日本。

美国福特汽车公司的类似做法也有着与之相似的目的和效果。美国福特汽车公司在同行业中率先将工人工资由日薪 2.34 美元提高到 5 美元，平均提高了 1 倍以上，而且将每天的工作时间由 9 小时缩减到 8 小时。其结果出乎大多数人的预料，相对较高的工资水平并没有压垮福特公司，而且公司的劳动生产率当年就提高了 51%，表明福特汽车公司的高工资战略取得了成功。福特公司的这种做法，使得其他企业争相效仿，为美国社会培养出大批中产阶级，而这些中产阶级则是美国汽车市场等高档消费的中坚力量，对美国乃至世界经济都产生了深远的影响。正是由于这种敢于突破传统思维的大胆创新行为，福特本人被誉为美国"20 世纪工业之父"。

（二）启动"中国版国民收入倍增计划"

改革开放以来，国民生产总值要"翻番"，就像加快发展"动员令"，一直在激励和推动着我国经济发展这列"高速火车"。[3] 1982 年，党的十二大提出，到 20 世纪末，要在不断提高经济效益的前提下，力争使全国工农业的年总产值翻两番，即由 1980 年的 7 100 亿元增加到 2000 年的 28 000 亿元左右，使人民的物质文化生活达到小康水平。这是 1982 年中国共产党第十二次代表大会确定的中国经济建设总的战略发展目标。工农业总产值翻两番不是简单的产值指标，它包含着经济效益、产品数量、国民收入、现代化进程和人民生活等多方面的

---

〔1〕 南方日报. 韩国新总统李明博宣誓就职——誓言带领韩国经济起飞，卸任总统卢武铉出席典礼[EB/OL][2015-11-23].http://epaper.Southcn.com/nfdaily.html/2008 — 02/26 /content_4113832.htm.

〔2〕 詹小洪. 韩国会发生第二次金融危机吗?[J]. 银行家，2008(12)：78.

〔3〕 韩保江. 人均国内生产总值"翻一番"意味着什么[EB/OL]. [2005-11-20].https://news.sina.com.cn/c/2005-11-20/09518349246.shtml.

内容和要求，是一个综合性的战略目标。[1]

1987年，邓小平提出了中国现代化建设"三步走"的战略构想，即第一步从1981年到1990年实现国民生产总值比1980年翻一番，解决人民的温饱问题；第二步从1991年到20世纪末，使国民生产总值再翻一番，人民生活达到小康水平；第三步到21世纪中叶，人均国民生产总值达到中等发达国家水平，基本实现现代化。党的十三大把"三步走"发展战略和到20世纪末国民生产总值比1980年"翻两番"的奋斗目标写进了党的十三大报告。

1992年，党的十四大报告进一步强调，要在20世纪末实现国民生产总值比1980年翻两番的第二步发展目标；同时，也对实现第三步战略目标提出了一些初步设想。1997年，我国在提前实现了"三步走"战略的第一步和第二步战略目标之后，党的十五大把"三步走"战略的第三步进一步具体化，提出了三个阶段性目标，即在21世纪第一个10年，实现国民生产总值比2000年翻一番，使人民的小康生活更加富裕，形成比较完善的社会主义市场经济体制；再经过10年的努力，到中国共产党建党100周年时，使国民经济更加发展，各项制度更加完善；到21世纪中叶新中国成立100周年时，基本实现现代化，建成富强民主文明的社会主义国家。

2002年，党的十六大报告提出，我国国内生产总值到2020年力争比2000年翻两番，综合国力和国际竞争力明显增强。按照党的十六大的战略部署，我国将分2010年、2020年、2050年三个阶段，逐步达到现代化的目标。第一个十年实现国民生产总值比2000年翻一番，到2020年实现国民生产总值比2000年翻两番的目标，到2050年则基本实现现代化。

2007年，党的十七大报告将"翻两番"的目标由"总量"变为"人均"，提出2020年人均国内生产总值比2000年翻两番。党的十七大报告提出，转变发展方式取得重大进展，在优化结构、提高效益、降低消耗、保护环境的基础上，实现人均国内生产总值到2020年比2000年翻两番。这是我们党首次在党代会报告中正式使用这种提法，因为相对于我国GDP经济总量，人均GDP更能反映居民在经济发展中分享的成果，更能体现科学发展观以人为本的核心价值理念。

---

[1] 张素秋，吕宝海. 当代经济新术语 [M]. 北京：中国财政经济出版社，1990：18.

2012 年，党的十八大提出"到 2020 年，实现国内生产总值和城乡居民人均收入比 2010 年翻一番"的发展目标。这是我国首次对"城乡居民收入"提出了"翻一番"的具体量化指标，而且首次将国内生产总值倍增与居民收入倍增同时提出，被称为"中国版国民收入倍增计划"，也有学者称之为"双倍增计划"。"双翻番"目标的提出，体现出我国发展理念的重大转变，表明我们以后的经济增长不再一味地追求经济的总量、经济的增速，而是更加注重居民收入水平的提高；不仅意味着党和国家更加注重调节收入分配、人们群众得到更多实惠，更注重人民生活水平的提高，而且更加关怀每个个体、关注普通百姓的尊严。

"十二五"规划更关注"居民收入倍增"，表明"十二五"时期要实现"国富"向"民富"转型，把"富民"作为重大任务来抓。"十二五"规划提出"两个同步"以保证城乡居民收入倍增目标的实现，"两个同步"就是居民收入增长和经济发展同步、劳动报酬增长和劳动生产率提高同步。如果说收入倍增是目标，那么"两个同步"就是实现这一目标必要的路径。"十二五"规划提出，从 2011 年开始到 2020 年，每年城乡居民人均总收入增长 7%，10 年翻一倍，这就是"十二五"规划中的居民收入 10 年倍增计划。实施"居民收入倍增计划"有利于国家淡化 GDP 目标，更有利于从"国富"向"民富"的转变和实现。实行城乡居民总收入倍增计划比 GDP 倍增更科学，因为 GDP 增加一倍，居民收入未必能增加一倍。但是，如果居民收入增加一倍，GDP 则要增加一倍以上。国家统计局数据显示，2010 年，我国城乡居民人均可支配收入为 19 109 元，农村居民人均纯收入为 5 919 元；2020 年，全国居民人均可支配收入 32 189 元，比上年名义增长 4.7%，扣除价格因素实际增长 2.1%。按常住地分，城镇居民人均可支配收入 43 834 元，比上年名义增长 3.5%，扣除价格因素实际增长 1.2%；农村居民人均可支配收入 17 131 元，比上年名义增长 6.9%，扣除价格因素实际增长 3.8%。[1] 我国城乡居民人均收入比 2010 年翻一番的目标如期实现，同时也实现了居民收入增长与经济增长基本同步，使得城乡居民人均收入比继续缩小。

在"十二五"规划实施过程中，多地政府提出要多渠道增加城乡居民特别是提高低收者的收入。有的地方政府提出，"十二五"时期每年新增财政的大部

〔1〕2020 年居民人均收入比 2010 年翻一番目标如期实现 [EB/OL]. [2021-01-19].https://news.cctv.com/2021/01/19/ ARTI4HB8isk491XETKfXYlTv210119.shtml.

分将用于民生，让人民生活得更加幸福、更有尊严。多地政府工作报告明确提出，"十二五"期间坚持科学发展、富民增收原则，确保城乡居民财富有较大增加，努力提高居民人均收入，确保人民生活水平和生活质量逐年提升。毕竟，老百姓心目中的经济发展衡量标准，主要看的还是收入而不是 GDP，强调富民与增加收入比强调 GDP 增长更得民心，而且也更能体现发展为了人民、发展依靠人民、发展成果与人民共享的科学发展理念。"十二五"期间，多地坚持把促进城乡居民收入较快增长摆在首位，逐步提高财政支出用于促进消费的比重，重点用于增加城镇低收入群体和农民的补贴，做到城乡居民收入增长与经济发展同步，并被纳入各级政府目标责任考核之内。

广东省是率先实行"居民收入倍增计划"的省份。早在 2007 年，广东省在开展"解放思想大讨论"活动中，时任中共中央政治局委员、广东省委书记汪洋同志提出 5 年实现"城乡居民收入倍增计划"。可以说，这一计划是广东落实以人为本、全面改善民生的新目标和突破口。党的十七大之后，广东省委十届三次全会前日审议通过的《关于争当实践科学发展观排头兵的决定》（简称《决定》），于 2008 年 6 月 19 日正式出台。《决定》从十个方面对广东如何争当实践科学发展观排头兵进行了系统阐述，以增加城乡居民收入为重点，以实施城乡居民收入倍增计划为路径，力争到 2012 年实现城乡居民总收入比 2007 年翻一番。该收入倍增计划以广东省 2007 年的居民收入为基数，在未来 5 年期间城乡居民收入每年增长 14% 左右，收入倍增的目标就可以达成。当时的广东经济总量已经连续 19 年居全国首位，是全国经济第一大省，广东省对居民收入翻番的目标比较有信心，认为经济增速只要与 5 年前持平或稍有增加，翻番目标就可以顺利实现。

随着广东省实施居民收入倍增计划的脚步，全国多地相继开始了居民收入倍增计划的实践，许多地区都希望在"十二五"规划期间实现居民收入倍增。由于东中西部地区的社会经济发展差别较大，各地制订收入倍增计划的时间表和具体目标也存在差异。中西部地区提出每年的增收速度均快于东部地区，中西部地区的双倍增目标计划在 2015 年前后完成，而东部各地则受制于经济形势的影响，预期需要的时间较长一些。

从实施过程来看，广东省居民收入倍增计划的进展却不容乐观。居民收入倍增计划实施的第二年，由于金融危机的影响带来企业效益的下降，使得广东省下调了工资指导线,工资增长率低于预期,若考虑通货膨胀的因素,与实际的计划目标差距更大,最终使得居民收入倍增计划没有达到预期。在广东省的实践中,政府采取了发布工资指导线、提高最低工资标准、促进工资集体协商等提高劳动报酬的措施,提高最低工资标准当时被认为是提高劳动报酬立竿见影的好方法,并在三年内对最低工资标准进行了两次调整,幅度均在20%左右。此后,各地纷纷效仿广东省的做法,使得提高最低工资标准成为政府实施居民收入倍增计划过程中最为倚重的方式,全国总计有25个省份提高了最低工资,平均上调幅度为22%。[1]

虽然多省市没能按照"十二五"规划要求按期完成目标,而党的十八大提出的10年实现"双倍增"的目标还是很好地完成了。根据国家统计局的数据,2010年我国居民人均可支配收入为12 520元,2017年我国居民人均可支配收入就达到了25 974元,表明我们大致用了7年时间就基本实现了居民收入倍增的目标。到2020年,这一数值已经达到了32 189,比2010年我国居民人均可支配收入增长了近1.6倍,远远超过既定目标。就城市发展来说,我国GDP达万亿级的城市2010年只有北、上、广3城,2019年扩充到了17城,2020年又增加了6城,达到了23座。2010年至2019年,有22座城市的居民收入实现了翻一番,而且北京、武汉、上海实现了翻两倍。[2]

党的十九大报告没有提出GDP增长速度和居民收入翻倍的目标。时任央财经领导小组办公室副主任杨伟民表示,十九大报告不再提GDP翻番类的目标,并非不要经济增长速度,而是因为中国特色社会主义进入了新时代,我国社会主要矛盾已经演变为人民日益增长的美好生活需要和不平衡不充分的发展之间的矛盾。新时代这一主要矛盾的提出,表明高速增长已不再是中国经济特征的现实,而是要在保持一定增长速度的同时,主要通过质量、效率、动力"三个变量"来着力解决发展问题,即必须实现经济发展由"高速度"向"高质量"的转变。高质量发展的目标和要求,更直接地指向经济社会发展目的本身,把提高人民收入和提高人民生活水平更加突出出来,立足于围绕在发展中保障和改善民生,让改革发展成果更多更公平惠及全体人民。

〔1〕 高玉硕.最低工资标准问题研究——以广东省收入倍增计划为切入点[D].华东师范大学,2023:21.
〔2〕 李果.万亿GDP城市居民收入倍增榜:22座城市提前实现翻一番[EB/OL].[2021-03-13].https://finance.stockstar.com/IG2021031300000044.shtml.

（三）"十四五"时期提出和实施新的"两个倍增计划"

党的二十大报告强调，我国 2035 年发展的总体目标是：经济实力、科技实力、综合国力大幅跃升，人均国内生产总值迈上新的大台阶，达到中等发达国家水平；人民生活更加幸福美好，居民人均可支配收入再上新台阶，中等收入群体比重明显提高；人的全面发展、全体人民共同富裕取得更为明显的实质性进展。《中华人民共和国国民经济和社会发展第十四个五年规划和 2035 年远景目标纲要》（简称"十四五"规划）明确提出了 2035 年基本实现社会主义现代化远景目标，要求实现"人均国内生产总值达到中等发达国家的水平，中等收入群体显著扩大，基本公共服务实现均等化，城乡区域发展差距和居民生活水平差距显著缩小"。党的二十大报告和"十四五"规划强调提出的这些目标，暗含着必须实施"两个倍增计划"，即实现居民人均收入倍增和中等收入群体规模倍增，而且这两个倍增也具有较大的可行性。

"十四五"期间，我国经济将保持中速增长。从实现的难度上来看，到 2035 年实施居民人均收入倍增行动具有一定的可行性。国家统计局的数据显示，2010 年我国居民人均可支配收入为 12 520 元，2020 年的数值为 32 189 元，是 2010 年的近 2.6 倍；从 2020 年开始到 2035 年实现居民人均收入倍增，那时的数值将达到 64 378 元。随着经济社会的不断发展，可以预见 2021—2035 年的 15 年间，居民收入来源日益多元化，除了工资性收入为主外，经营性净收入、财产净收入、转移净收入比重不断增加。随着居民收入增长和经济发展的同步性越来越强，这一时期的居民收入增长速度保持在 5% 左右，能够实现居民收入（不变价）翻一番。[1]

扩大中等收入群体规模之所以重要，是因为其与能否跨越中等收入陷阱、进入高收入社会直接相关。陷入"中等收入陷阱"的拉美国家的经验告诉我们，这些国家陷入此陷阱的原因甚多，其中一个重要变量是收入差距过大，没有形成规模且稳定的中等收入群体。中等收入群体扩大乃至社会消费扩容的前提是能够实现收入增长，从而使得更多的人由低收入行列上升到中等收入群体。国家统计局的统计调查显示，2021 年我国中等收入群体约为 4 亿人，约占总人口的 30%。实施中等收入群体规模倍增行动，就是要到 2035 年我国中等收入群

---

〔1〕 胡鞍钢，周绍杰，鄢一龙 等 ."十四五"大战略与 2035 远景 [M].北京：东方出版社，2020：283.

体达到 8 亿人以上。学术界对中等收入群体规模倍增问题早有研究。早在 2013 年，就有学者提出居民收入翻一番的核心是中等收入群体倍增，使中等收入群体规模在 2020 年扩大到 6 亿人左右。[1] 限于当时的各方面条件和社会发展的局限，这一提法并未被中央采纳而上升至国家战略。随着新时代的新要求，特别是受到三年新冠疫情的冲击，部分地区的劳动者收入和消费水平下降，中等收入群体规模出现阶段性收缩，致使我国学术界再次给予这一问题高度的关注。

党的二十大之后特别是新冠疫情结束后，有必要提出中等收入群体倍增的目标。在目前 4 亿中等收入群体的基础上，再用 10～15 年的时间，推动中等收入群体增加 4 亿～5 亿，达到 8 亿～9 亿人，占总人口的 60% 左右。[2] 根据刘世锦研究团队的测算，如果 2019—2030 年实际 GDP 平均增长 5.0% 左右，平均通胀率为 2.5%，名义 GDP 年均增幅 7.5%，居民可支配收入名义增速与名义 GDP 增速匹配。到 2030 年，我国中等收入群体比重上升至约 51%，低收入群体比重下降至约 45.6%，中等收入群体规模达 7.5 亿人，比 2020 年增加了 3.5 亿人。2031—2035 年大体按相同速度变动，有可能使中等收入群体规模达到 8 亿～9 亿人，实现倍增的目标。[3]

习近平总书记在"十四五"规划建议的说明中强调，在征求各方面意见过程中，一些地方和部门建议并明确提出"十四五"经济增长速度目标，明确提出到 2035 年实现经济总量或人均收入翻一番的目标。文件起草组也进行了认真研究和测算，认为经济社会平稳发展，到"十四五"末达到现行的高收入国家标准、到 2035 年实现经济总量或人均收入翻一番，是完全有可能的。[4]

当然，实施新的"两个倍增"是一项系统工程，必须建立在经济稳定运行和中高速持续发展的基础上。可以预见，到 2035 年，相信随着新的"两个倍增"计划的完成，我国定能顺利跨越"中等收入陷阱"，并稳步跻身高收入国家行列，基本实现现代化，中国也将迎来共同发展、共同繁荣和共同富裕的时代。[5]

〔1〕　张占斌. 中国式现代化进程中围绕"两个倍增"扎实推进共同富裕探析 [J]. 马克思主义研究，2023（04）：2.
〔2〕〔3〕　刘世锦 主编. 新倍增战略 [M]. 北京：中信出版集团，2021：9.
〔4〕　"十四五"迈入高收入国家，2035 年人均收入翻番！《规划建议》的说明透露这些重要信号 [EB/OL]. [2020-11-04]. https://static.nfapp.southcn.com/content/202011/04/c4245242.html.
〔5〕　胡鞍钢，周绍杰，鄢一龙 等. "十四五"大战略与 2035 远景 [M]. 北京：东方出版社，2020：309.

二、"共同富裕"战略发展目标

共同富裕是马克思主义的基本价值目标，是社会主义的本质要求，也是社会主义国家劳苦大众的共同期盼。党的十八大以来，我们党准确把握中国特色社会主义发展阶段新变化，把逐步实现公平正义、共同富裕摆在更加重要的位置上。在全面建设社会主义现代化国家新征程上，坚持"共同富裕方向"不动摇，确保到 2035 年"人民生活更加美好，人的全面发展、全体人民共同富裕取得更为明显的实质性进展"。实现共同富裕的战略目标是一项长期而艰巨的历史重任，在推动共同富裕的历史进程中，要遵循规律、稳扎稳打，循序渐进地向全体人民共同富裕的理想目标迈进。

（一）"全面建成小康社会"提供的基础和经验

社会主义初级阶段的根本特征是"不发达"。改革开放后的中国人民正是认识到了"贫穷不是社会主义"，才几十年如一日地坚持"以经济建设为中心"不动摇，完成了对"小康社会""全面建设小康社会"发展目标的超越。我们党兑现了对 14 亿人民的承诺，实现了第一个百年奋斗目标，在中华大地上第一次全面建成了小康社会。

2020 年年底，随着"十三五"规划圆满收官，我国经济实力、科技实力、综合国力和人民生活水平又跃上了一个新的台阶，我国 GDP 总值突破 100 万亿元，人均 GDP 突破 1 万美元，经济总量稳居世界第二位，而且与第一位美国的差距越来越小。世界知识产权组织宣布，2021 年中国的申请量约 159 万件，专利申请量占总数的近 50%，连续 11 年位居世界首位；我国 2021 年拥有的有效专利数量也达到了 360 万件，首度超越美国，成为世界第一。我国科研经费投入强度达到中等发达国家的水平，跨入了创新型国家的行列，在一些基础和前沿领域取得了一大批标志性成果。我国产业结构、产业链的现代化水平显著提高，也是联合国产业分类中世界上唯一所有工业门类全覆盖的国家。我国取得了脱贫攻坚战的全面胜利，现行标准下将近 1 亿农村贫困人口全部脱贫，区域性整体贫困得到完全解决，完成了消除绝对贫困的艰巨任务，标志着我们党在团结带领全国各族人民走全民共享美好生活的道路上迈出了坚实的一步，也为推动全体人民共同富裕奠定了坚实的物质基础，提供了有独特价值的实践经验。

（二）分阶段循序渐进地进行

共同富裕是一个理想价值目标，是中国特色社会主义未来必然要实现且尚未实现的新目标。共同富裕由"尚未实现的新目标"到完全实现需要一个过程，需要我们对其实现过程的长期性、艰巨性、复杂性要有充分估计，办好这件事等不得也急不得。共同富裕的实现之所以要循序渐进地进行，一是因为实现共同富裕要以高度的社会生产力发展为基础，而社会生产力的发展不可能跳跃式地进行，必须一步一个台阶地发展，需要一个相对漫长的过程；二是因为共同富裕涉及社会的方方面面，涉及社会各阶层的现实利益，而且共同富裕价值目标一直存在于人们的想象之中，尚无成功经验可供借鉴，必然需要进行极为复杂的制度设计和战略安排，由再一次"摸着石头过河"到创新走向成功的道路，必将是一个不断试错的过程；三是因为实现共同富裕受外部环境影响很大，而外部环境总是充满各种不确定性，面对当前世界百年未有之大变局，我们面对的挑战非同一般。综合内外各方面因素可知，推进共同富裕不能急于求成，否则欲速则不达，甚至事倍功半。

（三）立足社会主义初级阶段基本国情

我国已经全面建成了小康社会，取得了世人瞩目的发展成就，但我国仍然是世界上最大的发展中国家没有变，仍处于社会主义初级阶段的基本国情没有变。在实现共同富裕的道路上，面对当前依然严峻的国内经济形势，经济发展不平衡、不充分问题仍然突出，各地区推动共同富裕的物质基础和条件也各不相同。立足于中国社会主义初级阶段的基本国情，共同富裕是一项长期任务，任重而道远，必须充分估计实现过程中的艰巨性与复杂性。第二个百年的新征程上，共同富裕的社会主义现代化强国建设，必须立足于社会主义初级阶段这一基本国情，分阶段实现全体人民共同富裕的战略目标。"十四五"时期的 5 年间，全体人民共同富裕必将迈出坚实步伐，居民收入和实际消费水平差距必将逐步缩小；到 2035 年，社会主义现代化目标基本实现的同时，全体人民共同富裕取得更大实质性进展，基本公共服务实现均等化；到 21 世纪中叶，在建成社会主义现代化强国的同时，居民收入和实际消费水平差距缩小到合理区间，全体人民共同富裕基本实现。上述战略部署，完整勾画出了实现全体人民共同富裕的"时间表""路线图"，彰显了我们党推进实现全体人民共同富裕的坚强决心与切实可行的科学方法。

（四）在动态发展中扎实推动共同富裕

实现全体人民共同富裕是一场"马拉松"，制定清晰的战略目标和发展步骤是共同富裕"马拉松"开跑的第一步，需要尽快推出切实可行的科学方案。我国有 14 亿人，人口规模巨大，人与人的素质和能力差异较大；发展的梯次格局明显，各地区的条件和发展程度千差万别、参差不齐；居民的收入和财富占有状况差距偏大，再加上市场经济的"马太效应"，呈现出"两极分化"的发展态势。这种发展状况表明，实现我国 14 亿人的共同富裕，必然是一个在动态中向前发展的过程，是一个长期的历史过程，要充分估计"马拉松"的长期性、艰巨性和复杂性，坚持稳扎稳打、循序渐进、持续推进的行动方针。全体人民共同富裕是一个总体概念，要从战略全局的高度进行把握，需要中央政府进行顶层设计，制定切实可行的行动方案来落实和分解共同富裕战略目标，也是一项艰巨而复杂的开创性工作。一方面，要保持历史耐心，立足于经济社会发展现实，绝不能超越实际发展阶段，不可好大喜功，开难于兑现的"空头支票"；另一方面，要尽力而为、量力而行，结合各地发展实际，因地制宜地探索有效路径，把能做的事情尽快做起来，还要有不怕啃硬骨头的决心和能力，不断朝着全体人民共同富裕的目标前进。

三、扎实推进共同富裕

推动实现共同富裕是一个全新的时代课题，前人没有干过，世界上其他国家也没有尝试过，具体应该怎么干，必须用我们自己的智慧去大胆实践。共同富裕是社会主义的本质要求，是中国式现代化的重要特征，要坚持以人民为中心的发展思想，在高质量发展中促进共同富裕。习近平总书记的重要思想深刻阐述了实现共同富裕的努力方向和实践路径，充分体现了党中央解决我国发展不平衡、不充分问题的坚强决心，在新征程的终点线上必然能迎来全体人民共同富裕到来的伟大时刻。

（一）继续做大做好"蛋糕"是第一要务

"共同富裕"是社会主义现代化强国目标实现之后社会财富占有相对均衡的理想社会状态。改革开放 40 多年间，我们依靠发展解决了温饱问题，全面建成了小康社会。依靠发展，中国才用几十年的时间走完了发达国家几百年走过的路，创造了改变中国、影响世界的发展故事。发展是当代中国最鲜明的特色。谈共同富裕先要谈发展，发展是解决我国一切问题的关键所在，经济社会发展水平是实现社会公平分配的物质前提和决定性因素，没有经济发展水平对资本主义的绝对超越，满足共同富裕目标的公平分配就是无源之水、无本之木。社会主义初级阶段的国情下，必须要求继续以经济建设为中心不动摇，尽快把"蛋糕"做大，为合理有序的收入分配格局奠定坚实的物质基础。

当前的社会主要矛盾是人民日益增长的美好生活需要和不平衡、不充分发展之间的矛盾，人民的诉求更多表现为对高质量发展的追求。实现全体人民共同富裕宏伟目标，一方面要抓住机遇尽快发展，尽最大努力创造出最为丰富的物质成果，只有解决好发展不平衡、不充分问题，才能不断满足人民日益增长的物质文化需要；另一方面要注重高质量发展，从"有没有"转向"好不好"，把发展新理念变成实践形态，只有这样，人民美好生活的梦想才能变为现实。总之，解决社会主要矛盾，一方面，要求继续做大"蛋糕"，解决"量"的问题；另一方面，要求经济的高质量发展，做好"蛋糕"，解决发展中"质"的问题。党的二十大之后的经济社会发展重点是加快推动经济高质量发展，只有做大、做强高科技相关产业，及时调整优化相关产业结构，才能为共同富裕提供支撑。走高质量发展之路，要求完整、准确、全面贯彻落实新发展理念，构建新发展格局，提高发展的平衡性、协调性、包容性，激发共同富裕的内在动力，助力共同富裕目标早日实现。

（二）奋斗创造历史，实干才能兴邦

空谈误国，实干兴邦。共同富裕是社会主义现代化建设的目标之一，实现全体人民的共同富裕，是中国共产党对 14 亿人民的庄严承诺，绝不是敲锣打鼓、轻轻松松就可以实现的。智慧勤劳是中国人民的自然禀赋，5000 年的中华民族文化发展史上，中国人靠自己的双手创造出无数的人间奇迹，创造出了数不胜数的文明成果。近代以来的民族解放运动，长期的中国革命与战争，造成我国成为世界上最贫穷落后的国家之一，用"一穷二白"来形容刚刚成立的新中国一点也不为过，人均可支配收入仅为 27 美元，远低于亚洲国家人均及格线。新中国社会主义制度就是在极度贫穷的基础上建立起来的，我国的工业体

系和国民经济体系也是全民勒紧腰带用勤劳的双手创造完成的。2020年，中国经济发展腾飞，人均可支配收入达到了3万多元。可以说，只有靠几十年如一日踏踏实实地埋头苦干，才使新中国摆脱了贫穷，走向了富裕和繁荣。好日子不是"躺平"得来的，不是等来的、要来的、靠来的，而是靠大家一起拼出来、干出来、奋斗出来的。

中国人的勤奋，令世界惊叹和汗颜，甚至有一点恐惧。这是诺贝尔经济学奖获得者科斯在《变革中国》中说过的话。美国国家统计局发布过的一组数据显示，中国不仅劳动总量世界第一，劳动参与率也是世界第一，达到了惊人的76%，远高于同为人口大国印度的55%，也高于美国的65%，日本的58%。十三届全国人大四次会议闭幕后，总理李克强在答记者问时表示，中国有14亿人口，劳动力资源可以说是最丰富的资源，中国人民又能够吃苦耐劳，只要有就业门路就会有更多收入。所谓"民生在勤，勤则不匮"，相信中国人民会用自己勤劳的双手创造出共同富裕的理想社会。

党的十八大以来，以习近平同志为核心的党中央大力推进民生建设，坚持人民至上，强调历史是人民创造的，中国的发展成就是中国人民用自己的双手创造的，是一代又一代中国人顽强拼搏、接力奋斗创造出来的。中国人民自古就明白，世界上没有坐享其成的好事，财富是用自己的双手干出来的，幸福生活是用汗水和鲜血换来的，共同富裕要靠全体人民的勤劳与智慧创造出来。中国共产党人的百年奋斗史，就是一部为人民创造美好生活而不断奋斗的创业创新史。新时代践行新理念，创新成为经济社会发展的第一动力，只有通过创新驱动经济社会发展，才能推动中国式现代化的实现；唯有"大众创业、万众创新"，才能实现经济社会快速发展与人民利益至上的统一，才有丰硕的发展成果为共同富裕目标提供保障。

（三）抓好切好分好"蛋糕"的关键环节

分配问题属于经济关系，属于生产关系的范畴，可以反作用于生产力，而且有时会对生产力产生决定作用。促进全民共同富裕，要继续做大做好"蛋糕"，也要切好分好"蛋糕"，做"蛋糕"与分"蛋糕"处于同等重要的地位。当前，做"蛋糕"虽然是第一要务，而分"蛋糕"也不容忽视，必须抓好分"蛋糕"的关键环节。分配制度是促进共同富裕的基础性制度。如党的二十大报告再次强调提出的，要进一步规范收入分配秩序，规范财富积累机制，保护合法收入，调节过高收入，取缔非法收入。合理调节与规范"增量"与"存量"的社会财富，规范财富积累机制，增加社会财富分配的公平性，逐步把业已存在的财富差距缩小到合理的范围内，坚决杜绝出现"富者累巨万，而贫者食糟糠"的社会现象。

合理有序的收入分配格局是共同富裕目标的重要体现和有效途径。社会财富在居民、企业和政府之间合理分配，是实现共同富裕目标的基础制度安排和要求，而由居民、企业、政府三主体的收入协同增长而产生的经济增长与高质量发展，则是共同富裕不断实现的根本动力和重要路径。实践中，需要不断优化"三个口袋"的政策环境和行动模式，将居民、企业与政府的行动在共同富裕的框架下凝聚起来，努力形成"政府主动让利，企业合理逐利，居民普遍获利"的格局，在社会财富总量稳定增长和利益协调一致的框架下追求自身合理利益，形成与凝聚实现共同富裕的合力。[1]

（四）撬动第三次分配

第三次分配是由社会力量自愿通过民间捐赠、慈善事业、志愿行动等方式进行济困扶弱的行为。党的十九届四中全会提出并强调，要重视发挥第三次分配的作用，大力发展慈善等公益事业。第三次分配能完善分配制度，实现共享发展成果，可以弘扬传统美德，促进社会公平。第三次分配是对社会财富"存量"的分配，不同于初次分配的经济责任、再分配的法律责任，而是遵循一定的社会责任和道德标准进行的分配，主要是鼓励富人自愿捐献部分财富，积极参与社会公益事业，帮助困难地区、弱势群体、贫困家庭和个人解决生存、生活与发展中的困难，其目的是依靠社会力量进一步缩小社会财富占有的差距，促进社会公平与和谐。社会主义和谐是我们的价值目标之一，把市场力量、政府力量和社会群体力量结合起来，充分发挥社会多方面力量的作用，共同富裕就可以实现"两条腿"走路、"多条腿"走路，真正实现全体人民的共建、共有、共享。

由于我国社会慈善事业发展较晚，人们的社会责任与慈善理念相对薄弱，相关制度非常不完善，还没有形成良好的慈善文化环境，慈善事业发展非常有

---

〔1〕战绍磊.居民、企业与政府收入协同增长：共同富裕的重要实现路径[J].学术研究，2021（11）：114.

限。2018 年，中国大陆接收国内外款物捐赠共计 1 624.15 亿元，占我国 GDP 总额的 0.18%；而美国当前的社会捐款总额为 4 277.1 亿美元，占其 GDP 总量的 2.09%。数据表明，我国的社会慈善捐赠不论是绝对量还是相对量，与美国都有较大差距。发展社会慈善事业，需要进一步完善第三次分配相关制度，需要完善慈善捐赠的税收优惠政策，提高对慈善捐赠的激励和税收减免，对标慈善事业相对成熟国家的做法；完善慈善基金会与慈善信托的健康管理，建立强制性信息披露制度，提高慈善组织的公信力；加大社会宣传力度，构建社会慈善文化，打造良好社会环境，提高全民的慈善意识。2021 年的"99 公益日"，有近万家慈善组织和爱心企业参加，总共募集善款 41.69 亿元，这一举措起到了良好的带头示范作用，形成了积极的社会效应。[1] 新时期，要坚持从理论和实践两个方面入手，不断探索创新第三次分配的有效途径，让第三次分配在促进社会公平正义、共有共享社会发展成果，在推进整个社会走向共同富裕过程中发挥更大作用。

（五）重中之重在"三农"

我国是传统的农业大国，也是农业"弱国"，未来推进实现全体人民共同富裕，重点在"三农"，难点也在"三农"。2000 年前后的中国，工业产业结构和水平已经有了相当的发展，但"三农"依然是整个经济发展的"短板"。中国的"农民真苦""农村真穷""农业真危险"，曾经是我国"三农"的真实写照，许多问题至今也没有很好解决。"三农"问题不解决，占全国人口 70% 的农民就难以达到小康，建设全面小康社会就是一句空话，中国经济的持续稳定发展，中华民族的伟大复兴就没有底气。

随着全面贯彻落实科学发展观、扶贫攻坚工程的完成，历史性地完成了全面建成小康社会的重任。"十四五"规划提出，在向第二个百年奋斗目标进军的第一个五年，也要开启农业农村现代化新征程。《"十四五"推进农业农村现代化规划》指出，"三农"工作依然是全面建设社会主义现代化国家的重中之重。在开启全面建设社会主义现代化国家的新征程上，"三农"工作重心历史性地转向全面推进乡村振兴，加快中国特色农业农村现代化进程，到 2035 年，乡村全面振兴要取得决定性进展，农业农村现代化基本实现。习近平总书记在党

---

〔1〕 舒迪.互联网公益：助力共同富裕新途径 [N].北京：人民政协报，2021-09-14（009）.

的二十大报告中明确提出，要加快建设农业强国，强调"中国要强，农业必须强；中国要美，农村必须美；中国要富，农民必须富"。农业是国民经济的基础，事关民生福祉和经济社会发展全局。全面建设社会主义现代化国家，全面推进中华民族伟大复兴，推进实现全体人民共同富裕，最艰巨、最繁重的任务在"三农"。

（六）始终坚持中国共产党的领导

中国式现代化是全体人民共同富裕的现代化。14亿人的共同富裕是一项前无古人的历史重任，也是中国共产党人始终不变的初心使命。伟大事业需要凝聚强大力量，需要统一思想、统一意志、统一行动，只有在中国共产党的坚强领导下，充分发挥中国特色社会主义的制度优势，坚定走中国特色社会主义道路，共同富裕的现代化事业才能胜利完成。中国共产党在领导全国各族人民进行新民主主义革命、社会主义建设和现代化改革开放的过程中，在坚持和发展新时代中国特色社会主义事业的进程中，从理论和实践两方面对实现共同富裕进行了一以贯之的持续探索，先期完成了人民生活由贫困状态到基本温饱、从总体小康到全面小康的历史跨越，创造了人类现代化发展史上一个又一个奇迹。中国崛起的事实证明，党的领导是中国特色社会主义最本质的特征，是中国特色社会主义制度的最大优势，也必然是推进全体人民共同富裕的根本保证。

参考文献

一、学术著作

[1] 马克思恩格斯选集：1～4卷 [M]. 北京：人民出版社，1995.

[2] 资本论：1～3卷 [M]. 北京：人民出版社，1975.

[3] 马克思恩格斯文选：第8卷 [M]. 北京：人民出版社，2009.

[4] 斯大林选集：上、下卷 [M]. 北京：人民出版社，1979.

[5] 邓小平文选：1～3卷 [M]. 北京：人民出版社，1993.

[6] 江泽民文选：1～3卷 [M]. 北京：人民出版社，2006.

[7] 胡锦涛. 科学发展观重要论述摘编 [M]. 北京：中央文献出版社，2008.

[8] 习近平关于社会主义经济建设论述摘编 [M]. 北京：中央文献出版社，2017.

[9] 习近平扶贫论述摘编 [M]. 北京：中央文献出版社，2018.

[10] 习近平. 在庆祝中国共产党成立100周年大会上的讲话 [M]. 北京：人民出版社，2021.

[11] 习近平谈治国理政：第1卷 [M]. 北京：外文出版社，2017.

[12] 习近平谈治国理政：第2卷 [M]. 北京：外文出版社，2017.

[13] 习近平谈治国理政：第3卷 [M]. 北京：外文出版社，2020.

[14] 习近平谈治国理政：第4卷 [M]. 北京：外文出版社，2022.

[15] [英] 阿瑟·刘易斯. 二元经济论 [M]. 施伟，等译，北京：北京经济学院出版社，1989.

[16] [英] 阿瑟·刘易斯. 经济增长理论 [M]. 周师铭，译，北京：商务印书馆，2005.

[17] [美] 阿塔纳修斯·阿西马科普洛斯. 收入分配理论 [M]. 赖德胜，译. 北京：商务印书馆，1995.

[18] [美] 阿瑟·奥肯. 公平与效率 [M]. 王奔洲，译. 北京：华夏出版社，1987.

[19] [法] 皮凯蒂·托马斯. 21世纪资本论 [M]. 巴曙松，等译. 北京：中信出版社，2014.

[20] [印] 阿马蒂亚·森. 贫困与饥荒 [M]. 王宇，等译. 北京：商务印书馆，2001.

[21] [英] 威廉·汤普逊. 最能促进人类幸福的财富分配原理的研究 [M]. 何慕李，译. 北京：商务印书馆，2010.

[22] [英] 阿尔弗里德·马歇尔. 经济学原理：上册 [M]. 朱志泰，陈良璧，译. 北京：商务印书馆，1981.

[23] [英] 弗里德里希·冯·哈耶克. 自由秩序原理 [M]. 邓正来，译. 北京：生活·读书·新知三联书店，1997.

[24] [美] 米尔顿·弗里德曼. 自由选择 [M]. 胡骑，等译. 北京：商务印书馆，1998.

[25] [美] 保罗·萨缪尔森，等. 经济学：第16版 [M]. 萧琛，等译. 北京：华夏出版社，

1999.

[26] [美]约翰·罗尔斯.正义论 [M].何怀宏,等译.北京:中国社会科学出版社,1988.

[27] [英]亚当·斯密.国民财富的性质和原因的研究 [M].郭大力,王亚南,译.北京:商务印书馆,1972.

[28] [英]大卫·李嘉图.政治经济学及赋税原理 [M].郭大力,王亚南,译.北京:商务印书馆,1983.

[29] [美]R.科斯,A.阿尔钦,D.诺斯,等.财产权利与制度变迁——产权学派和新制度学派论文集 [M].刘守英,等译.上海:上海三联书店,上海人民出版社,1994.

[30] [美]罗纳德·德沃金.至上的美德 [M].冯克利,译.南京:江苏人民出版社,2003.

[31] [美]约翰·罗默.社会主义的未来 [M].余文烈,等译.重庆:重庆出版社,1997.

[32] 国家统计局.中国统计年鉴(2007)[M].北京:中国统计出版社,2007.

[33] 蔡继明,耿明斋.公有制商品经济中的收入分配 [M].西安:陕西人民出版社,1993.

[34] 刘斌,等.中国三农问题报告 [M].北京:中国发展出版社,2004.

[35] 姚洋.转轨中国:审视社会公正和平等 [M].北京:中国人民大学出版社,2004.

[36] 钱世明.公平分配——理论和战略 [M].上海:上海社会科学院出版社,1994.

[37] 肖耿.产权与中国的经济改革 [M].北京:中国社会科学出版社,1997.

[38] 钱忠好.中国农村土地制度变迁和创新研究(续)[M].北京:社会科学文献出版社,2005.

[39] 卢斌.当代中国社会各利益群体分析 [M].北京:中国经济出版社,2006.

[40] 陈志武.为什么中国人勤劳而不富有 [M].北京:中信出版社,2008.

[41] 李炳炎.利益分享经济学 [M].太原:山西经济出版社,2009.

[42] 刘植荣.85%的人应该涨工资 [M].北京:中国商业出版社,2010.

[43] 汪彤.政府权力悖论与中国经济转轨 [M].北京:中国发展出版社,2010.

[44] 宁德业.中国现阶段收入分配公平问题研究 [M].长沙:湖南大学出版社,2009.

[45] 邓荣霖,张用刚.社会主义市场经济与现代企业制度 [M].北京:中国人民大学出版社,1997.

[46] 迟福林,主编.破题收入分配改革 [M].北京:中国经济出版社,2011.

[47] 曹成杰,等.经济转型与利益格局调整 [M].北京:国家行政学院出版社,2011.

[48] 韩康,张占斌,主编.奔向共同富裕 [M].长沙:湖南人民出版社,2022.

[49] 李实,万海远.中国收入分配演变 40 年 [M].上海:上海人民出版社,2018.

[50] 周文兴.中国:收入分配不平等与经济增长 [M].北京:北京大学出版社,2005.

[51] 杨威.共同富裕理论 [M].长春:吉林出版社,2014.

[52] 王方玉.经济权利的多维视角 [M].北京:知识产权出版社,2009.

[53] 钟祥财.中国收入分配思想史 [M].上海:上海社会科学院出版社,2005.

[54] 中共中央国务院关于支持浙江高质量发展建设共同富裕示范区的意见 [M]. 北京：人民出版社，2021.

[55] 刘灿，王朝明，李萍，等 . 中国特色社会主义收入分配制度研究 [M]. 北京：经济科学出版社，2017.

[56] 冀慧珍 . 当代社会救助权问题研究 [M]. 北京：中央编译出版社，2015.

[57] 杨伟民 . 论公民福利权利之基础 [M]. 北京：北京大学出版社，2017.

[58] 权衡 . 收入分配经济学 [M]. 上海：上海人民出版社，2017.

[59] 于国安 . 我国现阶段收入分配问题研究 [M]. 北京：中国财政经济出版社，2010.

[60] 汪容有 . 初次分配公正论 [M]. 北京：人民出版社，2017.

[61] 刘鹤 . 两次全球大危机的比较研究 [M]. 北京：中国经济出版社，2013.

[62] 田卫民 . 最优国民收入分配研究 [M]. 北京：经济管理出版社，2011.

[63] 张宇 . 中国特色社会主义政治经济学 [M]. 北京：中国人民大学出版社，2016.

二、学术论文

[1] 蔡继明 . 论非劳动生产要素参与分配的价值基础 [J]. 经济研究，2001（12）.

[2] 吴忠民 . 公正新论 [J]. 中国社会科学，2000（04）.

[3] 孙立平 . 中国进入利益博弈时代 [J]. 经济研究参考，2005（68）.

[4] 陈燕 . 西方关于公平与效率的一些典型观点 [J]. 红旗，2005（14）.

[5] 罗国杰 . 关于公平与效率的道德思考 [J]. 求是，2002（01）.

[6] 赵学清 . 提高劳动报酬在初次分配中比重的几点思考 [J]. 河南社会科学，2008（01）.

[7] 林毅夫，刘培林 . 中国的经济发展战略与地区收入差距 [J]. 经济研究，2003（03）.

[8] 彭爽，叶晓东 . 论 1978 年以来中国国民收入分配格局的演变、现状与调整对策 [J]. 经济评论，2008（02）.

[9] 王小鲁，樊纲 . 中国地区差距的变动趋势和影响因素 [J]. 经济研究，2004（01）.

[10] 李丹 . 市场化程度与居民收入关系的实证研究 [J]. 统计教育，2008（02）.

[11] 申红 . 初次分配与再分配的政策考量 [J]. 天津经济，2008（01）.

[12] 刁永祚 . 中等收入群体的基本分析 [J]. 北京社会科学，2006（03）.

[13] 李实，岳希明 . 中国城乡收入差距调查 [J]. 乡镇论坛，2004（08）.

[14] 赵海东 . 初次分配：由注重效率转向效率与公平相结合 [J]. 黑龙江社会科学，2007（06）.

[15] 郑志国 . 论分配公平的衡量基准 [J]. 岭南学刊，2007（06）.

[16] 何建华 . 分配正义的历史内涵及其与经济效率的关系考察 [J]. 毛泽东邓小平理论研究，2006（09）.

[17] 胡奎 . 中国财富蛋糕待重切　经济危机倒逼收入分配制度改革 [J]. 中国新闻调查，2009（06）.

[18] 顾海兵，王亚红 . 中国城乡居民收入差距的解构分析：1985—2007[J]. 经济学家，2008

（06）.

[19] 李杰，徐太军."效率优先、兼顾公平"政策的新思考 [J]. 西南民族大学学报，2007（03）.

[20] 余斌，陈昌盛. 我国收入分配现有问题 [J]. 瞭望，2009（49）.

[21] 宋晓梧. 调整收入分配结构　加快经济发展方式转变 [J]. 中国经贸导刊，2010（07）.

[22] 汤晖，等. 论初次分配注重公平的理论依据及其必要性 [J]. 全国商情，2009（06）.

[23] 曾传国. 论初次分配公平的内容、意义及实现途径 [J]. 毛泽东邓小平理论研究，2007（11）.

[24] 杨春学. 对"效率优先，兼顾公平"命题的重新反思 [J]. 经济学动态，2006（05）.

[25] 吴永平. 起点公平与底线公平：和谐社会的两大基石 [J]. 理论探讨，2007（06）.

[26] 陈秀梅，刘银凤. 刍议市场化进程中权力对收入分配的影响 [J]. 经济问题，2009（02）.

[27] 权衡. 论以公平发展为导向的科学分配观 [J]. 中国特色社会主义研究，2007（02）.

[28] 郑治国. 企业利润怎样侵蚀工资 [J]. 中国工业经济，2008（01）.

[29] 胡松，罗辉. 博弈论视角下我国政府和企业的关系 [J]. 当代经济，2009（01）.

[30] 许小年. 中国现在大步往回走走向权贵资本主义 [J]. 创新科技，2010（10）.

[31] 袁春晖. 提高劳动报酬的比重是初次分配公平的关键 [J]. 探索，2010（04）.

[32] 赵今. 灰色收入是否应当征税 [J]. 企业家天地，2011（10）.

[33] 高连水，尹碧波，刘明. 我国居民地区收入差距的变动趋势及其解释 [J]. 中央财经大学学报，2012（03）.

[34] 杨雪林. 当前我国初次分配不公正的主要表现 [J]. 中外企业家，2011，367（02）.

[35] 张车伟，张士斌. 中国劳动报酬份额变动的"非典型"特征及其解释 [J]. 人口与发展，2012（04）.

[36] 周绍东. 以劳动与分工为硬核的马克思经济发展理论研究 [J]. 社会主义研究，2013（01）.

[37] 徐康宁. 富民优先关键要做实"三个口袋"[J]. 群众，2017（01）.

[38] 刘植荣. 中国需要一部《工资法》[J]. 检察风云，2017（02）.

[39] 鄢一龙. 新时代与民生国家建设 [J]. 中央社会主义学院学报，2018（01）.

[40] 孙群力，陈海林. 中国隐性收入的规模及治理研究 [J]. 中南财经政法大学学报，2019（02）.

[41] 陈宗胜. 试论从普遍贫穷迈向共同富裕的中国道路与经验：改革开放以来分配激励体制改革与收入差别轨迹及分配格局变动 [J]. 南开经济研究，2020（06）.

[42] 张车伟，赵文. 国民收入分配形势分析及建议 [J]. 经济学动态，2020（06）.

[43] 魏后凯，等."十四五"时期促进乡村振兴的思路与政策 [J]. 农村经济，2020（08）.

[44] 李军林，许艺煊. 中国居民收入分配格局的演变与原因：基于马克思主义政治经济学的考察 [J]. 南开经济研究，2021（01）.

[45] 李实，朱梦冰.推进收入分配制度改革促进共同富裕实现 [J].管理世界，2022（01）.

[46] 许宪春，等.中国南北平衡发展差距研究：基于"中国平衡发展指数"的综合分析 [J].中国工业经济，2021（02）.

[47] 刘学良，续继，宋炳妮.中国区域发展不平衡的历史动态、表现和成因：东西差距和南北差距的视角 [J].产业经济评论，2022（02）.

[48] 王品，汪海.现代化经济体系建设与新一轮经济体制改革方略 [J].改革，2018（10）.

[49] 姜玉欣，王忠武.从生产型社会向消费型社会的转型：困境及破解 [J].山东社会科学，2015（11）.

[50] 左大培.狭义地解释资本雇佣劳动的经济学说 [J].经济学动态，2016（10）.

[51] 谭晓鹏，钞小静.中国要素收入分配再测算 [J].当代经济科学，2016（06）.

[52] 韩莹.我国收入分配与产业结构关系研究 [D].硕士学位论文，河南大学，2012.

[53] 张娜娜.中国社会主义分配思想发展研究 [D].兰州大学，2017.

[54] 李实，朱梦冰.中国经济转型 40 年中居民收入差距的变动 [J].管理世界，2018（12）.

[55] 魏众，王琼.按劳分配原则中国化的探索历程——经济思想史视角的分析 [J].经济研究，2016（11）.

[56] 李建伟.居民收入分布特征及其影响因素 [J].改革，2018（04）.

[57] 刘伟，蔡志洲.完善国民收入分配结构与深化供给侧结构性改革 [J].经济研究，2017（08）.

[58] 刘灿.深化收入分配制度改革，有效调节收入差距和财产差距 [J].财经科学，2015（12）.

[59] 周慧，等.国民收入分配与有效税率 [J].经济社会体制比较，2020（03）.

[60] 孙敬水，林晓炜.分配公平与经济效率问题研究进展 [J].经济问题，2016（01）.

[61] 徐静，等.政府补贴的收入再分配效应 [J].中国社会科学，2018（10）.

[62] 张车伟，赵文."统计外收入"及其对居民收入与经济增长同步性的影响——两种统计口径的对比分析 [J].劳动经济研究，2018（01）.

[63] 范和生，唐惠敏.农村贫困治理与精准扶贫的政策改进 [J].中国特色社会主义研究，2017（01）.

[64] 韩心灵.国民收入分配格局的经济增长效应研究 [D].中共中央党校，2018.

[65] 王先梅.初次分配公平的评价体系与影响因素研究 [D].浙江工商大学，2020.

[66] 习近平.扎实推动共同富裕 [J].奋斗，2021（20）.

[67] 李实.共同富裕的目标和实现路径选择 [J].经济研究，2021（11）.

[68] 郭梁.全国人大常委会委员郑功成：社保覆盖面广　百姓生活更有底 [J].民生周刊，2021（05）.

[69] 沈轩.共同富裕"是什么""不是什么" [J].政策瞭望，2021（11）.

[70] 战绍磊.居民、企业与政府收入协同增长：共同富裕的重要实现路径 [J].学术研究，2021（11）.

[71] 郝永平，黄相怀．实现共同富裕是重大政治问题 [J].人民论坛，2022（Z1）．

[72] 陈日．我国地方政府"土地财政"规模测算与统计分析 [J].中国房地产，2022（21）．

[73] 许宪春，许英杰．政府税收与国民收入分配 [J].西安交通大学学报（社会科学版），2022（04）．

[74] 刘冠军，李鑫．数字经济时代资本三大构成变化及其对劳动报酬占比的影响 [J].人口与经济，2022（01）．